# 民间资本进入新媒体研究：理论建构、模式探寻与路径选择

## Study on Private Capital Investment in New Media Industry: Theory, Pattern and Path

黄速建　肖红军　王　欣　等/著

**图书在版编目（CIP）数据**

民间资本进入新媒体研究：理论建构、模式探寻与路径选择/黄速建，肖红军，王欣等著.
—北京：经济管理出版社，2017.8
ISBN 978-7-5096-5229-9

Ⅰ.①民… Ⅱ.①黄… ②肖… ③王… Ⅲ.①传播媒介—民间投资—研究—中国
Ⅳ.①G219.2 ②F832.48

中国版本图书馆 CIP 数据核字（2017）第 166715 号

组稿编辑：张永美
责任编辑：王格格　胡　茜
责任印制：黄章平
责任校对：陈　颖

出版发行：经济管理出版社
（北京市海淀区北蜂窝 8 号中雅大厦 A 座 11 层　100038）
网　　址：www. E-mp. com. cn
电　　话：（010）51915602
印　　刷：三河市延风印装有限公司
经　　销：新华书店
开　　本：720mm×1000mm/16
印　　张：27
字　　数：424 千字
版　　次：2017 年 9 月第 1 版　2017 年 9 月第 1 次印刷
书　　号：ISBN 978-7-5096-5229-9
定　　价：88.00 元


联系地址：北京阜外月坛北小街 2 号
电话：（010）68022974　　邮编：100836

# 国情调研重大项目
# 课题组

课 题 负 责 人：黄速建

课题研究设计：黄速建　肖红军

课题报告总撰：黄速建　肖红军　王　欣

课 题 组 成 员：贺　俊　肖红军　刘建丽　胡文龙
王　欣　赵剑波　黄阳华　江　鸿
李先军　谭玥宁　邱　晔　程俊杰
李井林　陈彦博　周　笑　郭　锴
李　倩　胡加明　胡叶琳

# 目 录

## 第二篇　区域篇

# 总 论

随着互联网和数字技术的裂变式发展，新媒体如雨后春笋般迅速崛起，深刻冲击着以前的媒体格局，也对整个舆论生态产生了重大影响。基于此，2014 年，中央全面深化改革领导小组第四次会议审议通过了《关于推动传统媒体和新兴媒体融合发展的指导意见》。习近平总书记特别强调，要着力打造一批形态多样、手段先进、具有竞争力的新型主流媒体，建成几家拥有强大实力和传播力、公信力、影响力的新型媒体集团，形成立体多样、融合发展的现代传播体系。这一指示不但使得新媒体的战略地位进一步提升，而且也为其发展指明了方向。虽然近年来我国新媒体产业呈现出良好的发展态势和前景，但是仍存在许多显而易见的问题，比如产业政策领域的政策规范与监管措施滞后、产业管理方面的条块分割严重、市场机制的不健全以及缺乏有效成熟的商业模式等。这些问题的根源主要在于我们对新媒体的研究和认识还不够深入和透彻。

## 一、民间资本进入新媒体产业的意义

根据 Gereffi（1994）关于价值链动力机制的研究，[①] 我们认为，新媒体产业

① Gereffi G., 1994. "The Organization of Buyer-Driven Global Commodity Chains: How U.S. Retailers Shape Overseas Production Networks," Commodity Chains and Global Development, Edited by Gary Gereffi and Miguel Korzeniewicz, Westport: Praeger.

的发展需要两方面的动力支持：一是消费者驱动。数据显示，截至2016年底，我国互联网用户数达到7.1亿人，占到全球互联网用户数的1/4，且用户增长空间巨大。这就为我国未来新媒体产业的发展提供了强大的需求侧动力。二是生产者驱动。供给侧动力主要来自两个关键的影响因素，分别是技术和资本。新媒体的重要特点之一就是基于网络和数字技术，技术进步或变革毫无疑问会影响新媒体发展的模式、形态与方向。资本来源则在很大程度上决定了新媒体的发展活力、效率、竞争力以及观点立场等。特别是从理论上讲，新媒体产业属于资本技术密集型产业，因而，生产者驱动将成为其发展的最主要动力。可见，资本来源对新媒体产业发展的影响和作用势必会非常突出。在传统媒体领域，国有资本不论是规模还是控制力均占据了绝对的优势，而在新媒体领域越来越多的民间资本产生了投资热情并展现出一定的优势。民间资本具有市场经济的天然基因，是“聪明的资本”，也是市场中最活跃、最有效率、最具竞争力的重要部分。但新媒体产业与一般产业不同，关系到整个社会的舆论氛围和国家安全，这一特殊性使得如何促进和引导民间资本进入新媒体显得非常重要。本书围绕民间资本进入新媒体的理论建构、模式探寻以及路径选择开展深入研究，主要探讨三个问题：①我国新媒体产业的资本获取方式、手段以及政策规制的内容、影响。②民间资本进入新媒体产业的主要模式和路径。③更好地推动民间资本进入新媒体产业的对策建议。

研究我国民间资本进入新媒体的视角是相对较新且亟须进行的，其意义除了通过案例分析对新媒体及其融资理论进行丰富和拓展外，更多地体现在应用层面，不但增加了我们对新媒体产业发展规律的认识，也增加了推动民间资本更好地进入新媒体并促进其发展的知识，为现实工作提供了一些参考和借鉴。具体来说，我国民间资本进入新媒体主要有三个层面的现实意义。

一是有利于推动媒体产业的持续快速健康发展。一方面引导民间资本健康有序进入新媒体有助于推动传统媒体产业的转型并破除资本瓶颈，另一方面对民间资本进入新媒体的模式、路径以及政策规制的分析有利于其更好地参与新媒体企业并购重组，进而提升新媒体产业的成长能力。

二是有利于提高新媒体企业的活力和竞争力。民间资本进入新媒体，其一可以促进股权多元化，并改善传统媒体企业的公司治理；其二有助于提高媒体企业的资本充足率，留住和吸引高端人才；其三有利于提升传统媒体企业的管理水平，提高企业运营效率。

三是有利于优化资本布局以及实现价值引导目标。通过引导和促进民间资本进入新媒体，其一有助于推动文化产业发展成为支柱性产业；其二可以提高全社会资本配置效率和资本产出效率；其三有利于强化媒体的新闻传播力、舆论引导力并形成良好的改革氛围。

## 二、民间资本进入新媒体的研究范式

本书以我国民间资本进入新媒体产业为研究对象，主要分析民间资本进入新媒体的模式和路径，以及引导和推动民间资本进入的对策建议。基于这一研究目的，我们在总结和借鉴国内外相关研究成果的基础上，沿着“理论—实践”和“宏观—中观—微观”两条主线安排逻辑框架，总共三篇十六章，其中，综合篇、区域篇、案例篇分别对应宏观（全国）、中观（区域）以及微观（企业）的研究视角；综合篇的章节安排大体遵循从理论到实践的技术路线，区域篇和案例篇主要侧重实践分析。

综合篇的研究主要按照“理论—现状与问题—模式和路径—对策及举措”的逻辑思路展开。具体研究内容包括：①新媒体的基础理论，整理和归纳新媒体的概念、特征、类型、价值创造规律以及影响因素。②我国新媒体发展的历史演进与现状，回顾发展历程，剖析存在的问题。③我国新媒体产业的资本获取方式与政策规制，包括融资方式、主要手段、资本特征、政策规制及其影响。以上三部分是全书研究的基础和前提。④民间资本进入新媒体产业的重要意义与现实基础，如制度基础、产业发展基础、市场需求基础、资本需求基础等。⑤民间资本进入新媒体产业的主要模式与路径，重点比较各种模式与路径的优劣及适用范围，这是全书研究的重点。⑥从提供政策支持、优化投资环境、创新投资方式以及提升监管效能四个方面提出推动民间资本进入新媒体产业的对策举措，这也是本书研究的目的和意义所在。

区域篇主要考察了我国五大重点地区，分别是京津冀地区、长三角地区、珠三角地区、成渝经济区以及中部地区的民间资本进入新媒体的情况，地区的选择覆盖到了我国东部、中部以及西部地区，因而具有一定的全面性和代表性。针对每个地区，我们都从新媒体产业发展的总体情况、民间资本进入新媒体产业的重点领域、主要方式以及问题与对策四个方面进行了讨论。

案例篇从细分行业的角度，选取了一些典型企业进行民间资本进入分析。重点剖析了数字报纸行业、公共视听行业、互联网视听行业、自媒体行业以及综合性行业（企业从事了多个细分行业的业务）的案例。主要沿着公司简介、股权结构、民间资本进入模式与路径、治理与管控模式、成效与启示、问题与建议的思路进行研究。在案例筛选方面，尽量从民间资本进入新媒体的方式，如新建、在原有基础上的扩张以及并购等的角度选择企业以保证全面性和代表性。

本书的整体框架与结构安排如图 0–1 所示。

## 三、民间资本进入新媒体发展态势良好，但区域差异显著

从历史的视角来看，我国新媒体的发展大体上经历了探索成长期（1994~2004 年）、高速发展期（2005~2010 年）以及繁荣期（2011 年至今）三个阶段。当前，新媒体产业伴随着技术的发展，蛋糕迅速做大，产业集中度不断增强，市场格局也在剧烈变化，在“新媒体+”的发展模式下，涌现出一批不同类型的新媒体，如平台型新媒体、娱乐型新媒体、服务型新媒体、社交型新媒体以及内容型新媒体等。

### （一）我国新媒体产业的资本获取受生命周期及政策规制的影响较大

新媒体产业的生命周期对融资方式的选择有着非常重要的影响。在种子期，一方面技术和产品尚不成熟，管理也不完善，产品销售少、成本高，基本无利润，另一方面资金需求较少，但收益报酬高，面临失败的风险也大，故以政府扶持、内部融资、融资租赁、风险投资为主。在发展期，资金需求量快速增加，资金的回报率相对较高，但风险较第一阶段略低。在内部融资和风险投资的基础

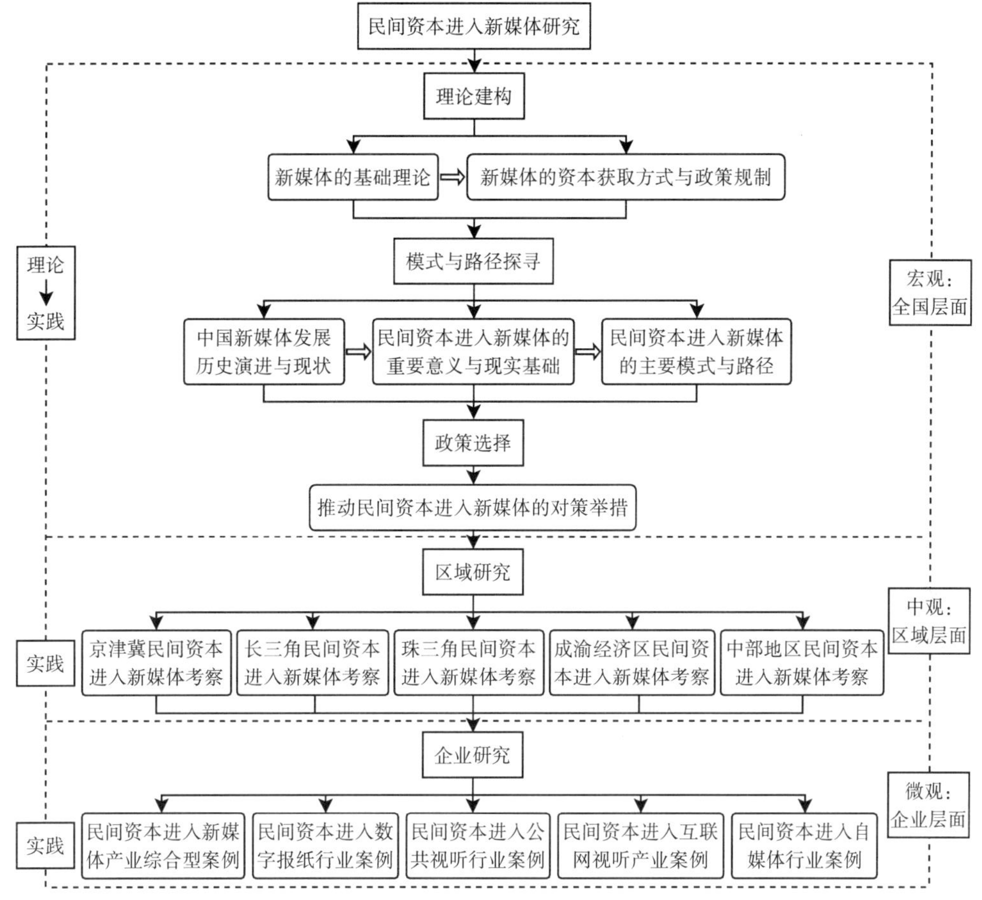


**图 0–1 本书研究框架与结构安排**

上，应增加金融机构贷款等债务融资和外部股权性投资的比重。在扩张期，市场扩大，产品知名度提高，规模经济显现，利润和销售额大幅增加，资金需求量最大，应积极通过发行债券、增资扩股、上市发行股票等方式融资。在成熟期，资金需求量回落，所需运营周转性资金较多，风险已基本降至社会资金成本的平均水平，应停止融资，或转向内部融资等成本较低的融资方式，合理控制财务成本。

与传统媒体相比，新媒体产业资本来源渠道相对多元化，两者越来越表现出资本融合的发展态势。资本进入新媒体往往受政策规制的影响较大，一方面国家进一步明确了新媒体产业的企业属性，对新媒体产业的资本进入限制逐步放开；另一方面新媒体又具有一定的意识形态属性和文化属性，因此，近年来，新媒体产业资本投资的政策规制发生了较大变化。从经济性规制来看，具有自然垄断属性和网络产业属性的媒体行业呈规制放松的态势，但同时对媒体的社会性规制却呈现出不断加强的态势。总体来看，政府规制有利于新媒体产业健康有序发展，但社会性规制也使新媒体产业的政策风险加大。

### （二）民间资本进入新媒体存在多种模式与路径

受自身资本实力、细分领域的市场结构、法律法规约束等因素的影响，民间资本进入新媒体一般主要有四种模式，分别是投资并购模式、业务合作模式、业务扩展或转型升级模式以及新设模式。总的来说，民间资本通过投资并购模式进入新媒体，具有成本低、效率高的优势。业务合作模式的重点是通过现有公司在所营业务的基础上，去扩展经营公司主营业务甚至之外的活动，不涉及直接经营，仅仅是资本运作方式。业务扩展或转型升级模式是通过纵向拓展产业链条或者横向扩展与已有业务处于不同产业链条的业务，不断实现产业链布局，从而实现经济效益和规模效益。新设模式则是含有民间资本的企业组织利用现有的资本通过自身或联合其他组织单位直接申请新媒体企业。后两种模式相对于并购和业务合作模式，进入难度更大，还会面临更多的特别是生产经营方面的新问题、新矛盾，因而，成功概率相对较低。

民间资本进入产业的路径有直接投资和间接投资两种：①直接投资可通过债权投资和股权投资实现。债权投资是最传统的直接投资模式，也是民间资本最常用的方式；股权投资一般是指购入企业一定额度的股份，利益和亏损共同承担的投资模式。②间接投资指借助金融机构的商业信用来进行资本运作。由于新媒体产业以无形资产为主，因此，民间资本投资往往需要专业的中介机构，如证券公司、保险公司、基金公司等金融中介发挥重要作用。

### （三）民间资本进入新媒体的区域差异显著

京津冀地区的新媒体产业发展的总体情况可以从五个方面进行概括，分别是信息基础设施建设领先全国、信息消费政策激发市场需求、新媒体产业实现集聚发展、媒体融合发展促进资源整合以及政务新媒体平台优化公共服务。当前，该地区民间资本进入新媒体产业的重点领域包括网络视听行业、网络游戏行业、数字报纸行业以及自媒体行业。民间资本主要通过参与传统媒体企业重组、借助资本市场平台、设立新媒体投资基金和融资平台、建立股权众筹平台、探索文创企业无形资产融资租赁等方式进入新媒体。现实中的突出问题包括传统媒体与新媒体融合不足、民间资本进入产业障碍较大、行业规范和监管制度亟待完善等，应加快文化产业供给侧改革，提高对社会资本的开放度，进一步规范行业生态环境。

长三角地区的民间资本主要通过传统媒体转型、投资并购等方式进入影视业、VR、体育生态、游戏以及动漫等新媒体产业领域。总体来看，长三角地区的新媒体产业规模持续增长，高质量 IP 被资本追捧，上市新媒体企业业绩分化，技术水平促进产业升级，消费需求平稳增长，政策环境日益优化。但该地区自主品牌建设有待增加，地区之间同质竞争加剧，产业价值链分工不完善，因此，应从深化产业间融化、深化产业内融合、深化区域融合入手。

珠三角地区的民间资本主要通过创建新媒体企业、参与媒体融合、设立专项投资基金、借力众筹平台等方式进入网络游戏、在线动漫、自媒体等重点领域。目前，珠三角地区的新媒体企业遍地开花，产业增长一路领先；地方政府也大力支持，政策规划相继出台；媒体融合发展渐成趋势，国有资本大力涉足新媒体；聚集发展特征显著，产业基金相继成立；动漫游戏成为该地区新媒体产业发展的最大亮点。但是珠三角地区因其内容随意性使其可信度受到质疑，行业资质及牌照运营权规范需继续完善，新媒体主体与受众之间缺少健全有效的沟通协商机制，因此应加强对新媒体从业人员的培训，提升从业者素质，并制定相关规章制度，规范新媒体从业资质和牌照运营权问题，从而改善新媒体从业者工作状态，实现行业持续健康发展。

与以上三个东部发达地区相比，成渝经济区和中部地区的新媒体产业发展明显薄弱，民间资本进入新媒体也相对滞后。具体来看，成渝经济区主要存在民间资本对新媒体发展支持力度不足，民间资本进入新媒体领域存在较高的政策壁垒，民间资本进入新媒体过程中的履责动机较低等问题，因此应强化对民间资本进入新媒体行业的引导，对不同的新媒体产品分类监管，进而完善成渝经济区新媒体产权交易市场。

中部地区新媒体企业总体处于初创期，民间资本缺乏影响力，行业缺乏盈利能力，潜力未能得到发挥，民营资本还存在机遇，因此应聚焦互联网经济，实施多元化策略，提供个性化服务，促进新媒体发展，实施资本运作，调整媒体产业结构，强化流程再造，创新资本融合途径。

**（四）各种细分行业中的新媒体企业面临诸多突出问题**

进一步，我们选择了部分从事数字报纸、公共视听、互联网视听以及自媒体等单个或多个行业的典型新媒体企业进行案例研究。虽然总体发展态势良好，但仍然存在一些明显的问题，绝大多数问题在不同行业的很多企业中都不同程度地存在。比如：

一是当前国内宏观经济，特别是实体经济不景气。整体经济面临增长动力的转换以及结构的转型升级，这一过程可能需要经历相当长的一段时间，这就给一些新媒体企业的战略选择、经营管理带来不小的挑战。

二是运营成本控制困难。在包括人力、土地、资源、环境等在内的国内生产要素成本整体上升的背景下，近年来很多新媒体企业的营收分成成本、内容和运营成本等也出现增长趋势。

三是企业竞争，尤其是同质化竞争加剧。目前，我国新媒体产业迅速增长，导致大量新媒体企业集中涌入，甚至一些外资新媒体也进入我国市场来分一杯羹。这势必造成整个行业的竞争程度加剧。

四是技术瓶颈难以突破。技术是新媒体企业的基础，如果难以在技术层面突破，最终将极有可能不断陷入同质化竞争的恶性循环中。目前，不少人均认为技术创新已经很难再进一步推进其技术前沿面。

**（五）推动民间资本进入新媒体产业需多管齐下**

基于以上研究结论，我们认为推动民间资本进入新媒体产业至少需要从以下四个方面入手：①提供政策支持。比如，加大对民间资本进入新媒体的财税支持、金融支持以及要素支持等。②优化投资环境。放宽民间资本对新媒体行业的市场准入，优化新媒体企业设立审批程序，优化新媒体行业的创新创业环境以及积极培育和发展相关的中介组织等。③创新投资方式。鼓励民间资本参与传统媒体转型，鼓励新媒体与传统媒体融合发展，鼓励新媒体领域的混合所有制发展，鼓励民间资本在新媒体领域的创新创业，推动民间资本在新媒体领域的资管结合。④提升监管效能。建立健全相关法律法规，优化新媒体企业的管理机制，加强对于拟态环境的监测和把关，加强价值观导向的内容监管，逐步普及公众媒体素养教育。

# 第一篇

# 综合篇

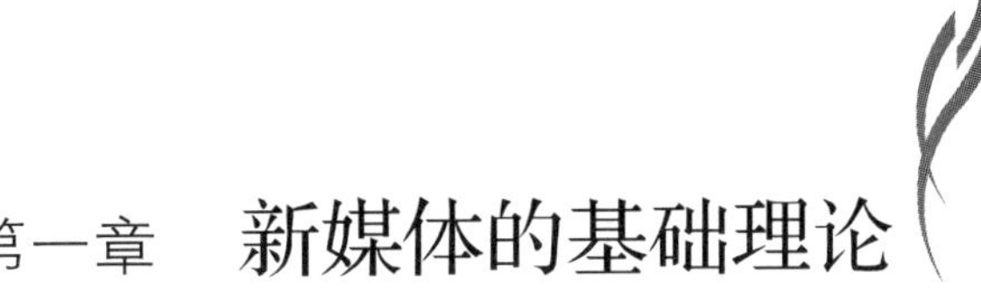

# 第一章　新媒体的基础理论

## 第一节　新媒体的概念与特征

### 一、新媒体的概念

新媒体是一个持续变化的相对概念，其概念的要义在于：基于数字化点对点互动模式对信息进行创造、加工、存储和传播的媒体。

与之对应的传统媒体，是指基于点对面的非数字化模式进行信息创造、加工、存储和传播的媒体。

因此，我们所说的新媒体特指在融媒体的现实背景下，与传统媒体的点对面单向传播相对立，基于数字网络和点对点双向传播的所有新兴媒体，尤以社会化新媒体为产业核心及基础传播平台。

维基百科[①]（Wikipedia）这样来描述和定义社会化媒体（Social Media）：指用户基于高度可达性和可拓展性的传播技术而创造出各类信息。它的革命性在于改变了人们阅读和分享新闻、信息及其他内容的方式，乃至于影响了人们探索现实世界的方式。社会化媒体有机融合了社会科学和技术科学，将点对面的单向信息传播转化成了点对点的双向信息沟通，这本身就是信息民主化。它将人们从信息内容的被动接受者转变为主动传播者。由于社会化媒体允许人们在互联网上建构起个人或商业化的关系网络，因此迅速风靡全球，尤其受到商业实体的青睐。因为它是用户自产内容的源泉或消费者自媒体。

笔者认为，社会化媒体从传播技术层面来理解，是指基于点对点实时互动传播的技术、产品及其平台的全面融合。它的常见形态包括社交网站（SNS）、微博（Weibo 或 MicroBlog）、微信（Wechat）、博客（Blog 是 Web Log 的混成词）、论坛（Forum）/BBS、播客（Podcast）等。

从经济层面去理解，社会化媒体代表着以使用价值为核心的社会财富价值观，以及新兴的共享经济模式。最早著书《共享经济》并明确提出这一新概念的罗宾·蔡斯（Robin Chase）是全球首家约租车公司 Zipcar 的创始人。她把自己的实践经验提炼为共享经济的理论，并将其特征概括为“人人共享”模型的三大核心，即利用过剩产能（分享资产）实现实际的经济效益，在新科技支撑下建立共享平台使分享变得简单易行，以及个人成为具有影响力的合作者。

新的共享经济商业模式由此产生，即指通过互联网、物联网技术，充分利用过剩的或暂时闲置的资源。优步（Uber）成立于 Zipcar 之后，目前是全球最大的出租车公司却并不拥有任何一辆实体汽车。它只是成功地创造并提供了一个社会化的交易平台，充分利用全社会的汽车闲置资源，为需求方带来便利与实惠，同时为供给方带来经济收益。

---

① 维基百科（Wikipedia），首先是一个基于维基技术的多语言百科全书协作计划，同时也是一部用多种语言编写的网络百科全书。目前，已成为全球规模最大的百科全书。“维基百科”一词取自该网站核心技术“Wiki”以及具有百科全书之意的“Encyclopedia”共同创造出来的新混成词“Wikipedia”，它由非营利组织维基媒体基金会负责营运，并接受捐赠。

互联网周刊主编姜奇平认为，“共享经济正成为自法国大革命以来，人类的又一次产权制度革命，正在创造一个既非公有经济，亦非私有经济的混合所有制的新产权制度”。因为共享经济借助社会化媒体平台，用大规模、高效率的生产资料租用制，逐步迭代生产资料所有制，进而促成了生产关系的革命。

从文化层面去解读，社会化媒体最初和最高的价值追求，皆在于促进人们思想、情感、观点和经验在全球范围内自由沟通与分享。在此基础上，用社会个体间的信息直达互通，置换传统的层级化单向信息传播，重新建构信息传播的基础结构，形成了人人有迹可循的网络社会，进而将点对点的互动传播结构逐步拓展到物质财富的交易和分配体系。

半个世纪以前，加拿大著名的媒介研究学者马歇尔·麦克卢汉（Marshall McLuhan），就在他的惊世之作《理解媒介：论人的延伸》（Understanding Media: The Exentions of Man）中谈道，“媒介塑造和控制着人类的联结方式、行动的规模和形态”。他并未深入论证这一观点，只是作了定性式的阐述，但一系列类似这样的高瞻远瞩，足以让《纽约先驱论坛报》[①] 于1965年毫不犹豫地宣告麦克卢汉是“继牛顿、达尔文、弗洛伊德、爱因斯坦和巴甫洛夫之后最重要的思想家……”此后的半个世纪里，麦克卢汉关于“地球村”等的前瞻性理论观点不断在现实世界里被证实。即使发展到眼下最热门，却远未成熟的社会化媒体，他的预言仍有一大半延展在未来世界。[②]

而且，在本书范畴里，我们是以“产品”来对新媒体进行最小化的组织界定，而非以营利性公司或事业法人机构来作为最小组织界定。换句话说，我们将“微信”或“新华社发布”视为独立而完整的新媒体对象，而非将它们视为腾讯或新华社的价值附属物。因为数字化、网络化的新媒体，其经济属性和媒体属性

① 马克思. 政治经济学批判大纲（第3分册）[M]. 刘潇然译. 北京：人民出版社，1963. “不论财富的社会形式如何，使用价值总是构成财富的内容”，1963：104.

② 周笑. 社会化媒体对美国新媒体社会的全面建构及影响［M］. 上海：复旦大学出版社，2016. 服务系统，即提供一块公共电子白板，每个用户都可以在上面书写，可发布信息或提出看法，是一种交互性强，内容丰富而及时的Internet电子信息服务系统，用户在BBS站点上可以获得各种信息服务、发布信息、进行讨论、聊天等。

在很多方面和层面都超出了法人组织的约束范围。尤其是那些趋于超规模垄断的平台型新媒体，在很大程度上已经形成了一种价值取向和行动方式高度多元化，可称为“社会化媒体”或“社会化企业”的新兴事物。这是理论和实践深度融合的一种做法，意味着在具体应用和操作过程中，可能会遇到一些新问题。比如：民间资本进入像“微信”这样的新媒体产品，能否视同于进入“腾讯”这样的新媒体公司？是否需要另行分类处理？

因此，我们须立足于对网络经济发展趋势的理论分析及理性判断，来对新媒体进行更有效的观察与分析，以便更好地确保调研报告有完整一致的内在逻辑以及必要的学术前瞻性。

现阶段，全球的新媒体都不同程度地完成着平台化的结构转型，即以社会化媒体为核心，持续拓展着超规模垄断下的全能化、移动化和智能化。换句话说，以社会化媒体平台为核心的“互联网+媒体产业”，在创造全球性亿级用户规模的同时，也创造了为所有现存产业实现全面融合的潜能，这也成为全能型、社会化媒体平台发展的内在动力，并刻画着中国互联网新媒体的大格局与未来趋势。

## 二、新媒体的特征

新媒体的首要特征是社会价值，它源于新技术创造的平台化超规模垄断，以及基于这一平台化超规模垄断的全球范围的价值共享。

社会化媒体产业内在地要求形成着某种绝对垄断。面对这种具有多赢效应的超规模垄断，我们须做出更审慎、辩证、从容的价值判断，而不是一味地、片面地、暂时性地评价利弊。这需要我们对社会化媒体产业内的利益博弈动态及其进程，做更深入的了解与分析。

目前，笔者能做出的有效推断是，基于数字互联网“点对点”双向传播的社会化媒体产业，相较于“点对面”传播的传统媒体，根本优势集中体现在：借助于数字互动网络，大幅度降低了信息传播和交易的成本，通过提供大规模的免费使用，创造了社会化的自由资源或者信息福利。换句话说，社会化媒体产业在典型的国家和市场意志与作为之外，创造和提供了一种新的公用媒介（Public use media)，并打算以人人均享信息传播与接受权力的方式，让社会个体与国家、市场一起，来实现对自由资源的直接管理。此前，人类历史上每一次出现大量的自由资源，在经历暴力革命或律法规治之后，最终大都以代理或委托代理的方式，部分或全部地交给了国家或市场，而不再由社会个体直接来管理和经营，比如土地。

具体到媒体产业，20 世纪初期，无线电波最开始是作为自由资源而存在的，在大量私人电台盛行后，最终因电波频率资源的相对稀缺、产业秩序混乱和国家安全等原因收为国有。而后，它们逐步商业化，最终分化为公营和商业电台，私人电台沦为非法。时至今日，人人都可以成为播客，在互联网上拥有自己的数字电台，因为数字网络将原本稀缺的频谱资源，变成了供过于求的非稀缺性资源。

伴随着信息传播成本的大幅降低和信息传播与接受权力的均享，一种从未大规模存在的、可供每个人之间实现即时沟通协商的议事体系由此形成，为直接民主提供了现实的可能。这对于现行的代议制民主体系（Representative Democracy System）[①]，给予了有益的补充和完善。事实上，所谓民主政治，就是充分显示每一个独立社会个体的“个人偏好”，然后再汇总为社会偏好的过程。

眼下的谷歌、推特和脸谱，正在高校、政府等社会的各个阶层中，成为正式和非正式网络社区“个人偏好”最广泛的聚焦地和意见表达场所。从这个视角上看，谷歌和脸谱自觉或不自觉地参与了埃及（Egypt）、伊朗（Iran）、利比亚（Libya）等多个国家的民主社会运动一点也不奇怪，甚至有着某种内在必然性。

基于数字互动网络的社会化媒体平台拥有了即时了解并汇总社会个体各类需求偏好的潜能，可以相对较低的成本满足高度差异化的个性需求，前提是将最大多数人纳入同一个供需体系当中，并利用信息产业独特的边际效益递增特性，有效提升信息生产、传播、反馈、沟通的效率，以产生更大的规模效益和范围效益。但从另一个角度来看，这意味着更大范围、更高程度的市场垄断。

---

① 代议制民主的基本内容包括：社会共同体是政治权力的最终来源；主权源于人民权力的转让，但人民仍保留着对它的所有权和终极控制权；公共权力的使用应以社会共同体的意愿和同意为基础，“关涉大家的事需得到大家的同意”应成为立法、建立政府及其他政治决策的基本原则；由各等级或社会团体选派的代表组成的机构能够行使共同体的政治权力，特别是立法权和征税权。

目前，谷歌在全球搜索引擎产业的市场份额，已接近绝对垄断的程度。但这一垄断事实上却有助于用户作为独立社会个体更充分地展示和传播其“个人偏好”，并将其中的微价值汇总、转化为整个社会的新增价值。

此外，超规模垄断对于用户个体来说，具有显著的网络外部性，从而成为极其强大的内在增长动力。网络外部性是新经济中的重要概念，指连接到一个网络的价值，取决于已经连接到该网络的其他人的数量。通俗地说，就是每个用户从使用某产品中得到的效用，与用户的总数量有关。用户人数越多，每个用户得到的效用就越高，网络中每个人的价值被网络中其他人的数量所影响。这也就意味着网络用户数量的增长，将会带动用户总所得效用的平方级增长。

事实上，正是基于对上述特性的充分发挥，谷歌在与微软的竞争中，必然地占据了优势，而且很快形成了垄断，取代微软，成为信息产业界第一大企业。尽管 2010 年前后，谷歌逐步被三大特性上发挥得为更出众的脸谱所赶超，但在被完全超越之前，谷歌理所当然地成了社会化媒体产业里最招风的大树。笔者在此选择以正陷入反垄断诉讼和版权纷争的谷歌为例，来作分析和阐述。

微软 2011 年 3 月 31 日向欧盟委员会提起诉讼，指责谷歌违反了反垄断条例。此前，欧洲方面已接受了 4 家小公司对谷歌的投诉，并于 2010 年 11 月对谷歌展开了调查。据市场研究公司 comScore[①] 的数据显示，2010 年谷歌在欧盟搜索市场上的份额高达 90%，而实际上可能达到了 95%。由于欧盟在反垄断监管上比美国更严厉，这意味着一旦裁定垄断成立，谷歌将遭受重大损失。

同时，鉴于在美国本土搜索引擎市场上占有高达 65%的份额，美国联邦贸易委员会（Federal Trade Commission，FTC）[②] 也已宣布对谷歌展开全面反垄断调查，这将是自微软之后，美国信息产业界所面临的最大规模反垄断调查。有分析

---

① comScore 公司是一家全球性互联网信息服务提供商，是美国知名的互联网统计公司、互联网流量跟踪分析公司和市场调研公司。1999 年，该公司由 Magid Abraham 与 Gian Fulgoni 于弗吉尼亚州雷斯顿创建，2007 年在纳斯达克上市。

② 美国联邦贸易委员会（FTC）是执行多种反托拉斯和保护消费者法律的联邦机构。FTC 的目的是确保国家市场行为具有竞争性，且繁荣、高效地发展，不受不合理的约束。FTC 也通过消除不合理的和欺骗性的条例或规章来确保和促进市场运营的顺畅。

人士指出，可能导致搜索引擎产业格局的强制性结构调整或转型。而且，FTC 针对谷歌的调查，可能不仅限于搜索引擎领域，因为美国高德纳咨询公司（Gartner）所公布的谷歌安卓（Android）操作系统在全球智能手机的市场占有率，曾在一年之内从 3.5%增长至 25.5%。

不过，笔者以为，相较于 20 世纪 90 年代初微软操作系统的垄断，谷歌在搜索引擎市场上的垄断，与之有着接近于本质的区别。这主要是因为微软为广大网民提供的免费服务相对较少，创造的社会价值非常有限。尽管微软的老板比尔·盖茨是一个慷慨的社会慈善家，但这并不能改变如下事实：微软本质上是一个以追求利润为主旨的商业公司。谷歌从成立之初就一直面向所有网络用户提供大规模免费服务，持续创造着巨大的信息福利，也就是社会价值①。谷歌一直以此作为实现其经济价值的基础。目前，尚无迹象表明谷歌会将其社会价值全部转化为经济价值。因此，在反垄断诉讼过程中，如果一定要将谷歌与微软一视同仁，那么以服务于广大公众为宗旨，绝对垄断着本国广播、电视产业，并深受国民信赖与关爱的英国广播公司和中国中央电视台，是否应排在谷歌之前，成为反垄断调查与诉讼的首选对象？

其实，如果谷歌真的能兑现“不作恶”（Not be Evil）的承诺，大多数民众未必不能接受它有着内在技术依据和现实需求的垄断，一如人们接受电信、石油等产业的自然垄断。更何况，谷歌的垄断在很大程度上有助于“个人偏好”向“社会偏好”的有效、合理转化。

事实上，无论是从经济学角度还是从社会学或传播学角度，代表着最高理想社会的“帕累托最优”（Pareto Optomality），正是以每一个人的满意和幸福为目标的。而一个有望将所有人的真实偏好都平等地纳入其中，以此促进社会偏好形成、资源优化配置的信息网络，只要始终是基于社会价值最大化而存在，本质上便符合整个社会的基本利益和发展趋势。

① 在本书范畴中“社会价值”特指在全面开放的技术平台上，面向终端用户免费提供的各类信息服务。

免费和垄断，在一定程度上带来并确保着更充分、可持续的分享，并产生和积累了更多的用户行为依赖、情感依赖和消费依赖，为社会化媒体产业创造着大规模的虚拟国民。用户们不再像对待微软那样视社会化企业及其产品为技术工具，而是像对待早期的谷歌和现在的脸谱那样，视之为朋友和家人，维系着价值认同和归宿感，这才是社会化媒体产业的核心竞争力。

所谓混沌盈利，是指在自然垄断的市场规模和相对稳定的用户偏好的双重基础上，通过“点对点”地满足高度个性化的用户体验和用户需求，提供可持续的增值服务而获得收益的盈利模式。典型例子包括谷歌长时间、大规模地提供免费搜索服务（关键词搜索、地图搜索等），积累了相对稳定的用户群体及其社会化偏好后，通过谷歌邮箱（Gmail）构建起最大化规模的“点对点”信息福利传播渠道，将谷歌图书馆、谷歌 Doc 等增值服务加载于其中，并采取自愿付费的原则，在盈利的同时，让那些不愿付费的用户也能在一定限度内免费使用其增值服务，从而实现了“姜太公钓鱼”模式的产业化。

不过，混沌盈利模式的基础是网民社会。换个说法，就是大规模的虚拟互联网国民。他们自愿归属于那个为最多数人提供着信息福利的社会化媒体企业，不论它是脸谱、谷歌、推特还是下一代信息产业界的巨头，或者是它们之间的战略联合体或资本融合体，只要能像现存的国家实体那样，为自己提供经济和文化的归属感，他们便会交托手中的民主权利，构建新型的议政机制，不断完善现有的政治体系。

以比较理想和宽容的心态来观察和分析，笔者认为，社会化媒体产业至少有两种可行的“混沌盈利模式”：

第一种“混沌盈利模式”，是由用户付费给提供信息服务的媒体，不去计较是否还涉及了其他的权力所有者。谷歌图书馆和百度文库所面临的版权诉讼，就是因为数字图书馆的增值服务涉及了版权所有者的权力和利益，却没有主动地将他们纳入到分享盈利的框架中来。依据前文提到的谷歌与众多版权所有者和出版商达成的 1.25 亿美元的和解协议，谷歌可把已扫描的图书纳入谷歌搜索服务中，并与版权方共享相应的网络广告收入。该协议还规定，著作权所有人如果同意和解协议，可要求现金赔偿，谷歌对每本书至少赔偿 60 美元。对于今后的使用，谷歌会支付给著作权人销售收入的 63%作为使用费，权利人可选择让其继续使用或者要求其删除图书。

由此，谷歌图书馆与百度文库所面临的版权诉讼表现出很大的不同。谷歌图书馆通过有计划地大规模扫描各类书籍，并予以合理的系统分类等大量自主作为，表现出鲜明的战略规划和盈利意图，即构建起规模经济的竞争门槛。所以，即使在全球范围面临大规模侵权诉讼，谷歌数字图书馆从未表示过退出的意愿，而且一直在持续增加相关投入。每扫描一本书，谷歌付出的边际成本大约是 25 美元。谷歌将扫描的图书数据资料，全部纳入自己的搜索引擎系统，甚至图书之间互相引用、网页对图书的引用，都列入了网页排名（PageRank）的计算。

相比之下，百度文库选择的方式却是无声无息地将 Youtube 式的“用户自行上载”与亚马逊网络书店式的“用户付费下载”结合在一起，希望轻松地坐收渔利。在收到“3·15 中国作家讨百度书”后，百度三天内删除了约 280 万份侵权文学作品，在基本清除非授权文学类作品后，旋即推出百度文库版权合作平台，推出了付费分成和广告分成两大基于分享的混沌盈利模式。

所谓付费分成模式，是指允许用户免费阅读作品部分章节，然后可通过在线付费的方式，以章节为付费单元完成全部内容的在线阅读，所收费用按大比例给版权方，小比例自留百度的多赢方案进行分配。

所谓广告分成模式，则是指在确保用户优质阅读体验的前提下，在作品阅读页面适当位置开发和放置相应广告内容，使作者或版权方获取相应收入，还可通过文库书店平台进行新书推广，以期实现三方共赢。

这些不错的尝试，有望使百度避免因此失去建构“合理垄断”的历史机遇，或因此失信于民，潜在地流失掉未来的百度“国民”。

第二种“混沌盈利模式”，即由用户在社会化媒体的共享平台上，按增值服务的多方协议，直接付费给所有的权益攸关者。如果只是提供了中介服务，就只收取中介费。即使如此，在现有利益分享的框架下，社会化媒体仍然是最大的赢家。先不说大量“孤儿作品”会为百度带来更多潜在“国民”，而且，随着社会化媒体技术的发展，尤其是第三方应用软件的大规模发展，更多旨在让用户对现有内容产品进行“二次加工和创造”的软件会不断涌现，它们已经在为社会化媒体产业提供着更多分享中实现混沌盈利的机会。

当然，站在广大用户立场上，最值得期待的还是“维基百科”或果壳网这样的免费服务平台。它们持续提供着共享型的知识版权，而且有能力源源不断地提供新增资源，让更多的民众分享到了社会化媒体产业所创造的社会价值。

然而，目前国内外社会化媒体产业中普遍实行的，仍是第一种盈利模式，毕竟它们的大多数都难舍一夜富贵的贪心与侥幸。相信经历过众多版权诉讼、反垄断诉讼之后，在接受了广大网络用户的全面检验和自由选择之后，能通过不断的学习和进步，更好地聚焦于社会价值的创造，使混沌盈利的基点日渐稳固，经得起理论和实践的反复推敲，逐步朝着第二种或其他更合理的分享与盈利模式转变，最终成长为值得公众尊重和期待的公用媒体。

综上所述，社会化新媒体的最显著特征，即基于免费和分享，自觉或不自觉地构建一种兼具排他性和非排他性的复杂产权结构，提供以信息福利为核心的社会价值，借此创造出一种多种利益边界交杂的混沌价值形态，然后在混沌中将部分社会价值转化为经济价值，从而向基于单一排他性产权的现存经济和社会结构发出竞争与挑战。

## 第二节　新媒体的类型

针对传统媒体产业以国有媒体为主体的特色国情，以及新媒体产业高度两极化的现实特点，本报告对新媒体做出如下二分法序列：

非国有新媒体和国有新媒体。非国有新媒体包括本土新媒体和离岸母公司旗下的新媒体。前者如360、淘宝等，后者如百度、腾讯等。国有新媒体则是指由国有媒体控股或作为主要投资方的新媒体，比如新华社的“新华网”和手机新闻应用产品“新华社发布”，以及上海报业集团的手机新闻应用产品“澎湃新闻”等。

平台型新媒体和非平台型新媒体。本书中的平台型媒体，有两个基本特征或者说准入门槛：一是目标用户的规模应接近或趋于垄断，二是目标用户的相关需求得到全面整合。比如：微信建构起来的社交目标用户平台，不仅满足了用户的各类社交需求，而且以此为基点拓展到购物、看病挂号等其他需求，成为全球需求及功能整合度最高的平台型新媒体。而非平台型新媒体则多以单一功能为主，或者成为“平台寄居型”新媒体，如电信的公众微信号，或者独立于平台之外，如电子医疗新媒体“春雨”等。

内容型新媒体、技术型新媒体和内容技术融合型新媒体。比如：前文提到的“澎湃”，以及“华尔街见闻”等手机内容应用端媒体。技术型新媒体则指立足于技术创新的新媒体，如基于虚拟现实的 VR 游戏等。而内容技术融合型新媒体则为弹幕视频网站 Bilibili 这样的新媒体。

全能型新媒体和细分型新媒体。比如：全能型新媒体一般都是平台型媒体，因为只有平台型媒体能聚合到足够规模的用户，以开发全能型平台服务。比如：基于社交平台的微信、基于购物平台的淘宝和天猫，以及基于搜索平台的百度，都是全能型发展的新媒体，它们依赖于亿级以上的用户规模，开发出包含社交、购物、互联网金融等多种功能，且相似度越来越高的全能型平台。而细分型新媒体则相反，高度专注于某一类目标用户，持续完善某个特定功能。比如：针对大学生目标人群的“超级课表”或针对出租车目标市场的“滴滴打车”等。它们一般独立于平台之外而生存。

线上型新媒体和 O2O（Online-to-offline）新媒体。线上型新媒体是指价值链仅限于数字互联网之内，不涉及任何线下行为或价值交易的新媒体。比如：爱奇艺、腾讯视频这样的网络视频新媒体，以及大量涌现的线上教育新媒体。而线上线下紧密结合的 O2O 新媒体，是指价值链涵盖线上和线下两大部分，涉及线下行为及线下价值交易的新媒体。比如：涉及线下物流的淘宝，以及线下大型演艺活动的 B 站等。

事实上，上述分类落实到具体的新媒体产品或新媒体公司，应是多重分类属性的有机交叠。比如：微信，应是非国有、平台型、内容技术融合型的全能型O2O新媒体。

## 第三节　新媒体的价值创造规律

以社会化媒体平台为核心的新媒体，通过大规模创造并面向全社会提供信息福利，开拓出千万级、亿级乃至十亿级的全球化用户，并在这样的用户量级规模上，开拓出长尾效应下的微小利基市场，以满足高度个性化的需求，创新商业模式并收获商业利益。换句话说，没有能力在量级化平台上提供社会价值，就难以开拓出足以滋生商业生机和商业收益的长尾市场。新媒体所提供的社会价值之所以重要，因为它们有能力划出以下两条标志性边界：

第一，社会价值以“边际效益递增”的新方式，在现实世界里使社会价值成为商业或经济价值的必要前提，革命性地改变了传统经济“边际效益递减”的增值路径，标志着新型平台经济模式的成功确立。

第二，社会价值成为新媒体平台实现超规模垄断的合理性基础，即在任何可行的定量标准之下，当平台及借居在平台之上的媒体业提供的社会价值始终大于其经济价值时，合理性就得以产生并持续存在。

借此，本书进一步将平台型新媒体界定为以数字化智能网络为基础，以点对点互动传播和社会化平台服务为核心模式与增值动力，立足于平台经济和双边市场实现生存及盈利，直接拥有或直接依附于第一用户入口的软件或硬件的技术开发商、内容提供商和数字网络运营商等，以及由这些行为主体所提供的产品、服务，所创造的用户及各类网络社区。据此，本书首先把新媒体一分为二：平台型新媒体，和借居于平台之上的非平台型新媒体。

在此基础上，根据前文对新媒体的定义、价值内涵分析以及简要分类，笔者综合运用用户量、网络流量和交易量三大指标，从中国互联网企业 100 强与中国资本市场媒体板块的交叉重合领域，选择了排名前 20 的新媒体上市企业作为样本，分成平台型、内容型、技术型（包括网络运营型和智能硬件型两大类）以及定制化增值服务型等五大类别，借此对中国新媒体产业的主体结构、行为特征和产业绩效进行深入系统的分析，并依此给出战略建议。

本书选取的新媒体样本企业，以平台型新媒体企业和数字内容型新媒体企业为主体，占据 60%的比例，智能硬件型新媒体企业占 10%，网络运营型和增值服务型企业各占 15%。其中，7 家平台型企业均在美国上市，但从 2015 年伊始，它们开始启动私有化进程，为回归中国资本市场做准备。

2015 年，中国资本市场积极推进市场化改革，美国资本市场上的中国概念股纷纷通过借壳、新三板以及 IPO 等方式，集体回归本土市场。其中，绝大部分是互联网企业。据《证券日报》统计，2015 年以来，在美上市的中概股公司，已有 32 家先后收到私有化要约，这一数字超越 2010 年至 2014 年的总和，交易额为 310 亿美元，奇虎 360 一家公司就占据了交易总额的近 1/3。在此次私有化浪潮中，平台型大企业之间交叉持股、战略投资的趋势加剧，回归中国 A 股市场后势必促成更大规模的“马太效应”（强者更强）。

以首家登陆美国纳斯达克的中国影视公司“博纳影业”为例：2015 年 12 月 15 日，博纳影业宣告达成私有化协议，2016 年第二季度可完成私有化，同年底之前登陆 A 股市场。在此次私有化交易中，阿里影业出资 8600 万美元收购博纳影业股份 10%，腾讯收购博纳影业股份 7%，这两者均为中国新媒体产业巨头 BAT 成员。另一个典型案例是奇虎 360，作为迄今为止宣布从美国退市的最大中资企业，它的买方财团中不仅包括泰康人寿、平安保险、阳光保险、新中国资本、红杉资本中国、华盛资本等多家实力雄厚的保险公司和风投公司，更有中国有线电视网和卫星通信巨型企业中信国安。

本书选择“无形资产年增长率”和“总资产年增长率”作为核心量化指标，因为新媒体是典型的平台化轻资产型产业，其生存和发展的首要前提是社会价值及其他无形资产的持续增长。同时，通过观察总资产的增长，既可以了解企业的市场体量，也可以侧面观察企业通过技术研发和人才培养来保持轻资产形态及合理比例的能力。这对于生命周期普遍偏短的中国企业来说，尤为重要。

而生命周期偏短，在很大程度上是由于中国的新媒体企业不如欧美、日韩等国的企业那样注重企业文化和企业社会价值，这已然成为中国新媒体产业的“软肋”。针对这一现实，本书针对 A 股企业增加了“净利润增长率”指标，以直观判断企业当下的生存现状和未来拓展市场的实力。

**表 1-1　2015 年新媒体上市企业分析简表**

| 类别 | 企业 | 主营业务范畴 | 总资产增长率（%） | 无形资产增长率（%） | |
|---|---|---|---|---|---|
| 平台型新媒体企业 | 腾讯 | 中国最大的互联网综合服务提供商 | 144.76 | 245.81 | |
| | 百度 | 全球最大的中文搜索引擎 | 136.61 | 104.46 | |
| | 阿里巴巴 | 网络商城等多元化互联网业务 | 174.98 | 104.24 | |
| | 奇虎 360 | 互联网和手机安全产品及服务 | 175.59 | 181.24 | |
| | 新浪 | 服务全球华人社群的网络媒体公司 | 108.66 | 暂缺 | |
| | 搜狐 | 新媒体、通信及移动增值服务公司 | 105.86 | −49.11 | |
| | 网易 | 互联网应用、服务及其他技术开发 | 130.81 | 288.57 | |
| 上述企业均在境外上市，因此难以与样本中其他中国本土新媒体企业并表分析 | | | | | |
| 类别 | 企业 | 主营业务范畴 | 总资产增长率（%） | 无形资产增长率（%） | 净利润增长率（%） |
| 数字内容型新媒体企业 | 凤凰传媒 | 中国最大的出版发行企业 | 109.32 | 120.19 | 107.27 |
| | 华谊兄弟 | 综合性民营娱乐集团 | 171.18 | 1900.31 | 134.99 |
| | 浙报传媒 | 中国首家国资媒体经营性资产整体上市公司，经营广告、新媒体技术开发，电信增值等业务 | 105.54 | 113.19 | −2.60 |
| | 人民网 | 《人民日报》旗下以新闻为主的国资大型网上信息交互平台 | 108.63 | −11.58 | −17.81 |
| | 新华传媒 | 图书、广告、发行等综合性传媒类公司 | −28.78 | −4.63 | 193.85 |
| 智能硬件型新媒体企业 | 乐视网 | 网络视频领域跨平台服务提供商 | 183.77 | 133.21 | 172.84 |
| | 博瑞传播 | 信息传播服务，高科技产品开发 | −4.59 | −35.97 | −51.59 |
| 网络运营型新媒体企业 | 东方明珠(百视通) | 数字媒体平台研发与建设等新媒体领域（2015 年 6 月起因并购而停牌，无形资产指标出现异常） | 139.59 | −1.19 | 162.35 |

续表

| 类别 | 企业 | 主营业务范畴 | 总资产增长率（%） | 无形资产增长率（%） | 净利润增长率（%） |
|---|---|---|---|---|---|
| 网络运营型新媒体企业 | 中信国安 | 信息产业、广告、卫星通信工程、计算机信息传输网络工程、有线电视网络、移动通信的技术开发和服务等 | –20.63 | –84.02 | 267.60 |
| | 华数传媒 | 有线电视、数字电视网络及数字通信产业、互联网信息服务等 | 232.63 | 100.57 | 167.23 |
| 增值服务型新媒体企业 | 蓝色光标 | 品牌传播与营销、危机管理、信息咨询等 | 202.85 | 226.46 | –61.08 |
| | 思美传媒 | 广告代理与设计、企业形象策划、市场调研和信息咨询服务等 | 112.0 | –7.96 | 148.97 |
| | 腾信股份 | 基础和应用软件服务、计算机系统服务和信息咨询等 | 141.51 | –89.25 | 149.95 |

注：引自 2015 年 3~9 月财务数据/年度增长率。
资料来源：笔者根据新浪财经公开数据整理。

由于上述列表中的平台型企业均在境外上市，很难与样本中其他中国本土新媒体企业并表分析。因此，本书不以上市公司的运营数据分析为主旨，而是以定性的结构分析为要义，并结合 2014~2015 财务年度的相关数据，归纳和概述中国新媒体上市公司的战略发展趋势。

表 1–1 中的数据表明，无形资产增长率表现良好的，市场收益也表现较好。比较而言，平台型企业普遍表现良好，只有搜狐是例外（注：搜狐的例外在很大程度上与旗下畅游公司的平台化战略失利有关）。在 A 股企业中，华谊兄弟、乐视网、凤凰传媒和蓝色光标表现较好，中信国安、博瑞传播、腾信股份和人民网的表现则相对差强人意。当然，这其中需要排除重大并购、投资带来的指标异动。

整体来看，战略发展趋势可简要归纳如下：

第一，改变行业格局的战略并购进入关键的优胜劣汰时期。2015 年的战略发展方向是大量并购 O2O 的细分领域。典型合并事件包括滴滴和快的合并、58 同城入股赶集网、美团与大众点评合作、携程和去哪儿股权置换等。它们统一的战略目标是新媒体平台需完成从“流量平台”到“用户平台”的转型，继续扩大平台的用户入口规模和稳定性。

第二，以 BAT 为首的平台型新媒体企业依然占据绝对主体地位，BAT 们的 O2O 布局各有侧重，并购和内部注资相结合。腾讯定位智慧城市，重点布局交通、户政、出入境、生活缴费等公共服务领域；百度定位人工智能平台，注资糯米网，重点布局团购、外卖、酒店和村务等生活服务领域；阿里巴巴定位智能商城，重点布局口碑网，发展商业超市、售货机、餐厅等线下零售领域。整体来看，平台型与网络运营型新媒体企业在国际影响力、资产总量和增值力方面，明显优于内容型新媒体企业。中国新媒体“强技术—弱内容”的产业格局仍未得以有效突破。

第三，内容型企业依然处于“守土”阶段，“走出去”的发展战略成效有限。一方面内容型企业在资本体量和市场份额上与平台型企业之间的差距日益扩大，通过同类企业的战略并购也难以与平台型企业竞争。

第四，平台型新媒体企业进入以智能互联网为基础，以平台全能化为增长路径的新一轮增长期。原有阵营出现较明显的分化，战略并购与投资的规模和范围成为重要的分水岭。百度、阿里巴巴和腾讯的 BAT 平台全能化趋势日渐强劲，奇虎 360、乐视、小米科技等后起之秀奋起直追，新浪、搜狐和网易等门户型互联网企业发展进度相对较缓。

第五，内容型新媒体企业的战略转型初见成效。民营企业的产业增值和品牌增值优于国有企业。

第六，智能硬件型企业相对欧美同类新媒体企业，尚不具备竞争优势，还处于高风险的探索前期，核心产品不突出，市场定位不明晰。

第七，网络运营型企业处于平稳发展期，在市场规模和技术研发创新上缺乏足够的竞争优势，须进一步加强大数据挖掘、视频搜索等智能技术的发展。

第八，增值服务型企业处于全面增长期，成为新媒体产业的创新和增值动力。

在前文的分类中已经提到“平台型和非平台型”两类新媒体，这意味着并非每一类新媒体都有机会构建起双边市场和平台经济，这需要以多赢形态的超规模垄断为前提。而且，越大规模的平台垄断，理论上越有利于发挥出互联网经济边际效益递增的特性与优势。因为只有当超规模垄断下的长尾效应，带来足够盈利空间，足以支付相应市场的整体运营成本时，这种超规模垄断才有机会继续发展。

笔者图解了这种超规模垄断的形态、结构、特性和发展瓶颈。

如图 1-1 所示，社会化媒体的增值规模与路径呈现出一个“沙漏形态”，两头大，中间小。下面的灰色斜纹正三角，是价值共享和互利合作平台，上面的白色网纹倒三角是长尾效应下的文化创新型产业增值优势区域。中间收窄的部分，中线以下白色竖纹区域代表内容创新型增值优势区域，中线以上灰色区域代表技术与内容融合型产业增值创新优势区域。这两者同时也是社会化媒体产业增值的两大瓶颈和必由之路，只有成功跨越这两个瓶颈，才能进入同时具有规模效应和长尾效应的蓝色区域，即文化产业优势增值区域。

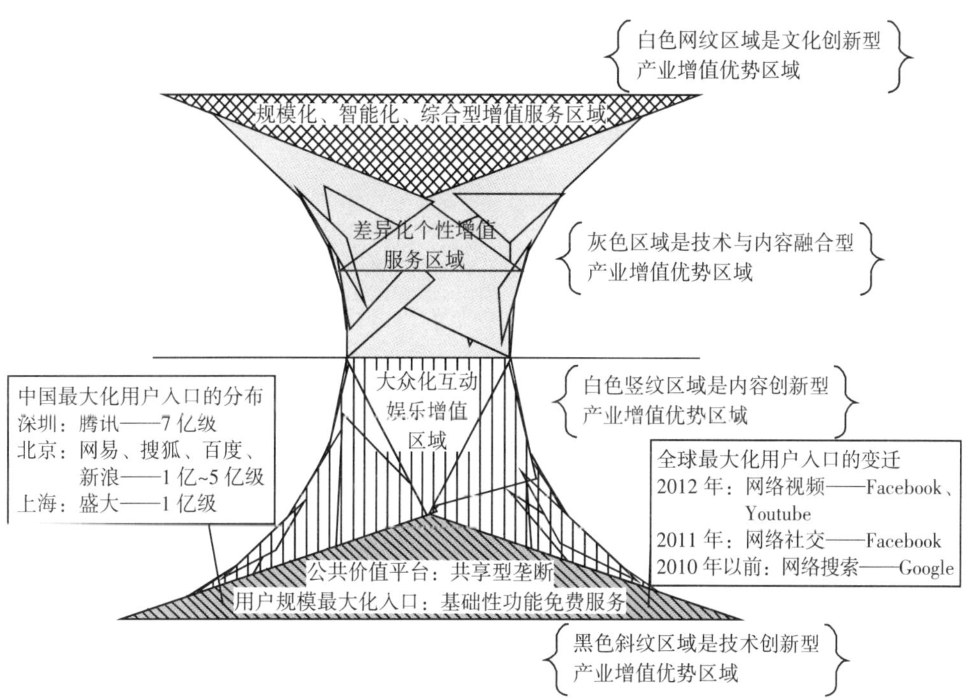


**图 1-1　新媒体产业的“沙漏型”增值路径**

资料来源：笔者自制。

图 1-1 中顶部和底部的大三角区域里的“用户最大化入口”以全球所有用户为最佳边界，很难在功能、结构过于狭窄的文化市场上来建构。比如：书法、水墨画等。即使在中国以 10 亿计的大规模本土市场上，也几乎不可能。“用户最大化入口”所对应的是每个人在不同生命阶段，时时刻刻都拥有的全龄刚性需求。比如：购物（如亚马逊和淘宝的网络商城）、信息搜索（如谷歌的搜索引擎）、人际沟通（如脸谱的社交网络），以及实时通信（如苹果的智能手机、腾讯的微信）等。类似的全龄刚性需求还包括健康、环保、学习等。笔者在此要进一步强调的是，“沙漏形态”意味着单一全龄刚性需求，难以长期支撑起上下两个大开口，不同全龄刚性需求之间的融合，是社会化媒体发展的战略方向。正如谷歌、脸谱、苹果，虽然分别基于搜索、社交和通信发展起各自的“用户最大化入口”，彼此间产品开发和市场拓展的快速渗透与重合，使得它们日益成为最直接的竞争对手。谷歌、脸谱和苹果，在联合对抗微软的日子里，曾经是亲密的战略盟友，但现在已然是握着手的“敌人”，彼此在合作中激烈竞争。竞争的主要路径就是针对上述全龄刚性需求，进行大规模购并，把自己发展成为无所不包、无所不在的“门户式”社会化企业。它们共同的超规模垄断目标是 60 多亿之众的全球人口。

上述每一个新媒体平台上的全龄刚性需求领域，既是社会化媒体的爆发性增值区域，同时也是酝酿和推进国家文化变革的重要领域。从主动推进国家经济和文化发展的角度来看，社会化企业的最佳作为空间是中线以上的灰色和上下两个大三角区域，政府的最佳作为空间应是中线以下的白色竖纹和下三角区域。

事实上，“用户最大化入口”的两个大三角区域，已经成为社会化媒体或者说社会化企业的标志性创新和标志性贡献。目前，全球性数字互联网以及它催生出的大量开源应用软件，通过向公众提供免费的信息搜索、人际沟通和视频娱乐等产品和服务，正不断聚集更大规模的用户，且日益促使着互联网成为一个融合性的大公益平台，将各种类型的资源、人才吸引、汇聚到一起，为自主、自觉的各类创新活动提供机会。这一公益大平台，就像是巨大的、开放的蓄水池，不仅可以滋润单个的、微小的文化内容产品，也能够为宏观的国家经济和政治体制变革，乃至整个社会文化氛围和品质的提升，提供给养。

当然，还有另一个重要前提，就是必须有能力建构起“沙漏形态”上端的大三角或者说大平台。对企业来说，诸多全龄刚性需求领域的合并，成为必由之路。

“沙漏形态”在某种程度上就是让·梯若尔“双边市场”和“平台经济”理论的具象化表达，不仅直观地说明了谷歌在搜索引擎领域实现超规模垄断的合理性和必要性，而且预示着谷歌跨产业融合发展的必然趋势。

当我们把上述“沙漏”倒下来，放平来看，很容易观察到以此为基础的全能化市场发展趋势及整体结构。

表 1-2 互联网公开市场上的领先者，代表着全球新媒体产业中拥有用户第一入口的重要平台型企业，它们决定着全球新媒体产业的大格局。

**表 1-2　2015~2016 年全球互联网公开市场领先者（上市公司）**

| Rank | Company | Region | 2015 Market Value（$B） | 2014 Revenue（$MM） |
|---|---|---|---|---|
| 1 | Apple | USA | $764 | $199800 |
| 2 | Google | USA | 373 | 66001 |
| 3 | Alibaba | China | 233 | 11417 |
| 4 | Facebook | USA | 226 | 12466 |
| 5 | Amazon | USA | 199 | 88988 |
| 6 | Tencent | China | 190 | 12727 |
| 7 | eBay | USA | 73 | 17902 |
| 8 | Baidu | China | 72 | 7909 |
| 9 | Priceline | USA | 63 | 8442 |
| 10 | Salesforce.com | USA | 49 | 5374 |
| 11 | JD.com | China | 48 | 18543 |
| 12 | Yahoo! | USA | 41 | 4618 |
| 13 | Netflix | USA | 38 | 5505 |
| 14 | LinkedIn | USA | 25 | 2219 |
| 15 | Twitter | USA | 24 | 1403 |
| 16 | Yahoo! | Japan | 23 | 3441 |

续表

| Rank | Company | Region | 2015 Market Value（$B） | 2014 Revenue（$MM） |
|---|---|---|---|---|
| 17 | Rakuten | Japan | 23 | 4996 |
| 18 | NetEase | China | 19 | 1889 |
| 19 | Naver | Korea | 17 | 2527 |
| 20 | Vipshop | China | 15 | 3774 |
| Total | | | $2513 | $479939 |

资料来源：KPCB 网站公开资料。

这些企业集中分布在中国、美国、日本和韩国。从 2015 年的市值和 2014 年的盈利角度来看，美国互联网企业占据全球前 20 名企业的 55%，中国的阿里巴巴、腾讯、百度、京东、网易和唯品会占据 30%，日本和韩国企业占据 15%。

图 1–2 和图 1–3 直观展现了 2015~2016 年全球新媒体产业大格局，尤其是中国新媒体产业的概况与趋势。

图 1–2 是以社会化媒体平台为核心，点对点传播为基础的新媒体产业大格局。

最中央第一个圆心区域，表明网络用户已经成为新媒体产业的价值核心。这一区域持续产生着巨量的身份数据、交易数据和社交数据三大类信息流，借此形成相对完整的用户个人数据形态。

从中央区域向外逐层扩展的同心圆，分别代表着百万级平台用户、千万级平台用户和亿级平台用户。它的右侧是国内市场，左侧是国际市场。

与右侧国内市场上的亿级平台用户相连接的三角区域，代表着以社会公共价值为依托的用户最大化入口，它向上贯穿着在线搜索、在线购物、在线社交、在线教育和在线医疗等软件型第一用户入口，同时向下贯穿着智能汽车、智能机器人、智能家居、智慧城市等硬件型次级用户入口。

与左侧国际市场的亿级平台用户相连接的三角区域，代表着突破本土市场的局限，建构起全球性的平台经济基础，开拓出超规模双边市场以提供全能化、综合性的增值服务。

上下两条向圆心弯压的曲线，形成了一个横置的窄腰，代表着开拓性的技术创新和内容创新带来的产业瓶颈。

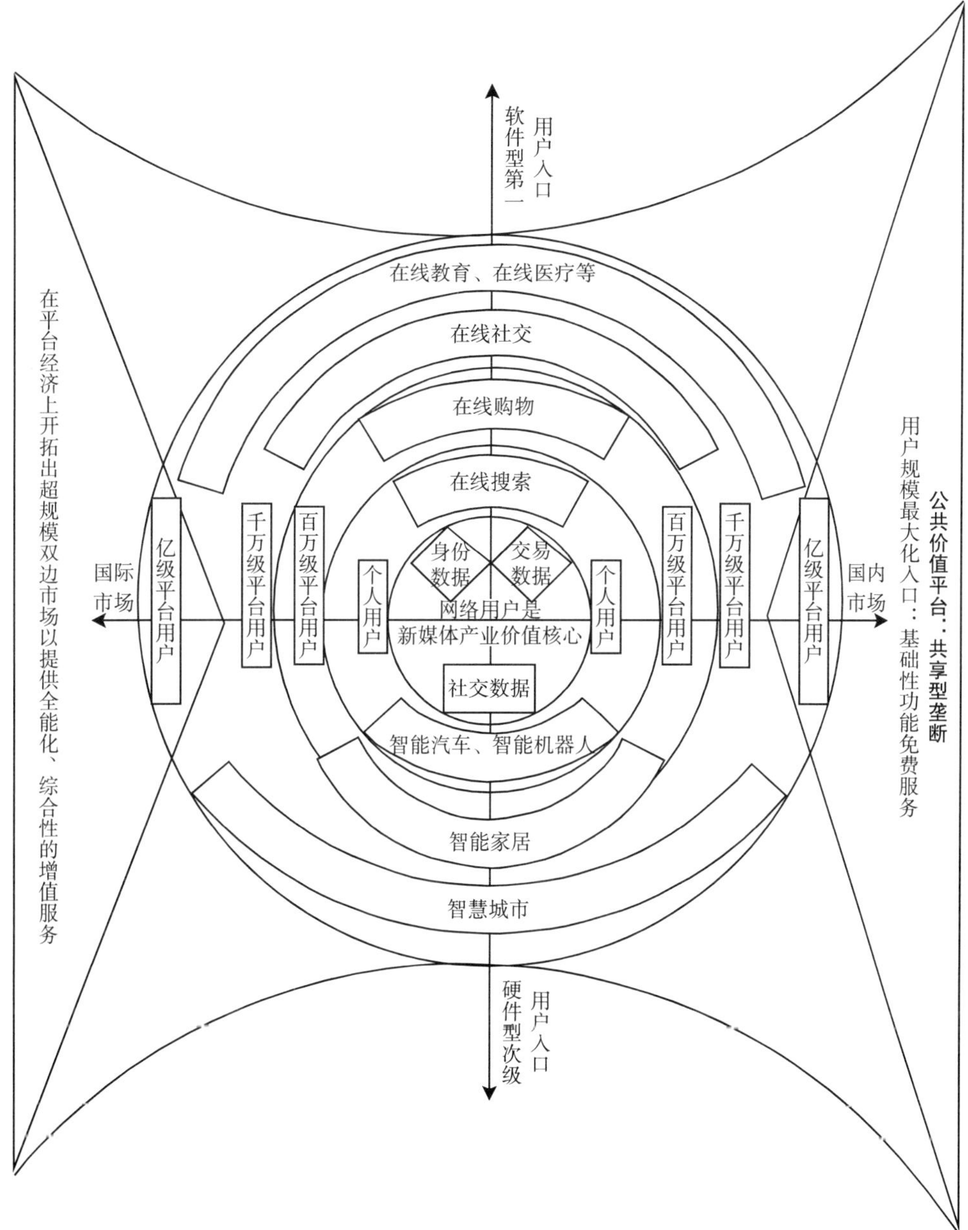


**图 1-2　2015~2016 年全球新媒体产业格局**

资料来源：笔者自绘。

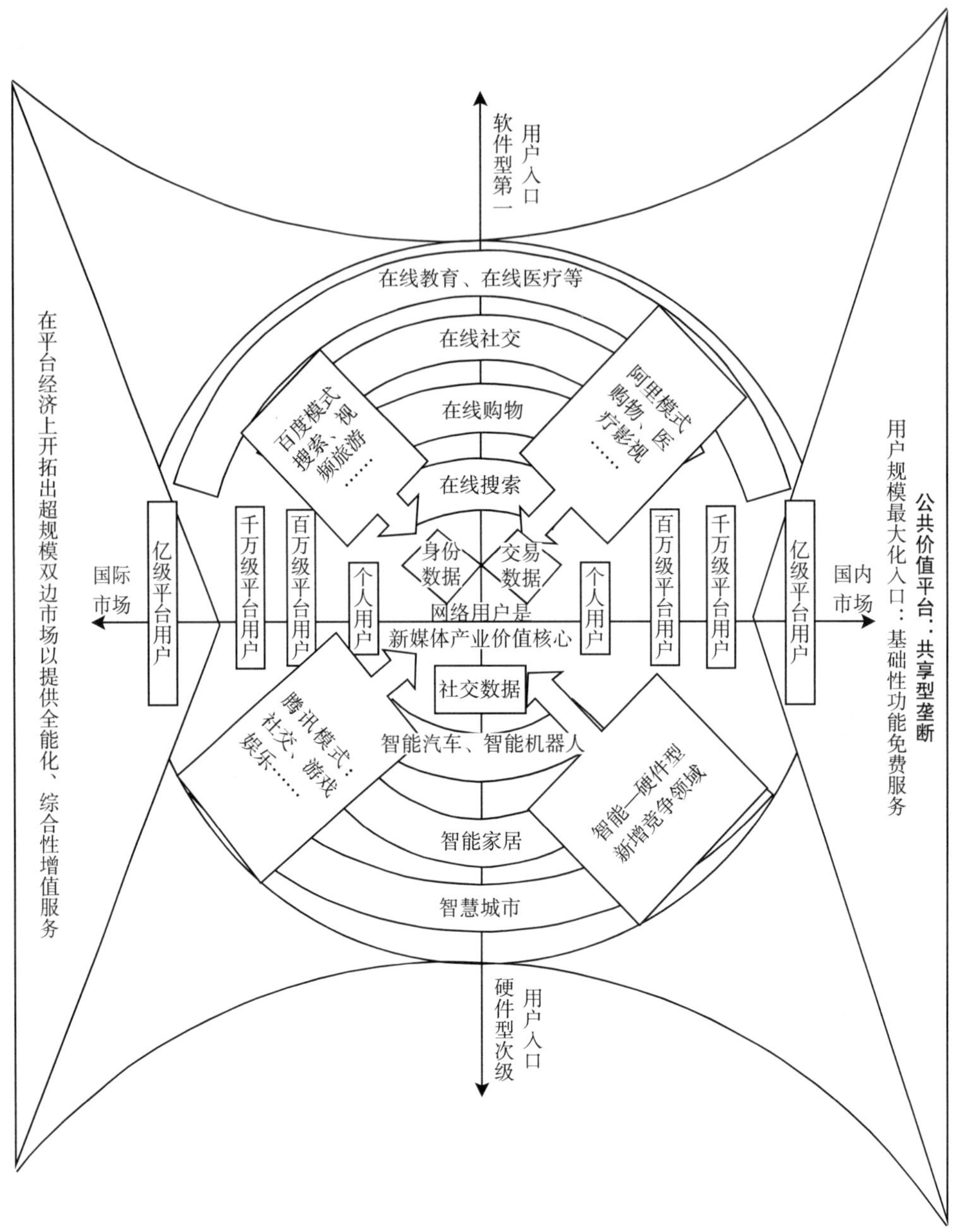


**图 1–3　2016 年中国新媒体产业的概况与趋势**

资料来源：笔者自绘。

图 1–3 中的中国新媒体产业现状，与全球大格局保持着高度一致。

图 1–3 中的四个矩形箭头，分别代表以“搜索和视频”为新老主业的百度、以“购物和医疗”为新老主业的阿里巴巴，以“社交和娱乐”为新老主业的腾讯，及以 BAT 为主体，以智能汽车、智能机器人、智能家居和智慧城市为核心载体的硬件型次级用户入口领域的合作竞争。①

在此，我们从以上阐述中腾讯和阿里巴巴的全能化拓展为例，来推理新媒体所需要的，与全能化发展态势相适应的，充满创新意识和创新勇气的资本市场。

## 第四节　新媒体发展的影响因素

综上所述，笔者认为用户、技术、资本市场和政策四大类因素影响着新媒体的发展。其中，用户是第一大影响因素，其次是技术，再次是资本市场和政策。

在此，笔者将四大类影响因素进一步细分为以下六个具体化的影响要素：

第一，用户规模及其增加速度，因为它决定着平台的规模大小和功能整合度的高低。用沙漏模型来分析和观察，我们会很容易理解：第一入口的用户规模越大，平台的规模就越大，就越容易发展出长尾市场和双边市场，越容易建构平台经济发展路径与增值模式。

第二，用户互动的深度与广度，因为它决定着用户黏度及功能整合的现实可行性。Bilibili 网站的绝对用户规模并不大，但针对其“时尚潮流内容创新社区”的定位，截至 2016 年 6 月注册用户规模超过 6000 万，可以说 Bilibili 网站对其目标用户的覆盖率已经达到相当高的水平。到 2016 年底，据本书研究团队的实

① 周笑. 新媒体产业年度趋势解析及战略远景展望：平台全能化成为新动力机制 [D]. 新闻大学，2016（3）.

地调研数据，Bilibili 网站的注册用户规模接近 1 亿。由于 Bilibili 网站的注册用户有着较高的互动深度与广度，所以 Bilibili 网站的用户黏度在某种程度上可以说居于国内第一的位置，因为它的主体用户是“90 后”和“00 后”的年轻人，他们几乎不会长久关注任何其他媒体。而 Bilibili 网站不同主题社区的注册用户，也几乎不到其他社区去“闲逛”，并且高度专注于自己特定的兴趣社区。本书研究团队的实地调研数据表明，高达 55%以上的 Bilibili 网站“番区”注册用户，几乎从未到过“音乐区”和“舞蹈区”。如此高黏度的用户，才能发展出专业度极高的“社区群体”，开拓出具有高度市场差异性的新媒体定位、功能、产品及服务。

第三，平台功能整合的渐进过程中，功能增补序列中的有效互补性。比如：从“社交”到“购物”，较之于从“购物”到“社交”，前者的有效互补性要明显高于后者，因为根据本书研究团队的调研数据，用户间信任度在前一个渐进过程中是递增的，而在后一个渐进过程中则是递减的。换句话说，人们会在自己的社交圈中，比较自然地选择信任度较高的朋友，发展出购物或其他价值交易关系，如“朋友圈中的旧货买卖或互换行为”，而要把用户之间基于购物的相互关系推进发展成某种社交关系，则是非常困难的。

第四，在全球范围的现存经济体系中，能够最高效促进用户规模增长，加速平台功能整合进程的，就是资本市场。借助于快速、成熟的风险资本投资及资本并购，可以更有效地完成跨产业、跨国界的用户规模拓展及平台的超规模垄断，这无论是美国还是中国的新媒体领域，都是如此。

在此，我们不妨以阿里巴巴近年来在新媒体产业领域的资本并购为例，予以佐证。

截至 2015 年底，中国互联网普及率从 2014 年底的 50%提高至 54%，而在线购物的用户比重也从 55%~60%提高到 60%~65%。以网络购物平台为主业，通过大举战略投资进军传媒产业领域的阿里巴巴集团，成为平台全能化的另一个典范，即从购物交易平台催化内容创新的可持续发展路径。

阿里巴巴网络技术有限公司（以下简称阿里）创立于 1999 年，主营网络购物，全能平台包括淘宝网、天猫、聚划算、全球速卖通、阿里巴巴国际交易市场、1688、阿里妈妈、阿里云、蚂蚁金服、菜鸟网络等。据美国媒体的报道，2015 年总收入有望达到 1035 亿元，低于 2014 年 48%的增长预估值。但据 2015 年的季度报告显示，阿里移动平台的月活跃用户年增长率为 138.5%，移动平台收入增长了 1020%。[①]

在此，我们简单归纳一下阿里 2015 年与传媒业高度相关的重要投资并购。

1. 以内容为王的传播业购并

2015 年 6 月 4 日，阿里宣布将投资 12 亿元参股上海文广集团（SMG）旗下的第一财经，开拓数据服务领域。

2015 年 7 月 15 日，阿里宣布成立阿里音乐集团。

2015 年 10 月 16 日，阿里宣布已向优酷土豆公司董事会发出非约束性要约，11 月 6 日，双方就收购优酷土豆股份签署并购协议。

2015 年 12 月 11 日，阿里协议收购《南华早报》及南华早报集团旗下的其他媒体资产。

2015 年 12 月 29 日，阿里影业决定向“淘宝电影”和“娱乐宝”注资。

至此，阿里在国内传媒领域以内容为王的战略布局初具规模。详见表 1–3。

**表 1–3　阿里在媒体产业的投资概况**

| 合作主体 | 投资时间 | 金额 | 持股 | 属性 | 对阿里系的价值 |
|---|---|---|---|---|---|
| 《淘宝天下》<br>浙江日报集团 | 2009 年 9 月 | 未知 | 未知 | 杂志 | 中国第一本专业网购指南杂志 |
| 《天下网商》<br>浙江出版联合集团 | 2010 年 4 月 | 未知 | 未知 | 杂志 | 中国第一本代言小企业利益、关注民营资本发展、针对电子商务的专业期刊 |
| 新浪微博 | 2013~2014 年 | 超 5.9 亿美元 | 32% | 社交媒体 | 掌控微博入口，控制新浪 |
| 商业评论 | 2013 年 4 月 | 未知 | 未知 | 财经媒体 | 加强信息和数据服务合作 |
| 文化中国 | 2014 年 3 月 | 62 亿港元 | 60% | 影视娱乐 | 已改名为阿里影业 |
| 华数传媒 | 2014 年 4 月 | 65 亿元 | 20% | 文化产业 | 打造大数据帝国重要一环 |

① 付森. 美媒：2015 年阿里巴巴总收入将增加利润或降低［EB/OL］. 环球网，http：//tech.huanqiu.com/internet/2015–01/5369267.html，2015–01–09.

续表

| 合作主体 | 投资时间 | 金额 | 持股 | 属性 | 对阿里系的价值 |
|---|---|---|---|---|---|
| 虎嗅网 | 2014 年 5 月 | 2484 万元 | 15% | 科技媒体 | 强化 IT 媒体话语权 |
| 华谊兄弟 | 2013~2015 年 | 超 15 亿元 | 8.06% | 影视娱乐 | 加强影视领域内容把控 |
| 光线传媒 | 2015 年 3 月 | 24 亿元 | 或 20% | 影视娱乐 | 成为光线传媒第二大股东 |
| 第一财经 | 2015 年 5 月 | 12 亿元 | 30% | 财经媒体 | 加强媒体和金融信息合作 |
| 北青社区报 | 2015 年 5 月 | 未知 | 未知 | 大众媒体 | 与北京青年报签署战略合作 |
| 无界 | 2015 年 9 月 | 未知 | 未知 | 移动媒体 | 与新疆网信办联合布局 |
| 36 氪 | 2015 年 10 月 | 约 1 亿美元 | 未知 | 科技媒体 | 更多地在股权众筹领域合作 |
| 封面传媒<br>川报集团 | 2015 年 10 月 | 未知 | 未知 | 大众媒体 | “个性化定制”的新型主流媒体 |
| 优酷土豆 | 2015 年 10 月 | 45 亿美元 | 收购 | 网络视频 | 弥补阿里在视频领域的短板 |
| 南华早报 | 2015 年 12 月 | 未知 | 未知 | 香港媒体 | 增强在海外的舆论话语权 |

注：据公开资料整理：历年投资粗略估计超 500 亿元。
资料来源：新浪博客。

表 1-3 中阿里的传媒业投资既涵盖了北青报、南华早报、第一财经、光线、华谊、文化中国等一流内容媒体，也涉及新浪微博、虎嗅网、优酷土豆等重量级网络新媒体。我们从中可以看到阿里作为平台型企业，通过持续的战略投资，对传统媒体产业格局所起到的深刻重塑作用，即优质资产与平台的规模化集成。

与此同时，阿里展开了基于网络购物优势的国际化收购。

2. *以平台为王的全能化购并*

（1）全产业链网络购物平台及其国际化。2015 年 1 月至 9 月，阿里以网络购物为标的投资并购了 10 多家国内外重量级企业，其中包括控股易传媒、投资物流公司圆通和奢侈品电商平台魅力惠、创立本地生活服务平台公司“口碑”、入股苏宁和“饿了么”，并与联合利华、美国零售巨头梅西百货及全球领先零售贸易集团麦德龙达成长期独家战略合作。

（2）开拓互联网金融平台。截至 2015 年底，中国国内运营中的 P2P 平台超过 2000 家，获得第三方支付牌照的企业有 270 余家，交易规模超过 20 万亿元。如此大规模的货币交易平台，在某种程度上迫使 2015 年成为中国互联网金融的

“监管元年”，逐步将目前的网络第三方支付、P2P分别定位为小额支付通道和信息中介，纳入银行的委托监管范畴。

在这一背景下，2015年2月至3月，阿里先后与蚂蚁金服集团完成重组，成为支付宝母公司，并与英国创新借贷机构ezbob及iwoca达成战略合作。

（3）建构新媒体健康医疗平台。2015年4月，阿里宣布转让天猫在线医药业务的营运权给予阿里健康，以换取阿里健康新发行的股份和可转股债券，阿里健康将成为阿里集团的子公司。截至2016年1月，全国近400家大中型医院加入马云的“未来医院”，覆盖全国90%的省份。用户可通过支付宝，即享受挂号、缴费、查报告、B超取号、手机问医生等全流程服务。目前，该平台已服务超5000万人次。

（4）投资硬件科技、数据挖掘和人工智能等新技术平台。2015年2月至7月，阿里先后战略投资魅族科技、软银机器人控股公司和旗下的阿里云，用于国际业务拓展，云计算、大数据领域基础和技术的研发，以及数据技术生态体系的建设。

（5）更直接地鼓励创新创业。2015年2月到7月，阿里成立10亿港元非营利性香港青年企业家基金。此外，移动开放平台阿里百川为移动应用创业者提供“10亿创投+10亿贷款”。

（6）大宗商品交易平台。2015年最后两个月时间里，阿里增资五矿发展股份有限公司，以打造钢铁交易B2B平台和金属交易生态圈。

（7）国际重大体育赛事平台：“丰田杯”变“阿里杯”。2015年底，阿里与国际足联达成合作，成为国际足联俱乐部世界杯2015年到2022年的独家冠名赞助商。从2015年起，世界杯将正式被更名为“阿里杯”（Alibaba E-Auto FIFA Club World Cup）。

第五，在中国这个特色鲜明的社会主义市场经济环境中，政策成为影响新媒体发展的重要因素。这主要是由国有媒体和国有经济比例较大，利益平衡的范畴较大，以及复杂度较高造成的。以互联网金融为例，在政策进行干预前，中国的互联网支付及互联网金融的规模，已经达到国际领先的水平。但是在强化监管政策并明确划分利益边界之后，互联网金融的规模已明显开始萎缩，活跃度也远不如高峰时节。本书认为，面对发展周期短、传播效果高度不确定的新媒体，监管政策的容错度应适度提升，合理范围内越宽松越有利于新媒体的发展。

第六，与用户、技术、资本市场和政策等因素均高度相关的，是个性化定制服务水平的高低。因为新媒体的基本特征之一和最大优势就是点对点的互动传播，兑现在产业化发展路径上，直观地体现为末端消费者这个最终“落点”的个性化服务。这里有不同层次上的定制服务，最高层次是“一人一品一价”的极端差异化个性化定制服务。以此为顶点，个性化定制服务的程度和水平可依次递减。顺着这一分析思路，新媒体产品或公司数据的开放程度或者说共享程度，也是影响新媒体发展的重要因素。因为它直接作用于新媒体的社会化拓展潜能和产业化战略合作的潜能。

综上所述，新媒体亟须国资、民资和外资的共同介入，促进各类先进技术和各类资本市场的优化组合与互利交融，以利于用户规模及其平台化产业结构和市场结构超规模垄断的可持续拓展，同时也亟须在新媒体产品及技术、新媒体产业、新媒体社会及文化等不同层面保持必要的差异性，因为新媒体作为国民经济、政治和文化的现代化基础设施，在国家安全、社会福利等诸多重要领域，日益展现出其特殊性和重要性。这正是本书的核心价值与意义所在。

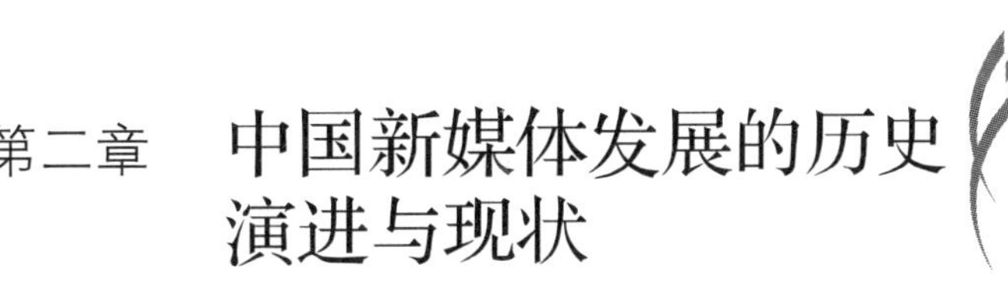

# 第二章　中国新媒体发展的历史演进与现状

自 1994 年 4 月全功能接入国际互联网，迄今 22 年的发展，依托互联互通，在新技术革命的推动下，伴随着信息化、数字化的发展浪潮，中国新媒体取得了爆发式的发展，日益嵌入中国经济社会发展，由信息搜索媒体演化成商业平台和生活平台，中国新媒体发展既是技术演进、经济嬗变、社会转型的结果，也是媒体产业发展的规律使然。新媒体的发展创新了信息产品形态，颠覆了传播渠道与传播方式，重构了市场化生存逻辑和产业结构。我国新媒体产业 22 年的跨越式发展，既取得了举世瞩目的成绩，也暴露出诸多问题。

## 第一节　中国新媒体发展历程

在业界和学界存在多种划分标准和方式，标准为时间顺序、技术应用、产业升级等。受摩尔定律观念的影响，我国学者早期对互联网历史阶段的划分以时间顺序为依据，具有代表性的是彭兰（2004）以两年为一个阶段，将互联网发展阶段分为从无到有、从少到多、从单一模式到多种道路、向规范化规模化运营、跻身主流媒体五个阶段。张朝阳（2011）从技术发展和社会应用角度将互联网发展分为四个阶段。第一阶段，早期浏览器出现，可以浏览图文界面；第二阶段，人工、手工的内容分类方式催生了以雅虎为代表的分类网站；第三阶段，依赖数据收集和计算的搜索引擎出现；第四阶段，人们把互联网当成一种沟通工具。也有文章从产业发展的角度将互联网发展历程分为四个阶段：一是信息互联网时代（2000 年左右）；二是娱乐互联网时代（2003~2005 年），以娱乐、游戏等互联网公司上市为标志；三是商品互联网时代（2007~2010），以淘宝、凡客诚品、京东商城等电子商务企业兴起为标志；四是以赶集网等为代表的生活类互联网阶段（2010 年）。中国网络空间研究院在《中国互联网 20 年发展报告（摘要）》中将我国互联网发展划分为基础初创期、产业形成期、快速发展期和融合创新期四个阶段，并指明目前处于融合创新期。

然而，事实上，新媒体的发展不仅是技术推动的产物，同时也是媒介市场发育、消费者需求升级等要素综合作用的结果。技术的虚拟化、组织形态的平台化以及传播方式的微型化使得新媒体的内核与外延不断发生变化。课题组从技术拉动、内容生产、传播方式和商业模式嬗变四个维度对新媒体的发展历程进行梳理和划分。

## 一、探索成长期（1994~2004 年）

从 20 世纪 80 年代开始，中国互联网新媒体开启了引入中国的步伐，作为信息检索和信息通信的工具开始在学术科研机构集中应用。1987 年，北京计算机应用技术研究所建成了我国第一个互联网电子邮件节点，1987 年 9 月 14 日，钱天白教授向世界发出了第一封电子邮件。随着学术界和科研机构研究者的共同推动和前期积累，我国在 1994 年 4 月 20 日，首次加入国际互联网大家庭。中国互联网时代的大幕徐徐开启。

1994 年，瀛海威信息通信公司成立，这是我国第一个互联网接入服务商，标志着我国开启了互联网商业化运营时代，中国进入互联网探索成长期，互联网的应用和推动力量开始向民间转移。传统媒体网站与商业网站相继建成，通过海量信息的存储、传输和超链接开启了综合门户互联网新时代，聚拢了大量的受众和消费者，在媒体宣传和高科技股的带动下，推动了中国互联网的迅速普及。

1996 年，新浪网的前身“四通利方网站”、搜狐的前身“爱特信信息技术有限公司”成立，1997 年网易公司成立，1998 年腾讯公司成立，1999 年阿里巴巴成立，2000 年百度成立。在中国新媒体产业具有规模和格局的公司，均诞生在这一时期。2000 年新浪、搜狐和网易在纳斯达克挂牌上市，成为国内商业网站发展史上的一个里程碑，也引发了中国互联网第一轮投资热潮。艾瑞资讯（IResearch）统计，2003 年中国网络广告市场达到 10.8 亿元，同比增长 120%，如图 2-1 所示。然而，2001 年开始，受到世界互联网经济的影响，三家门户网站股票受到前所未有的冲击，一度跌至 1 美元，甚至被摘牌。2002 年初，各网站积极寻求新的发展方式，创新产品和服务，同年 7 月，三大门户网站便先后宣布步入盈利阶段。中国商业网站开始了重振之旅，以即时全面的内容和服务不断扩大在网民中的影响力。

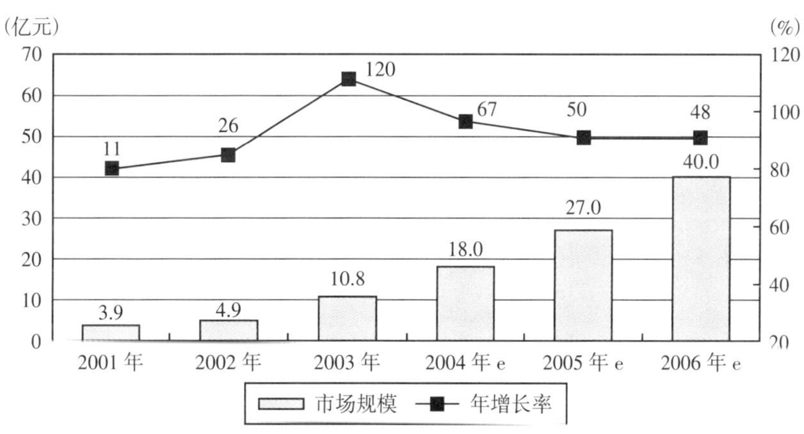


**图 2-1　2001~2006 年中国网络广告市场规模及预测**

这一阶段性特征具体表现为：

1. 技术层面

新媒体以 Web 1.0 技术为核心，主要运用搜索引擎来进行内容整合与传播的“大众门户”，但仍处于互联网技术的孵化阶段，发展速度缓慢。

2. 内容层面

内容的接受者仍是“受众”，媒介产品以电子邮件、新闻资讯为主。作为新媒体的互联网是新闻信息发布的重要窗口，特别是在重大事件发生后，其报道的数量、质量及深度都大幅度提升，高时效性加之超链接文本的优势，使其影响力和受关注度大大增强，频频引发网络舆论热潮。

以携程旅行网为代表的旅行类垂直门户、以搜房网为代表的房产门户、以前程无忧为代表的求职类门户出现，相对传统综合门户来说，垂直门户表现出“专、精、深”的特征。垂直门户的分众化传播及市场细分产生的精准内容投放对综合门户网站造成了有力的冲击。

3. 传播层面

传统媒体频频触网。1995 年起，教育部主办的《神州学人》、《中国贸易报》、《中国日报》、广东人民广播电台、中央电视台先后建立网站，成为传统媒体网络化的先驱。至 1999 年底，全国建立独立域名的新闻宣传单位 700 余家，以人民网、光明网、新华网、央视国际等为代表的综合性新闻网站通过不断创新和整合，成为受众获取信息的重要渠道。

1995 年 8 月，清华大学内部的“水木清华站”BBS 讨论区对外开放，这一“社区”开始改变中国网民的网络使用习惯，并成为时尚和文艺的代名词。

2003 年，《南方都市报》报道“被收容者孙志刚死亡事件”，经政府各大新闻网站和新浪、搜狐等门户网站的转载，引起社会普遍关注，并在互联网形成巨大的舆论声势，成功地推动了政府废止城市流浪人员收容遣送制度的进程。此次事件也成为网民通过网络舆论影响政府决策的标志性事件。

4. 商业模式层面

探索成长期的商业模式可细分为两个小的阶段，即探索期商业模式和成长期商业模式。

探索期商业模式（1994~2000 年）。这一阶段新媒体的商业模式不清晰和不成熟，或遵循传统媒体的商业模式框架，或直接从海外模仿借鉴而来，成为互联网公司发展的突出问题。因门户网站未被赋予采访权，在一定意义上是传统媒体的延伸，内容大多由传统媒体转载而来。因此，产品、渠道和商业模式创新均受到限制，内容和服务同质化严重，用户注意力分散，尚未找到聚合用户的有效途径，在一定程度上加大了信息的流通成本和沟通成本，通过提供免费产品与服务来实现注意力经济，这种方式曾一度被称为“烧钱”，这一阶段也被业界戏称为“大跃进”发展时期。

成长期商业模式（2000~2004 年）。在经历了互联网寒冬后，互联网企业为寻找新的商业模式做出了多方尝试。移动增值、网络广告与网络游戏成为具有代表性的商业模式。2000 年开始，利用中国移动推出的“移动梦网计划”向用户提供信息和应用服务，使互联网经济迅速回暖，2002 年开始，搜狐、新浪和网易便实现了盈利。网络广告收入开始增加，在网络游戏，特别是盛大网络 2004 年上市的引领下成为互联网企业积极创新的新型商业模式。

互联网的探索成长期以 1994 年瀛海威信息通信公司成立为起点，经历寒冬，以重生为节点。这一时期互联网发展可谓是一波三折，虽然出现了繁荣，但仍能看到中国互联网位于成长期的艰难。

## 二、新媒体高速发展期（2005~2010 年）

2005 年以后，博客、多媒体平台的出现标志着新媒体进入全新发展阶段，中国网络新媒体日趋成熟，成为信息交流与社会交往的工具，形成以电子商务、网络游戏、视频网站等为主体的产业业态，竞争日益激烈，2009 年，互联网用户持续增加，网民数跃居世界第一。这一阶段的特征表现为：

1. 技术层面

这一阶段是以 Web 2.0 技术为核心，推动了中国互联网的发展，实现了信息传递的交互式和开放式，同时催生了 Blog、WIKI、RSS、SNS 等网络新媒介的出现。

2. 内容层面

从 2005 年开始，随着博客等应用兴起，自媒体影响力逐渐加强，草根经营阶层崛起，为互联网产业提供了大量而多元的内容，逐渐成为舆论的引导者和信息源。2006年的“虐猫事件”和2007年的“最牛钉子户”报道彰显了互联网地位的提升。这一时期，网站与内容流型社交网络并存，传播内容由静态发展成动态信息流，“受众”开始转向 “用户”。网络新闻影响力提升，新华网、人民网等中央重点新闻网站访问量不断提升，同时作为新浪、搜狐等商业网站内容转载的主要来源，特别在重大新闻事件的报道上，重点新闻网站报道的权威性与商业网站的点击率相结合，实现了良好的传播效果和影响力。进入2005年以后，各大网站在提供新闻、移动增值以及网络游戏等服务的同时，纷纷推出博客、播客等新业务来提高关注度。在互联网新技术的推动下，在名人效应的带动下，受众的表达热情得到了满足，内容生产者与受众积极互动，出现了井喷式的发展。网民可以在互联网上生产内容、发表评论，拓展了现实社交网络。

3. 传播层面

2006年，第十六届“中国新闻奖”评选中，13件网络新闻首次获奖，是互联网作为媒体地位确认的标志。2008年国际奥委会首次将互联网等媒体作为独立转播平台纳入奥运会传播体系。继综合网站之后，以天涯为代表的社区和以百度为代表的搜索类网站成为商业网站的后起之秀。它们通过专业化和纵深性的内容生成机制积聚了大量的人气，并以便捷性和实用性获得了较高的点击率，分流了部分传统综合门户网站的人气。同时，新浪、搜狐、网易等传统综合门户网站通过创新服务，利用博客和播客等新媒体，聚集人气和点击率，特别是名人博客的出现，使其商业价值实现大幅度飙升。

4. 商业模式层面

“内容为王”是这一阶段新媒体企业的运营理念，产品生成机制为“内容带来用户，用户贡献内容”（User Generate Content，UGC）。产品表现为以豆瓣、博客中国、天涯社区、西祠胡同、土豆网为代表的BBS、博客、空间、多媒体平台等形态，用户开始进行原创内容生产并聚集了忠诚用户，互动性和参与性增强，社交形态初具雏形。这一阶段商业模式不再单纯依赖广告，各种社会资本、民营机构也开始进入。

互联网公司开始对商业模式的探索，以搜索引擎、电子商务为代表的商业模式，拉动了互联网企业规模的扩大和产业的迅速发展。2005 年百度上市，验证了“搜索引擎+广告”商业模式的成功；2007 年阿里巴巴在港交所上市，推动了电子商务模式的发展；2009 年，奇虎 360 发布永久免费的杀毒软件，以免费服务获得的超大用户数量为基础，利用增值服务实现价值增值；“双十一”购物作为新的流行购物模式，成功开启了互联网大规模购物时代。

## 三、繁荣期（2011 年至今）

2011 年 5 月，中国人民银行公布了首批获得“支付业务许可证”的 27 家企业名单，其中支付宝、财付通、银联商务等悉数获得支付业务许可证。随后，阿里巴巴、腾讯纷纷开始尝试开发互联网金融业务。如今碎片化理财和快捷支付已成为百姓生活中必不可少的一部分，在带来日常便利生活的同时，不仅开启了新媒体金融新时代，也进入了新媒体发展繁荣期，新媒体数量、用户规模急剧扩大，产业链日益完善并开始产业化、规模化发展。智能终端与图像识别、语音识别、精准医疗、精准农业、自动驾驶等领域融合呈现快速发展，以微博、大众点评网、淘宝、携程等为代表的智能终端带领社会迈入社会生活与社交融合的新阶段。B（百度）、A（阿里巴巴）、T（腾讯）成为新媒体产业内霸主企业，通过一系列的并购行为，影响产业发展态势，推动着新兴业态出现。

1. 技术层面

这一阶段是以 Web 3.0 技术为核心，基于语义网和大数据，消息流型社交网络与移动 APP 并存，传统搜索引擎功能得到弱化。宽带无线接入和移动终端技术的发展使新媒体传播进入以 APP 为工具，社会关系为传播渠道的“个人门户”传播和微传播时代。

2. 内容层面

内容产品以社交和关系为主体的社群互动生成，表现出社交化、碎片化、灵活性和个性化特征，产品形式主要为“两微一端”和服务互联。

3. 传播层面

新媒体不再是单纯的媒体，呈现出明显的平台特征。新媒体与人们日常生活日渐融合，大数据、云计算、高速可靠移动网络、物联网、智能硬件使新媒体边界逐渐消解，发展成为综合性的生活平台。以新浪微博、饭否、知乎为代表的社交应用类产品相继涌现，在用户原创内容（UGC）的基础上，降低了表达门槛和成本，从情感上拉近了用户之间的距离，提供了互动与交流的平台，满足了用户的个性化需求。

4. 商业模式

在移动互联网、物联网、云计算等新技术的推动下，新媒体平台发生了变化，新的业务形态与业务流程不断出现，因此产生了新的商业模式。

微博、微信、导航、团购、付款、打车等智能客户端的出现，改变了大众的生活习惯和行为方式，为生活提供了便利，占据了大量碎片化的时间。用户在享受定制服务的同时，在平台中积极参与互动。广告虽仍是重要的商业模式，但有效实现了精准投放。基金公司和保险公司也开始积极筹备、开展以及试水银行、网络直销、资产证券化产品及券商类信贷等业务。

在这一时期，以腾讯、阿里巴巴为代表的新媒体企业，商业模式逐渐清晰、成熟，而且实现了多元化创新。腾讯围绕着庞大的用户资源，不断拓展产业链进行商业模式创新，实现了网络游戏、SNS、门户网站以及电子商务等多环节的价值增值。到目前为止，以腾讯和阿里巴巴为代表的大型互联网企业已经摆脱了对传统商业模式的依赖，开始朝着“平台”商业模式发展。

作为具有国家战略意义的新媒体产业，伴随着大国崛起而不断腾飞，正逐渐彰显出巨大的发展潜力，日益成为新经济体系的重要拉动者。

# 第二节　中国新媒体行业发展现状

## 一、新媒体产业发展的总体状况

2014 年互联网的国家战略地位得以确立，进入新的发展阶段。如今，我国域名总数为 4228 万个，网站总数为 482 万个，其中“.CN”网站数为 259 万个。目前，全球十大互联网公司，中国占据四席。2016 年末，我国境内外上市的互联网企业已达 91 家，市值达 5.4 万亿元。其中，腾讯和阿里巴巴市值总和达 3 万亿元，占全国上市互联网企业总市值的 57.0%。

互联网产业新的产业模式改变了相关产业的生存逻辑和企业的运营模式，并带来更多的发展空间和核心竞争力的提升。2016 年，国务院等相关部门相继出台有关“互联网+政务服务”、“互联网+流通”、“互联网+制造业”等指导意见，推动互联网与各个行业的融合。互联网在企业营销体系创新、信息沟通体系建立以及供应链升级改造过程中起到了举足轻重的作用。与此同时，互联网信息化发展和互联网安全成为广受关注和亟待解决的问题。2016 年 4 月 19 日，习近平在网络安全和信息化工作座谈会上明确指出，要“推动我国网信事业发展，让互联网更好地造福人民”。

互联网是信息社会的基础设施和基础媒介，随着信息技术的高速发展，互联网应用与服务不断升级，对中国的政治、经济、文化等领域均产生了深远影响，将为中国社会带来前所未有的变革。特别是移动互联网的发展，其简易性、便捷性和丰富性的特征大大降低了受众使用互联网的门槛，使网民数量激增的同时，实现了使用者从受众到用户身份的转变，实现了与其工作、娱乐、生活及消费的无缝连接。

### （一）网民规模与属性

2016 年 12 月，中国网民规模达 7.31 亿人，较 2005 年底共计新增网民 4299 万人，增长率为 5.9%。互联网普及率达 53.2%，较 2015 年底增加了 2.9 个百分点。中国手机网民规模为 6.95 亿人，较 2015 年同期增加 7550 万人，中国网民中，手机上网使用率高达 95.1%。2016 年 6 月的数据统计显示，仅通过手机上网的网民达到 1.73 亿人，占整体网民规模的 24.5%，如表 2–1 所示。

**表 2–1　2014~2016 年 6 月中国网民规模和互联网普及率**

| 年份 | 网民规模（万元） | 互联网普及率（%） | 手机网民规模（万元） | 手机网民普及率（%） |
|---|---|---|---|---|
| 2014 | 64875 | 47.9 | 55678 | 85.8 |
| 2015 | 68826 | 50.3 | 61981 | 90.1 |
| 2016 | 73125 | 53.2 | 69513 | 95.1 |

资料来源：根据 CNNIC 互联网发展报告和艾瑞咨询报告整理。

我国农村地区互联网普及率达 33.1%，农村网民规模为 2.01 亿人，占比为 27.4%；城镇地区互联网普及率为 69.1%，城镇网民规模为 5.31 亿人，占比达 72.6%，较 2015 年底增长 7.7%。

1. 性别结构

2016 年 12 月，我国网络用户性别比例为 52.4：47.6，2015 年 12 月，该数据为 53.6：46.4，网络用户性别比例更趋均衡。

2. 年龄结构

据数据显示，截至 2016 年 12 月，占互联网使用主体的 10~39 岁网民比例达 73.7%，其中 20~29 岁网民占比最高达到 30.3%。相对而言，10 岁以下低龄儿童和 50 岁以上中老年群体互联网使用比例也有不同程度的提升，成为新的潜在用户群。

3. 学历结构

截至 2016 年 12 月，我国网民学历结构中，中等受教育程度（初中、高中、中专和技校等）人群为主要群体，占比总计达 63.5%。与 2015 年同期相比，小学及以下、大专、大学本科及以上学历的网民占比均有所提升。

4. 职业结构

2016 年，我国网民职业结构占比前三位的分别为学生群体（25.0%）、自由职业者群体（22.7%）以及企业内部群体（14.7%），总计达 62.4%。与 2015 年及之前同期相比，职业结构占比相对保持稳定。

5. 收入结构

我国网络用户从收入结构来看，以中高等收入人群为主，其中 3001~5000 元收入群体占比最高，2015 年与 2016 年分别占比 23.4%和 23.2%。据 2016 年最新统计数据显示，收入 8000 元以上和 1000 元以下群体网民比例均有上升。

性别、年龄、受教育程度、职业结构以及收入结构等是传统的报纸、书籍、广播、电视、电影等媒介进行市场细分与定位的重要考量因素。然而，与传统媒介相比，互联网新媒体初次将不同收入水平、不同职业结构、不同受教育程度的人群共同开发成受众（用户），实现媒介融合，成为真正意义上的大众媒体，受众和用户的细分规则也发生了空前的变化。在互联网高度发达和移动终端普及的情况下，基于不同网民属性的互联“圈”形成。“圈”，既是互联网与新媒体新的传播组织形式，又是市场细分的基础。

**（二）业务规模变化**

1. 广告市场规模

根据艾瑞咨询中国网络广告核心数据显示，中国网络广告市场规模达到 2093.7 亿元，同比增长 36.0%；移动广告市场规模达到 901.3 亿元，同比增长高达 178.3%。搜索引擎广告特别是移动搜索持续保持增长态势，门户网站搜索引擎广告差异化发展特征突出，主要通过营销服务来推动广告收入增长；视频网站近年来表现出强大的广告吸金能力，通过网络综艺节目和直播实现较大幅度的广告增值。国内消费水平和消费观念的持续升级及技术革新成为推动广告市场蓬勃发展的动力。移动互联网的高速发展为新媒体广告提供了新的发展空间。新媒体广告发展不断深入，与传统媒体的广告互动方式不断创新升级，朋友圈硬广告，以及借助“摇一摇”、“抢红包”等方式推出的新的广告形式在 2015 年相继走红，使其成为拉动全行业增量的主力军。中国新媒体广告市场已逐步进入成熟期，规模庞大。艾瑞咨询 2015 年中国网络广告核心数据显示，2015 年我国电视广告收入 1060 亿元，网络广告市场规模已达到电视广告份额的近两倍。移动广告市场规模达到 901.3 亿元，同比增长率高达 178.3%，发展势头十分强劲。2015 年，网络广告市场集中度继续向互联网巨头转移，BAT 三家份额达到 65.7%，如图 2–2 所示。

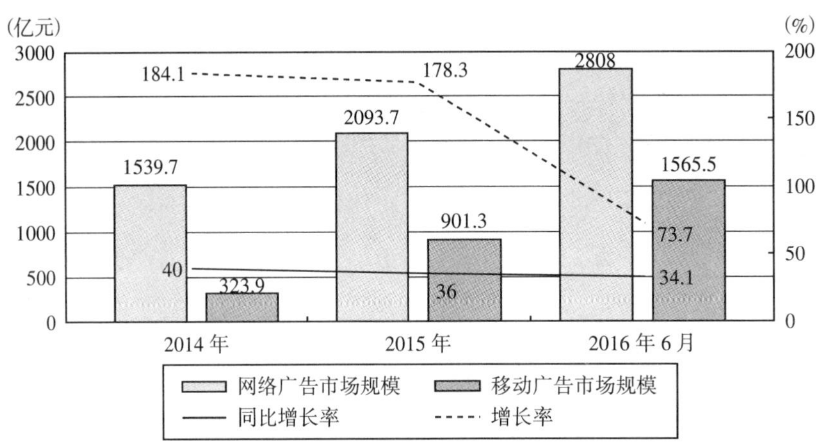


**图 2–2　2014~2016 年 6 月中国网络广告/移动广告市场规模**

资料来源：根据 CNNIC 互联网发展报告和艾瑞咨询报告整理。

2. 平台型新媒体

（1）即时通信市场。截至 2016 年 12 月，即时通信用户规模为 6.66 亿人，占网民总体的 91.1%，与 2015 年同期相比增长 4219 万人，增加 6.3 个百分点。手机即时通信用户规模达 6.38 亿人，占手机总体用户规模的 91.8%，与 2015 年同期相比增加 8078 万人，增长率为 12.7%。服务内容和产品细分趋势明显。

（2）搜索引擎市场。2016 年，我国搜索引擎运营市场规模达 799.6 亿元。截至 2016 年 12 月，我国搜索引擎用户总量为 6.02 亿人，使用率达到 82.4%，与 2015 年同期相比增长 3615 万人，增长 6.4 个百分点。其中，手机搜索用户规模为 5.75 亿人，使用率达 82.7%，与 2015 年同期相比增加 9727 万人，增长率高达 20.4%。在整体网民、手机网民中，搜索引擎市场规模都位居前列。

3. 娱乐型新媒体

截至 2016 年 12 月，我国网络游戏玩家规模达 4.17 亿人，总体占比为 57%，与 2015 年同期相比增加 2556 万人，增长 6.5 个百分点。手游（手机网络游戏）用户规模为 3.52 亿人，占手机网民整体规模的 50.6%，比去年同期增加 7239 万人，增长率为 25.9%。用户规模和使用率增长态势较为明显。2015 年网络游戏销售收入 1345.8 亿元，同比增长 24.08%。中国自主研发的网络游戏市场实际销售达到 986.7 亿美元，占中国网络游戏市场实际销售收入的 73.3%，同比增长 35.8%。2015 年中国自研游戏实际销售收入达到 53.1 亿美元，同比增长 72.4%。我国网络视频用户截至 2016 年 12 月，规模总量达 5.45 亿人，与 2015 年同期相比增加 4064 万人，增长 8.1 个百分点。网络视频使用率为 74.5%，与 2015 年同期相比增加 1.3%。手机网络视频用户规模为 4.999 亿人，与 2015 年同期相比增加 9479 万人，手机网络视频使用率为 71.9%，手机网络视频用户规模和使用率较 2015 年同期相比增速明显，增长率分别为 23.4%和 6.5%。网络音乐用户规模截至 2016 年 12 月达 5.03 亿人，占网民总体规模的 68.8%，与 2015 年同期相比增加 176 万人，增比为 0.4%。手机网络音乐用户规模为 4.86 亿人，占手机网民整体规模的 67.3%，与 2015 年相比增加 5152 万人，增幅达 12.4%。移动音乐用户规模和使用率都有较大提升。截至 2016 年 12 月，网络文学用户达 3.33 亿人，占网民总体规模的 45.6%，相比 2015 年同期增加 3645 万人，增长率为 12.3%，手机网络文学用户总量达 3.04 亿人，占手机网民整体规模的 43.7%，与 2015 年相比增加 4469 万人，增比达 17.2%。

4. 服务型新媒体

（1）网络购物市场。我国网络购物市场呈现持续增长态势，截至 2016 年 12 月用户规模达到 4.67 亿人，与 2015 年同期相比增加 5345 万人，增长 12.9 个百分点。手机购物用户总量为 4.41 亿人，手机网民规模总占比为 63.4%，与 2015 年同期相比增加 1.01 亿人，增加率高达 29.8%。艾瑞咨询中国网络购物发展研究报告数据显示，2015 年中国网络购物市场交易规模为 3.8 万亿元，2016 年前三个季度交易额分别为 0.97 万亿元、1.12 万亿元和 1.15 万亿元，同比增长率为

28.2%、27.6%和 23.6%。从网络购物市场结构来看，B2C 自 2015 年首次超过 C2C 后，占比呈现持续平稳增长态势，天猫、京东竞争优势较为明显，唯品会、苏宁易购等企业增速不减且竞争加大。海淘市场迅速增长，已开始培育特定的用户群体。

（2）团购市场。截至 2015 年，我国团购市场用户规模为 1.80 亿人，较 2014 年底增加 755 万人，增长率为 4.4%，有 26.2%的网民使用了团购网站的服务。手机团购市场增长速度较快，2015 年用户规模为 1.58 亿人，与 2014 年同期相比增长 33.1 个百分点，手机团购用户使用占比为 25.5%。据易观智库数据显示，2015 年中国团购市场销售规模与参团人数均呈现翻倍式增长，全年团购市场共计实现成交额 1917.5 亿元，同比增长 145%。

（3）餐饮 O2O 市场。据统计，2015 年我国餐饮 O2O 市场规模达到 1615.5 亿元，行业占比为 5.0%。日前，我国网上外卖用户规模为 2.09 亿人，占网民比例为 28.5%，与 2015 年同期相比增加 9500 万人，增长 83.7 个百分点。手机网上外卖用户规模高达 1.94 亿人，使用比例为 27.9%，与 2015 年相比增加 8974 万人，增长率为 86%，比 2015 年的增长率 40.5%翻了一番。

（4）旅游预订市场。据统计，2015 年我国在线旅游市场交易规模达 4326.3 亿元，同比增长 39.9%。目前，我国旅游预订市场用户规模为 2.99 亿人，与 2015 年同期相比增长 3967 万人，增长 15.3 个百分点。网民使用网上预订火车票和机票的比例相对较高，分别为 34%和 17.2%。手机旅游预订市场用户规模为 2.62 亿人，与 2015 年相比增加 5189 万人，同比增长 24.7%。使用手机在线预订的比例为 37.3%。去哪儿旅行、携程旅行和同程旅游用户覆盖率较高。短租、民宿等分享住宿开始快速增长，并对传统酒店的竞争逻辑带来冲击。在各航空公司降代提直大趋势的影响下，民航应用用户规模稳步增长，南方航空、春秋航空和中国国航位列前三。去哪儿网、铁道部 12306 网站和携程网的覆盖数 UV、浏览量 PV 和人均 PV 在整个旅行预订门户网站中排名靠前。2015 年，71%的游客会使用手机和平板电脑等移动设备搜索旅游信息和产品，其中 48%的人使用手机进行预订。

（5）新媒体金融市场。根据易观智库统计数据显示，截至2015年底，互联网理财市场整体规模为65662.3亿元，其中货币基金产品的规模为34932.3亿元，占总体市场规模的53.2%，其他互联网理财产品的规模为30730.0亿元，占总体市场规模的46.8%。在互联网理财市场货币基金产品中，余额宝仍一家独大，总体规模为6206.9亿元，占总体市场规模的17.8%。截至2016年12月，我国互联网理财市场用户规模为9890万人，与2015年同期相比增加863万人，增幅较小，网民使用率为13.5%。2015年，第三方互联网交易支付规模达11.9万亿元，同比增长46.9%。第三方移动支付交易规模达9.5万亿元，同比增长59%。其中移动金融占比为44.3%。2015年全国众筹行业共成功筹资114.24亿元，2016年上半年为79.41亿元。截至2016年6月30日，全国众筹行业历史累计成功筹资金额超过218亿元。2015年保险业总资产已超过12万亿元，全国保费收入达2.43万亿元，同比增长20%，互联网保险整体保费规模达到了2234亿元，同比增长160.1%。

（6）新媒体公共服务市场。当前，我国在线教育用户使用率达到18.8%，用户规模为1.38亿人，与2015年同期相比增加2750万人，增长25个百分点，手机在线教育用户使用率为14.1%，用户总量达9798万人，与2015年相比增加84.8%。我国互联网医疗市场用户总量为1.95亿人，与2015年同期相比增加26.6个百分点，网民占比为26.6%。其中，医疗保健信息查询用户使用率为10.8%，在线预约挂号用户使用率为10.4%，位居用户使用率的前两位。网络约租车市场规模不断扩大，其中，网络预约出租车用户规模为2.25亿人，用户占比为30.7%，网络预约专车用户总量为1.68亿人，网民占比为23%。滴滴出行、易到用车、神州出行成为中国互联网专车的三大领导性专车服务新媒体。2015年，滴滴出行全平台订单总量达到14.3亿个，其总注册用户数已突破2.5亿户。

5. 社交型新媒体

艾瑞监测数据显示，2015年中国社交网络市场规模均保持在较高水平，其中，PC端月度覆盖用户规模近5亿人，移动端月度用户规模超过3亿人。在社交市场中即时通信工具的使用率最大，占90.7%；综合社交应用的使用率为

69.7%。用户使用社交应用的目的包括与朋友互动（72.2%）、了解新闻热点（64.3%）、关注感兴趣的内容（59%）、获取知识和帮助（58.3%）、分享知识（54.8%）。在支付、金融和电商等层面的持续探索下，微信赶超 QQ 成为移动社交第一大平台，QQ 和微博分列第二、第三名。社交应用中，综合社交发展迅速，同时，针对不同场景、不同人群以及不同承载方式的同性交友、母婴社区、校园社交等细分社交平台不断丰富。

6. 内容型新媒体

目前，我国网络新闻用户规模为 6.14 亿人，网民使用比例为 84%。与 2015 年同期相比，用户规模增加 4950 万人，增幅比例为 8.7%，手机网络新闻用户总量为 5.71 亿人，与 2015 年同期相比增长 8961 万人，增长 18.6 个百分点。网络新闻与手机网络新闻网民使用比例分别为 84%和 82.2%。腾讯新闻、今日头条、一点资讯用户覆盖率位列前三名。

### （三）竞争格局

我国个人网络应用保持稳健快速发展，其中，网上外卖、互联网医疗分别以 83.7%和 28%的增长率位于 2016 年年增长率最快的互联网应用前两位。手机外卖和在线教育用户规模增加较快，年增长率分别为 86.2%和 84.8%。新媒体时代用户触媒习惯呈现移动化、碎片化、个性化和互动性的特征，对新媒体市场提出新的挑战，竞争主体不断涌现，竞争日趋激烈，竞争态势日益复杂。

1. 运用大数据精准定位成为新媒体企业竞争的焦点

以大数据和云计算为基础的搜索引擎、网络新闻资讯等市场用户规模持续增长，如何满足用户的多元化需求，提供有针对性的个性化服务是摆在互联网企业面前的问题，此时精准定位变成了新媒体市场竞争的焦点。百度搜索借助大数据精准定位用户搜索场景；神马搜索借助用户规模和大数据的支持，提高移动搜索服务功能。

2. 网络视频和音乐市场竞争格局初步形成

网络视频内容朝着差异化、精品化方向发展，通过自创内容产品增加用户黏性，养成付费习惯，竞争焦点由之前的版权之争向 IP 开发转变，并利用 IP 资源完善全产业链运作；网络音乐市场已基本形成新型产业链，音乐、明星、粉丝、活动等成为价值增值的核心环节；同时，音乐 APP 在产品体验、个性化功能设置方面的优势必将带来更大的发展。

3. 网上外卖和网上约租车市场竞争逐渐回归理性

在资本的推动下，网上外卖和约租车市场格局基本保持稳定，发展方式由初期的补贴向提供高品质服务转变，以沉淀早期积累的大量用户，通过大数据技术促进流程优化，提高运营效率，增强用户体验。

4. 新闻资讯市场出现竞合发展态势

媒体去边界化和内容传播去中心化的趋势，使人人都有麦克风，人人都是资讯的生产者和传播者，用户获取内容的便捷性、时效性、趣味性成为速食时代的基本需求。传统媒体、门户网站、新闻客户端、自媒体作为受众获取新闻资讯的主要渠道，发挥着重要作用，但由于其市场定位、经营模式、盈利方式等存在差异，随着移动端新闻资讯用户数量呈爆发式增长，特别是在互联网生态圈构建的大趋势下，纷纷在竞合关系中不断寻求发展。传统媒体依托其良好的口碑和用户积累向新媒体拓展，在作为内容提供商的同时，积极打造“两微一端”，形成了强大的网络传播影响力。自媒体平台利用其专业化、垂直化优势，整合传统媒体和新媒体资源，利用大数据算法分发，实现内容个性化精准推荐。

5. BAT 竞相布局，加剧竞争

百度、阿里巴巴、腾讯纷纷开始市场布局，涉及文化娱乐、电子商务、网络游戏、社交媒体、搜索引擎等多个领域。以 BAT 为首的平台型新媒体企业处于绝对主体与优势地位，三者运用并购和内部注资相结合，侧重不同市场进行 O2O 布局。腾讯定位智慧城市，将交通、出入境、生活缴费等公共服务领域设为主要服务领域；百度的定位是人工智能平台，利用糯米网，将酒店、团购和外卖等生活服务作为重点领域；阿里以口碑网为基础，发展售货机、餐厅、商业超市等零售领域，打造智能商城。中国新媒体“强技术、弱内容”的产业格局仍未得以有效突破。以直播为例，腾讯自有直播包括 QQ 空间、企鹅直播、花样直播、腾讯直播等，投资直播包括斗鱼、抱抱等；阿里自有直播包括淘宝天猫，投资直播有微博、优酷光圈等；百度自有直播包括百秀、ALa 等。总体来说，腾讯涵盖游戏、体育、泛娱乐多层面，阿里以电商为核心，为用户提供边看边买体验。

## 二、细分行业发展情况

伴随着新媒体产业和技术的发展，资本要素加强生态布局，产业集中度进一步增强，市场格局不断发生变化。手机网民规模增大推动了移动应用、智能终端及整个产业链的快速发展，“懒人经济”、“粉丝经济”持续发酵，在“新媒体+”的“跨界”发展模式下，在信息服务、社交、文化娱乐、商业服务等行业呈现新型业态。本书课题组将新媒体行业细分为平台型新媒体、娱乐型新媒体、服务型新媒体、社交型新媒体以及内容型新媒体。

### （一）细分行业构成

新媒体市场不断变革，既体现在用户行为方面，也体现在全新的市场格局、市场力量对比以及由此形成的新媒体版图方面。新媒体移动化、社交化、场景化特征彰显。从市场格局来看，新媒体个性化、垂直化、平台化发展，专业力量进入自媒体领域。

1. 平台型新媒体

（1）即时通信市场。从 1998 年 QQ 上线至今，经过近 20 年的发展，中国即时通信市场格局已经确立，网民使用率仍为各类应用最高。微信、阿里旺旺、YY、陌陌等软件均依靠各自的用户细分和精准定位在市场中占有一席之地，呈现出多元化、差异化及专业化特征。这些软件利用派发红包、微店、会员社交圈等形式培养用户使用即时通信工具购买、支付、售后沟通等习惯；通过不断开发出行、医疗、缴费等新型服务功能，使其业务不断向多领域渗透，实现价值多元化延伸，成为连接用户生活的服务平台和生活场景下的沟通工具。

（2）搜索引擎市场。自以 Yahoo 为代表的第一代搜索引擎开始，中国互联网企业探索的脚步从未停歇。发展初期的百度通过为用户提供免费搜索服务，实现了用户集聚，扩大了市场规模，成为行业领军企业。如今，互联网和物联网的高速发展使信息结构更加复杂，用户的搜索需求也开始多元化，中国进入搜索引擎市场的转型期。移动端搜索成为新媒体企业的新晋发力点；以旅游搜索、社交搜索、图片搜索、电商导购搜索等为代表的垂直搜索领域的差异化显现；搜索引擎的边界日益模糊，呈现去产品化趋势，其属性逐渐由工具向服务转变；大数据、人工智能、语音识别、图像识别等技术的发展，推动其向生态化平台推进，外延不断扩大并呈现一体化趋势，满足用户信息与服务的多元需求。

2. 娱乐型新媒体

泛娱乐文化市场由新媒体游戏、网络文学、在线视频、新媒体音乐等市场构成，进而形成泛娱乐一体化生态。

新媒体游戏市场产业规模不断扩大，移动网游已经成为市场的主力军，游戏运营模式向精细化、精准化方向转变，市场逐渐培育成熟。在虚拟现实技术（VR）和增强现实技术（AR）的推动下，游戏设备日益更新，带给玩家更真实的体验和互动。游戏市场呈现精品化、细分化趋势，游戏运营商以大数据技术为载体，通过识别玩家兴趣，对用户进行精准定位和市场细分，不断完善服务，从多角度、多平台提升品牌影响力，提高玩家忠诚度。在优化核心产品的同时开发周边产品，向上游延长产业链，将成熟 IP 资源开发成游戏，完成文学粉丝到玩家的转化，将网络游戏改编成影视作品，实现产业链向下游延伸，成为泛娱乐生态系统中举足轻重的力量。付费用户人数及付费能力不断提升，为游戏市场的繁荣提供了有效支持。

互联网时代，人们的生活方式和阅读习惯发生了很大的变化，大数据和云计算技术发展使阅读实现了多屏互动，精准推荐提高了用户黏性。2015 年，IP 价值引发的巨额营收推动网络文学向纵深发展，作为 IP 产业链的上游，网络文学市场格局发生变化，BAT 先后成立网络文学部门加入竞争。文学网站的商业模式由单一依赖用户付费向多元化过渡，网络文学作品积累的大量忠实读者在电影、电视剧、游戏等领域的 IP 开发中引发的粉丝经济将带来巨大的商业价值。

在线视频市场发展经历了可谓艰辛的历程，独家版权、整合等尝试却无法使其逃脱商业模式单一带来的桎梏，贴片广告作为主要收入来源其用户接受度和满意度低，导致视频业市场一直处于初级阶段。近两年来，视频市场自制视听节目数量增加，类型不断丰富，非广告业务开始成为在线视频企业收入新的增长点，市场逐渐成熟并持续保持高速增长态势，在线视频市场开始具备天时地利人和优势。在线视频企业通过延伸价值链，拓展价值增值空间和形式，与娱乐业等强强联合，打造新的娱乐生态系统；依托多屏设备技术优势，打造差异化精品资源库，发挥专业化、个性化优势；此外，弹幕类视频网站的风靡使传播方式和互动方式发生变化，通过参与、分享、社交以及购买满足用户的多元化需求，增加了用户聚集与黏性。直播视频网站异军突起，并在资本力量的推动下快速发展，迅速细分为多个市场，演唱会直播、真人秀直播和体育赛事直播市场规模不断扩大，但商业模式仍处于探索阶段。

音乐作为新媒体娱乐市场的重要组成部分，多年来一直受盗版音乐影响，虽有海量用户群却无法实现市场规模增长。2015 年，国家版权局提出“网络音乐服务商必须将未经授权的音乐作品全部下架”的要求，开展针对网络音乐版权的专项整治行动，中国网络音乐版权问题开始改善。各音乐平台间通过音乐版权转授权的方式进行合作，网络音乐作品来源日趋多元化，以明星演出、粉丝运营、媒体推广、票务平台为业务单元的产业链不断延伸，并与其他行业市场逐渐融合渗透，向着平台化和生态系统发展，促进线上线下及周边产业环节的发展。新媒体音乐市场由综合音乐平台、移动 K 歌平台、演艺直播平台、MV 视频与教学、门户音乐平台、粉丝娱乐平台等市场构成。

3. 服务型新媒体

服务型新媒体市场由网络购物市场、团购市场、餐饮 O2O 市场、旅游预订市场、在线教育市场、互联网医疗市场、网络约租车市场等构成。

近年来，我国居民人均可支配收入稳步提升，消费市场运行总体平稳，推动了网络购物市场的发展。基于“互联网+”相关政策的支持，在网络购物市场不断壮大的同时，也带动多个产业升级转型。目前，网络购物生态系统基本建立，跨境电商的发展将全球的商家与消费者连接起来，借助互联网形成新的生产关系，电商平台营销方式多元化升级，从购物消费模式向服务消费模式延展。据数据显示，2016 年天猫“双 11”全球狂欢节总交易额超过 1207 亿元，覆盖 235 个国家和地区，支付宝实现支付总笔数 10.5 亿笔，无线交易额占比 81.87%，同比增长 48%。

团购自 2005 年萌芽以来，历经了兴起、快速发展、白热化竞争、垂直平稳发展等几个阶段。在发展初级阶段，团购网站大多利用低价策略刺激消费需求和集聚客户，引发对商户的关注和体验热情，经过膨胀期后无法实现可持续性发展，随着市场竞争日益激烈，团购网站开始转向通过提供便捷化的服务来提升用户的满意度和忠诚度，深耕垂直市场和本土市场，实现发展方式的转型。目前，美团、大众点评、拉手、糯米等占有较大的市场份额。

随着互联网使用习惯和水平的不断提升以及生活节奏的加快，消费者用餐习惯发生改变，“懒人经济”为餐饮 O2O 市场发展提供了机遇。移动互联网、大数据技术的发展成为餐饮 O2O 从线下走向线上的巨大拉力。初期的外卖市场依托强大的资本优势，利用“补贴”有效实现了用户量和消费量剧增。随着外卖市场不断成熟，市场竞争回归理性，各平台开始由价格导向模式向服务导向模式转变，利用大数据和人工智能技术，通过提升智能配送系统和服务品质，提高用户体验，促使用户规模持续增长并实现精准营销。2015 年起，外卖市场开始整合，向一家专业外卖配送平台对接多家商户的生态化产业集群模式转型。BAT 投资的百度、饿了么、美团三家外卖配送平台用户占到整体网上外卖用户的 83.4%，外卖平台的市场格局已然形成。

中国旅游产业的发展以及居民旅游需求的增加，推动了旅行预订市场的繁荣，出境游、亲子游、邮轮游等成为近年来的热门选择。一方面，在经历了价格战之后，市场恢复理性，旅行预订企业通过投资并购等方式延伸产业链，寻求新的价值增值环节。另一方面，由于航空公司、酒店、景区的品牌意识和直营意识增强，在一定程度上增加了旅行预订市场的竞争压力，旅行预订企业纷纷打造平台生态系统，在满足消费者一站式和个性化需求的同时，提升品牌价值和影响力。

2013 年阿里巴巴集团推出余额宝引发了互联网金融热，改变了消费者的投资理念。其在不到一年的时间里实现规模接近 5000 亿元，成为业界神话，也因此催生出了“理财通”、“零钱宝”等一系列产品，刺激了互联网理财市场的发展，使2013年被定义为互联网的金融元年。随着新媒体技术的发展和应用水平的提升，新媒体金融与消费者联系日益紧密。现有新媒体金融市场由网上支付、互联网银行、P2P网贷、众筹、消费金融、互联网理财、互联网保险、在线供应链金融、征信等市场构成。

大数据、云计算等新技术在教育领域的应用，推动了在线教育的发展，在线职业教育用户群体清晰，需求旺盛，传统教育培训机构、互联网企业纷纷投入在线教育的市场竞争中。MOOC模式兴起，带动了在线教育市场发展，移动教育正成为市场主体。

2014年是互联网医疗元年。由于互联网医疗市场潜力巨大，大型互联网企业积极通过多种资本方式搭建起医疗健康生态系统，加剧了企业间的竞争，但竞争态势并不明朗，互联网医疗用户仍待培育。

移动技术的发展、消费者消费习惯的变化以及传统出租车的差口碑和不良用户体验，使网络约租车应运而生，借助精准客户定位，红包、分享返现等诸多优惠迅速打开市场，通过不断提升服务效率与品质，增加用户黏性，满足其个性化需求。

4. 社交型新媒体

社交媒体是集信息传播、获取、分享和发布为一体的社会化传播平台。随着智能手机的普及，社交产品的种类不断增多，功能不断升级，借助LBS、兴趣、通信录等功能，与即时通信、网络游戏、在线视频、互联网金融、电子商务等应用融合发展，聚合双方用户在社交产品内部形成多个自成体系的圈子（社群），通过以"关系"为主导的链条来实现对信息的更深、更广传播，增强用户黏性，继而带动政治、经济、技术和文化等各领域发展。目前，国内的社交应用市场包含综合社交和专业垂直社交两大市场。一方面，在大数据技术的推动下，社交媒体市场的移动化、专业化、本土化、兴趣化趋势为其他企业提供了商业平台和入口。另一方面，弹幕、网络电台等基于图片、音视频的多元社交，丰富了社交媒体的形式和内容。社交市场由综合类社交市场、即时通信市场、垂直类社交市场以及场景社交市场构成。

5. 内容型新媒体

在文化多元化趋势和新媒体技术不断发展的背景下，一方面，随着媒体间的不断融合，以“两微一端”为载体的转型媒体以及横空出世的自媒体，成为受众获取资讯的主要来源，新闻资讯市场成为继即时通信和搜索引擎之外的第三大新媒体市场，新闻资讯市场的用户规模、用户到达率和有效浏览时间都不断提高，内容产品的生产和传播方式都发生了深刻的变化。另一方面，新闻资讯市场用户量接近网民总量，增加了开发的难度和成本，如何沉淀用户并为其提供个性化、专业化和多元化服务成为重中之重；新闻资讯市场主体朝着平台化发展，体现出多元嵌入式的发展特征，即时通信工具、社交媒体及各类 APP 利用其社交属性和前期用户积累，转发新闻资讯并在圈内引发舆论点。新闻客户端成为移动人群和社区获取新闻资讯的首选。新闻资讯市场由新闻客户端市场和新闻网站市场构成。

**（二）细分业态发展**

1. 平台型新媒体：内容为王优势持续

平台型新媒体企业从进入智能互联网开始，利用平台全能化实现高速增长，并在这一过程中，因战略并购与投资规模不同产生明显分化。具有代表性的企业是百度、阿里和腾讯的 BAT 平台，此外，乐视、小米科技、奇虎 360 等新兴企业奋起直追。反观新浪、搜狐等门户型互联网平台企业，发展进度相对较缓。

2. 娱乐型新媒体：泛娱乐产业生态圈建设

在“新媒体+”的背景下，文娱产业与其融合发展，依托构建泛娱乐产业生态圈和平台化发展从生产模式到商业模式实现泛娱乐式变革，生态化、平台化、社交化、个性化成为文娱产业变革的主要依据和路径。新媒体产业给传统文娱产业从生产、传播、营销方面均带来了巨大的颠覆和整合，催生了诸多新生业态。在影视产品立项阶段，利用大数据捕捉观众态度和喜好来定位未来受众群，以此进行发行营销和广告营销；利用社会化营销、APP 和网络预售等方式与消费者建立紧密联系，通过补贴购票、抢票等手段，激发观众热情，增加用户黏性；网络院线、在线视频、唱吧、QQ 棋牌室等在线娱乐平台的出现改变了传统的组织模式，挖掘了碎片时间，拓宽了盈利方式；社交媒体的嵌入加速了文娱产业的大众化和普及，基于社群共享和互动的方式优化了用户体验，同时在娱乐的同时满足了交流需求；以 IP 为核心，网络文学为起点，通过影视、游戏、音乐、动漫进行 IP 资源的开发与再利用；网红、直播的出现强化了这一特征，改变了传统文娱产品的生产和传播方式，受众转变为用户和生产者，使原始创作内容数量增加并呈现多元化特征；BAT 的加入致力于生态圈的打造，延伸了产业价值链，从手机、电视、盒子等视频收看硬件设备制造及 VR（虚拟现实）设备的开发，到 IP 资源的深度挖掘，不断增强文娱产业的资源整合能力。

网络游戏行业细分为客户端网络游戏（端游）、移动网络游戏、网页游戏（页游）、社交游戏。产品数量上各细分市场形成“金字塔”竞争格局，端游处于塔尖，产品数量不多，采取精品化生存战略；页游处于塔中，产品数量居中，正向精品化发展；移动网络游戏处于塔基，低投入高产量，正努力抢占空白市场。

3. 服务型新媒体：资本护航与垂直化发展

新媒体与消费、金融和服务领域融合发展，在大数据和云计算的技术支撑下，迅速形成新媒体金融、新媒体购物、新媒体理财、新媒体旅行、新媒体在线教育、新媒体在线医疗等跨界新型业态。以互联网金融为例，传统金融服务在新媒体延伸，催生了网上银行、电子银行、手机银行等业态；新媒体的金融业务催生了第三方支付、P2P 借贷、众筹等业态；基于新媒体和大数据的业务方式催生了互联网基金、互联网保险等业态。

餐饮 O2O 行业细分化明显，其中，在单品类外卖、垂直细分外卖、餐饮企业服务平台等领域发展势头强劲，具有较大的发展潜力，如表 2-2 所示。

**表 2-2 餐饮 O2O 行业细分**

| 行业细分 | | 代表产品 |
|---|---|---|
| 网络订餐 | 外卖预订 | 饿了么、美团外卖、百度外卖 |
| | 私厨服务 | 爱大厨、点大厨 |
| 生鲜配送 | | 易果生鲜、爱鲜蜂、本来生活 |
| 餐饮企业服务管理 | 餐厅预订 | 宴请网、订餐小秘书 |

续表

| 行业细分 | | 代表产品 |
| --- | --- | --- |
| 美食社区平台 | 餐企服务 | 紫米、客如云、餐行健 |
| | 互动 | 豆果美食、好豆菜谱、下厨房 |
| | 评价 | 大众点评、开饭啦 |

当前的互联网理财行业细分首先是以余额宝为代表，将支付、收益、资金周转等功能集于一身；其次是以现金宝、全额宝等为代表的基金公司在直销平台上销售；再次是以微信理财通、百度理财等为代表的基金公司与互联网公司联合模式；最后是以如平安盈（平安银行）、实时提现（交通银行）、智能金（广发银行）等为代表的银行自己开发的模式。

4. 社交型新媒体移动化、个性化与兴趣标签

随着经济社会的不断进步和技术的推动，基于移动化、个性化和兴趣的社交平台成为现代人的必需品，它不仅可以满足用户对于社交和自我表达的需求，同时搭建了信息获取和娱乐的平台。基于强弱关系的传播与营销越来越受到关注，用户的使用行为和偏好表现出较强的差异性；社交媒体平台与直播、电商、金融以及游戏的融合发展增加了社交的趣味性和多元化；随着移动应用技术的发展和用户需求的延伸，社交产品呈现出细分和垂直化态势。现有具有影响力的社交应用都被贴上了移动化、个性化与兴趣的标签。以知识分享、网络问答为主要社交形态的知乎利用优质内容价值凸显聚集了大量知识型用户。微信版本不断升级，从开始的即时通信到社交应用，从移动支付到在线游戏，从公共平台到城市服务，成为名副其实的"超媒体"。由于匿名社交和大量用户积累等因素推动，基于用户在特定领域兴趣形成的百度贴吧，拥有10亿个注册用户，月活跃用户近3亿户，有1929万个主题贴吧，日均话题总量过亿，日均浏览量超过27亿次。

移动媒体的发展给社交媒体发展带来新的活力。社交APP细分市场中综合社交和陌生人社交用户规模及黏性较高，同性社交、母婴社区、校园社交用户规模小但黏性增长快。由此可见，相对于庞大复杂的综合社交平台，互联网用户更愿意选择垂直社交产品来解决垂直社交需求。社交行业细分如表2-3所示。

**表 2-3　社交行业细分**

| 社交行业细分 | | | 代表产品 |
| --- | --- | --- | --- |
| 综合类社交 | 社区社交 | | 天涯、豆瓣、百度贴吧、知乎、简书 |
| | 微博博客 | | 微博、QQ 空间、LOFTR |
| 即时通信 | | | 微信、QQ、旺信、易信 |
| 垂直类社交 | 娱乐社交 | | YY、KK 唱响、碰碰、颜值、美图聊聊 |
| | 婚恋社交 | | 有缘网、世纪佳缘、百合婚恋、珍爱网 |
| | 匿名社交 | 熟人匿名社交 | 友秘、Secret 中文版 |
| | | 陌生人匿名社交 | 陌陌、抱抱 |
| | 音视频社交 | | 豆瓣电台、蜻蜓 FM、喜马拉雅 FM、荔枝 FM、 |
| | 职场社交 | | 领英、脉脉、微人脉、人脉通 |
| 场景化社交 | | | 秒拍、微拍、拍客、足记、美拍、blink |

5. 数字内容型新媒体：差异化市场与传播方式变革

数字内容型新媒体包括数字报业、公共视听、互联网视听、自媒体等。可以细分为新闻客户端和门户网站。新闻客户端按照传播主体可分为传统媒体客户端（新华社、《人民日报》、《光明日报》、《南方周末等》）、专业新闻客户端（澎湃新闻、军事头条等）和资讯聚合类客户端（头条、一点资讯、号外等）。门户网站以网易、新浪、搜狐、腾讯、凤凰为代表。门户网站、“两微一端”、自媒体与社交媒体共同发力，新闻资讯市场呈现差异化布局，老牌综合类新闻资讯门户网站由于前期用户积累和文本资源优势具有较大的影响力；社交平台在新闻资讯获取的过程中起到重要作用；“一微两端”已形成强大的网络传播影响力；自媒体拓展了新闻产品的边界，内容向个性化、垂直化、小众化转向，致力于打造资讯生态平台。“号外”2016 年 6 月已吸引 8000 家自媒体入驻，文章日更新量达 10 万篇。《南方都市报》“并读”新闻客户端，开创了内容与社交延伸的先河。基于社交化媒体的众包新闻、基于个性化和兴趣化推送的今日头条，将个性化服务的信息源从传统专业媒体过渡到自媒体。直播、VR、全景、航拍技术的运用丰富了新闻传播方式，增强了资讯的时效性、真实性和互动体验，用户逐渐养成“全民在线”的资讯意识。

# 第三节　存在的问题

我国新媒体产业在数字技术、网络技术的背景下，在利好政策和消费升级的推动下，近年来发展迅速并呈现出良好的发展前景，但仍存在诸多深层次的问题，仍存在着诸多桎梏，阻碍新媒体产业的健康、可持续发展。总体来看，这些问题集中在产业政策、管理机制、市场秩序及商业模式等方面。

## 一、政策规范及监管措施滞后

近年来，随着经济社会的快速发展，信息技术的普及以及大众对网络传播需求的增加，我国新媒体产业获得了快速发展，已经进入产业化、规模化发展的新阶段，产业融合趋势明显，与传媒业、通信业、制造业、商业、服务业等呈现出多元化的关联，延伸产业链的同时，也带来了一系列问题。

1. 内容平台版权管理滞后

在新媒体产业发展初期的互联网门户时代，新媒体没有采访权，只能从传统媒体获取信息经编辑后进行传播，因此，我国新媒体发展过程中，版权意识薄弱，转载是新媒体获取内容最便捷、成本最低的途径。然而，当前新媒体迅速发展，创新思维已成为新媒体发展的制胜法宝，具有核心竞争力的产品和商业模式是新媒体企业追求的目标之一。版权问题已成为制约新媒体产业发展的瓶颈。例如，“不做新闻生产者，只做新闻搬运工”的移动客户端“今日头条”，是国内新媒体中成长最快的产品之一，自 2012 年创建以来，受到消费者的关注与喜爱，截至 2016 年 5 月，累计激活用户数已达 4.8 亿人，日活跃人数超过 4700 万人，成为仅次于腾讯的第二大资讯平台。今日头条在 2015 年遭遇多起涉及版权问题的起诉。据统计，2014 年网络文学盗版侵权共造成 77.7 亿元的付费阅读损失，2015 年，微信共收到针对公众号的投诉约 2.2 万件，其中涉及知识产权的超过

1.3 万件，在细分领域中，投诉内容为文字类的占比 61%。而在新媒体音频、视频、动漫行业，版权也难以得到有效保护，严重损害了著作权人的合法权益和创作的积极性，因此，加强版权保护成为新媒体领域的主流共识，是促进新媒体产业可持续发展的重要保证，版权问题一再发生，也将倒逼版权保护的管理制度不断完善。

2. 大数据引发的信息安全问题

随着新媒体产业的发展，用户规模日益扩大，对新媒体的依赖性也将越来越强，信息安全问题直接影响到社会生产生活秩序。大数据技术的不断优化和完善，吸引新兴互联网企业积极建立大数据中心，利用采集的用户资源信息进行分析和市场定位，指导企业的运营。与此同时，网络诈骗、骚扰信息接踵而来，互联网个人信息安全问题和隐私侵犯行为频发。在斯诺登事件后，我国行政主管部门深刻认识到，信息安全问题首先是政治问题，其次是经济问题，最后才是技术问题。因此，加强信息传播安全监管，建立有效的安全监控联动机制，保障新媒体产业的健康发展，亟待政府出台相应监管措施，保护消费者的合法权益，建立安全健康的消费环境。

## 二、产业管理条块分割严重

新媒体产业具有多产业融合特征，产业功能和服务内容出现交叉，产业链也呈现跨界延伸的趋势，从产业管理机制来看，新媒体产业涉及的行政部门包括工信部、文化部、新闻出版广电总局等，无法实施全面集中管理，我国条块分割的管理体制明显滞后。一方面，现有的国家对于传媒产业的管理体制已不适用于新媒体；另一方面，由于产业管理条块分割严重，导致管理效率下降。例如，广电总局与电信管理部门“行业准入问题”之争直接影响了三网融合的步伐。多头管理还会发生相互观望、久拖不决、低水平重复建设以及无序竞争等现象，这显然与新媒体产业实现规模经济和范围经济、提升竞争能力的目标是相悖的。

## 三、市场机制不健全

从市场秩序来看，与传统媒体的发展轨迹不同，我国新媒体产业从形成期开始就有良好的政策环境和市场环境，市场主体可以自由进行资源的合理配置，经过摸爬滚打，在实践中摸索出了一套适合自己的发展模式，成为宝贵的经验。这种高度市场化积极推动了新媒体的发展与创新，但同时也出现了一些问题和弊端。具体表现为：

1. 产品同质化与低俗化

新媒体产业在发展过程中，受利益和市场需求的驱动，过度追求眼前利益而忽略可持续发展，过度迎合受众而忽略了社会责任，发展基本处于一种无序的自由状态，因此引发了产品同质化和低俗化。新媒体产品特别是新闻客户端，从产品到服务，从内容到形式，同质化问题严重，影响了产业的创新力和竞争力，无法形成品牌识别度，进而影响盈利能力，只能通过融资才能摆脱困境。

2. IP 引发的不良竞争

近年来，网络 IP 带来一定的市场回报率，引起市场高度关注。但目前存在优质 IP 数量有限，劣质 IP 泛滥，甚至是侵权、抄袭等现象。很多业内企业致力于抢占 IP 资源，却忽视了资源的深度挖掘和创新，虽扩大了市场规模，但因产品质量不高，造成大量资源浪费，长此以往，必定会造成劣币驱逐良币，使消费者丧失信心。

3. 产业链局部环节高垄断性

以 BAT 为代表的大型新媒体公司占有了良好的用户资源，控制了渠道，形成了“马太效应”，使新媒体产业链局部存在高垄断性，导致小企业生存难，不易形成良好的竞争局面。新媒体“马太效应”明显，BAT 为产业带来强大资本支持的同时，也打破了竞争格局。使很多小型新媒体企业只能依靠产品数量抢占市场，缺乏精品，也无法实现可持续发展，处于低水平竞争阶段。

## 四、缺乏有效成熟的商业模式

相比传统媒体，新媒体在商业模式探索和创新中已取得了一定的成果，部分商业模式已带来了相当的效益。但对于整个新媒体产业而言，商业模式还有待进一步成熟。

目前，大多数新媒体采用的商业模式是依托注意力经济，通过聚揽人气来进行广告或其他业务盈利。这种商业模式在短期内盈利效果明显，可从长远角度来看，以聚揽人气为目标，不得不想办法迎合受众需求，随即便可能产生低俗化的问题，为了更快地博取点击率，民粹主义、无政府主义、打色情擦边球等手段被大肆使用，网络上充斥着大量诱骗点击率的图片、视频，极大地损害了消费者的消费热情。那么，如何探索出一个稳定成熟的商业模式，依然是我国新媒体要不断面对的难题。

# 第三章　中国新媒体产业的资本获取方式与政策规制

在资本的助力下，我国新媒体产业在近年来获得了快速发展。当前，新媒体已经是我国国民经济中颇具活力、对国家文化软实力提升发挥重要作用的新兴产业。从资本来源看，新媒体产业经历了一个逐步开放的过程。随着鼓励民营和外资进入媒体产业的政策措施逐步发挥作用，新媒体产业对非国有资本的开放力度逐步加大，产权逐渐走向多元化，媒体投资的自由化程度逐步提高。新媒体企业资本获取方式由原来的单一国家政府事业单位拨款向充分吸收国家政府投资、民营资金投资、金融机构投资、国外资金投资甚至个人投资转变，资本来源方式多样化、资本来源渠道多元化特征明显。新媒体借助资本力量快速发展，市场化进程不断加快，已经成为媒体未来发展的新趋势。

随着社会主义市场经济体制逐步完善，我国媒体产业逐步由传统事业单位性质向文化传媒企业转型，我国顺应新媒体业态发展对相关新媒体资本进入规制制度进行了修改完善，政府对媒体产业的政策规制尤其是投资规制逐渐放宽，传统媒体、投资公司、商业公司等进入新媒体的投资主体逐渐多元化，进入新媒体的投资金额逐渐增多，在此基础上新媒体呈现出了欣欣向荣、蓬勃发展的态势。然而，由于行业管理体制机制的特殊性影响，已有媒体行业的政府规制主要立足于传统媒体管理，相关政策法规还有诸多不适应媒体产业发展规律的地方，新媒体产业发展还面临着一系列行业壁垒和资本进入规制。因此，顺应新科技、新技术变化对新媒体的影响，针对不断创新呈现出的新媒体业态，有必要不断调整新媒体资本规制手段和方式。

## 第一节　中国新媒体产业的融资方式

产业的发展离不开资本的支持，中国新媒体产业在近年来获得了爆炸式增长，除了得益于网络与数字技术的快速发展之外，其在资本获取方式上的突破也功不可没。新媒体产业由于初始投资大、无形资产等轻资产较多、技术门槛较高、市场潜力巨大但投资风险较高等特征，其资本获取方式与传统媒体企业有些差异。一般来说，按资金来源分，新媒体产业融资方式可以分为内部融资和外部融资；按资金产权性质分，新媒体产业融资方式可以分为债权融资和股权融资；按资金融通是否经过金融中介分，新媒体产业融资方式可以分为直接融资和间接融资；按资金来源主体的性质分，新媒体产业融资方式可以分为国有资金和非国有资金。由于新媒体产业属于国家支持的新兴产业，同时也具备良好的市场潜力，因此获得了各种投资者的青睐，总的来看，新媒体产业资本获取方式以市场化为主，资本来源渠道多元化、多样化特征明显。

### 一、内部融资和外部融资

按资金来源分，新媒体产业融资方式可以分为内部融资和外部融资。新媒体产业是基于新技术广泛使用而出现的新兴业态，产业内大多是初创成立的中小企业，与传统媒体产业已经处于成熟阶段、可以依靠内部融资持续发展不同，新媒体产业主要依靠外部融资获得孕育发展壮大的资本来源。

#### （一）内部融资

内部融资是现代企业基本的融资方式，是新媒体产业生存和发展不可或缺的资金来源。内部融资，也叫内源融资，主要是指企业将内部资金作为融资来源，将企业内部储蓄资金或经营收益资金作为所需投资资金来源，一般包括企业成立时的注册资本、原始投资、经营过程中的留存收益和无须付现的折旧基金，以及后续通过向内部股东、职工等筹集的资金。一方面，相对于外部融资，内部融资具有原始性、自主性、低成本性和抗风险性等特点，它可以减少信息不对称问题及与此相关的激励问题，节约交易费用，降低融资成本；另一方面，内部融资也容易受公司自身发展能力的影响，融资规模容易受到较大限制，难以适应现代企业快速发展的需要。

与传统媒体企业已经处于成熟阶段、可以用过去盈利形成的留存收益进行内部融资不同，新媒体企业由于其初始阶段自有资金相对较少，且大多仍处于孕育发展阶段，还没有形成现实的盈利能力，内部融资除了依托投资者投入的初始资本金之外，经营盈利形成的留存收益几乎没有。因此，对于初始资本投入较大、融资规模需求较高的新媒体企业，在初始阶段内部融资大多依靠创业者投入的自有资本金，较少利用企业经营过程中的留存收益。在多数情况下，新媒体企业单纯依靠创业者自有内部融资资金难以支撑新媒体企业发展壮大，必须从企业外部获得发展资金。比如，上海广播电视台、上海东方传媒集团有限公司（SMG）在2003 年成立了百视通网络电视技术发展有限责任公司作为广电媒体在新媒体领域的运营主体，百视通网络电视技术发展有限责任公司初期的资本来源就是依靠上海广播电视台、上海东方传媒集团有限公司（SMG）两大股东投资形成的内部融资得以保障的。经过一段时间的运营，百视通网络电视技术发展有限责任公司通过重组借壳广电信息实现了整体上市，才依托资本市场获得了外部融资的畅通渠道。

**（二）外部融资**

外部融资是现代企业常用的融资方式，是传媒企业实现跨越式快速发展必需的融资来源渠道。外部融资，也叫外源融资，主要是指从传媒企业外部获取资金支持，包括向商业银行等金融中介机构筹集债务资金和向资本证券市场筹集股权资金等作为企业发展资金的来源渠道。传媒企业外部融资一般具有高效性、约束性、有偿性和风险性等特点。高效性是指传媒企业外部融资可以将社会闲散资金汇聚起来满足企业发展，通过积小成大、积少成多的方式，既避免企业因内部资金不足而发展受到制约，满足企业融资需求，同时又集约高效利用社会资金，提高资金利用效率和效益。约束性是指传媒企业是从外部获得的资金，不像内部资金使用具有较大的自主性，很多时候需要受到资金融出方的相关限制和诸多制约，资金的用途、期限、利息、还款来源等约束条款较多。有偿性是指传媒企业一般需要向资金融出方支付与其风险匹配的用资费用，并且在融资过程中会产生一定的融资费用。风险性是指传媒企业外部融资的资金所有权属于资金融出方，融资渠道的不稳定和融资成本的高企会给企业带来一定的财务风险。

本书主要研究的也是新媒体产业的外部融资方式。外部融资，既包括吸收股权融资，也包括商业银行贷款等债务融资，还包括租赁融资、商业信用融资、政策性银行贷款等其他外部融资来源渠道。比如，2009 年 9 月，华谊兄弟传媒股份有限公司首发获得证监会审核通过，意味着华谊兄弟可以通过公开发行股票筹集外部股权资金；2010 年 3 月，江苏凤凰出版传媒集团有限公司募集短期融资券，募集资金规模 5 亿元，发行期限 1 年，这就是典型的外部债务融资。从长远来看，由于新媒体产业初始资本较少，缺乏传统媒体产业较为成熟的内部融资渠道，因资金不足而发展受限的新媒体企业较为普遍，因此新媒体产业亟须外部融资渠道的大力支持，外部融资是现代传媒企业实现跨越式发展壮大的必然选择。事实上，目前新媒体产业的蓬勃发展主要就是依靠外部融资快速发展起来的，传统媒体产业依托新技术、新科技投资孕育新媒体产业，就是新媒体产业依托外部融资渠道发展起来的常见模式。

## 二、直接融资和间接融资

直接融资和间接融资均属于我国传媒产业的外部融资方式，两者是按资金融通是否经过金融中介分类的。传统媒体产业已经进入成熟阶段，大多数企业已初具规模，知识产权等抵押物较多，虽投资收益不高但相对风险也较小，主要以银行贷款等间接融资手段为主，部分成熟传统媒体上市企业通过直接融资大多也用于开展新媒体业务。新媒体产业在初始阶段投资往往具有专业性、高风险性等特征，一般较少通过金融中介进行融资，主要以风险投资或天使投资等直接融资方式为主；新媒体产业进入成长、成熟期后，才采用银行贷款等间接融资方式筹集所需资金。

### （一）直接融资

直接融资是相对于间接融资而言的，主要是指没有金融中介机构介入的资金融通方式。商业信用、企业发行股票和债券，以及企业之间的直接借贷，均属于直接融资。它是资金短缺者和资金盈余者之间直接建立融资关系的一种融资方式。一般来说，直接融资具有直接性、流动性、自主性等特点。直接性是指资金的需求者直接从资金的供应者手中获得资金，并在资金的供应者和需求者之间建立直接的债权债务关系，不需要经过银行等金融中介机构。流动性是指直接融资一般可以随时在金融市场上进行交易或转让，如股票融资、可转让债券等，具有较强的流动性。自主性是指直接融资者在法律允许的范围内可以自己决定融资的对象和数量。比如：在股票融资中，企业可以根据企业实际资金需要决定股票发行的时间、数量及发行方式。常见的新媒体企业在证券交易所上市发行股份筹集股权资金或者发行债券筹集债务资金，都属于直接融资的范畴。比如：人民网股份有限公司 2012 年 4 月在 A 股市场公开发行 6910.57 万股，发行价格为 20 元/股，募集资金总额为 13.82 亿元，这就是典型的通过发行股票在证券市场上直接融资。

### （二）间接融资

间接融资是指资金短缺者和资金盈余者通过金融中介机构充当交易媒介建立融资关系的资金融通方式。在这种融资方式下，资金盈余单位将资金存入金融机构或购买金融机构发行的各种证券，然后再由这些金融机构将集中起来的资金有偿地提供给资金需求单位使用。资金的供求双方不直接见面，他们之间不发生直接的债权债务关系，而是由金融机构以债权人和债务人的身份介入其中，实现资金余缺的调剂。在间接融资中，金融机构具有融资中心的地位和作用。在多数情况下，金融中介并非是对某一个资金供应者与某一个资金需求者之间一对一的对应性中介；而是一方面面对资金供应者群体，另一方面面对资金需求者群体的综合性中介。与直接融资比较，间接融资具有间接性、流动性较差、短期性、分散性等特点。一般来说，新媒体产业在初创期融资主要以直接融资为主，进入成长期或成熟期后才逐渐吸收间接融资资金。比如，橙天嘉禾影城（中国）有限公司通过“应收账款质押+保险”模式，筹集交通银行和中国工商银行深圳分行贷款资金，用于新建北京盈科影城等77家数字影院，就是典型的新媒体企业通过银行金融中介筹集间接债务资金的筹资方式。

## 三、债权融资和股权融资

按照融资过程中因资金权利义务不同形成的“产权关系”，新媒体产业的融资方式还可以分为债权融资和股权融资。新媒体产业初期由于抵押物较少、投资风险较大，往往难以获得债权融资，主要以吸收风险投资等股权融资为主；新媒体产业在后续成长、成熟阶段，才逐渐引入债权融资方式筹集资金。

### （一）债权融资

债权融资，是指资金短缺者通过发行债券、向商业银行贷款等承诺还本付息方式向债权人筹集资金的资金融通方式，资金融出方对企业形成债权。新媒体企业债权融资具有以下特点：第一，债权融资获得的只是资金的使用权而不是所有权，企业需要向债权人支付资金使用的利息成本，债务人到期后需要向债权人偿还本金；第二，债权融资的利息费用一般在税前列支，具有抵税作用，同时债权融资能够提高企业所有权资金的资金回报率，具有财务杠杆作用；第三，与股权融资相比，债权融资尽管会增加企业的财务风险，但债权人一般不会参与企业的经营决策，股东的控制权不会得到稀释和削弱。新媒体企业通过向银行借款融资或者发行债券融资就是典型的债权融资。比如，2010年10月，深圳市欢乐动漫有限公司以“欢乐宝宝”等6项著作权作为质押，同时由公司实际控制人承担连带还款责任作担保，获得了招商银行深圳分行300万元人民币贷款，这就是典型的新媒体企业向银行借款筹集债权资金的案例。

### （二）股权融资

股权融资，是指企业通过发行股票、定向增发等方式向股东或投资者筹集权益资金的资金融通方式，代表着资金融出方对企业的所有权。股权融资所获得的资金，企业无须还本付息，但股东对企业生产经营具有决策权、监督权和剩余追索权。股权融资具有以下特点：一是长期性，通过股权融资获取的资本是企业原始资本，具有永久性，无到期日，但股东需要分享企业增长所带来的利润收益；二是不可逆性，企业采用股权融资不需要向股东偿还股金，投资人欲收回本金，需借助于流通市场转让；三是无负担性，股权融资没有固定的股利负担，股利的支付与否和支付多少视公司的经营需要而定；四是不具有抵税作用，股权融资的股利一般从税后利润中列支。股权融资是决定一个企业向外举债的基础，企业安全负债的规模一般要受到股本大小的制约。新媒体产业在初创期一般是以吸收股权资本投资为主，在成长、成熟期逐渐开始获得债权资金支持。比如，成立于2012 年 2 月 24 日的虎嗅科技，于 2015 年 11 月在新三板成功挂牌上市，获得了在新三板上进行股权融资的渠道。2015 年 10 月 20 日，“罗辑思维”通过向中国文化产业基金、启明创投、柳传志等发起股权众筹完成 B 轮融资，共计 13.2 亿元。

## 四、国有资金融资和非国有资金融资

按融资资金来源主体的性质分，一般分为国有资金融资和非国有资金融资两类，国有资金主要是指国家财政资金以及国家设立的产业投资基金等；非国有资金则是指金融机构资金、民间企业和个人资金等内容。传统媒体企业大都由相关广电传媒类事业单位转型改制而成，其初始资本大都来源于国有资金；新媒体企业大多依靠市场化方式筹集发展资金，非国有资金比重相对较高。由于新兴媒体行业具有较好的市场前景，以及国家政策的大力支持，国有的相关产业投资基金等也是新媒体企业资本的重要来源。

### （一）国有资金融资

国有资金主要包括国家财政资金和国家设立的文化产业投资基金等。我国对传媒在社会经济发展中的特殊定位，决定了我国传媒产业的起步和发展与国家资本有着千丝万缕的联系。在纯粹的事业化管理阶段，传媒产业是作为非营利组织而存在的，国家对传媒的资金使用、内容生产、组织人事等均实行严格管理，传媒单位资金来源实行财政全额拨款，国家资金作为唯一资本来源。20 世纪 90 年代尤其是我国加入 WTO 以来，国外一些先进的传媒理念和产业化、商业化发展理念，为我国传媒体制机制改革提供了良好的借鉴，传媒业改革步伐明显加快。这一时期，传媒的商业属性和产业特性受到重视，国有资本在传媒领域逐渐退出，国家财政拨款明显减少，媒体事业单位转型为媒体企业，国家投资则以参股、控股等方式进入传媒企业，传媒企业经营自由度、自主性明显提升。自 2009 年 7 月《文化产业振兴规划》实施以来，为加强对新闻媒体产业的支持和引导，国家借鉴成熟资本市场“产业投资基金”运作模式，专门设立了诸多文化产业发展基金对媒体产业予以扶持。

文化产业投资基金是整合国家财政资金和社会资金共同为新媒体产业提供支持和帮助的新尝试，它主要采取股权投资方式解决文化产业融资问题，由发起人定向募集，并委托专业机构管理基金资产。2007~2016 年，有近 100 只文化投资基金设立。比如，2011 年 7 月，中国文化产业投资基金由财政部、中银国际控股有限公司、中国国际电视总公司和深圳国际文化产业博览交易会有限公司等联合发起成立，总规模 200 亿元。中国文化产业投资基金作为文化产业战略投资者，主要采取股权投资方式，实行市场化运作，重点投资于新闻出版和发行、广播影视、文化艺术、文化科技、文化休闲、网络文化等未上市企业，以及推动文化企业改制重组和文化资源整合调整。

### （二）非国有资金融资

非国有资金主要包括金融机构资金、民间企业和个人资金等。长期以来，我国经济发展资金主要来源于商业银行贷款，但不同传媒企业利用商业银行贷款资金的难度和成本差异较大：一些大中型传媒企业竞争优势较为明显、市场份额占比较大、利润来源较为稳定，在固定资产抵押方面具有一定优势，获取金融机构信贷资金较为容易且成本较低；而一些小微传媒企业，由于在市场竞争中往往处于劣势，且缺乏有效抵押物和第三方担保，获得金融机构信贷资金的难度较大且成本较高。除了商业银行信贷资金，传媒企业筹集的非国有资金还包括境外资金、民间企业资金、居民个人资金、风险投资基金和私募股权投资基金等。作为朝阳产业，传媒产业丰厚的利润回报不断地吸引社会资金进入。这些资金的逐利性较强，可动用的资金也较大，是传媒产业融资的重要资金来源。其中一些是长期性的战略投资资金，着眼于传媒企业的长期发展和长期回报，稳定性较强；一些是短期性的投机资金，着眼于获取短期回报，流动性较强。需要强调的是，不管是投资资金还是投机资金，都在支持传媒企业发展过程中扮演了重要角色。此外，在全球一体化浪潮下，传媒产业在中国巨大的市场前景，也吸引着境外资金的注意，但在进入传媒领域的过程中，境外资金仍存在一些限制和壁垒。

## 第二节　中国新媒体产业资本获取的主要手段

随着我国文化体制机制改革的逐步深入，传统媒体事业单位逐步转制为文化传媒企业，逐步实现了由计划经济向市场经济的历史转型，媒体产业资本来源渠道逐步多样化和多元化，新媒体产业由此也获得了各种资本的青睐。由于新媒体企业在发展各阶段对资本的数量、性质、收益性和安全性等方面存在较大差异，因而新媒体企业各个阶段的资本获取方式也存在一定差异。当前，新媒体产业常见的资本获取方式除了少量的政府补贴外，主要依靠吸收风险投资、上市融资、银行贷款、债券发行、资本融合等市场化方式获取发展资本。

### 一、新媒体企业生命周期与融资方式关联分析

把握传媒产业的生命周期特点，对传媒产业选择合理的融资方式具有重要意义。新媒体产业的生命周期就是指产业从产生、成长到成熟、衰落直至死亡的整个过程。对具体企业而言，新媒体企业的生命周期一般分为进入期、成长期、成熟期和衰退期四个阶段。目前由于大多数新媒体产业正处于孕育发展期，远未到进入衰退期的发展阶段，本书将新媒体产业的生命周期划分为种子期、发展期、扩张期和成熟期四个阶段。新媒体产业在孕育、发展、成熟的各个阶段对资本的

需求情况不尽相同，而不同生命阶段的资本获取方式也各有特点，在新媒体产业生命周期中发挥着不同的作用。因此，新媒体产业不同生命周期需要选择不同的融资方式进行匹配，从而实现资本助力新媒体产业发展繁荣。

新媒体企业在种子期阶段，企业规模较小，管理也不完善，技术和产品面临的不确定性较大，这一阶段对应的资本需求是种子资本（Seed Capital）和部分导入资本（Start-up Capital）。当新媒体企业处于发展期阶段时，产品尚不成熟，盈利模式尚未稳定，销售渠道不多、不畅，产品销售额很小，还不可能产生利润，这一阶段对应的资本需求是导入资本（Start-up Capital）和部分成长资本（Expansion）。当新媒体企业处于扩张期时，产品已经较为成熟，市场也逐步打开，销售额不断增加，这一阶段对应的资本需求是成长资本（Expansion）和部分成熟资本（Mature Capital）。当企业处于成熟期时，技术趋于成熟，市场需求缓慢扩大，市场容量相对稳定，这一时期新媒体产业的资本需求是成熟资本（Mature Capital）。种子资本、导入资本和成长资本大多是股权投资资本，且主要由风险投资资本构成；成熟资本则基本上从传统融资渠道获得。因此，新媒体企业融资方式的选择要与其所处的生命周期阶段相结合，具体如表 3-1 所示。

**表 3-1　新媒体企业生命周期与融资选择之间的关系**

| 阶段 | 战略定位 | 企业特点 | 资金需求量 | 融资方式 |
|---|---|---|---|---|
| 种子期 | 新媒体企业主要是酝酿与发明新创意或新技术 | 技术和产品尚不成熟，管理也不完善，产品销售少、成本高，基本无利润 | 资金需求较少，但收益报酬高，面临失败的风险也大 | 以政府扶持、内部融资、融资租赁、风险投资为主 |
| 发展期 | 新媒体企业开始尝试提供新媒体信息产品服务，努力推销创意或服务内容给客户，逐渐积累注意力资源，扩大客户市场 | 产品尚不成熟，盈利模式尚未稳定，销售渠道不多、不畅，产品销售额很小，还不可能产生利润 | 资金需求量快速增加，资金的回报率相对较高，但风险较第一阶段略低 | 在内部融资和风险投资的基础上，增加金融机构贷款等债务融资和外部股权性投资的比重 |
| 扩张期 | 新媒体企业客户资源快速增长，成长潜力体现在信息服务内容创新和服务质量提高上，开始回收投资 | 市场扩大，产品知名度提高，规模经济显现，利润和销售额大幅增加 | 资金需求量最大，新媒体企业开始盈利，传统的融资渠道比较畅通 | 应积极通过发行债券、增资扩股、上市发行股票等方式融资 |

续表

| 阶段 | 战略定位 | 企业特点 | 资金需求量 | 融资方式 |
| --- | --- | --- | --- | --- |
| 成熟期 | 新媒体企业客户数已经趋于稳定，提高信息服务质量，丰富企业信息服务内容，稳定客户资源 | 技术相对稳定，市场需求和市场份额稳定，产出和利润稳定 | 资金需求量回落，所需运营周转性资金较多，风险已基本降至社会资金成本的平均水平 | 停止融资，或转向内部融资等成本较低的融资方式，财务成本合理控制 |

## 二、风险投资

风险投资既是一种资本，也是一种投资方式。新媒体产业和风险投资之间有某种天然的契合度，风险投资在传媒产业特别是网络新媒体产业融资中发挥了重要作用。新媒体行业由于其产业特征和丰厚回报预期，目前，已经成为股权资本市场尤其是风险投资最为关注的行业之一。风险资本是指由职业资本家投入到新兴的、迅速发展的、有巨大竞争力的企业中的一种权益资本。一般由专门的投资公司向具有巨大发展潜力的成长型、扩张型或者重组型的未上市企业提供资金支持并辅之以管理参与的投资行为。

新媒体企业主要是技术密集型和资本密集型产业。一方面，新媒体企业的高技术门槛提高了企业的投资风险，但贴近用户的媒体传播方式，也使得新媒体产业具备良好的市场前景，投资风险增大的同时投资回报也较高；另一方面，新媒体企业既对资金有大量需求但又缺乏可抵押的实体资产，以无形资产为主要特征的属性使得新媒体企业不易获得银行贷款，在初创期尤其缺乏常规融资渠道的资金支持。由于新媒体企业是国家鼓励发展的战略性新兴产业，政府在产业政策、税收政策和工商管理上为新媒体产业提供了大力扶持。在此背景下，政府的积极支持、良好的市场前景下的高风险与高回报和其他资本的进入限制，为新媒体企业与风险投资资本的结合提供了难得的契机。近年来，诸多国际、国内风险投资机构纷纷涉足新媒体企业投资。

风险投资一般以私募基金、产业投资基金、风险投资基金等形式广泛存在。风险投资基金管理人往往具有较为丰富的行业经验，他一方面可以给新媒体企业带来发展所需的资金，另一方面还可以帮助新媒体企业改善公司治理结构，提升公司治理水平，为新媒体企业专业化经营、规范化管理打下坚实基础，从而促使新媒体企业健康可持续发展。比如，Facebook 在发展过程中获得过多笔风险投资，如 2004 年彼得·泰尔给 Facebook 提供了 50 万美元的启动资金，占其股份的 10.2%，成为 Facebook 的第一位外部投资人；2007 年 10 月，微软对 Facebook 投资 2.4 亿美元，换取了 1.6%的股份；李嘉诚 2007 年对 Facebook 投资 6000 万美元，2008 年 3 月再次投入了 6000 万美元；俄罗斯互联网投资公司于 2009 年 5 月首次对 Facebook 投资 2 亿美元，2010 年再度投资 500 万美元，2011 年 1 月和高盛共同投资 5 亿美元。在国内，传媒行业巨头分众传媒，继 2003 年成功获得日本软银等公司的首轮私募股权投资后，又在 2006 年 4 月成功获得鼎辉投资基金等国际基金第二轮私募股权融资，并在之后引入了美国高盛和英国 3i 的第三轮股权融资。

一般来说，风险投资由于介入较早可以通过新媒体企业 IPO 来实现投资回报的最大化，这也是目前风险投资青睐新媒体企业获得高溢价退出的主要方式。比如：在风险投资的大力支持下，2012 年 5 月 18 日 Facebook（脸谱网）登陆美国纳斯达克挂牌交易，成功创下了科技界最高 IPO 纪录。2010 年，华谊兄弟积极尝试“媒体+科技”的新媒体业务，以 1.48 亿元的价格入股掌趣科技，成为掌趣科技第二大股东。2013 年 5 月，掌趣科技上市一年后限售股解除锁定，华谊兄弟通过投资掌趣科技的账面收益已达到约 30 亿元。遗憾的是，由于我国内地中小板市场 2004 年 6 月才正式运营，创业板直到 2009 年 10 月才开始上市，我国许多高成长性的新媒体企业往往成立时间较短，规模较小，业绩也不突出，虽有很大的成长空间但国内缺乏适宜的资本市场，国内已有的证券资本市场对上市企业的标准和要求较高，我国新媒体企业在国内主板市场 IPO 的难度较大，许多新媒体企业赴境外上市较为普遍，比如纳斯达克资本市场。目前，新浪、搜狐、网易等在纳斯达克上市的中国股主要都是以新媒体企业为主，其巨大的利润空间和投资潜力使得其上市后获得了巨大成功。

值得一提的是，目前大多数中国新媒体产业还处于初创期，在中国 A 股市场与新媒体相关行业的公司有中视传媒股份有限公司、湖南电广传媒股份有限公司、北京歌华有线电视网络股份有限公司等传统媒体企业，它们在业务拓展方面也积极向新媒体领域转型，并获得了快速增长的利润率。随着政策的推动、技术的发展以及市场的成熟，新媒体产业将迅速向成长期迈进。依托风险投资的支持，具有良好发展前景的新媒体企业可以通过IPO融资实现资本扩张，进而提高核心竞争力做大做强，实现新媒体企业更高层次的发展。

## 三、上市融资

为了促进传媒产业化发展，国家推出了一系列支持传媒企业上市的政策措施，随着资本市场扩容，通过发行股票进行融资的传媒企业逐渐增多。截至2016年底，沪深证券交易市场中文化传播类行业上市公司共有44家。其中，沪市A股“文化、体育和娱乐业”行业有20只个股，深市文化传播类上市公司共有24家。在深圳上市的24家文化媒体企业中，A股上市公司有10家，创业板上市公司有10家，中小板上市公司有4家。一般而言，实力雄厚、已具有较大规模的传统文化媒体企业主要通过沪深A股市场上市融资；新媒体企业较多在国内中小板和创业板上市融资，赴境外上市融资的新媒体企业数量也相对较多。从进入资本市场的方式来看，新媒体产业上市融资主要有以下三种情况：

第一，直接上市。也被称作首次公开发行上市，是直接以股份公司的名义向证券主管部门申请发行的股票（或其他衍生金融工具），向证券交易所申请挂牌上市交易，即我们常说的A股、H股等。比如在深圳创业板上市的华谊兄弟，直接在香港上市的北青传媒，直接在上交所上市的人民网。华谊兄弟传媒股份有限公司（以下简称华谊兄弟）是一家知名综合性民营娱乐集团，由王中军、王中磊兄弟在1994年创立，投资及运营电影、电视剧、艺人经纪、唱片、娱乐营销等领域。2005年华谊兄弟传媒集团成立，2009年9月27日，华谊兄弟传媒股份有限公司（首发）获得证监会通过，华谊兄弟由此成为首家获准公开发行股票的娱乐媒体公司。北青传媒成立于2001年5月28日，由发起人《北京青年报社》、北京知金科技投资有限公司、中国通信广播卫星公司、北京经开投资开发股份有限公司及神州电视有限公司出资成立，注册资本为 1.126 亿元。2004 年 12 月 13 日，北青传媒在香港公开发售 4774 万股 H 股，占总股本的 25%，募股按照最高询价 18.95 港元/股进行，首次公开募股筹资（IPO）规模超过 9.047 亿港元。人民网股份有限公司通过重组整合，在上海证券交易所上市交易。2005 年 2 月，人民网发展有限公司由《人民日报》社、《环球时报》社、中闻投资管理中心共同出资设立，注册资本为 1000 万元。2010 年 6 月 20 日，人民网发展有限公司改组为股份有限公司，2012 年 4 月 27 日人民网股份有限公司在 A 股市场公开发行 6910.57 万股，发行价格为 20 元/股，共募集资金总额 13.82 亿元，发行完成后总股本为 2.76 亿股。人民网上市后利用募集资金积极发展了 APP、微博、微信客户端等新媒体业务，新媒体业务领域发展迅速。上市后人民网受到资本市场的广泛追捧，表明投资者对文化传媒板块投资热情较高。

第二，传媒企业与上市公司合作。主要操作方式是传媒企业通过与上市公司共同发起设立子公司，这样一方面传媒企业可以获得上市公司的资金支持，另一方面上市公司也可以在传媒领域开拓市场获得利润。比如，湖南电视台 1999 年 5 月与湖南投资集团股份有限公司（以下简称湖南投资）合作，创办了“湖南卫视财经节目中心”，共同组建了具有独立法人资格的有限责任公司。同年 6 月，湖南投资与名牌时报社合作经营《名牌时报》，并且成立了湖南网络信息技术有限公司。此外，湖南投资还以 5100 万元收购了株洲广播电视塔股份有限公司 51% 的股权，并收购了湖南芙蓉数码港信息有限公司，还在北京成立了千秋金城文化投资有限公司。上市公司积极进入传媒企业，间接为传媒企业注入了大量的股票市场资金。

第三，“买壳”或“借壳”上市。由于上市公司资源有限，一些迫切需要从资本市场融资的传媒企业常常借助存量“壳”资源实现上市融资。传媒企业通过“买壳”、“借壳”既可以拓宽融资渠道，也有利于优化配置上市公司优质资源。比如，《成都商报》通过控股四川电器成为传统报纸媒体间接控股上市公司从而实现上市融资的目标。四川电器股份有限公司成立于 1988 年 12 月 26 日，1989 年向社会公开发行股票。公司主营高低压电器开关成套设备、电子产品等，规模较小，市场发展前景不明朗。1999年，《成都商报》控股的成都博瑞投资有限公司购买了成都市国资局持有的2000万股四川电器股份，加上此前四川电器出售给《成都商报》的部分资产，《成都商报》间接控股了四川电器，并在2000年初将上市公司更名为博瑞传播。通过此次“换壳”，一方面《成都商报》提高了报纸的知名度，获得了发展所需资金，有利于在成都各大报纸的激烈竞争中取得优势；另一方面四川电器则获得了介入传媒行业的契机，获得了新的利润增长点。

## 四、银行贷款

银行贷款属于间接融资和债权融资方式中的主要方式。由于传媒产业融资的特殊性，银行信贷产品创新为媒体产业提供资金支持的案例也有不少。本书选取一些商业银行授信案例对传媒产业获取贷款的常见模式进行分析，媒体企业获取银行贷款资金的模式主要有以下四种：

一是“著作权（股权质押）+专业评估”的贷款模式。这一贷款模式主要是指传媒企业以其产品的著作权或股权为质押，以第三方评估机构评估确定的市场价值为基础，来确定银行给予企业的授信额度。比如，2010年10月，深圳市欢乐动漫有限公司以其所持有的“欢乐宝宝”等6项著作权作为质押，在权威第三方机构作市场评估后，并由公司实际控制人承担连带还款责任作担保，向招商银行深圳分行获得了300万元人民币的贷款；2012年8月，江西泰豪科技股份有限公司以其旗下江西泰豪动漫有限公司的动漫作品《阿香日记》的形象设计版权作为质押，获得了北京银行南昌分行在江西省的首笔版权质押贷款，金额为1000万元人民币。

二是“收费权质押+企业担保”模式。这一贷款模式主要是指传媒企业通过将其拥有的收费权作为质押，由母公司或其他企业进行担保的方式获得贷款。比如，南昌电视台以广告收费权作为质押向交通银行南昌分行获得短期流动资金贷款额度6000万元，其中1000万元作为交银租赁的备用授信，5000万元用于经营周转。比较典型的是一些传媒企业集团通过将其旗下的影视城、演艺广场、主题公园等收费权进行质押，并由集团母公司提供担保来帮助子公司或子项目获得发展所需资金。比如，深圳华强集团有限公司以其“方特梦幻王国”主题公园项目的收费权作质押，以及授信项目建成后的土地使用权和固定资产作为抵押，并由集团总公司承担连带责任保证担保，向其子项目华强集团芜湖产业园项目提供授信，获得的贷款主要用于“动漫产品生产基地”、“数码电影拍摄制作基地”、“芜湖方特梦幻王国”主题公园等建设项目。

三是“应收账款质押+保险”贷款模式。这一贷款模式主要是考虑部分传媒企业应收而未收账款较多，为了进一步盘活应收账款的流动性，商业银行通过应收账款质押登记和保险等手段，将应收账款的风险进行一定程度的分散后，向企业进行授信。比如，深交所上市公司“同洲电子”的主要业务是为国内外的数字电视运营公司提供设备和服务方案，但国内目前数字电视整体平移的运作模式，使该企业形成了大量应收账款，给企业资金的流动和周转带来了较大困难。针对这一情况，中国工商银行深圳分行以同洲电子的应收账款权益作为融资基础，为其提供了信用贷款。又如，橙天嘉禾影城（中国）有限公司通过“应收账款质押+保险”的模式，向交通银行、中国工商银行深圳分行贷款用于新建北京盈科影城等 77 家数字影院。

四是“综合授信+银团贷款”模式。这种模式往往涉及的授信额度较大，为了分散信贷风险，商业银行在授信过程中会采取组团贷款的方式为企业提供资金需求解决方案。比如，2012 年，江西省广播电视网络传输有限公司以全省有线电视数字化整体转换项目为基础向银行申请贷款，国家开发银行江西省分行通过新增综合授信、组建银团贷款等方式为其提供了资金融通，将其综合授信额度提高至 23 亿元。同时，国家开发银行江西省分行作为牵头行和包销行，为其组织银团贷款总额约为 19 亿元，贷款期限 15 年。

总的来说，传媒产业作为朝阳产业和战略性新兴产业，国家在信贷支持政策上有一定的倾斜，金融机构在有限的信贷资源约束下，更愿意将资金投向收益更加稳定、风险更低的行业和企业，一些大中型的传媒集团和传媒企业能相对容易地从金融机构获得贷款支持，而新媒体产业信贷融资处于相对不利的地位。新媒体企业获得贷款的难度相对较大，其主要原因在于金融机构对新媒体产业信贷风险的顾虑：一方面，新媒体企业规模小，固定资产少，以无形资产为主，缺少土地等传统不动产抵押物；另一方面，我国知识产权质押制度尚不完善，缺乏统一、规范、健全的评估体系，知识产权流转市场狭小、不健全，担保物处置和变现困难，加之金融机构知识产权质押贷款实践经验不足，造成金融机构对新媒体企业的贷款相对较为谨慎。

## 五、发行债券

近年来，我国债券市场规模明显扩大，债券市场发行量快速增加。企业债券市场的快速发展，为传媒企业拓宽融资渠道提供了条件。目前，一些新媒体产业在积极争取风险投资、上市融资和金融结构信贷资金的同时，也在尝试通过发行债券这一直接融资方式筹资发展资金。由于我国债券发行限制较多，发行门槛相对较高、审批较为严格，债券市场规模的扩大并不能惠及大多数传媒企业，只有一些大型传媒企业或集团才能从债券市场获得融资。

比如，2010 年 3 月 10 日，江苏凤凰出版传媒集团有限公司宣布募集 2010 年第一期短期融资券，募集资金规模 5 亿元，发行期限 1 年。这笔融资由北京银行作为主承销商，没有任何担保，当时对发行人主体的评级为 AA+，债券评级为 A-1 级。又如，2010 年 3 月，安徽出版集团发行了 2010 年第一期中期票据，发行金额共计面值 6 亿元，期限为 5 年，交通银行股份有限公司为主承销商。大公国际资信评估有限公司综合评定发行人的主体信用级别为 AA 级，评级展望为稳定，本期票据的信用级别为 AA 级。2012 年 5 月 8 日，乐视网向 6 家机构投资者发行 2 亿元私募公司债，债券期限 3 年，债券票面利率 9.99%，保荐机构、主承销商和债券受托管理人为兴业证券股份有限公司，发行人和债券评级均为 AA-级。

## 六、资本融合

媒体融合是一项艰巨而长久的任务，资本融合是业务融合的先导和前提。雄厚的资本实力、完善的资金链能为媒体业务转型与融合提供强力保障。2015 年以来，许多传统媒体通过多元化战略，依托资本市场，借助资本市场进军新媒体业务，通过资源整合重组、投资收购、融资上市等方式拓宽募集资本渠道，充实资本实力、完善资金链，促进传统媒体向新媒体业务融合发展。传统报业集团、传媒公司和广电传媒集团充分利用资本市场募集资金发展新媒体业务，传统媒体资本优势与新媒体业务技术优势强强联合，快速壮大发展了新媒体企业。

传统报业集团借助新媒体转型产品或机构积极进军资本市场。2015 年 1 月，杭州日报报业集团下属的“华媒控股”在深圳交易所上市；6 月，辽宁报业传媒集团旗下的新媒体公司“北国传媒”在新三板正式挂牌；7 月，“北国传媒”与江西日报传媒集团下属的“大江传媒”在新三板上市；10 月，由天津广播电视台、《今晚报》、《天津日报》共同组建的天津北方网新媒体集团登陆新三板。

除了报业集团，多家传媒公司如万达院线、中文在线、读者传媒等也陆续登陆资本市场融资，2015 年的募集资金分别达到 12.08 亿元、2.04 亿元和 5.86 亿元。其中中文在线成为中国数字阅读第一股，读者传媒成为中国 A 股期刊第一股，万达院线成为首家登陆 A 股的院线公司。

2015 年，广电传媒集团在资本市场上的发展也较为显著。4 月，江苏省广电有线信息网络股份有限公司在上交所上市。6 月，东方明珠与百视通合并复牌，更名为东方明珠新媒体股份有限公司，复牌当天市值超过 1600 亿元，成为国内传媒航母。与此同时，新东方明珠投资兆驰股份 33 亿元用于生产智能电视。2015 年上半年，上海东方传媒集团有限公司上市公司利润总额达到 23 亿元，同比增长 17.91%，上市公司营业收入已占 SMG 营业收入总额的 78%，利润总额已占 SMG 利润总额中除重组增值收益外的全部。2015 年 6 月，湖南广电旗下新媒体芒果 TV 完成 A 轮融资，估值超过 70 亿元，并完成对国内最大音频原创内容平台荔枝 FM 的投资，推动广播与互联网融合。

# 第三节 中国新媒体产业发展的资本特征

与传统媒体资本来源渠道单一不同，新媒体产业资本来源渠道具有多样化、多元化特征。资本获取方式的差异，使得新媒体产业与传统媒体行业面临的外部资本环境不同，不同投资者的行为博弈使得新媒体产业的资本特征较为明显。一方面，新媒体与传统媒体融合发展的前提和基础是资本融合；另一方面，新媒体产业因资本来源不同、投资主体差异，使得新媒体产业具备与传统媒体行业不一样的资本特质。在此背景下，新媒体产业与传统媒体产业既具有彼此融合的基础，又具有相互补充的潜力。

## 一、新媒体产业区别传统媒体产业的资本特质

在资本来源上，中国新媒体产业与传统媒体产业具有明显的差异。一方面，资本渠道创新为传统媒体产品向新媒体转型升级提供了助力；另一方面，不同的资本来源渠道、不同的投资者群体，使得中国新媒体产业与传统媒体企业具有不同的资本特质。

### （一）新媒体产业与传统媒体产业的资本来源比较

从资金来源看，传统媒体企业主要依靠内部融资为主，较难吸引外部投资进入；新媒体企业自身内部融资能力较弱，但吸引外部投资的能力较强。从吸引资金的产权性质来看，传统媒体企业由于具备一定的物质基础，能够通过抵押、质押等方式进行债权融资，但由于其成长性较差，难以在资本市场对股权投资产生吸引力；而新媒体企业由于采用了新技术，创新了传播方式和渠道，其市场潜力较好，较受风险投资、产业基金等股权投资青睐，但由于其基础实力较弱，且资产以无形资产为主，缺乏可抵押、质押的固定资产，较难获得债权融资支持。由于我国多层次资本市场和债权市场不断完善，传统媒体和新媒体企业都能够通过

直接融资和间接融资筹集发展资本。相对来看，新媒体企业偏好于直接融资，传统媒体企业更习惯于依托金融中介进行间接融资。从资金来源主体的国有和非国有情况看，传统媒体企业主要以国有控股为主，且国有控股、参股在新媒体领域进展迅速；新媒体企业民营或外资控股的比重相对较高，非国有资本更为活跃。

### （二）新媒体企业与传统媒体企业上市的资本市场比较

从产业投资角度来看，由于新媒体投资主体的性质差异，使得不同新媒体企业在扩张阶段利用资本市场筹集股权资本时具有明显的路径依赖特征。不同来源的新媒体企业投资主体，分别偏好于不同的证券市场。目前，新媒体产业的投资来源有三个方面：一是传统媒体通过资本融合和产业链延伸，借助新技术、新科技向新媒体领域投资；二是高科技、高技术公司依托技术优势，跨界向新媒体产业进行投资；三是投资公司和其他商业公司看好新媒体产业的发展前景，出于多元化发展目的进军新媒体产业。上述三类新媒体产业的投资主体，第一类是由传统业态向新业态转型的传统媒体类投资者；第二类是依托技术向内容延伸的高科技、互联网类公司；第三类是跨界发展的投资公司或商业公司。不同投资主体在资本市场的行为特征十分鲜明，尤其是前两类公司，对于上市融资的证券市场具有不同的偏好，在上市市场选择上具有典型的路径依赖特征。比如传统的媒体行业，一般通过在国内 A 股市场上市融资获得发展新媒体业务的资本来源。典型的有东方明珠、中视传媒、博瑞传播、歌华有线、广电网络、新华传媒、出版传媒、时代出版等传统媒体企业在沪交所上市，电广传媒、赛迪传媒、华闻传媒、粤传媒、中信国安等传统媒体企业在深交所上市。而互联网企业或高科技公司，一般是通过境外证券市场上市融资获得发展新媒体业务的资本来源，比如：网易、新浪、搜狐、掌上灵通、空中网、百度、中华网、携程、TOM 在线、分众传媒、金融界、第九城市、盛大、e 龙、51 job、光线传媒、航美传媒、华视传媒等高科技公司、互联网公司，均是在纳斯达克上市；中华数字电视、巨人网络等则是在纽约证交所上市；北青传媒、新华文轩、凤凰卫视等则是通过香港证券交易所上市筹集股权资金融资的。

### （三）新媒体企业与传统媒体企业的资本运作比较

与传统媒体企业相比，新媒体企业并购重组较为频繁，更善于利用资本市场。在相关产业政策利好、消费产业升级等多重因素的推动下，传媒业市场增长迅速，加上兼并重组相关并购政策松绑、大型互联网企业资本运作并购频繁等因素刺激，传媒业在资本市场并购重组较为活跃，新媒体企业大规模并购频繁发生。例如：根据 Wind 等相关市场公司数据，2014 年我国新媒体企业并购数量超过 200 起，交易规模超过 2200 亿元，传媒业市场单笔最大并购是百视通收购东方明珠，涉及交易金额为 492 亿元。按照并购金额排名计算，前 10 位涉及金额均超过 30 亿元，单项交易金额大（见表 3-2）。

**表 3-2　2014 年传媒业兼并重组金额前十大事件**

| 并购事件 | 并购金额 | 并购事件 | 并购金额 |
|---|---|---|---|
| 百视通吸收合并东方明珠 | 492 亿元 | 阿里巴巴收购优土部分股权 | 10.88 亿美元 |
| 马云等收购华数传媒部分股权 | 65 亿元 | 复星集团收购 studio | 10.0 亿美元 |
| 中技控股收购点点互动 | 60.21 亿元 | 印纪传媒借壳高金食品 | 60 亿元 |
| 阿里巴巴收购文化中国部分股权 | 62.44 亿港元 | 优族信息借壳上市 | 6.30 亿美元 |
| 野马国际收购飞流 | 35.40 亿元 | 腾讯收购 CJ Games | 31.04 亿元 |

资料来源：作者根据各种资料整理。

**表 3-3　2014 年国内传媒上市公司股权投资交易额**

单位：亿元

| 类型 | 次数 | 金额 |
|---|---|---|
| 传媒公司投资传媒业 | 35 | 112 |
| 传媒公司投资其他行业 | 31 | 129 |
| 传媒公司新上市 | 9 | 107 |
| 门户网站投资事件 | 31 | 52 |
| 腾讯、阿里巴巴、百度投资事件 | 98 | 1235 |
| 合计 | 204 | 1635 |

资料来源：根据 2015 年上市公司财报整理。

从 2014 年传媒业兼并重组的总体情况来看，文化传媒公司股权投资的交易额为 1635 亿元，其中互联网上市公司交易金额为 1235 亿元，国内 A 股上市的传统传媒公司股权投资交易额为 348 亿元，可以看出互联网等新媒体公司交易金额远远高于传统传媒公司，新媒体企业并购重组发生频率和交易金额远超传统媒体企业（见表 3–3）。得益于我国人均 GDP 突破 7000 美元，在国家把互联网作为整个经济底层架构等政策的鼓励下，我国新媒体产业进入高级发展阶段。成长性是上市公司市值管理的核心，为了维持较高的成长性，传媒业公司纷纷通过并购来实现自己的高成长性，新媒体产业并购出现了一系列新趋势。

一是上市公司吸收合并上市公司成为新趋势，百视通吸收合并东方明珠打造千亿市值传媒公司就是典型；二是"上市公司+PE"模式成为新主流；三是跨界并购蔚然成风；四是互联网媒体退市到国内上市。目前，国内资本市场的市盈率远远高于海外市场，2014 年，巨人网络、盛大游戏、分众传媒等中概股纷纷从国外退市，并已经或正在通过借壳等方式在国内资本市场上市。近几年来，腾讯、阿里巴巴、百度、小米和奇虎 360 五大互联网巨头以其巨量的互联网用户、先进的大数据和云计算技术、较为成熟的探索，凭借强大的资本实力大肆收购，积极进入并快速升级和改造传统媒体产业，通过收购等手段来大力布局自身的互联网生态。"互联网+"有机融合传统产业，这也为新媒体产业的高速发展提供了支撑。

## 二、新媒体产业与传统媒体产业的资本融合

资本融合既是产业融合的基础，也是产业融合的抓手。没有资本融合，就不可能有真正的产业融合。传统媒体和新兴媒体的融合发展大致经历了三个阶段：一是传统媒体建设新兴媒体；二是传统媒体和新兴媒体互动发展；三是传统媒体和新兴媒体融合发展。[①] 当前，我国正处于传统媒体和新兴媒体融合发展的新阶

① 刘奇葆.加快推动传统媒体和新兴媒体融合发展. 人民网［EB/OL］. http://theory.people.com.cn/n/2014/0423/c40531-24930488.html，2014-04-23.

段。2014 年 8 月，《关于推动传统媒体和新兴媒体融合发展的指导意见》明确将媒体融合提升到国家战略决策高度，为我国传统媒体与新媒体资本融合指明了发展方向。

**（一）传统媒体与新媒体产权融合已成趋势**

新媒体的出现引发了传统媒体产业结构的变革。传统媒体为寻求发展纷纷向新媒体转型，不断摸索融合之路。传统媒体转型，不仅要求其通过新媒体技术创新传播形态，而且意味着它将借助新媒体技术实现结构调整和产业升级。在此背景下，上市公司将传统媒体与新媒体进行产权融合，主要目的是通过资本运作整合行业资源，延伸产业链布局新媒体业务以增强综合实力。当前，传统媒体与新媒体进行产权融合的主要战略选择，是延伸产业链，布局新媒体业务，形成全媒体产品形态，逐步建立起“多媒体采集、共平台生产、多渠道分发”的全媒体模式。

在平面媒体领域，已有多家报业集团提出全媒体转型战略，一些报业集团积极通过并购重组推动报业资源整合、资本运作和产业链延伸，拓展新领域，实现由“报”到“业”的转变，向全媒体集群方向过渡。比如：南都报系已建构为集报刊、网站、手机、广电、户外 LED 屏、官方微博群等新旧融合媒体+广告、发行物流、活动营销、品牌增值业务、汽车旅游娱乐文化行业运作、内容售卖等业务于一身的“南都全媒体集群”。山东大众报业集团以“产权连接、利益联合、行政推动”为主要模式，借助资本化、市场化手段，分别与潍坊日报社、临沂日报报业集团、菏泽日报社及青岛报业传媒集团达成战略合作，在全国率先探索出一条报业整合和产业发展的新路。大众报业集团在济南、青岛、烟台建立四大文化园区，并通过收购有线电视网络股权，进入有线电视领域；其旗下的半岛传媒股份有限公司在以报纸为主业的同时，通过产业规划利用媒体影响力积极发展现代购物、配送、物流业务、户外会展平台、户外广告、公益活动等文化关联产业。《人民日报》充分发挥政治资源优势，通过各种特刊、人民网访谈专题以及人民日报社旗下微博、微信、手机报、手机客户端、电子阅报栏等实现全媒体形态立体传播，在媒体融合道路上迈出了实质性步伐。

在广电领域，传统广电媒体与新媒体的交叉融合催生出网络广播、网络电视、手机电视、IPTV 等一批全新的广播电视形态，广播电视节目内容与微博、微信、客户端、二维码等新媒体业态的合作互动，也成为传统广电媒体与新媒体融合发展的主流趋势。同时，随着以平板电脑、智能手机为代表的移动终端的日益普及，广电媒体进入多屏时代，多屏共存、跨屏传播成为视听媒体的发展趋势。比如，中央人民广播电台随着全媒体战略的推进，成立了央广传媒拓展电视、网络新媒体业务，目前已拥有广播、电视、期刊、网络新媒体的全媒体业务平台。中央电视台综艺频道微博、微信、二维码“三位一体”的新媒体传播格局初步形成，与观众构建了良好的互动关系，极大地提升了节目传播效率和传播效果。湖南卫视推出的“呼啦”、重庆有线和重庆科教频道联合推出的“摇摇乐”、东方卫视出品的“哇啦”等，都是通过连通家庭共享电视大屏和个人私享手机小屏来实现节目和内容的全媒体播放。

**（二）产业基金是传统媒体向新媒体发展的资本纽带**

传统媒体向新媒体转型发展的投入方式主要有四种：一是依靠财政扶持。扶持资金按照专项资金管理要求，直接作为项目补贴收入。这种支持在项目初期非常重要，但从项目长远发展来看缺乏可持续性，且项目本身的盈利能力和继续融资能力才是新媒体业务能否发展壮大的关键。二是纯国资投入。财政扶持资金加上集团预算资金，作为资本金投入项目公司。从目前新媒体项目的运作现状来看，纯国资在投融资机制、人才机制、分配机制、管理机制等方面还有待加强。三是国资控股+多元出资+团队激励。传统媒体企业在一些垂直的内容领域逐步探索向金融资本、产业资本、社会资本和创始团队开放，但由于是国资控股，必须严格执行国资管理相关要求，与互联网新媒体市场化的理念、规则对接难度较大，对新媒体业务投资风险的容忍度较低。四是产业基金投资模式。依靠少量国有资本投入，通过充分发挥基金管理团队市场化、专业化的优势，带动社会资本进入新媒体行业，既可以克服传统体制、机制、人才、技术上的障碍和壁垒，又可以通过分散化投资有效平衡投资风险，从而实现较好的投资回报。

近年来，各地政府、大型传媒集团等纷纷设立文化产业投资基金、新媒体投资基金等发展新媒体业务。比如：2016 年 7 月，广东省政府投资基金——新媒体产业基金经省政府批准，由省委宣传部、省财政厅联合发起设立，该基金由广东省财政出资 10 亿元引导，吸引金融机构等社会资金参与，募集目标规模 100 亿元以上。该基金遵循“政府引导、社会参与、市场运作、服务媒体”的基本原则，坚持“面向市场、面向广东、面向新媒体”的方向，重点支持广东省国有媒体企业新媒体发展项目、媒体融合发展重点基础性项目、传统媒体产业转型升级重点项目、国有文化企业的重组改制等。国旅联合与武汉楚天融智创投企业（有限合伙）共同发起设立“国旅联合—楚天融智文化娱乐产业并购基金”，将围绕国旅联合的发展战略，针对文化演艺类公司、娱乐类公司、经纪演出及经纪业务类公司的投资与收购等。

除了由政府直接发起设立的政府投资基金外，也有诸多传统传媒企业、上市公司或投资公司成立产业投资基金、文化投资基金来积极发展新媒体业务。万德数据显示，截至 2015 年 12 月 22 日，2015 年媒体行业共发生创业投资基金投资事件 97 起，涉资达 151.94 亿元。比较典型的是，多家上市公司相继成立文化产业基金，加速布局影视文化产业，实现产业整合和产业链延伸。比如：中南传媒与湖南潇湘资本投资股份有限公司共同成立泊富基金管理有限公司及泊富文化产业投资基金（有限合伙）。该基金主要对未上市企业和上市公司非公开发行股票进行投资，并提供相关咨询服务。主要投资领域集中在与中南传媒经营业务有协同效应的领域，涵盖数字媒体、出版发行、影视、音乐、动漫等新媒体产业领域。杭州华媒浙商投资合伙企业（有限合伙）是由华媒控股和浙江浙商创业投资管理集团有限公司共同出资设立的文化传媒产业基金，主要投资泛文化行业及与信息技术结合的相关领域的内容、渠道和消费领域。

## 第四节 新媒体产业投资的政策规制及其影响

近年来，新媒体产业资本投资的政策规制发生了较大变化。一方面，随着我国文化体制机制改革的不断深入，国家进一步明确了新媒体产业的企业属性，对新媒体产业的资本进入限制逐步放开，各种资本都被允许进入新媒体产业；另一方面，新媒体及其所提供的信息产品不同于公共交通、水电煤气等公共产品，它具有一定的意识形态属性和文化属性。因此，对于新媒体产业，政府既不可能采取完全放任市场的方式，也不可能采取原有事业单位的管理方式。同时，新媒体公共传播的方式发生了根本性变革——由过去单向式的大众传播演变为分享式、互动式、参与式的公共传播。这一挑战使得新媒体在给人们带来意想不到的便利和自由的同时，也对传统的新闻媒体规制模式提出了严峻挑战，急需顺应新媒体产业的发展规律加以适当的政策规制。

### 一、新媒体产业政策规制的理论基础

媒体政府规制以政府规制经济学为主要理论基础，随着政府规制经济学的理论延续和创新发展，媒体政府规制理论也得到了丰富和发展。依据规制性质，媒体政府规制可以分为经济性政府规制（以下简称经济性规制）和社会性政府规制（以下简称社会性规制）两种主要实施手段。媒体的经济性规制是媒体主管部门针对媒体产业的市场进退、价格水平、价格结构等方面做出的政府规制，其目的是限制媒体自然垄断、维护良性市场竞争环境以及维护媒体市场活力。媒体的经济性政府规制主要包括三种具体形式：进入规制是媒体主管部门通过发放许可证，实行审批制或是调节进入标准等措施，对企业进入或退出某一媒体产业部门方面的规制；价格水平规制是指媒体主管部门通过在费率方面的具体调控，实现对媒体产品价格水平的调整；价格结构规制依托竞争压迫、价格差异推行和创新

激励的调控措施，但其规制的是媒体产品的价格结构，以维持媒体产业的价格分布和价格区间的合理性。尽管世界各国惯用的媒体政府规制手段是经济性规制，但在激励性政府规制理论和政府规制放松理论的影响下，实施激励性规制和放松经济性管制已成为媒体行业政府监管的基本方向之一。

在政府规制经济学中，激励性规制是常用的经济性规制手段，通常有特许投标制度、区域竞争（或称为标杆竞争）制度、价格上限规制等具体措施。激励性规制的基本原理主要是通过实施一些科学的产业制度来提高政府规制的效率，减少政府规制成本，并激励产业竞争活力，疏导市场运作方向，最终实现政府规制的产业发展目标和资源配置的最优化。在媒体产业化运作过程中，由于自然垄断和过度竞争现象的出现，使得媒体政府失灵频繁发生。对于媒体产业来说，强硬的压制并不能根治政府规制失灵问题，而需要通过疏导和激励的方式，主动地规制媒体产业的市场结构和市场行为，以保证媒体产业长期和良性的发展。

政府规制学家发现，导致政府规制失灵产生的主要原因之一是政府规制过于苛刻。为了矫正这一规制弊病，20 世纪 70 年代以后世界各国主导的规制思想是规制放松理论。政府规制放松在日本产业经济学界也经常将其译为“规制缓和”，是指政府出于降低规制成本、提高运营效率、开放市场等目的，放松或取消产业的市场进入和价格等方面的严格规制的措施。由于媒体与意识形态、文化和政治紧密相关，政府对媒体产业保持了先天的严格规制特性。对处于全球化、融合化的媒体产业发展来说，逐渐开放市场进入管制制度和放松价格管制制度也将是必然趋势，是解决媒体政府失灵的重要手段。

值得强调的是，由于媒体产业的特殊性，一些产业问题是经济性的干预所难以解决的，社会性政府规制由此得以产生，并成为规范、引导和激励媒体产业的重要手段。媒体的社会性政府规制是政府以保证社会的稳定、保护自然和人文环境以及维护受众权益等为目的，通过设立相应标准、发放许可证、收取各种费用等方式，对媒体产业实施的外部性规制、内容规制以及信息优势规制等措施。社会性规制相对经济性规制虽然出现较晚，但有力地完善了媒体政府规制理论，且在各国实践中，媒体的外部性政府规制在环境保护方面取得了显著成效，媒体的内容规制和信息优势规制也起到了稳定社会秩序的作用，尤其是媒体的社会性政府规制与经济性政府规制相互配合，极大地提高了政府规制效率，增强了媒体政府规制的实施效果。

## 二、中国新媒体产业规制的变迁和特点

### （一）中国媒体企业规制的演变路径

与西方发达国家的媒体规制的构建逻辑不同，中国的媒体规制是在政府绝对控制的背景下起步的，媒体规制的构建是一个总体上不断放松管制的过程。我国媒体政府规制变迁大致分成三个阶段：第一阶段是事业单位调整时期（1978~2000 年）；第二阶段是以规制市场主体的经济活动为主的时期（2001~2002 年）；第三阶段以媒资融合和资本化整合为主的时期（2003 年至今）。媒体政策规制的主要特点有：一是媒体管理体制从由党委宣传部包揽一切转向由宣传部和政府行政部门分工管理。1987 年成立国家新闻出版署，近几年各级党委宣传部仍集中掌握重大宣传政策的制定和传媒主要领导的任免，而技术层面的职责已经逐步由新闻出版总署（局）和广播电视电影（总）局接手。二是法规和制度相继建立，行政与市场调节并用。三是传媒管理部门对“违规”的媒体和个人惩戒措施有相对放松和逐渐软化的趋势。总的看来，媒体规制由党务部门人治向政府部门法治逐渐转变。

作为上层建筑和意识形态的一部分，新中国成立以来直到改革开放之初，我国一直将传媒业作为一个特殊和“敏感”的行业来进行管理，国家对传媒行业的控制非常严格。在主体结构上，传媒业几乎是国有资本一统天下，在管理方式上，主要以行政化管理为主，以市场手段为辅。这种情况一直持续到近十几年，随着我国改革开放在各个领域和方向上都日渐深入，传媒业的改革才开始提上日程。

改革开放 30 多年来，由于兼有经济属性和政治属性，中国媒体产业的经济属性、产业属性逐渐增强，其政治属性和意识形态属性也在不断深化，中国媒体产业从无到有、从小到大取得了辉煌成就。伴随着中国媒体业的不断发展，我国传媒业发展明显加快，各类传媒企业的市场身份逐步得到确认，各种经营和投资

行为日渐开放，我国传媒业迎来了高速增长的新阶段，一个巨大的传媒市场在我国开始形成。2009 年国家《文化产业振兴规划》发布以来，文化传媒业成为国家战略性新兴产业，成为国家软实力建设的重要抓手，我国文化传媒产业逐步进入一个体制机制变革、技术模式创新、规模体量扩张的快速发展阶段。

**（二）我国新媒体产业政府规制的特点**

1. 与西方媒体政府规制相比的特点

我国对新媒体产业的政府规制，与西方国家对媒体的政府规制较为不同，这是由我国与西方国家对媒体产业的性质及定位差异决定的。总的来看，社会主义市场经济体制下对传媒产业的政府规制，不同于西方市场经济条件下的政府规制。第一，规制主体的角色定位不同。在我国，政府出于双重角色对传媒事业及其产业行使规制权限，一种角色是以公共服务为使命的政治性政府，另一种角色是以国有资产所有权管理者身份出现的经济性政府；而西方国家主要是从政治性政府的立场出发对传媒业进行规制的。第二，规制客体的性质不同。在我国，作为规制客体的传媒产业属于事业单位，即便改制后作为企业集团，也承担着相当程度的事业属性，这并不等同于国外的非营利机构，更不同于国外的传媒企业。第三，政府规制的性质及范围不同。西方国家的政府规制在很大程度上属于“产业规制”的范畴，而我国对传媒行业的规制属于事业和产业“双重”规制。因此，传媒组织事业单位企业化管理，就是目前我国政府对媒体行业施行“双轨制”政府规制的产物。一方面，政府通过行政干预让传媒组织继续承担其社会效益的角色；另一方面，政府又给传媒组织断粮，让它们自主经营、自负盈亏，充分发挥市场机制来推动传媒组织的产业化发展。在目前的政府规制制度下，我国新闻传媒既要发挥新闻的导向功能，实现社会效益；又要承担经济上的创收任务，实现经济效益，一定程度上造成了规制目标的双重性与实施的两难性。

2. 与其他产业政府规制相比的特点

由于媒体和媒体产业与社会意识形态、政治生态环境以及文化背景息息相关，随着媒体产业的高速发展，政府对媒体及媒体产业进行规制的手段措施与其他产业具有典型不同的特点。

第一，媒体的政府规制较为严格，同时受政府行政指令的约束性较强。这一特性是由媒体和媒体产业的自身特点决定的。从媒体形式出现开始，媒体大多是宣传政治纲领和意识形态的工具，政府对媒体规制在很长一段时期内都十分严格，传媒业的任何举动都要得到政府的行政指令，媒体的经济属性和产业化运作是媒体政治属性淡化的产物。在当今和平与发展的国际环境下，各国对于媒体产业仍然实施着相对严格的政府规制，这是媒体政府规制的一个重要特点。

第二，媒体产业在一定程度上具有自然垄断属性。由于早期媒体由政府进行严格规制，使得各国在早期几乎都由国家垄断传媒业，只是在产业化和全球化的浪潮下逐渐开放市场。因此，无论是在我国还是在欧美一些国家，媒体产业多多少少都存在一些自然垄断的特性。这种国家性质的自然垄断一方面是稳定媒体产业的主导力量，另一方面又成为压制市场竞争、限制媒体结构调整的障碍。

第三，媒体产业的政府规制难度较一般产业大。一是文化媒体的表现形式多样，相关管理部门分散而复杂，使得政府规制的实施难以统一或兼容。二是国内媒体产业有四大部门，各个部门都有着不同的直接管理部门，在媒体融合大趋势下，多媒体的商品和市场的出现使得媒体管理部门监管难度较大。

第四，部分媒体政府规制措施法律依据尚不充分。媒体政府规制对法律具有依赖性和独立性，对媒体产业来说，法律法规的制定和执行是媒体政府规制的主要形式。目前，我国媒体产业和媒体政府规制要依赖于社会的法制化，但政府部门对媒体产业的一些规制行为并非都有充足的法律依据，更多的是从现实公共利益需要或社会政治目的而进行经济规制和社会规制。

## 三、我国新媒体产业政府规制的主要内容与手段

我国新媒体产业政府规制的主要任务，是在确保文化安全、意识形态安全，以及国有经济占传媒业主体地位的前提下，放松资本准入，“削平”产业准入障碍和投资门槛，依次开放媒体经营性业务、非新闻性内容业务、非时政新闻内容业务。具体来说，政府规制的基本手段主要包括：市场准入（机构、业务、人员）；产业规制（产业政策、税收政策、金融政策）；资本准入（产权归属、资本

运作方式)；内容标准（意识形态、文化传统和民族习俗）等。

### （一）我国新媒体产业的市场准入规制

政府对新媒体领域进行经济性规制的核心，首先就是通过设立进入或退出机制，来对新媒体的市场参与主体进行限制。设置准入门槛，是政府对新媒体产业进行经济性规制的基本方法。所谓的设置准入门槛，即通过设置包括价格、投资、质量等在内的规则，来减少或控制投资者对该领域资源的开掘。我国对新媒体准入门槛的设置分为互联网、网络视听节目、网络游戏、电子出版物等多个领域，基本上是因业制宜。

比如，我国对报刊的出版发行实行许可证制度，媒体企业要想经营报刊业必须由主管部门进行认定。《出版管理条例》规定：凡是各地出版的报纸和杂志，一律要进行申请登记，并经过新闻出版机构审批，还要经过国家新闻总署进行核定，才可以出版发行。再如我国将互联网分为经营性和非经营性两类。两者虽然都是备案制，但经营性网站要求更严格，要求领取工商营业执照且有网站经营相关营业范围，注册资本的门槛则由工商部门完成。网络视听节目由国家广电总局按业务类别、接收终端、传输网络等项目分类核发。同时，也规定外商独资、中外合资、中外合作机构不得从事信息网络传播视听节目业务。2008 年 3 月，国家广电总局按照《互联网视听节目服务管理规定》向央视网、新华网、激动网等 23 家网站颁发了《信息网络传播视听节目许可证》，随后酷 6 网（ku6.com）、悠视网（UUSee.com）分别成为获批的视频分享、P2P 视频直播网站。而网络游戏，申请新设立从事网络游戏经营活动的互联网文化经营单位除符合有关规定外，还应当具备 1000 万元以上的注册资金；电子出版物则要求有必需的资金和相应的人才。

### （二）我国新媒体产业的政策扶持规制

为支持新媒体产业发展，我国专门制定了一系列产业扶持政策，在投资、税收、金融等领域对新媒体产业执行差别化的扶持或支持政策。在网络游戏方面，一是国务院颁布实施了《关于鼓励软件产业和集成电路产业发展的若干政策》（国发〔2000〕18 号）和《振兴软件产业行动纲要》（国办发〔2002〕47 号）；二是鼓励在高新技术产业园区、软件产业园区，聚集游戏产业链上的相关企业、科研院所，筹建若干个国家数字娱乐产业示范基地；三是创建游戏产业链，如图书期刊、音像制品、玩具文具、食品、服饰、娱乐设施、动漫产品、游戏展会等。在数字电视方面，2008 年 1 月，《关于鼓励数字电视产业发展若干政策的通知》明确指出，国家相关部门支持数字电视标准的开发，支持数字电视相关企业通过上市、发行债券、上市公司配股和增发新股等方式筹集资金，增加对数字电视产业的投入，并对属于《外商投资产业指导目录》及《产业结构调整指导目录》范围内的数字电视领域投资项目，在投资总额内进口的自用设备和按照合同随设备进口的技术（含软件）及配套件、备件，除列入《外商投资项目不予免税的进口商品目录》和《国内投资项目不予免税的进口商品目录》的商品外，免征关税和进口环节增值税。

开放是当前我国传媒产业发展的主基调，我国文化体制改革筹划于 2002 年，正式开始自 2003 年，但直到 2009 年《文化产业振兴规划》出台，文化体制改革才真正进入加速阶段。近年来，文化产业改革方面的政策出台密集度、国家对文化产业的支持力度，达到了前所未有的高度，我国文化产业发展面临重要机遇，改革力度空前，文化传媒产业将成为支柱性产业。《文化产业振兴规划》标志着文化产业已经上升到国家战略层面，并提出了支持文化产业发展的五大政策措施：降低准入门槛、加大政府投入、落实税收政策、加大金融支持、设立中国文化产业投资基金等。随后《金融支持文化产业政策》迅速出台，进一步落实了国家对文化产业的支持政策（见表 3–4）。在一系列媒体产业政策的合力支持下，我国媒体产业呈现出快速增长的发展态势，新媒体产业在此基础上也日益繁荣发展起来。

**表 3–4　政府支持新媒体产业的相关政策文件**

| 时间 | 部门 | 政策/会议 |
|---|---|---|
| 2004 年 10 月 | 文化部 | 《关于鼓励、支持和引导非公有制经济发展文化产业的意见》 |
| 2008 年 4 月 | 国务院办公厅 | 《国务院办公厅关于印发文化体制改革中经营性文化事业单位转制为企业和进一步支持文化企业发展两个规定的通知》 |
| 2009 年 4 月 | 新闻出版总署 | 《关于进一步推进新闻出版体制改革的指导意见》 |
| 2009 年 4 月 | 财政部、国家税务总局 | 《关于支持文化企业发展若干税收政策问题的通知》 |

续表

| 时间 | 部门 | 政策/会议 |
|---|---|---|
| 2009 年 4 月 | 财政部、国家税务总局 | 《关于文化体制改革中经营性文化事业单位转制为企业的若干税收优惠政策的通知》 |
| 2009 年 7 月 | 国务院办公室 | 《文化产业振兴规划》 |
| 2009 年 8 月 | 广电总局 | 《关于加快有线网发展的若干意见》 |
| 2009 年 9 月 | 国务院办公室 | 《文化产业振兴规划》细则 |
| 2009 年 9 月 | 文化部 | 《文化部文化产业投资指导目录》 |
| 2010 年 3 月 | 中国人民银行、财政部、文化部等九部委 | 《关于金融支持文化产业振兴和发展繁荣的指导意见》 |
| 2010 年 10 月 | 国务院办公室 | 《中共中央关于制定国民经济和社会发展第十二个五年规划的建议》 |
| 2011 年 4 月 | 新闻出版总署 | 《新闻出版业“十二五”时期发展规划》 |
| 2011 年 5 月 | 国务院办公厅 | 《关于深化非时政类报刊出版单位体制改革意见》 |
| 2011 年 10 月 | 十七届六次全会 | 《中共中央关于深化文化体制改革的决定》 |
| 2012 年 2 月 | 文化部 | 《“十二五”时期文化产业倍增计划》 |
| 2012 年 6 月 | 文化部 | 《文化部关于鼓励和引导民间资本进入文化领域的实施意见》 |
| 2012 年 6 月 | 文化部产业司 | 《“十二五”时期国家动漫产业发展规划》 |
| 2014 年 3 月 | 国务院 | 《关于推进文化创意和设计服务与相关产业融合发展的若干意见》 |
| 2014 年 3 月 | 文化部、中国人民银行、财政部 | 《关于深入推进文化金融合作的意见》 |
| 2014 年 3 月 | 国务院 | 《关于加快发展对外文化贸易的意见》 |
| 2014 年 4 月 | 文化部文化体制改革工作领导小组 | 《2014 年文化系统体制改革工作要点》及其《分工实施方案》 |

### （三）我国新媒体产业的资本投资规制

近年来，我国传媒业总体呈现出改革发展的大趋势，我国对传媒产业的资本投资规制也处在一个不断调整的过程当中。国家对媒体产业的资本投资规制大多通过法律、法规等形式予以确定，是直接制约传媒业发展具体模式选择和发展路径的重要外部制度因素。当前政策调整的主要目标：一是重塑媒体市场主体地位，吸引多方资本的参与，规范和完善传媒企业的竞争环境；二是一方面推进国有文化传媒企业的改制转型，另一方面大力培育非公有制的文化传媒企业，鼓励各类型的资本参与文化传媒市场。归纳起来就是两点：引入竞争机制和向资本市场开放。

1. 逐步放宽传媒业的投资主体

早在2001年，中共中央办公厅和国务院办公厅联合发布的《关于转发〈中央宣传部、国家广电总局、新闻出版总署关于深化新闻出版广播影视业改革的若干意见〉的通知》就明确认可了其他国有资本对传媒业的合法投资者地位，“可以项目合作的方式吸收国有企事业单位的资本”、“试点发行集团可吸收国有资本、非国有资本和境外资本”，为传媒业引入投资者开了第一个绿灯，为投资传媒业的市场主体多元化之路奠定了基础。自2005年以来，国家先后出台《关于非公有资本进入文化产业的若干决定》、《关于文化领域引进外资的若干意见》、《关于鼓励和引导民间资本进入文化领域的实施意见》等一系列政策，促进非公资本进入文化传媒产业。2010年3月，中国人民银行等九部委联合下发了《关于金融支持文化产业振兴和发展繁荣的指导意见》，文中首次明确“适当放宽准入条件，鼓励风险投资基金、私募股权基金等风险偏好型投资者积极进入处于初创阶段、市场前景广阔的新兴文化业态”，意在推动风险投资主体加大对文化传媒业的投资，拓展文化传媒业的融资渠道，提高风险投资对传媒业的投资力度。到2012年，文化部《关于鼓励和引导民间资本进入文化领域的实施意见》专门制定了一系列鼓励和支持民间投资主体的相关措施，吸引社会资本进入文化领域，促进传媒业投资主体多元化。受政策利好影响，2013年以来，市场在产业发展中的决定性作用得到强化，科技与文化融合，产业逐步实现跨界互动，民营资本大规模进入文化产业。大量非公资本开始通过投资、控股、参股、并购、重组、项目合作等方式跨区域、跨行业涌入文化产业领域，文化产业实现大发展。许多大型民营企业和民营资本开始关注新的、与文化产业融合的商业发展模式，由文化旅游地产进一步扩展到网络服务、移动终端等新领域。

2. 放宽传媒业投资的范围

2003年和2004年，国家文化部连续出台了《关于支持和促进文化产业发展的若干意见》和《关于鼓励、支持和引导非公有制经济发展文化产业的意见》，两个文件充分肯定了非公有制经济对文化传媒业发展的促进和支持作用，并要求各地文化主管部门“进一步放宽市场准入，允许非公有制经济进入法律法规未禁止投资的项目”，“在演出业、影视业、音像业、文化娱乐业、文化旅游业、网络文化业、图书报刊业、文物和艺术品业以及艺术培训业等行业，已逐步放宽准入的基础上，进一步降低门槛，搞好服务，鼓励和支持非公有制经济以独资、合资、合作、联营、参股、特许经营等多种方式进入”。2005 年 4 月，国家文化部等五部委联合发布了《关于文化领域引进外资的若干意见》，2005 年 12 月，国务院发布《关于深化文化体制改革的若干意见》，两个文件进一步明确了传媒业开放的领域和范围，对包括风险投资在内的多种资本投资文化传媒业进一步明确了具体领域、范围和方式。2009 年出台的《文化部文化产业投资指导目录》，进一步放宽了民间资本和境外资本的文化产业投资范围。百度、阿里巴巴、腾讯、乐视等互联网代表公司，近年来通过投资等行为进入文化产业，涉及领域包含影视、游戏、动漫、音乐、出版、体育等多个方面。万达、恒大、今典等民营地产企业相继成立文化产业集团，斥巨资进军影视院线、影视制作、音乐市场、艺术品投资、出版传媒和文化产业园建设等文化产业多种行业领域。民营企业和民营资本参与到文化传媒产业中的越来越多。

3. 明确投融资形式和退出方式

2008 年以后，我国传媒业改革再次提速，国家出台了包括《文化产业振兴规划》在内的 10 多个有关传媒业的涉及税收优惠、投融资体制、转企改制等方面的指导性政策文件。2008 年，《国务院办公厅关于印发文化体制改革中经营性文化事业单位转制为企业和支持文化企业发展两个规定的通知》对文化传媒企业的投融资进行了专门的规定，不但明确提出“经批准设立国有或国有绝对控股的文化产业投资基金，作为文化领域的战略投资者”，清晰明确了我国专门投资于文化传媒产业的风险投资基金的市场主体地位，而且第一次明确提出“通过公司制改建实现投资主体多元化的文化企业，符合条件的可申请上市”，鼓励文化企业“进行并购和重组”，“鼓励文化企业进入创业板融资”，既从政策层面为风险资本投资进入传媒产业后的退出机制做出了安排，又为媒体企业充分利用多层级资本市场融资提供了政策依据。

4. 鼓励媒体产业并购重组

早在2005年底，我国出台的《关于深化文化体制改革的若干意见》就明确鼓励传媒业进行并购重组，明确提出“支持和鼓励大型国有文化企业和企业集团实行跨地区、跨行业兼并重组，鼓励同一地区的媒体下属经营性公司之间互相参股”，“鼓励和支持非公有资本以多种形式进入政策许可的文化产业领域”，“要加强文化产品和要素市场建设，打破条块分割、地区封锁、城乡分离的市场格局，形成统一、开放、竞争、有序的现代文化市场体系”。近年来，随着鼓励竞争的政策措施不断出台，原有的传统媒体之间不但有了竞争，而且日渐激烈起来。媒体竞争的规则和方式被不断确立和更新，虽然行政指令依然是指导国有媒体的重要手段，但以资本为纽带的跨地域、跨行业的并购整合开始出现。随着传媒行业政策限制的不断放松和非公有资本的进入，以软银、IDG等为代表的国际风险投资基金，以及我国各级政府设立的高科技创业投资基金等风险资本也大量进入传媒行业，我国媒体产业呈现出爆发式增长态势，我国传媒行业尤其是新媒体行业焕发出了前所未有的活力，分众传媒、新浪、百度、开心网等一大批脱胎于资本市场的互联网新媒体企业大量诞生，不但打破了传媒行业国有资本“一家独大”的既有格局，还在资本运作和兼并重组中催生出了全新的媒体类型。

## 四、政府规制对中国新媒体产业发展的影响

当前中国传媒业正处于转型发展阶段，我国针对新媒体产业的政策规制，既要促进传媒业又快又好发展，给予其足够的市场空间，又必须强调传媒业的公共事业性质，使其不受经济利益驱使而违背公共利益。因此，政策规制的基本原则是在公共利益导向的基础上尽量遵循市场经济规律来构建规制政策。然而，由于新媒体产业技术手段、传播渠道、行业业态等的快速发展，政策规制往往落后于现实情况发展，政策规制对新媒体产业的发展方向及其经济利益影响往往具有较大的不确定性。

### （一）政府规制总体有利于新媒体产业健康有序发展

总体来看，与全球兴起的传媒产业放松规制相适应，我国对传媒产业的规制政策也呈现出逐步放松与改善的态势。经过 20 多年的发展，虽然我国传媒业计划经济的痕迹仍然比较明显，但伴随着我国传媒业的改革，媒体产业的市场属性开始逐渐被释放出来，文化传媒产品开始剥离其政治色彩，市场化程度不断提高，投资、交易、竞争等市场行为日渐普遍，市场氛围不断活跃。当前，我国新媒体经济性规制放松的重点是放松传媒产业的进入规制，形成有效竞争格局；鼓励民营经济进入传媒产业，实现投资主体多元化；设立独立的规制机构来进行有效的规制，为传媒产业的持续快速发展提供制度保障。政策规制的着眼点，已经由过去针对具体媒体类型或媒体产业的静态规制，转变为针对媒体市场主体行为、过程的动态规制。同时，对于敏感的媒体所有权问题，尽管媒体行业的进入壁垒仍然存在，但相关政策已经出现了松动的趋势，风险投资资本、民营资本和境外资本都被鼓励参股、入股媒体企业，通过适度进入媒体运营的某个或者某些环节，创造出更多更好的新媒体产品。

从历史上看，中国传媒产业过去过分依赖政府，投资主体单一，造成了管理体制僵化，市场缺乏活力。有条件地、逐步地适度放开民营资本进入媒体产业的门槛，是放松经济性规制的必然选择。政策规制的调整转变，对于促进建立以市场配置为主导的传媒发展机制功不可没，当前，通过政策规制的推动，新媒体产业的资产结构已实现由一元化向多元化转变，资源配置方式由行政力量配置逐步转变为由市场力量配置，中国传媒产业逐步形成了以市场为主导，产权明晰、链条完整、结构合理，国有为主、多种经济成分共同发展的产业格局。经济性规制的有序适度放松，媒体产业进入壁垒的有序适度放开，对引导构建合法的、充分竞争的媒体市场形态，对新媒体产业的健康有序发展，提供了不可或缺的保障支持作用。

### （二）社会性规制使新媒体产业的政策风险加大

目前我国处在重要的社会转型期，从经济性规制来看，具有自然垄断属性和网络产业属性的媒体行业呈规制放松的态势，但从社会性规制来看，由于媒体具有典型的公共产品特性，对媒体的社会性规制却呈现出不断加强的态势。媒体作为“喉舌”工具的特殊身份，决定了放松经济性规制并不是一味地放任自由，而是要在整体加强社会性规制的框架中，用适度开放的市场激发媒体的活力，整合并有效配置资源，最大限度地利用市场这只无形的手来发挥作用。伴随着政府规制过度干预的越位现象和局部规制缺失的缺位现象，我国在新媒体产业规制重构过程中，在经济性规制适度放松的同时，社会性规制急需加强。2005 年 8 月 8 日，国家出台了《国务院关于非公有资本进入文化产业的若干决定》，基本明确表示鼓励和支持非公有资本进入文化产业领域，非公有资本可以控股等，但在文化产业的市场进入环节，还是对非公有资本进入媒体领域做了严格的禁止规定。因此，在放松资本进入媒体行业壁垒的同时，我国加强了媒体产业社会性规制的强度，当前我国媒体政府规制呈现出放松与加强相结合的趋势。

目前，我国媒体产业社会性规制的变革主要表现在：完善社会性规制法律体系，增强政策规制的法律依据和权威性、有效性；在规制立法和执法过程中坚持自由和民主原则，形成了多元的社会性规制主体；社会性规制逐渐从传统的官僚体制中转变过来，建立政府、企业、消费者、舆论媒体多方合作、共治的社会规制体系，基本形成了政府、公民及社会的共同治理。新媒体作为融合网络、电信、广播电视等媒介的新型传播模式，由于处于快速发展过程中，整体行业秩序以及相关管理尚不完善、规范。政策规制一方面为推进媒体行业发展提供政策支持，另一方面也逐步加强对行业的监管，相继出台了一系列规范化规定。2009 年相关政府部门将视频行业、社交游戏纳入了规范化管理范围，无证播出的视频网站被整顿关闭。新媒体的产出为精神消费品，更是文化消费品，在很大程度上会影响受众的是非判断和价值观念，对新媒体社会性规制的不断加强，会使一些突破现有规制框架约束的新型媒体企业面临一些政策规制风险。

# 第四章　民间资本进入新媒体产业的重要意义与现实基础

民间资本是推动新媒体产业蓬勃发展的重要驱动力量。在国家大力号召文化强国、加快深化文化体制改革的时代背景下，推动民间资本进入新媒体产业，对于传统媒体产业的转型、新媒体产业自身的发展以及民间资本发挥资本效率，都具有重要意义。同时，随着互联网和移动终端的普及，中国新媒体产业已经具备相当的制度基础、产业发展基础、市场需求基础和资本需求基础。辅以适当的引导和监管，中国新媒体产业必将迎来新一轮高速发展。

## 第一节　民间资本进入新媒体产业的重要意义

新媒体产业作为现代服务业中的新兴产业，其产业发展业态完全符合我国“十三五”规划提出的“创新、协调、绿色、开放、共享”发展理念。随着新媒体产业向实体产业渗透，与工业、设计产业融合发展，促进了传统产业升级，是中国新经济快速发展的重要驱动力。同时，新媒体产业承担着重要的文化传播和价值宣传使命，是宣传社会主义核心价值观、繁荣时代文化的重要载体，是同时促进物质文明和精神文明进步的重要驱动力量。新兴产业的发展，需要大量资本的培育和推动。无论对于产业本身的健康发展，还是国家经济结构调整，抑或媒体企业的公司治理体系和管理方式转变，都具有重要的现实意义。

## 一、产业层面：有利于推动媒体产业持续快速健康发展

### （一）民营资本进入有利于推动传统媒体产业转型，破解资本瓶颈

新媒体产业正迎来产业爆发式增长的窗口期。国有资本在传统媒体占据绝对优势，而在新媒体领域，民营资本具有先天的灵活特质、敏锐嗅觉和创新冲动，是市场上的“聪明资本”，毫无疑问将成为推动产业健康、快速发展的生力军。当前，传统媒体企业以国有资本为主体的产业资本结构，已经远远不能适应产业快速发展的需要。而随着互联网的日益普及和“两微一端”新兴媒体的兴起，大众接收信息的主要渠道和交流习惯已经发生变化，传统媒体向新媒体延伸和转型已成为大势所趋。然而，传统媒体企业盈利能力严重不足，尤其是传统报刊出版行业，利润出现连续负增长，有些企业亏损严重，转型进入新媒体面临严重的资本瓶颈。民营资本的进入可以在很大程度上改变新媒体产业生态，改变了媒体产业原有的国有资本占绝对主导的资本结构，在纸媒日渐式微的大背景下，民营资本成为传统媒体转型新媒体的重要驱动力量。一些民营企业通过跨界并购或同业并购，向新媒体产业扩张。2014 年 3 月，阿里巴巴斥资 62.44 亿港元收购文化中国 60%的股权，文化中国旗下主要有影视制作、手机游戏、电视广告以及报纸杂志业务。同年 4 月 8 日，马云联手史玉柱，以 65 亿元收购华数传媒 40%的股权。2015 年 7 月，乐视网以 1 亿港元购买北青传媒 35.58%的股权，成为北青传媒第一大股东。随着民营资本的进入，一些国有传统媒体企业已经转型为股份制现代化传媒集团。

### （二）民营资本参与新媒体企业资产重组有助于提升新媒体产业成长能力

新媒体产业的快速发展主要得益于传媒产业内的关联产业相互融合。一系列的政策引导与鼓励，激发了民间资本的投资热情，民间资本广泛投资新媒体产业，媒体企业重组、并购风起云涌，投资涉及的行业领域日趋多元化。一些民营传统媒体产业通过股权投资，实现了产业链的纵向延伸，促进了资本在新媒体领

域的优化布局。万达、恒大等地产公司持续投资院线、影视、音乐、动漫等文化产业。与报刊出版类上市企业不同，影视类上市公司基本上都是民营企业，仅有个别企业通过借壳老国有企业实现上市。在资金充足的情况下，影视类上市公司在近几年纷纷通过并购、战略合作、直接投资运营的方式，向新媒体业务进行拓展和渗透，这是产业资本把握行业发展趋势、拓展利润增长点的自主市场行为。广告企业的并购是金融资本退出的重要途径，也是企业做大做强的有力手段。蓝色光标 2010 年上市之后的四年内，已经并购 18 家企业，主要为广告、金融服务、软件等公司，涉及资金 39.28 亿元。一些企业如骅威文化、道博股份则从完全不相关的制造业或服务业转型而来，这显示出民营资本进入新媒体领域的天然嗅觉和灵活性。新媒体企业之间的并购、相互持股也频繁出现，各种新媒体业务通过企业之间的相互投资，出现了进一步融合的趋势。百度、阿里巴巴、腾讯等互联网巨头通过并购、控股以及股权投资、业务合作等形式，进入影视、网络游戏、网络文学等文化产业领域。2015 年，网络视频运营商百视通以 492.42 亿元吸收合并东方明珠，此后更名为东方明珠新媒体，从而成为综合传媒娱乐集团。2014 年以来，网络大鳄阿里巴巴则频频出现在并购市场上，先后入股或收购新浪微博、华数传媒、优酷土豆、虎嗅网、无界、封面等新媒体企业。通过在泛娱乐产业的一系列投资和并购，阿里巴巴已经成功在视频、社交媒体、传统媒体、电影业、新闻客户端等泛娱乐产业领域布局，泛娱乐生态已然成型，大资本对新媒体的产业生态整合作用不容忽视。2016 年，已经布局网络游戏业务的世纪华通公司收购点点互动部分股权；掌趣科技斥资 30.4 亿元收购大马时空 80%的股权和上游信息 30%的股权。随着资产重组加速，网络游戏产业的市场集中度进一步提高。这些资产重组使新兴、新创新媒体企业获得了充足的资金支持，从而迅速成长起来。

## 二、企业层面：有利于新媒体企业提高活力和竞争力

### （一）股权多元化有助于改善传统媒体企业公司治理

随着移动互联网的日益普及，人们对信息的接收渠道正在发生巨大的变化，

媒体受众的分流在所难免。同时，大众接收信息的时间要求服务于自身的生活节奏安排，从而表现出碎片化的趋势。在此现状之下，传统媒体向新媒体的转型就成为必然趋势。然而，传统的报纸、广播电视等媒体基本上是各级国有资本分而治之，长期的僵化体制使这些传统媒体转制为企业之后，仍然缺乏二次创业的动力和能力。在此情况下，转型媒体企业亟待通过混合所有制改革进行治理转型和二次创业，民间资本的进入则成为改善公司治理的有利条件。民间资本的进入，将改善国有股"一股独大"的情况，提高治理科学化和决策科学化水平。传统的纸媒《成都商报》、《新周刊》、《财经时报》等报纸纷纷引入民营资本。一些传媒企业通过改制上市，获得了社会资本的支持，有利于改善企业公司治理，助推企业向新媒体领域进军。例如，浙报传媒、中南传媒都通过上市，成为大型传媒集团，产业链不断完善，跨媒体业务延伸取得积极进展。随着广播电视制播分离体制的改革，各省级电视台也通过不同的方式与社会资本结合，实现了节目制作形式的多样化和播出方式的创新，凤凰卫视布局凤凰新媒体，国家网络电视台上马，湖南卫视、上海文广等主流媒体也都尝试把节目内容实行多渠道运作，积极开拓新媒体平台。

**（二）民间资本进入提高了资本充足率，有利于留住和吸引高端人才**

传统媒体人才频频流失的原因，包括体制机制僵化、对核心人才缺乏有效激励等。而企业要迅速发展壮大，除了技术因素外，关键的一点就是人力资本和对人才的持续激励。但传统媒体企业由于资金紧缺，一方面难以对核心人才实施有效激励，导致人才流失严重，一些具有创新意识和创新能力的人才，在体制的羁绊之下，也难以施展自身才华；另一方面新媒体技术和业务骨干难以引进，进而丧失创造力和竞争力。新媒体业务引进社会资本，能够有效提高资本充足率，从而解决人才激励不足的问题。

**（三）民间资本进入有利于提升传统媒体企业管理水平，提高企业运营效率**

民间资本进入新媒体产业带来高端技术人才的同时，也带来了新媒体运营和管理人才。传统媒体企业由于体制束缚，长期存在管理粗放、激励约束不到位、管理创新迟缓等问题。民间资本进入后，民营资本天然存在加强内部管理的内在要求。社会大股东为提高决策科学化水平和管理现代化水平，必然要求在优化治理结构的基础上，加强人力资源管理、财务投融资管理等环节的科学化水平，尽力盘活冗余资源，降低运营成本，提高经营收益和利润率。这是民间资本追求效益最大化的必然结果。因此，民间资本进入对于传统媒体企业管理水平的提升也具有很大的助益。

## 三、国家层面：有利于资本优化布局和价值引导目标的实现

### （一）有助于推动文化产业加快发展为全社会支柱产业

随着经济持续发展和人民生活水平的不断提高，文化产业在国民经济中的地位日益突出。目前，西方发达国家的文化产业已经成为支柱产业，如美国的电影娱乐、传媒业，日本的动漫业，韩国的网络业，德国的出版业以及英国的音乐产业等。我国作为文明古国，有着悠久的历史文化传统，但文化作为一个产业却提出较晚。我国2000年"十五"规划中第一次使用文化产业的概念，2011年中共十七届六中全会才将发展文化产业上升到国家战略。在经济下行压力下，文化创意产业以环境友好性和高附加值的特点，成为中国经济新的增长点。"十三五"规划建议明确提出：2020年文化产业要成为国民经济支柱产业。媒体产业作为文化产业的重要组成部分，随着媒体产业的快速互联网化和新媒体产业的强劲发展，新媒体相关产业部类在文化产业总体中的地位日益提升，并带动文化产业总体规模不断扩大。在此背景之下，鼓励民间资本进入新媒体产业，培育、发展、壮大新媒体产业，对于加快实现2020年文化产业发展成为国民经济支柱产业的目标具有重要的现实意义。

### （二）有利于提高全社会资本配置效率和资本产出效率

当前，中国经济发展进入了新常态，宏观经济下行压力持续，工业经济多个行业出现产能过剩，资本产出效率降低。从历史经验来看，经济下行、其他行业相对低迷的发展时期，往往是文化产业逆势发展的重大机遇期。在当前背景下，鼓励民间资本进入新媒体产业这样的高成长性产业，有利于实现增长动力转换和产业结构调整。事实上，有些新媒体企业正是从玩具制造、建材制造、房地产销

售等领域转型而来，这显示出民营资本对于市场投资机会的把握能力。但大部分制造业民营企业对于转型文化企业仍然信心不足。同时，在制造业利润率下降的情况下，金融资本和各类社会资本投资热情下降，必然转而寻求回报率更高的投资出口。在此背景下，进一步加强政策引导、鼓励社会资本投资新媒体产业，对于提高产业资本和金融资本的投资效率，进而提高全社会资本配置效率，以及优化产业结构、转变发展方式，都具有特别重要的意义。

**（三）有利于强化媒体新闻传播力和舆论引导力，形成良好改革氛围**

2014 年 8 月 18 日，中央全面深化改革领导小组第四次会议审议通过了《关于推动传统媒体和新兴媒体融合发展的指导意见》。该意见旨在推动传统媒体和新兴媒体在内容、渠道、平台、经营、管理等方面的深度融合，着力打造一批形态多样、手段先进、竞争力强的新型主流媒体，建成几家拥有强大传播力、公信力、影响力的新型媒体集团，形成立体多样、融合发展的现代传播体系。鼓励民间资本进入新媒体，促进传统媒体和新兴媒体融合发展，是提高传统主流媒体新闻传播力的重要途径。通过民间资本进入，引导传统媒体转型发展，有助于这些主流媒体在网络空间中继续发挥其引导社会舆论的功能，为全面深化改革保驾护航。

## 第二节　民间资本进入新媒体产业的现实基础

从我国新媒体产业发展来看，民间资本进入新媒体产业已经具备制度合法性。面临产业高速发展窗口期和创新创业风口，无论从产业资金需求还是人力资本需求来看，新媒体产业对于民间资本都存在巨大的需求空间。

### 一、制度基础

媒体产业作为文化产业的重要组成部分，承担着重要的舆论宣传导向功能。

伴随着我国由计划经济向市场经济转型，我国对于媒体产业发展的政策导向也经历了从限制民间资本进入到允许进入，再到鼓励进入的过程。目前，在制度和政策层面，民间资本进入新媒体产业不仅具有制度合法性，还受到来自各个政策层面的正向激励。

**（一）文化产业发展战略奠定政策基础**

2000 年，中国共产党第十五届五中全会通过的《中共中央关于制定国民经济和社会发展第十个五年计划的建议》中，第一次在中央正式文件中使用了“文化产业”这一概念，提出了完善文化产业政策，加强文化市场建设和管理，推动有关文化产业发展的任务和要求。“文化产业”概念的提出，正式确立了文化产业在我国经济体系中的重要地位。时隔不久，国家又把文化产业纳入全国“十五”规划纲要，将其作为我国新时期国民经济和社会发展的重要组成部分。2002 年 11 月 8 日，中共十六大报告提出：“发展文化产业是市场经济条件下繁荣社会主义文化、满足人民群众精神文化需求的重要途径。完善文化产业政策，支持文化产业发展，增强文化产业的整体实力和竞争力。”2007 年，中共十七大明确提出，要“大力发展文化产业”。2009 年，《文化产业振兴规划》由国务院常务会议审议通过，这是我国第一部文化产业专项规划，标志着在钢铁、汽车、纺织等制造业产业振兴规划出台之后，文化产业作为国家软实力的重要支撑，已经上升为国家的战略性产业。2011 年，《中共中央关于深化文化体制改革、推动社会主义文化大发展大繁荣若干重大问题的决定》发布，这是中央首次以文件形式将文化产业确立为国民经济支柱性产业。随后，中共中央办公厅、国务院办公厅印发了《国家“十二五”时期文化改革发展规划纲要》，提出推动文化产业跨越式发展，实现文化产业“逐步成长为国民经济支柱性产业”目标。这一系列鼓励文化产业发展、逐步确立文化产业为战略性产业的政策规划，为调动各种经济成分、采用多种方式发展文化产业奠定了政策基调。

**（二）文化体制改革和鼓励非公资本进入文化产业的若干政策成为直接制度激励**

2003~2012 年，中央启动了新一轮文化体制改革，希望通过转企改制、兼并重组等方式，将经营性文化企业推向市场，做大做强。这一时期，文化企业上市步伐加快。其间，2005 年 8 月，国务院出台了《国务院关于非公有资本进入文化产业的若干政策》，提出要逐步形成以公有制为主体、多种所有制经济共同发展的文化产业格局，提高我国文化产业的整体实力和竞争力。2012 年，中共中央办公厅、国务院办公厅印发了《国家“十二五”时期文化改革发展规划纲要》，该规划纲要提出，要在国家许可范围内，引导社会资本以多种形式投资文化产业，参与国有经营性文化单位转企改制，参与重大文化产业项目和实施文化产业园区建设，在信用贷款、土地使用、税收优惠、上市融资等方面给予支持。近几年来，文化部等相关文化主管部门相继出台了一系列配套政策，初步构建了我国文化产业政策体系。此后，文化部、工信部、财政部联合发文《关于大力支持小微文化企业发展的实施意见》（以下简称《意见》），从增强创新发展能力、打造良好发展环境、健全金融服务体系等方面提出支持发展的政策措施。为贯彻中共十七届六中全会精神，落实《国务院关于鼓励和引导民间投资健康发展的若干意见》和《国务院办公厅关于鼓励和引导民间投资健康发展重点工作分工的通知》精神。2012 年，文化部文化产业司会同部内相关司局，结合文化产业发展和改革实际，制定了文化部《关于鼓励和引导民间资本进入文化领域的实施意见》，通过舆论氛围营造和政策环境培育，增强了民间资本进入文化领域的意愿与信心。按照中央关于“促进金融资本、社会资本、文化资源相结合”的要求，文化部、中国人民银行、财政部三部委于 2014 年 3 月联合出台了《关于深入推进文化金融合作的意见》。文化部还联合财政部连续三年实施中央财政文化产业发展专项资金重大项目——文化金融扶持计划，通过贷款贴息、债券贴息、保费补贴等方式，支持了超过 400 个文化产业融资项目，累计资金超过 23 亿元，极大地调动了社会资本、金融资本进入文化产业的积极性。文化体制领域的改革举措为民间资本进入新媒体扫清了制度障碍，一系列规划纲要和配套政策的出台，则充分表明了国家鼓励民间资本进入新媒体产业、推动新媒体产业繁荣发展的决心，极大地激励了民间资本进入新媒体的热情。

### （三）三网融合和媒体融合发展政策助推民间资本加速进入新媒体产业

三网融合技术是新媒体产业蓬勃发展的基础。2010 年 1 月 13 日，国务院总理温家宝主持召开国务院常务会议，决定加快推进电信网、广播电视网和互联网三网融合并给予政策支持。三网融合将带动包括内容提供商、服务提供商、运营商以及光纤通信设备制造商在内的整条产业链的发展。其中上游设备提供商与内容提供商将可能成为整合过程当中的最大赢家。五年间，一共有 54 座城市进入试点名单，“宁夏模式”、“上海模式”、“武汉模式”纷纷出炉。2015 年 9 月 4 日，国务院办公厅印发了（2015）65 号文《三网融合推广方案》，标志着三网融合试点阶段结束，即将全面推广三网融合，广电、电信业务双向进入扩大到全国范围。2016 年 3 月，国务院三网融合工作协调小组办公室下发了 1 号特急文——《关于在全国范围全面推进三网融合工作深入开展的通知》，意味着三网融合工作进入了快车道，三网融合在全国范围内的全面推进，对于新媒体及相关互联网信息服务将具有极大的推动作用，这也为民间资本进入新媒体提供了契机。

传统媒体和新媒体融合发展依赖于新技术的引入和社会资本的进入。2014 年 8 月 18 日，国务院出台了《关于推动传统媒体和新兴媒体融合发展的指导意见》，习近平总书记亦明确提出着力打造新型主流媒体，和有强大实力的新型媒体集团。国家明确提出“媒介融合”一方面有助于党和政府开辟新媒体舆论阵地，重构主流媒体的传播渠道，另一方面也有助于我国参与国际传播新秩序的构建，加强国际传播能力。传统媒体的转型需要在资本层面、治理层面和管理层面引入市场化的经营要素，激活原有体制内沉淀的资源。相关鼓励政策为民间资本进入新兴媒体、助力传统媒体转型打开了机会窗口。

### （四）股权交易市场的完善和日益活跃为民间资本进入新媒体创造了机制条件

民间资本除了通过新创方式进入新媒体产业之外，还可以通过多层次股权市场进入存量产业，进一步推动产业发展。我国正在加大力度完善多层次资本市场，除了上市公司的股权转让、二级市场交易之外，新三板和区域股权交易市场也为民间资本进入新媒体创造了机制和条件。目前，新三板市场发展迅速。在

Wind 企业库 15899 家媒体企业中，393 家登陆新三板，578 家登陆了区域股权市场，可以说，这些基本上都是成长性好的新创新媒体企业和传统媒体企业的新媒体项目。省级新闻媒体企业的新媒体业务相继发力新三板。2014 年，湖北日报传媒集团控股的湖北荆楚网络科技股份有限公司荆楚网成为新三板上市的第一家省级重点新闻网站。接着，济南日报报业集团旗下的舜网和湖北日报的荆楚网也在新三板挂牌上市。同年底，南京的新闻网站龙虎网在新三板挂牌，募集资金 2254 万元。2015 年，辽宁日报新媒体集团北国传媒在新三板挂牌，成为全国首家经中宣部同意在新三板挂牌上市的省级党报新媒体公司。其他省市的重点新闻网站也在积极谋划推动新媒体业务上市。新三板交易市场对于中小微媒体企业的融资推动作用是显而易见的。与主板和创业板相比，新三板挂牌门槛较低，挂牌速度快，进展顺利的话，企业从改制到挂牌仅需要两到三个月时间，有助于企业短期内获得融资支持。从荆楚网的案例来看，从递交材料到接到允许挂牌函，仅仅用了 25 天时间。区域股权市场是省级人民政府负责监管、主要服务于所在省级行政区内的中小微企业的私募证券市场，旨在解决地方性小微企业的融资、产权转让和流转问题。与新三板相比，区域股权市场挂牌门槛更低，挂牌费用及管理费用更低，对于一些小微企业更为适宜。截至 2016 年 8 月，我国共设立区域性股权交易市场 38 家。当前，国家正在推动区域股权交易市场转板新三板的相关机制建设，多层次资本市场正在完善之中。对于新媒体企业的新创企业而言，区域股权市场有助于解决企业创业过程中的融资难题。截至 2016 年 11 月，有 579 家媒体小微企业挂牌区域股权市场，这些企业是将来登陆新三板乃至主板交易市场的储备力量，也是新媒体产业繁荣发展的有生力量。除此之外，一些地方性的产业发展基金对新媒体产业的发展也产生了重要的推动作用，如 2016 年，广东省就成立了媒体融合基金和新媒体发展基金，以推动新媒体产业发展壮大。

## 二、产业发展基础

### （一）产业高速成长期存在大量市场空白吸引民间资本进入

无论是从产业规模还是产业效益增长来看，新媒体产业正处于高成长期。从产业细类来看，大部分新媒体细分产业正处于高成长期，网络视频等产业仍处于产业导入期，是典型的轻固定资产、高智力投资的朝阳产业，民间资本进入具有广阔的发展空间和活力空间。伴随着移动互联网的发展，移动媒体正快速成长为传媒产业的支柱板块，并成为媒介融合的关键联结点。2014 年 12 月，百度的移动广告收入第一次超过了 PC 互联网收入。根据艾瑞咨询统计，2014 年中国移动广告市场规模达 296.9 亿元，同比增长 122.1%，增长率连续 3 年超过 100%。2015 年，中国网络广告收入是 329 亿美元，占全球网络广告收入的 19.2%。同比增长 35.9%，超过全球增速 18.2 个百分点；几大主要门户网站广告收入保持高速增长，以腾讯为例，2015 年其网络广告收入同比增长 110%，达到 175 亿元，其中，逾 65%来自移动平台。网络广告金额的快速增长，反映了新媒体基础客户数量和平台流量的迅速增长。得益于我国网络游戏业同比 20%以上的增速，网络游戏上市公司也保持着较高的增长速度。2015 年，腾讯、网易、搜狐三家上市的网络游戏公司的收入为 780.16 亿元，同比增长 34.32%，远远高于全国平均速度。游戏业的“马太效应”进一步凸显。网易以 86.9%的增速居首，而搜狐的增速仅为 1.33%。腾讯和网易的网络游戏都呈现高速增长态势，从近六年的数据来看，腾讯、网易游戏的营业收入持续增长，2015 年创新高，腾讯网络游戏收入达到 159.71 亿元，同比增长 33%，而网易游戏总营收则达到 173.14 亿元，同比增长 86.9%。目前来看，两大网络游戏巨头仍然行驶在快车道上。虽然在网络新闻、网络游戏、新媒体广告等领域都出现了相对集中的市场结构甚至出现寡头竞争格局，但这些细分行业仍然存在产业创新和商业模式创新的巨大空间，随时都可能有“行业打劫者”进入，打破原有的竞争格局。

**（二）存量媒体企业存在大量优质资产吸引民间资本进入**

阿里巴巴等大型互联网企业频频与传统媒体企业合作，就是看重传统媒体企业的优质资产，包括人才储备、节目制作能力和客户资源等。目前运营好的电视台，盈利能力远超视频网站，一旦这些电视台转型新媒体，就能够利用其既有资源快速获得流量支撑。而且，传统媒体在一些政策不明晰的情况下，对一些领域仍然具有进入优势。目前，电视剧集仍主要通过各大卫视平台播出，网剧总体收视率还很难和卫星电视播出的电视剧相抗衡，视频网站在内容制作方面还处于幼稚期，基本上还是作为电视台之外的第二播放平台而存在。同时，电视广告也仍然占据媒体广告半壁江山。报纸出版方面，传统大刊大社仍然聚集着最大规模的优秀采编队伍，是新闻行业人才蓄水池。一旦这些传统媒体找到合适的合作对象，在新媒体领域就可以迅速打开局面。正是这些传统优势媒体积聚的大量优质资源，吸引民间资本通过股权合作方式进入。

**（三）产业组织结构重构呼唤民间资本进入**

近五年以来，互联网产业发展已经从爆发式增长向平稳增长过渡，网民人数的年增长率在 2012 年达到高点 73%后也已经趋于平缓，互联网消费形态已经基本形成。事实上，传统媒体与新媒体的边界正在消融，所有媒体都在互联网化。在业务内容方面，各企业也在相互渗透、相互连接，多数上市公司都在拓展自身的业务范围，由单一媒体向全媒体时代过渡，由单一内容提供商、运营商向复合内容提供商、运营商转型。在新媒体发展日新月异的时代，利润增长点转换、迭代很快，媒体企业已经意识到固守一隅意味着很快被淘汰。尽管网络视频、互动社交领域的新创企业不断出现，但大企业、大资本对行业整合的力度越来越强，企业之间的相互参股、相互融合正在塑造共荣共生的产业生态。2014 年以来，网络游戏开发产业中腾讯、网易、搜狐三家公司市场份额超过 60%。2016 年上半年，腾讯凭借庞大的用户基础占据了将近 50%的份额。2016 年，腾讯、网易更是跻身全球十大手游开发商之列。在游戏发行商和渠道商市场，市场份额也比较集中。在发行商市场，第一梯队的中国手游、龙图游戏、乐逗游戏和昆仑游戏 2014 年的市场份额分别是 21.3%、17.0%、16.8%和 10.7%，其他中小发行商市场份额均未超过 10%。而在渠道商市场，腾讯、百度以及 360 游戏等大平台优势更加明显，中小渠道商平台发展空间受挤，呈现垄断竞争局势。户外传媒中的分众传媒，移动媒体中的世通华纳和华视传媒都成为行业领导者，其中华视于 2009 年收购了 DMG，移动传媒市场上的寡头集中度进一步提高。

**（四）产业技术创新需要民间资本的智力支持**

所谓“新媒体”，主要新在先进的技术，所以新技术的出现是新媒体企业能够持续发展的动力和支撑。我国网络新媒体传播的硬件技术和支持条件已经成熟，但在基础技术、软件开发和应用领域仍然存在技术短板。作为新媒体产业发展基础的移动通信技术，中国在几十年的时间内从零起步，经过跟随、参与、协同到引领，虽然已成为5G技术标准制定的重要参与者，但要取得真正的商业化技术突破仍然还有很长的路要走。在网络视频领域，中国企业基于云计算平台的网络视频技术也有待提升。未来，产业技术创新仍有待民间资本的大量投入。

## 三、市场需求基础

在工业经济增速下降、传统产业利润率下滑的背景下，民间资本正在寻求产业增长潜力大、经济效益好的投资去向。从供需来看，没有市场需求潜力则产业规模难以持续扩大，对资本必然没有需求。而民间资本进入新媒体产业的市场需求基础来自日益扩大的网民规模和“两微一端”新媒体的快速扩容。

### （一）依赖于互联网的新媒体直接受众数量快速增长

中国互联网络信息中心（CNNIC）在北京发布的第38次《中国互联网络发展状况统计报告》显示，截至2016年6月，我国网民规模达7.10亿人，上半年新

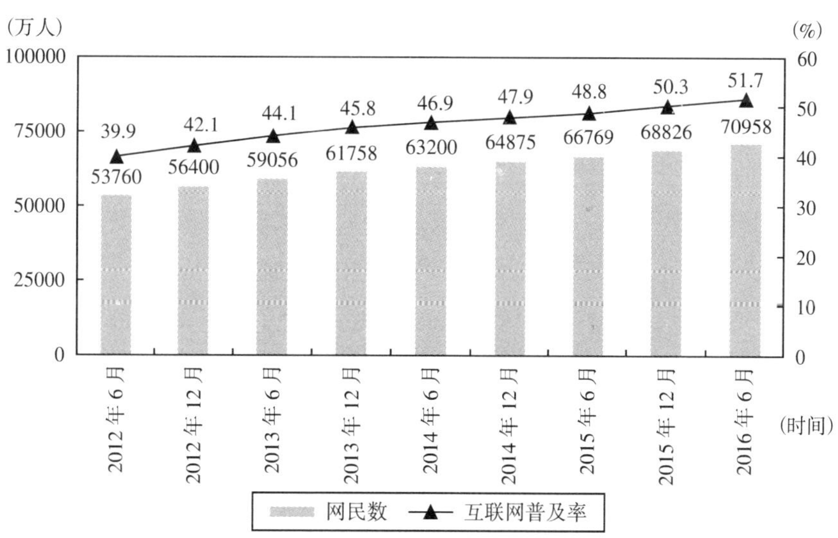


**图4-1 中国网民规模和互联网普及率**

资料来源：CNNIC中国互联网络发展状况统计调查。

增网民 2132 万人，增长率为 3.1%。我国互联网普及率达到 51.7%，与 2015 年底相比提高 1.4 个百分点，超过全球平均水平 3.1 个百分点，超过亚洲平均水平 8.1 个百分点。

事实上，大众对于传统图书的阅读无论是阅读时间还是阅读人群比例都在迅速下降。随着网民数量的持续增长，依赖于互联网的新媒体直接受众呈现增长趋势。从网络新闻和网络视频的用户规模来看，2016 年上半年分别比 2015 年底增长 2.6%和 2.0%，网民使用率分别超过 80%和 70%（如表 4–1 所示）。随着年轻网民的增加，两者仍然存在上涨空间。

**表 4–1　互联网媒体用户规模增长**

| 媒体形式 | 2015 年 12 月 | | 2016 年 6 月 | | |
|---|---|---|---|---|---|
| | 用户规模（万人） | 网民使用率（%） | 用户规模（万人） | 网民使用率（%） | 半年增长率（%） |
| 网络新闻 | 56440 | 82.0 | 57927 | 81.6 | 2.6 |
| 网络视频 | 50391 | 73.2 | 51391 | 72.4 | 2.0 |

资料来源：CNNIC 统计。

根据艾瑞咨询的数据，2014 年，我国网络广告市场规模达到 1540.0 亿元，首次超过电视广告。2015 年，互联网广告市场规模超过 2000 亿元，达到 2096.7 亿元，同比增长 36.1%，是 2010 年 325.5 亿元的 6.44 倍，具体如表 4–2 所示。可以看出，近年来互联网广告额增速虽有所放缓，但仍然保持了 35%以上的高速发展。反观传统的电视广告投放，2009 年至今投放过电视广告的品牌个数，2012 年开始呈现梯度性的调整，较前一周期减少品牌近 2000 个，且呈现逐年减少的趋势，2014 年全年同比减少品牌 973 个。同样，2015 年上半年投放过的品牌比 2014 年同期减少 900 多个。2015 年第一季度，电视广告投放花费则首次出现下滑，相比 2014 年同期下降 5.5%。可以看出，传统广告渠道正在加速向互联网渠道延伸、转移。

表 4-2　2010~2015 年我国网络广告收入

| 年份 | 广告额（亿元） | 增速（%） |
|---|---|---|
| 2010 | 325.5 | — |
| 2011 | 513.0 | 57.6 |
| 2012 | 753.1 | 46.8 |
| 2013 | 1100.0 | 46.1 |
| 2014 | 1540.0 | 40.0 |
| 2015 | 2096.7 | 36.1 |

资料来源：艾瑞咨询。

### （二）移动新媒体潜在消费者数量持续增长

值得关注的是，截至 2016 年 6 月，在我国 7.10 亿网民中，手机网民规模达 6.56 亿人，网民中使用手机上网的人群占比由 2012 年的 72.2%上升到 2016 年的 92.5%（如图 4-2 所示）。绝大多数网民在通过电脑上网的同时，也通过手机上网。仅通过手机上网的网民占比则达到 24.5%，网民上网设备进一步向移动端集中。随着移动通信网络环境的不断完善以及智能手机的进一步普及，各类商务和

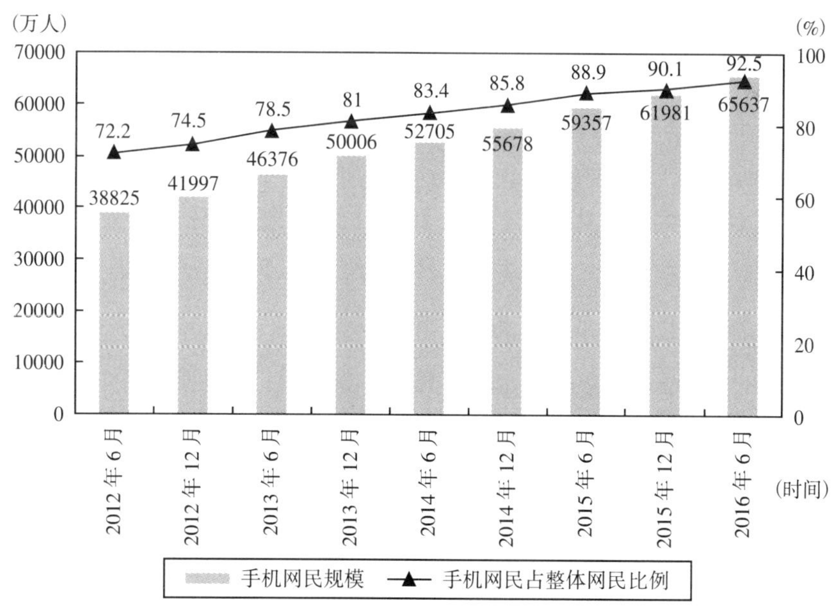


图 4-2　中国手机网民规模及其占网民比例

生活、社交需求越来越依赖于手机，手机网民占网民的比重仍将继续增长。手机持有量和手机网民数量的持续增加，为依托于移动端的各类新媒体入口提供了流量保障，是新媒体蓬勃发展的强大支撑。

事实上，移动互联网市场的增长势头完全超出了大多数人的想象。2014~2015 年，新增网民中手机上网的人群占了大多数，而通过电脑上网的人群比例则呈下降趋势，如图 4-3 所示，2015 年，新网民中有 71.5%都是通过手机接入互联网的。随着年轻手机用户的加入，这一比重未来仍将增长。

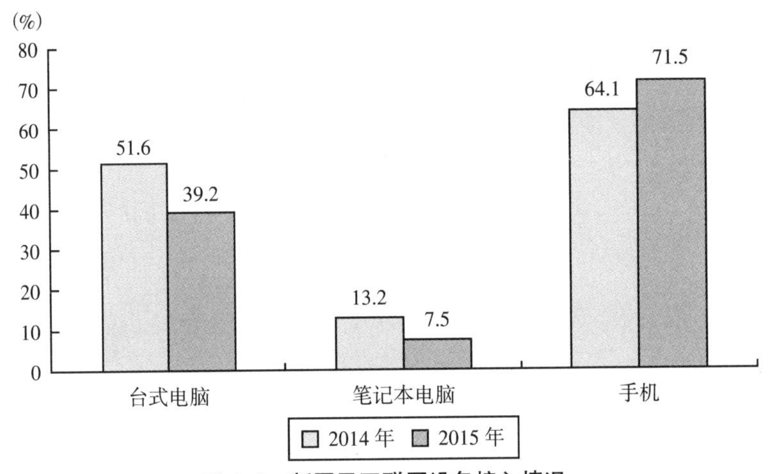


**图 4-3 新网民互联网设备接入情况**

资料来源：CNNIC 中国互联网络发展状况统计调查。

随着手机网民数量的持续增长，依赖于移动端的新媒体将迎来发展的春天。首先，手机阅读的普及使数字出版行业被普遍看好。现实情况表明，越来越多的人群通过手机阅读电子书和数字报，图书馆等机构用户购买的电子书、数字报的销售规模也在快速增长；数字出版规模迅速扩大，目前中国较大规模的出版社和出版集团都开始深度介入网络出版，数字出版行业前景向好。同时，手机游戏正在迎来爆发式增长。随着新一代网民、年轻网民的进入，手机游戏产品还面临巨大的市场空间。此外，移动社交平台、视频播放、分众传播等新媒体形式也正在释放增长潜力。

## 四、资本需求基础

### （一）产业高速增长产生的资金缺口亟待民间资本填补

2014 年，中国全年传媒产业总值达 11361.8 亿元，首次超过万亿元，较 2013 年同比增长 15.8%，是 GDP 增长率的两倍多。2015 年，中国传媒产业总产值 1.27 万亿元，约占 GDP 总量的 1.9%，同比增长 12.3%，较 GDP 增速高出 5.4 个百分点。剔除电视、报纸等传统媒体 18.8%的比重，估算新媒体总产值约 9000 亿元。2015 年，传媒行业平均营业收入增长率达 20%，行业平均净利润增长率达 32.6%。在过去的十年里，申万传媒指数上涨 682.93%，远高于同期上证指数 204.82%的涨幅。尽管中国股市起起落落，但传媒产业上市公司仍有十多家股票获得了 10 倍以上涨幅①。可以说，新媒体产业在宏观经济不景气的背景下，取得了迅猛的发展，已经成为经济发展新的增长点和重要驱动力。2015 年，中国传媒企业投融资总额达到 4500 亿元②。然而，产业高速成长仍然存在巨大的资金缺口，亟待民间资本填补。

### （二）创业企业的巨额资金需求呼唤民间资本进入

新媒体初创阶段普遍被认为是“烧钱”阶段。目前传媒领域的投资基金越来越多，但与蓬勃兴起的产业相比，这些基金的资金规模远远达不到创业企业的需要。一些传统媒体纷纷发起新媒体投资基金，如上海报业集团发起成立的“八二五新媒体产业基金”，浙江报业集团发起成立的“传媒梦工厂创投基金”等。目前的问题是，大量的创投基金仍倾向于投资存量企业和成长性较好的企业，大量新创企业在创意阶段和“种子阶段”仍然难以吸引到创业投资。一些天使投资基金仍然难以满足创业企业的需要。2016 年 9 月，蓝鲸传媒集团联合天风证券、澎湃资金成立了规模 5 亿元的投资基金——鲸天使。2016 年 7 月，粤新媒体产业基金成立，南方报业传媒集团、羊城晚报报业集团、南方广播影视传媒集团、广东省出版集团、珠江电影集团、广东省网络股份有限公司、广东文化投资公

①② 张向东，谭云明. 中国传媒投资发展报告（2016）［M］. 北京：社会科学文献出版社，2016.

司、南方文化产权交易所、岭南美术出版社九家企业，以共建子基金、筹备投资项目等形式，积极搭建该产业基金项目平台，为基金投资运营打下了坚实基础。但 10 亿元的产业基金规模远远不能满足新媒体产业投资的需要，该基金希望通过成立子基金的方式，撬动 10 倍的民间资本进入，如此大量的资金需求，为民间资本抱团进入新媒体产业提供了优势平台。

### （三）国有企业转型期待民间资本注入提高经营效率

在互联网冲击之下，“官办”媒体都在谋求转型。其中的上市公司借助于资本市场的力量，转型步伐更大。报刊、出版类上市公司在同类媒体公司中，除现代传播之外，基本都是中央或省级国有媒体公司，中南传媒、中文传媒和凤凰传媒资产规模较大，营业收入和净利润增长率表现都不错，其中，中南传媒和中文传媒的营业收入都过百亿元，是名副其实的双百亿公司，而且这两家公司的净利润都超过 10 亿元。这些国有媒体企业经过上市后股权更加多元化，一些企业通过与民营企业相互持股，实现了资本的优化配置，提高了经营效率。例如，2015 年 7 月，乐视网斥资近 1 亿港元收购了港股上市公司北青传媒 35.58%的股权，成为北青传媒第一大股东。通过对比发现，早期上市的企业财务表现逊色于 2010 年之后上市的企业，这在一定程度上反映出新上市企业在传统媒体向新媒体转型过程中具有较好的表现，早期上市企业在当时的背景下，其优势均依托于传统媒体，如果近年来转型缓慢，则绩效表现就差强人意。而后上市企业，如果转型不力，则根本得不到上市机会，其财务表现直接反映了其转型新媒体的战略效果。这种战略转型效果的差异，在资本市场得到了进一步放大。这些深耕于传统媒体的国有企业所具有的较好的资产基础、业务运营基础和资本增值潜力，是吸引战略投资者和公众投资者的先决条件。

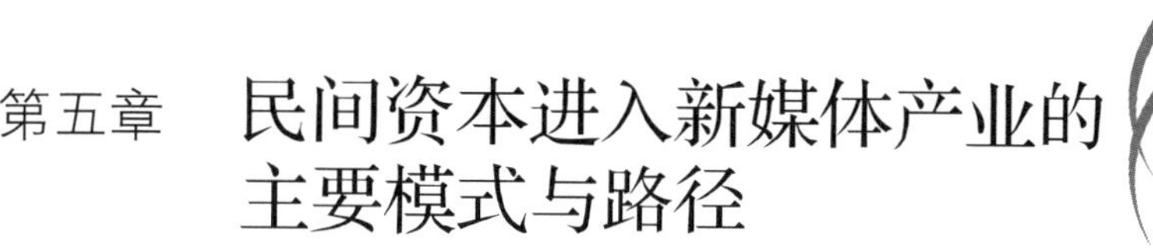

# 第五章　民间资本进入新媒体产业的主要模式与路径

新媒体产业是新兴产业中发展最为迅速、商业模式创新最为活跃、投资风险最大的行业之一。尤其是在 2015 年“互联网+”上升为国家战略以来，新媒体产业的发展得到了前所未有的契机。从产业资本构成本身来看，新媒体产业所构成的资本作为各类产业资本中最有效率的资本，民间资本进入新媒体产业，对于该产业的创新发展具有重要的意义。随着我国资本市场的快速发展以及各类民间资本向该领域的大量涌入，民间资本投资新媒体的模式和路径呈现出高度多元化的特征。

## 第一节　民间资本投资进入新媒体的主要模式

民间资本投资取向主要受到自身的资本实力、细分领域的市场结构、法律法规约束等因素的影响，相机选择投资并购、业务合作、业务拓展、新设等模式进入新媒体行业。本节结合相关案例剖析民间资本进入新媒体产业的模式选择与内在规律，按照企业外部直接获取和内部自我孵化等方式，将民间资本进入产业的模式大致归纳为以下几类：①投资并购模式；②业务合作模式；③业务扩展或转型模式；④新设模式。前两种模式可归为外部直接获取，后两种模式可归为内部自我孵化。

## 一、投资并购模式

并购是企业实现自身规模扩大与谋求快速发展的重要驱动力量，而传媒企业本身因具有规模经济、范围经济等属性，具备并购创造价值的天然优势，因此并购投资战略得到新媒体行业的普遍青睐。收购（Acquisition）是一种获取企业控制权的主要方式，指在保留企业 A 的法人地位的基础上，另外一家法人代表企业 B 通过直接购买、项目合作或股权交易等方式获得 A 企业的控制权的一种市场交易行为。民间资本通过投资并购模式进入新媒体具有以下特点：①民间资本不仅成本低而且相对灵活。②投资并购后，新媒体的股东引入民间资本，能够和民间资本的原有股东形成利益共同体，成为新媒体产业发展的重要资本支撑，对新媒体的稳定长远发展具有重要意义。

从近年来国内民间资本通过投资并购模式进入新媒体产业的趋势来看，2015 年传媒业投资并购模式发展十分迅速，文化传媒企业并购 166 起，总规模近 1500 亿元，较 2014 年增幅达 50%。考虑到新媒体作为传媒业的新兴细分市场，发展的时间还不是很长；但业内企业排序已基本稳定，行业内品牌起伏年度变化不是很大。其原因在于新媒体的用户黏度很高，黏性一旦形成，用户大规模转移的可能性不大；新媒体产业壁垒较低，新应用、新技术很容易被老企业模仿和收购。因此，近年来新媒体产业的发展，主要是几大领导企业在稳住自己阵脚、扩展业务的同时，相互间以参股、收购等方式渗透。在新媒体市场领域，基本上都是通过不断并购，形成赢家通吃的增长现象，近几年来，腾讯、阿里巴巴、百度等互联网巨头积极进入新媒体业，通过按部分收购和全资购买等手段来大力布局自身的互联网生态，仅 2014 年，腾讯、阿里巴巴、百度投资达 90 余起，涉及金额超过 1200 亿元。

投资并购模式是含有民间资本的传统媒体企业进入新媒体的重要方式，主要的目的是对传统媒体进行架构调整、业务变更和转向新媒体的主要模式，也是提高新媒体产业市场集中度，争夺优势竞争地位的重要方式，在互联网技术高度发达的今天，民间资本通过并购在全社会乃至全球范围内重组生产要素，可以迅速抢占新媒体产业市场，并在市场竞争中获得有利地位，从而获取高额的利润。从目前的投资并购事件来讲，国内外民间资本通过投资并购模式进入新媒体的成功案例屡见不鲜。

从国内来看，国内民间资本通过投资并购方式进入新媒体产业的主要案例是阿里巴巴集团对新媒体产业的投资收购。阿里巴巴作为中国最大的电子商务企业，旗下拥有淘宝、天猫、聚划算、1688 等多个品牌，是平台型新媒体企业。下面就阿里巴巴的投资并购事件进行梳理，试图对民间资本进入新媒体行业的投资并购模式进行归纳。2013 年阿里巴巴集团入股新浪，开启其新媒体产业并购之路，接下来我们对阿里巴巴的投资并购之路进行梳理，具体见表 5-1。2015 年，阿里巴巴集团入股苏宁云商，继而以 45 亿美元收购优酷土豆，是其规模最大的两次投资事件。阿里巴巴集团对苏宁云商通过涉入苏宁云商的内部发行投资约 300 亿元，一跃成为仅次于苏宁集团的第二大股东。近几年，阿里巴巴投资相继并购新媒体企业，如表 5-1 所示，从新浪微博到文化中国、华谊兄弟、光线传媒、第一财经、优酷土豆等，投资并购模式已成为阿里巴巴集团新媒体业务布局的重要模式选择。

**表 5-1　阿里巴巴投资并购新媒体行业事件**

| 被投资企业 | 投资时间 | 投资金额 | 持股 | 性质 |
|---|---|---|---|---|
| 新浪微博 | 2013 年 4 月 | 5.86 亿美元 | 18% | 社交媒体 |
| 新浪微博 | 2014 年 | 未知 | 14%（合 32%） | 社交媒体 |
| 文化中国 | 2014 年 3 月 | 8.04 亿美元 | 60% | 影视娱乐 |
| 华数传媒 | 2014 年 4 月 | 10.5 亿美元 | 20% | 有线网络 |
| 华谊兄弟 | 2014 年 11 月 | 15 亿元 | 8.06% | 影视娱乐 |
| 光线传媒 | 2015 年 3 月 | 24 亿元 | 20% | 影视媒体 |
| 粤科软件 | 2015 年 4 月 | 8.3 亿元 | 100% | 影视媒体 |
| 无界 | 2015 年 5 月 | 未知 | 未知 | 新媒体 |
| 第一财经 | 2015 年 6 月 | 12 亿美元 | 30% | 财经媒体 |

续表

| 被投资企业 | 投资时间 | 投资金额 | 持股 | 性质 |
| --- | --- | --- | --- | --- |
| 优酷土豆 | 2015 年 10 月 | 45 亿美元 | 100% | 视频网站 |
| 南华时报 | 2015 年 12 月 | 17.2 亿元 | 100% | 传统媒体 |
| 博纳影业 | 2015 年 12 月 | 8600 万美元 | 10% | 影视媒体 |

资料来源：Wind 数据库。

从国际上看，并购投资模式同样在媒体产业相当普遍，且在传媒企业自身发展壮大过程中发挥举足轻重的作用。以美国著名的传媒集团时代华纳集团为例，时代华纳集团的自身成长过程中，并购起着不可磨灭的作用，为我们提供了一个十分鲜明的案例。作为全球知名的跨国传媒领导者，美国时代华纳公司不仅对媒体行业内部起着重要的影响，而且对世界各行各业乃至政治领域也产生了重要的影响。纵观其发展历程，不难发现，时代华纳成长过程中有三个重要的历史节点，而每一个转折点都和投资并购有着密切的关系。1989 年，时代和华纳合并成一体，时代从出版为主开始进军娱乐传媒业；出版与娱乐业的合并，使得时代华纳公司开始向新媒体产业推进。1996 年兼并特纳广播公司，时代华纳涉足传播娱乐业，使得出版、娱乐与传播三大媒体产业相互渗透融合；2001 年，美国在线与时代华纳合并，时代华纳正式向互联网媒体产业迈进，成为面向互联网的综合一体的娱乐传媒业。通过这三次决定性并购，时代华纳新媒体完成了由传统媒体向新媒体转型与融合，通过三次投资并购事件，时代华纳的产业生态布局也基本完成，由此奠定了时代华纳的市场地位。这三次时代华纳自身历史上的标志性事件都充分表明，并购是民间资本进入新媒体产业的重要模式。

## 二、业务合作制模式

业务合作是指通过公司在所营业务的基础上，扩展经营公司主营业务之外的活动，通过业务扩展与其他公司开展合作，来弥补已有业务经营的不足或进一步促进自身业务经营领域的深化发展。业务合作模式在民间资本进入新媒体产业时的主要形式是传统民间资本为主的公司所经营的业务通过与经营媒体业务的公司的相互合作，从而实现业务上的合作。这种方式不涉及直接经营，仅仅是资本运作或技术合作方式。

由于新媒体很大程度上是建立在互联网技术、移动通信技术基础之上的，近年来互联网技术突飞猛进，这为民间资本进入新媒体产业奠定了技术基础，由于互联网企业往往在技术方面具备比较优势，因而国内通过业务合作模式进入新媒体产业的往往是互联网公司、通信科技公司与经营传媒行业的公司在业务上进行合作，互联网企业为传媒企业搭建技术平台，传媒企业发挥内容构架等优势，由于“互联网+”战略渗透到媒体产业助力，影视产业与互联网融合已经是2014年十分令人关注的新媒体产业新闻之一。以BAT为典型代表的互联网企业涉足影视媒体行业，在一定程度上极大地提高了传统电影企业如华谊兄弟、光线传媒、博纳影业等互联网化的程度。可以说，互联网对于新媒体产业的发展产生的影响超越了技术层面，更带来了产业发展业态、产业商业模式、产业生态圈的变革，在内容层面上，互联网的新媒体产业对发展思维、创作产生了颠覆性的影响。互联网为新媒体产业带来的开放、共享、合作等思维渗透到新媒体产业发展的方方面面。从某种意义上来说，影视产业与互联网缔造了一个新领域。

追本溯源，互联网公司与新媒体企业的联姻，一方面是因为最近几年来新媒体行业实现了非常显著的增长，这种高增长的冲击直接对资本运作市场产生了极大的吸金力，而一些互联网巨头正是资本市场的运作者；另一方面是由于在知识信息大爆炸与消费需求高端化的背景下消费者对互联网的服务需求越来越倾向于向内容方面转化，有研究者更是直接指出互联网的竞争已经从技术竞争转向了内容的竞争，而新媒体正是优质内容的载体，同时新媒体也十分关注互联网的传播特性与基础用户的覆盖程度，综合多方面的因素，“互联网+”背景下的新媒体产业越来越受到追捧。

2015年7月，涵盖600多个电视群体的湖南有线网络集团、与拥有智能机顶盒的浙江天猫和DMG印纪传媒旗下的印纪湘广达成战略合作，三方在《三方商务合作框架协议》的约束下，实现了“互联网+广电网”的新模式。湖南有线集团充分发挥用户资源优势，而阿里巴巴充分发挥自身网络平台的构架能力与支付平台，在内容上也形成音乐、影视与游戏教育的全方位体系。三者充分发挥自身优势，整合新媒体资源，形成了内容制造、发行、传播及相关的技术、支付、经营等各个方面完整的生态产业链，这种模式为智慧城市的娱乐媒体树立了新模型。通过技术驱动和内容核心构建产业生态链是民间资本进入新媒体产业发展的主要业务合作形式，新媒体产业基于互联网技术和传播特性互联网的，使得拥有一定技术创新能力的互联网背景下的民间资本能够在进入新媒体产业的过程中发挥绝对的优势。

业务合作模式的优点和缺陷主要是，一方面，业务合作模式充分利用了资源的互补效应，也就是说通过开展业务合作模式进入新媒体产业很大程度上取决于业务模块的相互补充，如技术模块与内容模块的互补，传统内容模块与新兴内容模块的资源互补，但是这种模式很难引发竞争效应。另一方面，从盈利模式的角度上看，建立在业务合作模块基础上的盈利模式较为单一，会为持久的发展和盈利带来极大的挑战。因此，对于进入新媒体的民间资本的创业者而言，需要规避媒体行业快速发展变化带来的技术风险。

## 三、业务扩展或转型升级模式

业务扩展或转型升级是通过纵向拓展产业链条，不断实现深化产业链布局，填补由于新媒体的出现而兴起的产业链条和环节，更加完善围绕在产业链周围的业务模式，从而实现经济效益和规模效益。目前，我国新媒体企业发展中面临许多新问题、新矛盾，部分新媒体企业还出现经营管理困难，这些都是业务扩展或转型升级过程中必然会出现的现象，也是业务扩展或转型升级的重要驱动力。传媒业要充分理解和掌握新媒体方面的宏观和微观政策，把握机会，充分利用政策形成的“倒逼”效应，不断调整自身发展战略，促进和提高新媒体企业业务模块的扩展或者转型升级，进而优化自身产业链布局与结构。

业务扩展或转型升级是传统媒体在自身发展过程中的内在需求。广州报业集团的新媒体业务扩展或转型升级是众多传统媒体业的典型代表。2012 年成立新媒体公司，标志着加大了对新媒体的投资。广州报业集团斥巨资组建广州日报新媒体有限公司，全面扩展和升级原有媒体业务模块，大力打造综合一体的全方位新媒体业务平台，并完全进行市场化运营，使自身传统媒体业务模块在移动互联、智慧城市等领域焕发生命活力，实现了纸质、数字等多模式和移动互联、短信、语音等多种渠道、多种产业相结合的新媒体产品。

业务拓展或转型升级的另一类是横向的扩展，在传统产业的企业经营上表现为范围经济，在新媒体产业表现上体现为平台化业务布局。如网络游戏平台，网络游戏严格意义上不能作为新媒体业务模块的组成部分，但是在全网通的大背景下，网游和新媒体的移动平台相结合，为网游的跨平台发展增加了可能性，即网游和新媒体产业无缝衔接，二者相互补充与促进，产生了非常可观的发展前景。

而在横向业务拓展方面较为成功的例子是蓝色光标传播集团的业务拓展进入新媒体产业。蓝色光标传播集团成立于 1996 年的传统广告公司。成立之初，主要从事企业公共关系服务业务。经过 20 多年的发展，蓝色光标将业务从最初的线下公共关系服务成功拓展至广告策划、数字营销、媒体代理、移动互联、大数据、互联网金融和国际业务等新媒体领域。蓝色光标传播集团于 2010 年上市，上市之后，分拆和重组企业下面的数字营销模块，调整和集中优势资源，创建成立了蓝色光标数字营销公司。组建不到一年，以“数字化”为核心的蓝色光标数字营销公司收入达近 3 亿元。2013 年，蓝色光标更是旗帜鲜明地深化和加强“数字化”理念，从战略层面整合发展互联网和数字营销这一新媒体营销业务。从 2014 年的财报上来看，互联网和数字营销的业务收入占据着公司的半壁江山还多。而且，蓝色光标在企业长远规划中会更加注重新媒体数字营销领域。一方面拓展了公司的业务经营，另一方面提升了公司的业务布局。总的来说，蓝色光标在本身经营的公共关系服务基础上，将新媒体业务融入进去，将公司经营模块拓展至数字营销、媒体代理、移动互联、大数据、互联网金融和国际业务等新媒体领域，形成了完整的整合营销服务链条蓝色光标传播集团，通过整合现有内容优势和资源优势，利用新技术合理布局平台，把互联网基因植入传统媒体集团中去，并牵引、倒逼、推动整个企业的变革，进入新媒体数字营销市场，进而打造新媒体传播集团。

业务转型扩展或转型升级模式不涉及股权结构变动，通过延伸传统业务之外的产业链进入新媒体领域。但是，综观新媒体行业分布状况，如今新媒体小而细的行业慢慢聚集起来，即已经把握先机的占据主动地位的“先驱者”有更加加强其垄断地位的发展规划，因而由于业务转型拓展或转型升级模式不涉及股权结构的变动，只是在某一产业链条的上下游端进行拓展，因此民间资本进入要在深入调查和充分理解现有新媒体企业的领导者和新媒体企业间竞争的基础上，综合考虑自身优势资源，力求挖掘自身的异同性，从而挖掘潜在新媒体领域，避开寡头企业涉及的新媒体业务模块，从而占领市场先机。因此，民间资本在扩展新的业务进入新媒体产业时要充分考虑本业务内的竞争者，以免打无准备之战。

## 四、新设模式

新建新媒体企业，是指含有民间资本的企业组织或集团通过自身或联合其他组织实体直接申请成立新媒体企业，利用本企业组织或集团现有的资本、人才或技术等形式，进入新媒体产业。

新设模式的主要优势是获取新媒体企业资质的成本与资源相对较低，但是在成长的过程中需要面对产业内众多的竞争者，新媒体产业发展的时间虽然不是很长，但业内企业竞争格局已基本稳定，行业内品牌起伏年度变化不是很大，以BAT为代表控制的内容或者入口平台型新媒体企业占据着整个新媒体行业的绝对主体地位。当然，不难看出，BAT的O2O布局战略和侧重点并不完全相同。百度重点涉及机器人等硬件领域，以此拓展和生活服务相关的产业布局，如购物、住宿、活动等生活服务；阿里巴巴重点涉及智能商城，以口碑网为入口；腾讯重点涉及智慧城市，开展出行、户政、生活缴费等公共服务领域。在当前以互联网为核心技术特征的新媒体产业，新应用、新技术很容易被老企业模仿和收购。因此，近年来新媒体业的品牌发展，主要是老企业在稳住自己阵脚的同时，相互间以参股、收购等方式渗透或扩展业务为主。发展到一定程度被新媒体企业收购是大多数新媒体企业的命运。

### 五、民间资本投资进入新媒体的模式比较

民间资本进入新媒体产业的四种模式异同大致如下：民间资本通过投资并购模式进入新媒体具有直接资本控股的新媒体企业，具有成本低、效率高的优势，另外，投资并购后，新媒体的股东引入民间资本，能够和民间资本的原有股东形成利益共同体，对新媒体的稳定长远发展具有重要的战略意义。业务合作模式重点是通过现有公司在所营业务的基础上，去扩展经营公司主营业务甚至之外的活动，通过业务扩展与其他公司所经营的业务开展合作，来弥补已有业务经营的不足或进一步促进自身业务经营领域的纵深化发展，这种方式不涉及直接经营，仅仅是资本运作方式。业务拓展或转型升级模式是通过纵向拓展产业链条或者是横向扩展与已有业务处于不同产业链条的业务，不断实现产业链布局，填补由于新媒体的出现而兴起的产业链条和环节，更加完善围绕在新媒体周围的业务模式，从而实现经济效益和规模效益。我国新媒体企业发展中面临许多新问题、新矛盾，部分新媒体企业还出现生产经营困难，这些都是业务扩展或转型升级过程中必然会出现的现象。新建新媒体企业重点是含有民间资本的企业组织或集团通过自身或联合其他组织单位直接申请新媒体企业，利用本企业组织或集团现有的资本、人才或技术等形式，进入新媒体产业。无论何种模式，民间资本进入新媒体产业对新媒体企业经营所产生的影响都将是深远的，而从最近的趋势来看，民营资本进军新媒体产业所产生的效应是明显的，民间资本通过不同模式投资于新媒体产业，一方面新媒体企业能够获得资本支持，更加快速地成长，另一方面民间资本得到有效的利用，从市场资源配置方面考虑，二者相结合，起到了双赢的局面。

## 第二节　民间资本投资新媒体的主要路径

近几年来，新媒体产业由兴起到繁荣，也对资本市场提出了挑战。新媒体的

发展需要多种形式的资本进入来满足不断增长的融资需求。相反，近年来，实体经济低迷，我国民间资本过多进入房地产行业，导致房地产行业泡沫化严重，致使投资渠道进一步收窄。因此，民间资本对新媒体等新兴产业的投资兴趣逐渐浓厚。总的来说，民间资本进入产业的路径可分为直接投资和间接投资两种方式。①直接投资是指投资人由于创建企业、添加办公或生产设备、投资和兼并相关企业的资金运用行为，明显的特征是资金支出人可以充分调整和控制不同行为的资金使用量和比例，并且投资者能够直接地管理自己的资本使用情况及其投资行为。直接投资可通过债权投资和股权投资实现。债权投资是最传统的直接投资模式，也是民间资本最常用的方式，投资一定额度的资金，企业在协议时间内归还债权投资人本息；股权投资一般是指购入企业一定额度的股份，按照投资额度规划股权，利益和亏损共同承担的投资模式。②间接投资与直接投资相对应，是指借助金融机构的商业信用来进行资本运作。然而，以无形资产为特征的新媒体产业，相比于实体产业，新媒体资产的评估较为困难，因此，专业的中介机构，如证券公司、保险公司、基金公司等金融中介在新媒体产业投融资体系中十分必要。这些金融中介一方面是社会民间资本和新媒体产业沟通的桥梁，另一方面也为社会民间资本进入新媒体产业提供专业担保。

结合新媒体产业自身发展的特点，民间资本直接进入新媒体产业主要有以下两种途径：①民间资本单独成立新媒体公司直接进行新媒体产业投资进入新媒体产业；②民间资本通过选择投资中介机构或担保机构直接进行新媒体产业投资进入新媒体产业。民间资本间接进入新媒体产业主要有以下两种途径：①民间资本通过资本市场运作进入新媒体产业；②民间资本通过政府、企业机构设立的新媒体产业投资基金间接进入新媒体领域。

## 一、民间资本成立新媒体公司直接进入新媒体产业

民间资本除了与其他经济主体共同参与新媒体企业的业务投资或组建新媒体企业从而进入新媒体企业外，还可以采取直接的方式对新媒体产业进行投资以进入新媒体产业，一种路径是自发自主联合设立新媒体基金组织，成立民间资本新

媒体产业投资部门，具体负责在新媒体领域内的金融性投资，寻求与外部机构的合作。由民间资本自发自主成立的新媒体投资基金组织充分发挥民间资本的产权明晰的特点，因此，民间资本自发自主成立的投资基金组织或投资部门在资本运作行为过程中投资人占据着决定性的因素，同时，能够自我承担风险和收益，保持对技术和市场发展敏锐的洞察力，进而追逐自身经济利益和投资效益的最大化。

另一种路径是自身直接对市场中已有的中小型新媒体企业或者创业型的新媒体企业进行战略性投资，包括并购这类企业。根据企业的生命周期理论，企业在成长的早期与中期，由于需要大量的资金投入，尤其对于新媒体产业而言，在发展的早期需要持续的资金与技术投入，资本的回报周期相对较长，因此为民间资本投资成长初期的中小型新媒体企业提供了契机，对于民间资本来讲，可以对具有发展潜力的中小型新媒体企业直接进行债券或股权投资，而对于成长初期创业企业而言，由于收益不能够有效保障，因此，此时采取民间资本债权投资更加有利于保护投资人的收益。所以，一般来说，基于债权模式的投资行为是民间资本对初创企业更加理想的和有保障的投资行为。当然，不排除初创企业由于更加鲜明的盈利前景得到民间资本的青睐而使二者的关系突破债权模式。

## 二、资本市场运作直接进入新媒体产业

资本运作是指企业通过参股、控股、兼并、收购等途径实现资本合理化配置，以实现资本增值的一种经营管理方式。它有助于通过企业内部资源结构的优化，带动产品结构、技术结构、组织结构、企业经营管理的优化，以实现实业资本、金融资本和产权资本的平衡。它以利润最大化、所有者权益最大化和企业价值最大化为目标。尽管股权结构会不断变化，但是最稀缺的股权资源必然在企业中占据主导地位，从而决定着企业的组织架构、利益分享模式和资本运作的策略。

民营资本控股的新媒体公司尽管体量较小，但优点是运营机制灵活。而龙头企业通过横向整合、同业兼并，行业市场集中度不断提高，民间资本所控股的创业企业可以通过资本市场运作，如被龙头企业并购等方式进入新媒体产业。2015

年，政府层面积极出台相关政策，使中国资本市场走向市场化道路，在此进程中，流通在国外资本市场上的中国概念股通过采取不同的策略，逐渐返回国内资本市场。在这些企业中，互联网企业占据着半壁以上江山。根据《证券日报》报道，2015~2016 年，多达 30 家公司申请退出美国市场，总的交易额达 300 多亿美元。最为轰动的是奇虎 360，仅其一家公司交易额近 100 亿美元。在回归国内市场的运作中，不同互联网企业间的相互交叉持股和战略合作尤为突出，这是我国民间资本进入新媒体行业的可选路径。

## 三、选择投资中介机构或担保机构间接进入新媒体产业

民间资本在进入新媒体产业的过程中，由于面临产业内已有资本的挤压与垄断，民间资本进入投资新媒体产业一般处于弱势地位，因此有必要选择成熟的投资中介机构或担保机构，同时民间资本的逐利属性决定了民营资本在进入新媒体产业时会尽可能规避风险。在规避风险的理念下，民间资本进入新媒体产业时不希望由于产业发展的不确定因素造成的利润波动给投资项目带来不确定性或风险损失，这也促使民间资本在进入新媒体产业投资时可能会选择产业投资的中介机构或担保投资公司，通过专业的中介机构或担保投资公司选择新媒体产业投资的具体项目，从而提升其进入新媒体产业投资的成功概率。

在中介机构与担保投资公司参与的情况下，选择进入新媒体产业的具体项目。通过投资中介或担保机构选择进入新媒体产业的具体项目需要向中介投资机构或者担保投资公司交纳一定比例的中介费用或者担保费用，在这一过程中，需进一步明确民间资本决策的主导地位，投资中介机构与担保机构应根据民间资本的特点与容量明确进入新媒体产业的具体选择范围，促进民间资本能够更好地进行新媒体产业项目投资。

## 四、政府、机构、企业设立的新媒体产业投资基金间接进入新媒体领域

### （一）政府引导型新媒体产业投资基金

政府的公共性服务对引导民营企业向新媒体产业投资发挥着重要的作用。政府通过设立产业基金和产业投资平台等方式拉动相关的产业资本进来，一定程度上促进了政府牵头性产业对民间资本的吸引力。政府引导类产业投资基金主要出资人通常为国有大中型资本企业，涉及各级地方政府财政、社会保障、政府引导性银行等资本持有机构。通常来说，这类模式一个主要的特点就是融资规模较大，且信用程度较高，这为民间资本进入新媒体产业提供了多种资金的多种形式、多种层次的担保服务，从而在政策上促进与鼓励了民营资本进入新媒体产业。

政府主导型的产业投资基金从发起组织者上主要分为中央政府与地方政府。在中央政府为组织者的新媒体产业投资基金方面，有 2011 年由财政部、中银控股等引导相关资本企业共同创建的全国性投资基金，如中国文化产业投资基金得到了民间资本的青睐，第一次募资额就达到了 41 亿元。该投资基金由政府主导搭建基金融资平台，充分提高了民间资本进入投资基金的吸引力，主要的投资对象多为传统媒体和互联网结合下的娱乐、影视、出版等综合新媒体企业，如新媒体的华视、中国出版传媒、芒果 TV 等。在地方政府为组织者的新媒体产业投资基金方面，2016 年 7 月 19 日，在广东省政务部门 10 亿元投资的牵引下，民间资本迅速跟进，资金规模达 100 亿元的广东省新媒体产业基金快速完成创建。该基金主要面向新媒体产业，因此，民间资本通过加入由政府牵引指导的新媒体产业投资基金，间接地完成了资本进入新媒体领域。

### （二）机构主导型新媒体产业投资基金

机构主导型产业基金出资人多以 VC/PE 机构为主，这些基金会优先考虑基金本身所拥有的信息以及这些信息能够关联在一起的潜在合作目标，然后结合自身优势和目标合作者，二者共同出资建立专项基金，如表 5-2 所示的 IDG 新媒体基金。2014 年 8 月，“825” 新媒体产业基金成立。由上海报业集团、元禾母

基金和华映资本一起合作发起“825”新媒体产业基金，总规模12亿元。该基金将重点投资移动互联网时代新媒体的核心业务，如内容生产、消费转型及技术支撑环节等项目。

**表 5-2 机构主导型产业基金 IDG 新媒体基金信息**

| 基金名称 | IDG 新媒体基金 |
| --- | --- |
| 创建时间 | 2007 年 |
| 总募资额（万美元） | 5000 |
| 主要股东 | 中国电影集团公司和 IDG |
| 投资对象 | 影视、DVD、虚拟游戏等 |

### （三）企业发起的媒体产业投资基金

以企业发起的媒体产业投资基金的模式充分发挥了市场的主体性作用，产业的选择性是基于市场导向而不是政策功能导向。该模式下的产业基金的倡导者与组织者多数是在特定媒体行业内占据着领头羊的位置或者是已经上市的企业，其目标是通过发展自己企业的业务模块实现产业布局而不仅仅是基金的收益，因此这种基金存在着自身特有的属性——投资目标的选择通常不会因为风险评估而决定，而是基于自身产业链的布局以及对未来产业发展动态的预见性。2011 年开始，新媒体公司纷纷设立产业以及创业投资型基金。2011 年初，腾讯宣布建立50 亿元产业共赢基金，投资对象主要为投资产业链上的优质公司，如特定用户社交、手机游戏、电子商务和新媒体等与腾讯产业链相关公司，其目的是更好地服务腾讯开放平台上的用户，实现自身产业链的完整性。2016 年中财金控在国家三网融合的背景下围绕 IPTV、互联网电视等媒体产业设立新媒体产业基金，重点对新媒体产业链相关的内容、技术与服务三大模块的运营商进行选择性投资，以实现自身产业链的横纵向布局。

从民间资本选择企业发起的新媒体产业基金进入新媒体产业这种模式的特点来看，其首先不仅改变了投资过程单一的委托代理关系，同时风险属性也变得更加不可控。但不可否认的是，新媒体政策受到各级政府政策的持续关注从侧面印证了目前中国新媒体产业的发展在开放发展壮大的过程中日益受到的政策与法律规制的保护，企业发起的新媒体产业基金也需要得到良好的市场环境才能更大程度上规避非市场因素带来的风险。目前，通过建立开放的多元化投融资机制，扩大资本进入领域，吸纳民间社会资本，已经成为促进我国新媒体产业融资渠道良性发展的必要措施。此外民间资本在新媒体产业发展到一定时期时，民间资本的独立与新媒体发展的需求就会增加，可能从原有的新媒体企业脱离出来，在获得新媒体产业资源和自身经验后建立以民间资本为主导的货币资本集群，如产业或创业投资基金和风险资本等，在此基础上影射虚拟资本集群和金融资本集群等。这些都可以作为民间资本进入新媒体产业的路径选择。

# 第六章　推动民间资本进入新媒体产业的对策举措

当前，全球网络及通信技术的极速发展将传媒行业带入了一个崭新的时代，新兴媒体异军突起，借助互联网等现代科技的发展，以传统媒体无法比拟的优势迅速成长起来。在中国，政府部门的重视、市场潜力的巨大以及从业者的热情使得传媒行业获得了长足的发展。然而，虽然全社会对新媒体行业重视程度越来越高，整个行业的发展也越来越快，但是我们同时也应该看到，中国新媒体产业发展仍然不同程度地存在着一些进入壁垒和体制机制障碍，尤其是在民间资本的进入方面，依然存在着准入门槛高、投资限制多、经营领域窄、融资渠道少等各方面的问题。更加艰难的是，看似已经进入新媒体行业的民间资本，实则被“玻璃门”、“弹簧门”等弹出而发展受困。可以说，推动民间资本进入新媒体行业是当前一项十分重要和紧迫的现实工作，同时又是一项艰难棘手的系统工程。为此，需要从提供政策支持、优化投资环境、创新投资方式、提升监管效能等多方面着手，助力民间资本进入新媒体行业。唯有如此，新媒体产业发展才能迎来新的春天。

## 第一节　提供政策支持

产业政策支持对于促进行业发展的重要性不言而喻，尤其是对于新媒体产业这种特殊的新兴产业发展而言更是至关重要。虽然我国已经出台了很多促进政策，包括民间资本进入的信贷支持、税收优惠等多项举措，但是这些政策要么不完善，要么在具体执行过程中存在问题，仍然需要进一步加大支持力度、广度和深度，以便有效地促进民间资本进入新媒体行业，为民营资本铺平道路、扫清政策阻碍。本书认为未来促进民间资本进入新媒体行业的产业政策主要包括三个方面，分别为加大对民间资本进入新媒体的财税支持、加大对民间资本进入新媒体的金融支持、加大对民间资本进入新媒体的要素支持。

### 一、加大对民间资本进入新媒体的财税支持

对新媒体产业进行财税支持主要基于以下两点考虑：第一，新媒体产品的特殊性。从经济学的角度来看，媒体具有公共产品的属性。那么，由于存在市场缺陷、市场失灵，财税政策能够在一定程度上缓解问题，促进新媒体行业低成本、高效率地发展。第二，新媒体行业发展的特殊性。尽管财税政策经过几轮改革已经有很大改进，但是仍然有诸多不完善的地方，新媒体行业发展的特殊性决定了财税政策的改革还有很长的一段路要走。

当前，新媒体行业财税政策的不足主要表现在有限性、高税负两个方面。具体来看，一方面，财税政策支持的企业类型有限。财税政策往往向资金相对充足的大企业倾斜，而真正迫切需要资金的中小微文化企业却并没获得优惠的财税政策支持。另一方面，税收负担重已经成为一个不争的事实。不论从绝对值还是相对值来看，我国的新媒体产业税收负担仍然相对较重，税收政策带有明显的过渡性质。已有数据显示，欧盟国家新媒体产业的增值税税率普遍低于增值税的标准

税率，如西班牙增值税标准税率是 19.6%，而传媒产业实施 4%或 8%的优惠税率甚至免税；德国增值税标准税率是 16%，而传媒产业实施 7%的低税率甚至免税。

未来一段时间激发民间资本的活力可以从以下三个方面着力：第一，对新媒体企业而言，一定要充分了解政策，只有对国家的财税政策条款做到清楚明确、了如指掌，才有希望尽可能地争取税收优惠。第二，对于政策制定者而言，政府部门对新媒体行业应继续执行减免税收的优惠政策。尤其是在国有资本等其他资本竞争时，强调对民间资本给予公平待遇。第三，对于政府相关部门而言，民营企业在新媒体行业投入后，政府不能一放了之，而是更要投入持续的支持。鉴于新媒体行业具有公益性的特点，提供的是社会公益性产品，政府必然要扛起责任，发挥政府资金的引导作用。

## 二、加大对民间资本进入新媒体的金融支持

新媒体行业存在巨大的利润空间，但同时也具有资金周转期长、存在大量资金需求的典型特征。很多新媒体企业在初创新设和快速发展的时期常常面临着缺乏资金的困境。与此同时，民间资本进入新媒体行业的意愿强烈，希望提供资金但又存在客观的现实难处。因此，有必要激发民营企业投资潜力和活力，针对市场主体期盼，推动金融政策改革和落实，让民间资本愿投、能投、敢投于新媒体行业，满足新媒体初创企业的资金需求，形成一个互利共赢的局面。

第一，鼓励银行信贷政策。由于银行在贷款政策上通常有一定的自由裁量权，可以通过差别化贷款利率来调节不同行业的资金使用成本，因此，应该鼓励银行信贷政策，重点是要加大对民间资本的信贷支持力度，以此来均衡不同资本在新媒体行业的市场竞争水平。在风险可控的前提下，鼓励民间资本参与企业做大做强，鼓励民间资本勇于踏足新媒体行业信贷市场，这在一定程度上也将更加有助于新媒体企业间的并购和整合。

第二，推进直接融资政策。推进直接融资政策的重点是鼓励开展担保创新类贷款业务，扩大新媒体行业的直接融资规模。在这一点上，应该借鉴发达经济体的发展经验，支持相关企业发行短期融资券、股票等非金融企业融资工具及金融

租赁等方式，综合运用直接融资和间接融资手段，着力缓解新媒体小微企业融资难问题。

第三，稳步推动保险政策。积极发展保险政策的重点是积极发展培育新媒体行业保险市场。在保证基本险种的基础上，鼓励保险产品和服务的创新方式，保险机构应该积极开发内容生产保险，助推企业创新能力的提升。

## 三、加大对民间资本进入新媒体的要素支持

影响民间资本进入新媒体的要素资源主要包括人才要素和资源能源要素等。一方面，复合型新媒体人才短缺。当今时代，不论是传统媒体还是新媒体行业，竞争的关键都是人才的竞争。我们并不是缺乏通用型人才，而是缺乏那些既懂市场又懂传媒，又有经验的复合型人才。这些人才不仅成为各家争抢的主要对象，也是影响未来新媒体行业发展方向的关键因素。另一方面，新媒体行业的发展离不开资源能源要素支持，如土地政策、水、电、燃气等自然资源。针对这些问题，本书认为可以分别采取如下两个方面的思路和举措：

第一，借助民间资本的力量，不仅能解决新媒体融合发展所需要的资金，而且能对新媒体的人才管理进行输血和刺激。一方面，要从顶层设计入手，创新信息采编传播流程，引导从业人员树立融合发展理念，增强新媒体意识，投身新媒体实践。这里主要有两个渠道：一个是行业内部。可以借助大学、培训机构等对员工进行培训，增强员工的新媒体意识，给他们提供一个学习的平台。另一个是大学教育。要创新教学模块，根据实践需要增设一些新专业或新方向，适应社会需要。鼓励学生在精力许可的情况下，选修相关双学位课程。项目制，即带动学生参与各种各样的项目。另一方面，要特别注重培养新媒体业务骨干，要以市场的手段从社会上引进急需的人才。最主要的是要让新媒体从业人员具有安全感。很多新媒体都是公司化运作，竞争激烈，工作人员压力很大。如何把培养的人才吸引到行业中来，并让他们扎根行业，长久做下去，是值得深入思考的问题。

第二，在新媒体行业初创和成长阶段，企业往往面临很多现实的困难，尤其需要强有力的资源要素政策支持。特别是在新的时代条件和背景下，劳动、资

本、土地、企业家才能等基础要素成本不断上升，新媒体初创企业的压力更加巨大。因此，在土地政策、水、电、燃气等政策上给予优惠和倾斜将对其发展产生很大的推动作用。

## 第二节　优化投资环境

投资环境对于民间资本进入新媒体产业十分关键。当前，不但民间资本进入新媒体产业的投资环境存在各种不足，即使是民间资本的一般投资环境和整体社会环境也不容乐观。具有吸引力的投资环境是资本赖以生存的重要条件，对提升经济发展、综合竞争力具有非常重要的推动作用。和谐的社会环境是协调和支持资本发展壮大的基础一环，优化整体社会环境对于民间资本进入新媒体行业具有一定程度的润滑作用和均衡功能。优化投资环境是为了让民间资本在进入新媒体行业时“硬”环境有保证。要推动新媒体行业健康发展，促进民间资本顺利进入新媒体产业，需要进一步从放宽民间资本对新媒体行业的市场准入、优化新媒体企业设立审批程序、优化新媒体行业的创新创业环境、积极培育和发展相关的中介组织等方面着手。

### 一、放宽民间资本对新媒体行业的市场准入

传媒行业本身的高门槛，让民间资本投资主体望而却步。目前民间资本在投资的市场准入方面还存在一些局限性，主要表现在新媒体行业技术变化较快、盈利预期往往不明确、资金需求通常比较大等。第一，这个门槛跨越之难，就难在行业本身还在重组之中，技术变化十分迅速。网络技术的飞速发展已经成为一个不争的事实，而网络技术又是推动媒体行业发展的关键性因素，那么科学技术的飞速发展给新媒体行业带来了机遇的同时也带来了挑战。第二，新媒体行业的盈利预期不明确。新媒体行业当前的发展仍在探索阶段，缺少标准的行业发展规

则，缺乏清晰明确的投资标准，更没有明确的盈利预期。第三，不仅如此，大规模资金运作已经成为成功的先决条件。资金需求大一方面体现在启动资金要求高上，投资达不到应有门槛，前期的投资都将是无效投资；另一方面体现在这种投资不是一种短期的概念，而是一种长期的投入，同时投资要与人才策略、产业策略、国家策略相匹配。

因此，进一步放宽民间资本对新媒体行业的市场准入需要从以下几个方面着手：第一，采用负面清单的管理模式，提高民间资本进入新媒体行业的效率。负面清单相当于民间资本投资领域的“黑名单”，列明了企业不能投资的新媒体领域和产业，允许民间资本进入法律法规未禁止的领域。需要注意的是，负面清单需要为未来可能出现的新媒体形态预留空间，并放宽股权比例限制等方面的条件。随着技术的发展，新媒体可能出现层出不穷的新形态。因此，负面清单应明确保留对尚未出现的业态制定不符措施的权利，只有这样才能实现负面清单的动态优化，并为民间资本进一步进入新媒体行业发展奠定基础①。第二，实践中，民间资本进入仍存在市场准入歧视，民营经济在进入新媒体行业时仍遇到看得见进不去的“玻璃门”、进去了最终还要被弹出来的“弹簧门”。对此，应开展市场准入限制专项清理，坚决取消针对民间投资设置的歧视性附加条件和隐性条款，确保民间投资在市场准入条件、资源要素配置、政府管理服务等方面享有平等待遇。

## 二、优化新媒体企业设立审批程序

当前，很多民间资本进入新媒体产业都是通过新设企业的模式，虽然这种模式的成本与资源需求相对较低，但是在成长的过程中需要面对产业内众多竞争者之间的竞争，尤其是我国媒体不同于西方媒体的政府规制特点，那么对于新媒体企业设立来讲，可以进一步优化新媒体企业的设立审批程序，这将有利于降低新

① 王晓燕，郑媛，李丽娟. 我国民间资本投资研究综述［J］. 兰州大学学报（社会科学版），2010，38（F00）：59-62.

设新媒体企业的创建成本、缩短企业设立时间、简化登记注册手续、减少新设企业的各种行政费用，进一步提高审批效率，提升监管的有效性，有利于择优批准新媒体公司设立，推动新媒体行业良性健康发展，促进资本市场平稳、有序运行。

第一，规范行政审批行为，从重数量向提高含金量转变，从减少审批向放权、监管、服务并重转变。对审批项目实行“身份证”管理，严格按照审批事项目录实施审批，对政府已经取消或没有纳入目录管理的事项，坚决取消、停止审批，防止和纠正变相审批，严禁擅自设立审批项目。开展行政审批标准化试点，优化审批事项办理流程，依法科学确定裁量权基准，约束自由裁量权，逐步实现同一审批事项同条件下无差别办理。

第二，巩固扩大“三证合一”改革成果，进一步优化登记注册流程。在组织机构调整的前提下，对企业注册流程进一步优化，完善企业登记信息系统，加强部门间信息及时传递，推动“三证合一”、“一照一码”在全社会的广泛使用。如此，市场环境的优化将更加有利于新媒体行业初创企业的起步工作。

第三，推进企业注册便利化，放宽名称、住所等登记条件，认真抓好放宽企业名称登记管理试点，探索分行业、分业态释放住所资源的实现途径。加快实行工商注册全程电子化登记管理，实现以电子营业执照为支撑的网上申请、受理、审核、发照和公示，打造便捷、高效、透明的工商服务品牌。

## 三、优化新媒体行业的创新创业环境

新媒体行业内很多企业是通过创新创业起步的，而当前国家政策大力支持大众创业、万众创新，可以预见，新媒体行业将成为民间资本通过创新创业进入的重要领域。不过，现阶段创新创业方面仍然存在一些问题，如缺乏双创平台、各部门之间的政策不协调等，这些问题在新媒体领域也表现得非常明显。而且，新媒体行业的特殊性也决定了在创新创业环境方面需要有一些针对性的举措。

虽然国家已经出台了很多关于鼓励创新创业的政策，但是这些政策的针对性和执行程度仍然不够，为了促进新媒体行业的转型与融合，贯彻大众创业、万众创新的理念，大力推进创新体系建设，搭建双创大平台，为新媒体行业发展营造良好的环境，主要可从以下两个方面进行：第一，一个创新的举措是鼓励创建新媒体产业园。新媒体产业园将从三个环环相扣、层层传递的维度来倡导共创、共享的发展理念：从政府的政策推新，到企业创新推动产业升级，再到新模式、新产品为大众提供全新的新媒体时代下的生活体验，形成一个有机共荣的产业生态圈，集中体现了园区助推园区企业互利共赢发展，扶持创客自主创业的建设目标，为企业打造双创发展大平台，启迪、培育和扶植更多富有多元化发展特色的企业，实现文化产业向经济支柱性产业的快速转变。第二，政府各部门之间支持创新创业的政策形成合力，保持政策之间的一致性、连贯性和统一性。

## 四、积极培育和发展相关的中介组织

民间资本进入新媒体行业的多种模式都需要有发达的中介组织市场，但当前新媒体产业领域中介组织市场相当薄弱，平台也相对较少，表现为官办色彩较浓、带有明显的行政化倾斜、服务职能不突出等。相关的中介组织是民间资本与新媒体之间的桥梁，有利于进一步推动民间资本进入新媒体产业。为此，需要加快发展金融中介组织、规范市场竞争、提高生存能力等相应的发展措施。

第一，加快发展金融中介组织。大力发展金融软件企业和金融外包服务，同时发展审计、会计、法律、咨询、保险等一系列中介金融服务机构，构建完善的配套金融中介服务体系。力求保证金融中介组织的范围广、覆盖全面、服务到位。

第二，逐步规范中介组织市场竞争。鼓励中介组织展开公平竞争，进行市场化管理，竞争不仅可以保证中介组织的良性发展，也可以提高服务水平。在这一过程中，还需要注意防止不符合条件的中介组织进入市场，保持市场的纯洁性。

第三，进一步提高中介组织生存能力。一方面，引导中介组织坚持自律、进一步适应市场；另一方面，政府既要规范中介组织行为，又不能制约中介组织的发展，使中介组织诚信经营、公平竞争、良性发展。

## 第三节 创新投资方式

当前，民间资本进入新媒体行业主要有投资并购模式、业务合作模式、新设模式、业务转型模式等方式，并呈现出高度多元化的特征。因此，与之相对应的投资方式也应该主动动态优化和积极创新。在匹配这些进入模式的基础上，综合运用多种方式吸引社会投资，充分发挥社会资本特别是民间资本的正面作用。为此，应在鼓励民间资本参与传统媒体转型、鼓励新媒体与传统媒体融合发展、鼓励新媒体领域的混合所有制发展、鼓励民间资本在新媒体领域的创新创业以及推动民间资本在新媒体领域的资管结合等方面着眼，精准有效地促进民间投资进入新媒体产业。

### 一、鼓励民间资本参与传统媒体转型

传统媒体转型是新媒体产业发展的重要方式，也是民间资本进入新媒体行业的重要领域和机会。受到新媒体冲击，传统媒体的转型迫在眉睫。然而，传统媒体转型并非易事，转型发展需要消耗大量资金，比如优化升级现有业务平台、打造新媒体网络平台、优化转型员工队伍等都离不开资金的支持。而民间资本无疑可以给予资金上的支持。同时，引入民间资本将为传统媒体转型注入新的活力。

推动民间资本进入传统媒体转型的举措主要包括丰富传统媒体内容生产、鼓励重组传统媒体企业等方式。第一，鼓励和引进民间资本，丰富传统媒体内容，提升精品创作生产能力①。推动传统媒体建立完善面向多主体、多渠道的内容，鼓励民间资本开展除现有传媒内容以外的内容创新，推动传媒业内容更加丰富多

① 支庭荣.新媒体不是传统媒体的延伸——融合背景下“转型媒体”的跨界壁垒与策略选择［J］.国际新闻界，2011，33（12）：6-10.

彩，不断增强传媒制作机构的积极性和创作生产活力，繁荣传统媒体内容生产。积极引进民营新传媒企业，特别是有较高知名度和较强创造生产及运作能力的优秀股份制企业（或民营独资）在传统媒体投资发展，打造一批在全国具有响亮品牌、鲜明特色、较强市场竞争力的新媒体制作机构。第二，鼓励民间资本重组现有的媒体制作机构，打造在全国有较高知名度、较强生产能力的媒体制作企业集团。鼓励和引进民间资本，加快传统媒体行业发展，增强传统媒体产业规模和实力①。支持和引导民间资本进入传统媒体设备制造领域，鼓励媒体企业引进资金、扩大生产规模，打造具有鲜明特色和市场竞争力的媒体产业集群，形成新媒体和传统媒体行业的完整产业链，努力建设传统媒体行业投资高地。

## 二、鼓励新媒体与传统媒体融合发展

2014 年 8 月 18 日，中央全面深化改革领导小组第四次会议审议通过了《关于推动传统媒体和新兴媒体融合发展的指导意见》。习近平总书记在会上强调，要着力打造一批形态多样、手段先进、具有竞争力的新型主流媒体，建成几家拥有强大实力和传播力、公信力、影响力的新型媒体集团，形成立体多样、融合发展的现代传播体系。虽然有少部分人持“消亡论”的观点，但“融合论”仍然是未来一段时间的主流②。传统媒体和新媒体在内容、平台、管理等方面不断融合，双方逐步走向深度合作，新旧媒体融合发展将成为未来一段时间内的新趋势③。而资本融合即是新旧媒体产业融合的基础，没有资本融合，就不可能有真正的产业融合。因此，民间资本应该积极参与到这种融合之中，因为这种融合过程中涵盖了资本的融合。

第一，促进新兴媒体与传统媒体的文化融合。不论是新媒体，还是传统媒体，本质上都是一种载体。这与学者提倡在传播研究中将“文化转向”融入新媒

---

① 晁新坡.新形势下如何做好电视与新媒体的融合［J］. 新媒体研究，2015，1（10）：53-54.
② 梁爽. 新媒体时代，传统媒体如何应对［J］. 新闻研究导刊，2016（9）：342-342.
③ 程天飞. 浅谈新媒体与传统媒体的融合发展［J］. 新闻传播，2009（11）：65.

体之中的看法不谋而合[①]。而真正影响媒体竞争力的是媒体内容、文化属性。传统媒体需要学习新媒体的创意和点子，而新媒体也应该学习传统媒体对内容资源的合理配置。新旧媒体的文化融合是新旧媒体融合的根本所在。

第二，鼓励新兴媒体与传统媒体的产业融合。新兴媒体是从传统媒体发展起来的产业。随着新兴媒体的不断发展，新媒体显然会越来越成熟，两者之间的界限也就变得越来越模糊。传统媒体需要不断转型升级，数字化、网络化自己的传统产业路径，新兴媒体需要不断拓展自己的传播途径和服务渠道，与传统媒体实现对接与互补。新旧媒体的产业融合是新旧媒体融合的业态路径。

第三，倡导新兴媒体与传统媒体的技术融合。毋庸置疑，技术推动了整个媒体行业的向前发展。技术的发展、科技的进步使得新兴媒体与传统媒体的融合成为可能。随着信息技术、网络技术、数字技术的出现和发展，传统媒体和新兴媒体可以在同一个技术平台上实现信息的收集、分析、营销等其他活动。技术的融合推动了新旧媒体的深度融合，带动了新媒体行业的深刻变革。可以说，新旧媒体的技术融合是新旧媒体融合的科技基础。

第四，倡导新兴媒体与传统媒体的功能融合。新兴媒体与传统媒体是互补而不是替代的关系。传统媒体在报纸、杂志、书籍、电视、广播等一些传统方式上具有独特的优势，是特定阶段下的产物，满足特定的群体和受众。而新兴媒体主要是依靠互联网媒介，是一种新的新闻生产方式，具有及时、迅速的功能特点，更能满足年轻人的需求。在这种情况下，新兴媒体是传统媒体的有效补充，两者功能互补，协同发展。从这种角度来看，新旧媒体的功能融合是新旧媒体融合的间接实现。

## 三、鼓励新媒体领域的混合所有制发展

中共十八届三中全会强调国有资本、集体资本、非公有资本等交叉持股的混

---

① 韦路，丁方舟. 论新媒体时代的传播研究转型［J］. 浙江大学学报（人文社会科学版），2013（4）：93-103.

合所有制经济，此轮改革更强调不同所有制形式之间直接结合、交叉持股以及融合发展。民间资本是实现在新媒体领域发展混合所有制的重要基础，应着力鼓励新媒体领域民间资本参与到国有企业混合所有制改革中来。当前，一些企业已经成为混合所有制企业，然而更多的企业正在积极探索混合所有制改革，成为混合所有制企业。新媒体领域民间资本参与实现混合所有制发展主要可以从以下两个方面入手：

第一，公有制和私有制联合组成的混合所有制企业。通过民营资本和社会资本的参与，打通各种所有制资本融合的通道，让公有制和非公有制你中有我、我中有你，并为混合所有制改革提供资金支持。民间资本出资的方式多种多样，可以通过货币出资也可以通过实物、有价证券、土地等合法合规的其他方式出资。国有资本转让时，不得对民间资本投资主体设置附加条件，同时，鼓励民间资本投资主体参与到国有企业的改制重组、增资扩股、经营管理等活动中。

第二，公有制与个人所有制联合组成的混合所有制企业。一方面，国有企业改制过程中鼓励员工参与持股，形成劳动者和资本所有者的共同体；另一方面，管理层可以在一定约束条件下参与持股，形成公有制与管理层组成的混合所有制企业。公有制与个人所有制联合形成的混合所有制企业，有利于改善公司治理，完善利益分享机制，凝聚共识，实现资源的优化配置。

## 四、鼓励民间资本在新媒体领域的创新创业

民间资本历来都是投资的急先锋，推动新媒体领域的创新创业要加大民营资本的投资力度。据相关数据披露，在双创活动中做得最多的是民营企业，“大众创业、万众创新”的 80%~90%都是民间企业、民营企业、小微企业。在新媒体行业民间资本的投资力度也同样受到关注。对民营资本而言，现在仍然是新媒体领域投资的机遇期，民营企业要抓住眼前的投资机遇，推动在新媒体行业的创新创业。本书认为，鼓励民间资本在新媒体领域的创新创业，主要有两个方面的举措。

第一，鼓励民间资本在新媒体领域创新创业的商业模式。伴随着互联网大数

据作为一种革命性的技术发展趋势，各行业开始创新商业模式，逐步建立和完善线上与线下、境内与境外、政府与市场开放合作等创新创业机制。当前，国家新媒体产业基地在深入实施创新驱动发展战略和适应经济发展新常态的大背景下，开创“大数据+互联网+行业”新模式，不断依托互联网大数据技术，建立企业入驻服务、动漫技术和知识产权三大服务平台，为企业入驻园区、平稳发展和自主创新营造良好的创新环境，开创了创新新思路。

第二，为民间资本在新媒体领域创新创业提供相应的服务。认真落实服务大众创业、万众创新的优惠政策措施，为创客提供政策、法律、金融和信息咨询等相关服务。全力扶持中小微型企业发展壮大，加强新设立小微企业的跟踪调查，从准入政策、融资合作、企业管理等方面给予指导帮助，提高初创企业成活率和活跃度。

## 五、推动民间资本在新媒体领域的资管结合

民间资本在真正进入新媒体行业后仍然面临很多限制。由于受政策限制，民间资本投资主体获得的只是企业的经营权，而媒体品牌仍然掌握在他人手中。合作顺利时平安无事，然而一旦合作出现问题，民间资本投资主体很可能一无所获。有企业家戏说，由于品牌不能继承，所以总有一种感觉，那就是自己养的孩子是别人的，养得越大就越舍不得，但最终肯定还是要让别人抱走，所以索性就不做了。近年来，政府相继出台了一些引进民间资本的政策，但民间资本真正参与到新媒体领域，确实遇到了不少“坎”。只让民营企业参股，不让民营企业做大股东或者是不让民营企业参与管理，没有话语权、参与权和决策权，则意义不大。因此，不仅应该鼓励民间资本进行前瞻性投入，分担风险，共享收益，而且应该允许民间资本采取适当方式参与过程管理、企业治理、运行机制。切实保障其经营管理权益，推动民间资本在新媒体领域的资管结合可以从以下三个方面着手实现：

第一，支持民间资本组建专业化的新媒体经营管理企业。专业化的经营管理贯穿企业创立、发展、成长和成熟的整个过程，要具备统一的构想、专业化的人

才、具体的专业领域和科学的管理机制，从而形成一体化的发展。对于法律法规未明确禁止准入的领域，允许民间资本采取适当方式参与经营管理。在民间资本进入新媒体行业后，切实保障相应专业化经营管理企业的权益。

第二，民间资本投资也是从“管资产”向“管资本”转变的桥梁。新媒体领域存在很多国有企业，民营资本通过多种形式，尤其是通过股权投资基金的方式，利用它在资本市场和投资产业链上的优势，使国有资本通过股权运作、价值管理，有序进退，更好地促进国有资本合理流动，实现保值增值，促进国有企业从“管资产”向“管资本”转变。没有大量的民营资本、社会资本的股权投资，就不可能实现国有资产资本化、证券化、市场化，国有资产管理就不可能向“管资本”实现真正转变。

第三，积极利用民间资本在管理上的优秀理念。民营企业有灵活的管理机制、较为科学的选人用人标准、对市场的反应更加灵敏、员工激励机制到位等优势。通过改革，民营资本向企业注入必要的启动资金并输入优秀的管理理念和市场意识，经过改造企业的管理方法，可以使企业获得迅速的改变。

## 第四节　提升监管效能

传媒行业具有很强的意识形态属性，那么，科学适度的监管就变得必不可少。而且，新媒体行业相对传统媒体对监管提出了新的挑战。因此，为进一步优化服务，创新管理方式，规范监管和执法行为，强化市场主体自律和社会监督效能，应进一步思考转变监管理念，创新监管方式，规范监管行为，提升监管效能。只有科学监管，才能保证民间资本进入新媒体的有序性，才能保证新媒体产业的健康性，才能保证媒体生态圈的安全性。本书认为应该从建立健全相关方面法律法规、优化新媒体企业的管理机制、加强对于拟态环境的监测和把关、逐步普及公众媒体素养教育以及加强价值观导向的内容监管等方面进一步规范行政权力运行，切实做到严格规范执法，减轻市场主体负担，优化市场环境。

## 一、建立健全相关法律法规

目前，我国的立法远远滞后于新媒体行业的快速发展。尽管有一些相关的法律规定，如 2001 年，中共中央办公厅下发了 17 号文件明确提出国有资本可以参与媒体经营；随后的“新闻出版总署关于印发《关于贯彻落实〈关于深化新闻出版广播影视业改革的若干意见〉的实施细则》的通知”则打破了传媒投资只允许“国有资本”进入的限制，认同“各类资本”都可以参与媒体经营，拓宽了传媒投融资渠道。然而，现有的法律法规、政策规定并没有就民间资本进入新媒体行业的系统规定，对于究竟什么能做、什么不能做并未给出明确界定。法律法规的缺失将会进一步造成较高的政策风险①。理论常常是实践的总结，因此，可以理解法律法规的发展也不免落后于新媒体行业的发展。未来的新媒体行业在建立健全法律法规方面应更加注重观念、法规以及执法等问题。

第一，引导新媒体行业管理的理念。自由与限制是一组相对的概念。随着新媒体一步步崛起，我们不只看到了新媒体给社会带来好的方法，同时各种网络犯罪和网络危害也接踵而至，我们开始重新审视自由的界限。瑞斯德哥尔摩大学教授安德斯鲍威尔认为，任何一种新事物的影响力扩展到社会的方方面面时，必须要加以限制，以保证良好秩序的实现。因此，新媒体行业也应从一个超越法律与道德的自由之地过渡到适当的监管，以保证整个行业的良性有序发展。

第二，规范新媒体管理法律的制定。新媒体行业是一个新近发展起来的行业，很多问题是新发现的，已有的法律无法解决这些新近发生的问题。那么，很有必要对其制定专门的法律法规。同时，有必要根据新媒体行业不断发展以及产生的新问题，及时修订有关法律法规，保持法规的与时俱进。

第三，明确新媒体管理法律的适用。相应的法律法规可以根据新媒体的特点和要素，制定覆盖全面、适用性强的专门法律，同时，相关法律法规不能脱离实

---

① 郑宪强，马衍军. 民间资本参与风险投资问题研究［J］. 财经问题研究，2002（5）：28-31.

际，而是应该把握住基本原则、指导思想、管理范围和规制重点，形成一个管理的通则。

第四，恪守新媒体行业管理的执法工作。一方面，如果存在违法行为，如传播有害信息、侵犯他人隐私等行为，应该按照法条进行严厉处罚，严肃法律行为。另一方面，应对新媒体从业者形成威慑，在遇到问题时可以根据相关法条来规范自身行为，洁身自好，以免触碰法律的井绳。

## 二、优化新媒体企业的管理机制

由于一些历史遗留因素，我国对包括新媒体在内的传媒行业普遍采取行政化的管理模式。行政化管理方式曾经是适应时代背景的，但是随着市场竞争的日趋激烈以及社会环境的变化，这种模式阻碍了媒体行业的发展。因此，我们有必要将其逐步转变为资本管理模式，建立健全科学的法人治理机制，通过市场化的运作来管理新媒体行业。这样做不仅可以使新媒体在市场环境下获得进展空间、灵活运用资源，更为新媒体行业进一步发展创造了机会。

具体来讲，构建科学合理的新媒体管理机制主要从以下几个方面着手：

第一，逐步改变目前的行政模式，形成资本管理模式。构建科学完整的企业法人治理机制，形成股东大会、董事会以及经理层各司其职、相互制衡的现代企业机制。由股东挑选董事会成员，组织定期或临时股东大会，对公司的重大事项进行决策；董事会任命并决定总经理的薪酬，下设包括薪酬委员会、审计委员会、提名委员会等在内的常务委员会，监督日常经营，并对全体股东负责；管理层在股东会和董事会的领导下具体负责经营管理事务，同时接受来自监事会的监督。

第二，对于跨地区、跨行业、跨领域的新媒体企业，设置一个专门管理机构，建立统一高效的管理体系，厘清不同部门的权利与责任，强化不同部门之间的协调与配合。对于全国性的新媒体企业，要与所属地和管理部门协调配合形成统一的战略规划，通过将分散资源进行重新配置或整合使用，提升资源利用效率，优化新媒体企业的管理机制。

第三，新媒体行业需要尽快成立全国性的行业协会，建立行业标准、开展行业活动、坚守社会责任、恪守法律责任。新媒体行业协会首先是一个自发组织的、以非营利为目的的、民间性质的社会团体，在保护新兴媒体企业，支持其增强竞争力方面的作用不可小觑。新媒体行业协会将会在连通政府与各个具体企业之间起到承上启下的桥梁作用，也与政府对新媒体的管理形成配合与互补。

## 三、加强对于拟态环境的监测和把关

拟态环境①是由美国著名政论家李普曼提出的经典理论，他认为大众传播媒介对新闻和信息进行选择、加工和报道，重新加以结构化后向人们展示了一种信息环境，这种环境并不是现实环境镜子式的再现，而是一种“象征性的拟态环境”。在传统媒体时代，由于传播模式的限制，受众对于新媒体营造的拟态环境的反作用力并不是很明显。如今，新媒体的及时性和互动性加速了信息的传播过程和拟态环境的生成过程，而新媒体和现实之间的紧密联系（如微博、微信的实名注册），又加深了拟态环境对现实环境的影响：网络虚拟社区和现实社会都成为生活的重要组成部分，拟态环境和现实环境交叠，如果处理不当，其对舆论生态的负效应也会放大。因此，需要加强新媒体时代拟态环境下的监测和把关，同时需要各方参与主体的共同努力。

第一，强调传统媒体在拟态环境中的引导作用。传统媒体依然任重道远，在加强议程设置和媒介环境建设上具有不可推卸的责任。主流媒体在大事要闻中需及时发声，通过联合行动强化某个中心议题的受众关注度，能够营造健康的拟态环境净化网络舆论，将偏离主流的思想带到社会正轨上来。

第二，营造贴合事实的舆论导向。新媒体时代，拟态环境的构建容易偏离现实。部分新媒体把关不严，为了博眼球，过早地发布某些能够赚取“点击量”的消息，或有意突出新闻事件中的某些细节或特征，为舆论的情绪化推波助澜，受众便会在报道构建的拟态环境中被片面的新闻报道所影响，产生偏离现实的认

---

① Lippmann W. Public opinion [M]. Transaction Publishers, 1946.

知。因此，应该营造贴合事实的舆论导向，引导大众在拟态环境中仍然保持自律。

第三，有机协调与整合相关管理部门，共同营造良性的拟态环境。规避新媒体对拟态环境的副作用，减少舆论被操纵的可能，更需要政府管理部门的积极作为。新媒体时代的网络治理不仅仅是宣传部门的事，需要有机协调与整合相关管理部门，打破信息割据，创新舆情治理机制，发挥政府、媒体、公众和各类社会组织的优势，建立健全媒体报道的内外监督机制，构建一个健康良性的网络拟态环境。

## 四、加强价值观导向的内容监管

由于新媒体行业具有辐射范围大、传播速度快、内容良莠不齐的典型特点，因此有必要加强新媒体行业的内容监管。加强价值观导向的内容监管，针对新媒体行业的信息规范，媒体自律行为加强将会进一步促进新媒体产业良性有序发展。当前，可以从监管力度、构建分层信息、加强自律等方面逐步实现。

首先，强化政府对新媒体的监管力度和示范导向。一是完善行政监督机关监督机制，对新媒体进行规范化、法律化、透明化的监督管理。政府要制定传播方针，使用行政和法律手段，规范媒体社会的秩序，打造一个积极健康的新媒体传播环境。例如，对电影、电视等媒体，要严格把控内容质量，避免内容不雅作品流入市场，特别是在寒暑假期间，要严格审查那些受青年人欢迎的文娱类节目，严格审查外来文化产品，阻止不良文化的流入与传播。影视作品在符合广大人民群众物质文化需求的前提下，应宣扬正面的价值观和世界观，尽量保持作品积极健康，监督审查有害网络信息。二是要加强政府的社会意识、社会舆论的示范和导向，要建立热点事件、热点舆论的引导示范宣传机制，突发事件对受众都具有强烈的吸引力和影响力，针对社会上、舆论界出现的一些热点事件、热点舆论，政府相关部门要组织专家学者进行针对性论证，组织媒体广泛宣传，集思广益，进行深度报道和分析性报道，以宣传社会主义核心价值观和主流意识为导向，指导媒体，特别是网络媒体和电视广播，对热点事件和舆论进行准确报道和正确引导。

其次，要分层次构建信息内容。网络、广播电视、报纸、期刊等媒体，在对媒体产品进行传播的过程中，针对某一主题、某一新闻，应根据自身不同影响力，针对不同年龄大众的不同需求，围绕主题和新闻信息，特别是对信息中蕴含的道德信息，从不同角度、层次和深度进行加工制作，使信息经多次开发与利用，形成与传播不同特色、不同层次、不同定位和不同个性的信息产品，使信息传播特别是道德教育达到最佳效果。

最后，要加强新媒体自律。一是新媒体必须注重自身建设，坚持以马克思主义为指导，坚持社会主义核心价值观，努力提高自律意识，加强自身的自我批评和监督，制作与传播信息产品过程中要摒弃金钱利欲思想，避免新媒体的传播功能错位与道德引导功能缺失。二是加强对信息内容的管理，例如影视、文学、网络视频等作品考虑建立节目作品分级制度，以利于不同年龄阶段群体收看不同等级作品。三是提高媒体人的道德修养和道德认识，不能一味地追求商业利益而使节目庸俗化，要有较高的社会责任意识和职业道德意识，坚持正确的舆论导向和德育功能，多创作和传播积极健康的作品。

## 五、逐步普及公众媒体素养教育

当今社会，各种媒体的传播越来越广泛，这些媒体包括自媒体、电视、电影、网络、报刊、广播等各种形式。包括新媒体在内的所有媒体既是教育的重要阵地，又是教育的有力工具，其内容能够对公众行为产生潜移默化的影响，普及公众媒体的素养教育将引导新媒体产业健康发展。然而，公众媒体素养教育在道德宣传、信息判断、互动方面还比较欠缺，因此，应该始终坚持正确的舆论导向，逐步普及公众媒体素养教育。加强新媒体行业正能量的传递，引导公众树立正确的价值观，应该从以下三个方面努力：

第一，新传媒应当树立高度的责任感，多进行先进人物、先进事迹和高尚品德的宣扬，弘扬积极进取、自强自立、公平正直、诚信友善的主流道德形象，为大众提供学习和效仿的道德榜样，教育和引导大众立身修德；反过来，对于社会中那些不良现象，新媒体应予以分析和批判，引导公众拥有正确的道德取向，客观地认识社会现象；要对受众的价值观进行引导，加强对真善美等主流价值观的诉求；对重大典型事件、重大题材或社会舆论关注的热点要积极进行深度报道，多角度、多层次展示事件的状态，揭示事件的本质和联系，提升媒体影响力①。

第二，提高公众判断新媒体信息的能力。大众对媒体信息的判断吸收能力是不同的，特别是年轻人，他们在面对各类媒体的不同信息时，缺乏正确研判，对信息中的糟粕成分和负面成分不知所措，迷失自我，往往成为有毒有害信息的受害者。对此，要对大众开展媒介教育，进一步提高大众对传媒提供的低水平的庸俗文化的抗拒意识和能力，鼓励受众认清并抵制新媒体的负面影响，从而更好地保护一些传统优秀文化理念和价值观。高校和新媒体应当发挥主流引导作用，培养大众对信息的识辨能力、批判能力、管理能力、选择能力，积极引导大众吸取“信息精华”，远离“信息糟粕”，推动大众接受媒体信息素养和道德素养的提高。

第三，要增进互动以提升新媒体企业的社会影响力。不同年龄的受众对媒体获取社会信息、参与社会互动等功能需求差别较大，他们希望通过媒体发表意见，表明见解。因此，媒体要注重与受众的沟通和互动，给受众表达己见的机会。沟通和互动的方式多种多样，如短信、彩信、微信、各类网站、博客、电视、电话等方式②，通过充分的互动交流，不仅可以提升媒体的社会影响力，而且可以起到道德教育的功能。

---

① 夏雨禾. 2010 年以来的突发事件微博舆论及其变化趋势——基于新浪微博的实证研究［J］. 新闻与传播研究，2014（3）：52-67.

② 匡文波.到底什么是新媒体？［J］. 新闻与写作，2012（7）：24-27.

# 第二篇

# 区域篇

# 第七章　京津冀地区民间资本进入新媒体情况的考察

《京津冀协同发展规划纲要》发布以来，京津冀协同发展取得了初步成效，产业结构调整和转型升级速度进一步加快。尤其是北京作为全国的首都，其功能定位于“全国政治中心、文化中心、国际交往中心、科技创新中心”，得天独厚的文化积淀、技术优势和政策环境，已经使其成为全国新媒体产业发展的前沿阵地。与此同时，京津冀协同发展强化了资本的集聚效应，处于朝阳产业的新媒体领域成为民间资本关注的焦点，民间资本通过多种模式进入新媒体的趋势日益明显，对京津冀区域发展起到了重要的促进作用。但不容忽视的是，伴随传统媒体转型发展和新兴媒体迅速崛起、民间资本在新媒体领域的大规模并购和媒体融合，京津冀地区新媒体发展也面临着一系列的问题和挑战，本章针对如何借助民间资本促进新媒体健康发展提出对策建议。

## 第一节　京津冀地区新媒体产业发展的总体情况

在体制改革、信息消费、文化贸易和融资试点等多方面政策支持下，京津冀地区信息基础设施不断完善，新媒体产业显现出强劲的发展势头。近年来，北京大兴新媒体产业基地、国家动漫产业综合示范园等相继成立，京津冀地区新媒体产业已初步形成集聚发展的产业布局。与此同时，依托京津冀地区产业结构升级、政治地位突出、创新资源集聚等优势，新媒体产业发展也表现出一些地域性特征，如媒体融合发展促进资源整合，政务新媒体平台优化公共服务等。在新媒体发展基础设施建设、政策扶持、产业协同和商业模式创新等方面，京津冀地区都走在了全国的前列。

## 一、信息基础设施建设领先全国

进入“十三五”时期，随着我国加快完善信息基础设施建设，互联网应用普及率持续提升，尤其是通过手机上网的比重大幅增长。截至 2016 年末，中国网民规模已经达到 7.31 亿人，互联网普及率达到 53.2%，比 2015 年的 50.3%提高了 2.9 个百分点。其中，手机网民规模高达 6.95 亿人，网民中利用手机上网数量比重持续攀升至 95.1%，比 2015 年的 90.1%提升了 5.0 个百分点。相对而言，网民中利用台式机和笔记本接入互联网的比重分别为 60.1%和 36.8%。由此可见，手机移动端已经成为中国网民获取网络信息最重要的渠道。

近年来，京津冀三地政府均高度重视信息基础设施建设，为新媒体产业发展奠定了坚实的硬件基础。以北京市为例，2013 年 6 月，北京市政府发布了《关于印发宽带北京行动计划（2013~2015 年）的通知》（京政发〔2013〕16 号），提出的目标是“建成国内领先、国际先进、泛在、融合、智能、可信的下一代信息基础设施。到 2015 年，实现本市光纤宽带网络城乡全覆盖，使用 10 兆及以上宽带接入互联网的用户比例超过 75%”。

从全国互联网应用情况来看，北京市、天津市互联网普及率保持全国领先地位，河北省互联网普及率基本与全国平均水平持平（见图 7–1）。2016 年，北京市互联网普及率达到 77.8%，比 2015 年提高 1.3 个百分点，在全国内地所有省份中排名第 1，领先排在第 2 位的上海 3.7 个百分点，高于全国平均水平 24.6 个百分点。天津市互联网普及率为 64.6%，比 2015 年提高 1.6 个百分点，在全国内地所有省份中排名第 6，高于全国平均水平 11.4 个百分点。河北省互联网普及率在京津冀地区最低，在全国内地所有省份中排名第 12，仅比全国平均水平高出 0.1 个百分点。从增长趋势来看，河北省和天津市网民规模增速分别达到 6.0%和 4.5%，未来几年仍然有较大的发展空间和潜力，北京市网民规模增速为 2.6%，高出上海市 1.2 个百分点。

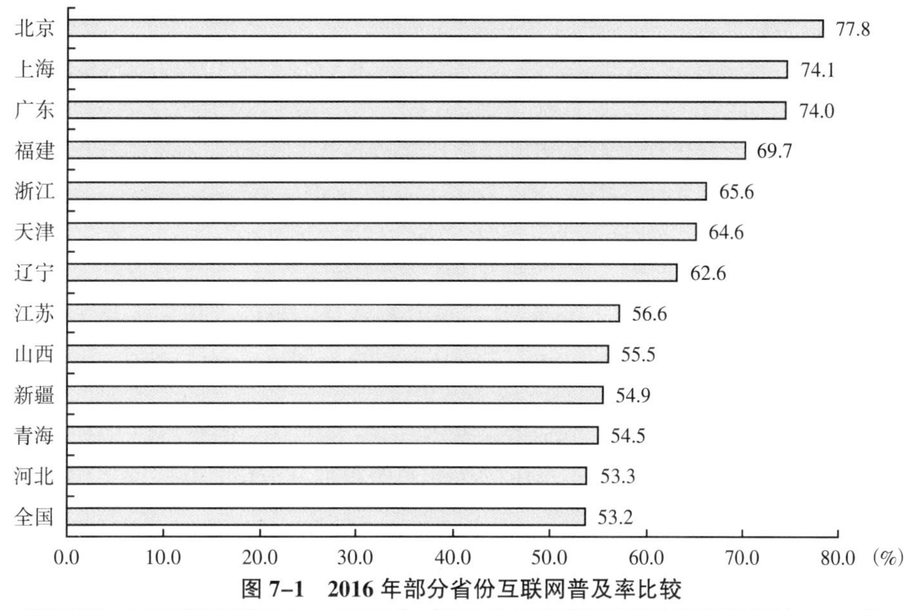


**图 7-1　2016 年部分省份互联网普及率比较**

资料来源：中国互联网络信息中心（CNNIC）：《第 39 次中国互联网络发展状况统计报告》，2017 年 1 月。

## 二、信息消费政策激发市场需求

新媒体产业作为一个新兴产业，其成长和发展离不开政府的支持。近年来，在国家相关政策的引导下，京津冀三地政府分别出台了多项政策，促进文化体制改革，带动居民文化消费等。良好的政策环境和有力的政府支持，促使京津冀地区新媒体产业获得了快速发展。

2013 年，国务院发布了《关于促进信息消费扩大内需的若干意见》，并在全国范围内发起示范城市评选活动。北京市政府立足全国文化中心的定位，近年来高度关注文化创意产业的发展，多措并举推动文化消费和信息消费市场的繁荣。2014 年 2 月，北京市政府发布了《关于促进信息消费扩大内需的实施意见》，明确提出“到 2015 年，全市居民信息消费规模达到 1100 亿元；全市信息产品和服务规模超过 8000 亿元，在全国信息消费市场的占有率达到 20%左右；电子商务交易额超过 1 万亿元”。与此同时，北京市积极优化经济结构和产业结构，以电子信息产业等为代表的“高精尖”产业布局日益清晰。数字出版、动漫游戏、数字音视频等产业迅速崛起，信息消费与文化消费深度融合的趋势愈加明显。2016 年初，北京市入选首批国家信息消费示范城市，未来信息消费市场将会进一步拓展。

在政策带动下，北京市服务消费呈现快速增长势头，尤其是基于互联网的消费市场不断扩张。2016 年，北京市居民消费总额为 2 万亿元，其中服务消费 8921.1 亿元，比 2015 年增长 10.1%，增速高于商品性消费 3.6 个百分点，总体消费结构持续优化。据统计，2015 年前三季度，北京市与信息相关商品零售额同比增长 55.3%，对全市社会消费品零售额增长的贡献率均达到八成以上。[①] 此外，2015 年 6 月，北京市统计局开展的“互联网+生活服务”应用情况调查结果显示，“互联网+”已经改变了北京市民的生活消费习惯，市民对互联网提供生活服务方式的接受程度达到了 70%~90%，并且超过 70%的市民对服务表示满意。[②] 这些数据表明，信息消费和互联网服务已经成为北京市经济增长的新引擎。

## 三、新媒体产业实现集聚发展

北京市作为全国文化中心，自“十一五”时期开始，就大力培育文化创意产业，并率先规划和布局新媒体产业，建设国家新媒体产业基地，已经取得了显著成效。与此同时，天津借助滨海高新区软件园与国家动漫产业综合示范园，发展具有本地特色的新媒体产业，也取得了令人瞩目的成绩。

在北京市“十一五”时期发展规划纲要中，文化创意产业就已经被列为支柱产业。2005 年底，国家“火炬计划”北京大兴新媒体产业基地正式挂牌建立。

---

① 摸底北京“新消费”. 北京商报［N］. 2015-12-4（B01）。

② 北京市统计局. 国家统计局北京调查总队：“互联网+”升级我市传统生活服务业. 北京统计信息网［EB/OL］. http：//www.bjstats.gov.cn/tjsj/sjjd/201511/t20151123_321235.html。

按照规划，这里将建设成为资源高度整合、产业协同发展的国家新媒体产业基地。为了体现差异化优势，大兴新媒体产业基地的定位主要包括数字影音、游戏、动漫、体验和出版五个领域，其中创意和传媒是两大发展重点。中国特色的传统文化和明显的低成本优势，吸引了来自美国、韩国等多个国家的战略合作伙伴。经过十余年的建设与发展，大兴新媒体产业基地已成为北京市最大的影视制作与传媒综合服务集聚区，并可以享受北京市政府设立的专项资金和优惠政策。基地内逐步建立起覆盖创新研发、人才培养、产业孵化、产品交易、风险投资等全产业链的公共服务平台，为新媒体产业的加速发展和健康发展提供了丰沃的土壤和高效的平台。

成立于 1998 年的天津市滨海高新区软件园，是天津市 20 项重点服务业基地项目之一，先后被授予“天津市软件产业基地”、“国家火炬计划软件产业基地”、“国家 863 软件专业孵化器”和“国家软件出口基地”等称号。滨海高新区软件园具有良好的区位优势，已经集聚了天津市 70%以上的软件企业。除传统的软件设计和开发企业外，还吸引了一大批手机报、电子书、动漫游戏等领域的新媒体企业，为软件园的发展带来了新的活力和空间。

2011 年 5 月，我国首个国家级动漫产业综合示范园落户中新天津生态城，首批注册的动漫企业及上下游企业达到 180 余家。园区涵盖编剧策划、研发孵化、综合服务、设备和产品集成、高端办公、人才培育以及主题公园七大功能区，覆盖全产业链的公共技术服务平台，为入驻园区的新媒体企业提供了有力的技术支撑。在京津冀协同发展的背景下，2014 年 8 月，“京津协同企业加速器”在国家动漫产业园正式启动运营，首批引进 5 家来自北京的创业企业，为京津冀动漫产业协同发展搭建了一个新的平台。此外，随着产业集聚效应的不断增强，动漫产业综合示范园还吸引了来自非洲、韩国等的创业团队，开展文化交流与人才培育等方面的合作。未来，这里有望发展成为国际化的动漫产业园区，为我国成为“动漫强国”发挥重要的推动作用。

## 四、媒体融合发展促进资源整合

传统媒体与移动互联网的融合发展，是当前我国媒体融合的典型特征。近年来，随着微博、微信及新闻客户端（“两微一端”）移动信息平台的兴起，我国传统媒体与新媒体融合发展的趋势日益明显。2014 年 8 月审议通过的《关于推动传统媒体和新兴媒体融合发展的指导意见》，为媒体融合提供了重要的方向引导和政策支持。2016 年底，人民网研究院发布的《2016 中国媒体融合传播指数报告》显示，传统媒体开始加强在计算机互联网和移动互联网的传播，这明显提升了传统媒体的传播力。从媒体类别来看，以《人民日报》、中央人民广播电台、中央电视台为代表的中央媒体走在了媒体融合的前列；从地区差异来看，北京、广东、浙江三地媒体融合传播力最强；从传播方式来看，移动端在媒体融合传播中成为了“主战场”，融合传播百强报纸中“两微”账号开通率达到 100%。[①]

媒体融合也激发了传统媒体企业寻求业务拓展和商业模式创新。以新闻媒体为例，2015 年以来，以《人民日报》为代表的一批主流媒体，开始探索“中央厨房”媒体融合发展模式，实现了新闻媒体运营方式和信息内容的创新，以及不同类型媒介优势资源的整合，引领着全媒体时代的商业模式创新。《人民日报》、新华社等传统媒体纷纷开通官方微博和官方微信，吸引了大批的网络粉丝，表现出非常强大的微传播力。与此同时，基于移动互联网的平台，一些传统媒体依托内容、品牌和渠道等方面的优势，尝试进入电子商务领域，探索商业模式创新，追求综合价值提升。

河北日报报业集团就是媒体融合发展的一个积极探索者。依托传统媒体的资源优势和品牌优势，《河北日报》、河北新闻网大力开展网络文明传播，搭建网络爱心公益活动平台。与网络媒体相比，党报集团具有更高的公信力，能够更好地整合各方资源。多年来，《河北日报》、河北新闻网推出了“阳光流动课堂”等公益平台，并开通了官方网站，在网上提供报名、捐助等多种功能。此后，又开通

① 人民网研究院. 2016 中国媒体融合传播指数报告［R］. 2016-12.

了“阳光网课”，请高水平的志愿者录制课程视频，并在河北新闻网长期展播，扩大了覆盖范围，取得了良好的效果。《河北日报》、河北新闻网开通了官方微博和微信公众号，充分发挥网络平台传播速度快、社会影响大等优势，动员社会各界力量，发起“善行河北”等社会公益活动，引起了全省人民的强烈反响和高度赞誉。通过“两微一端”等网络平台，《河北日报》、河北新闻网还感召广大人民群众身体力行，自发组织开展社会公益活动，并且通过网络投票评选出道德楷模，起到了很好的示范和带动作用。

## 五、政务新媒体平台优化公共服务

在“互联网+”行动计划的系统部署下，各个产业纷纷利用互联网进行转型升级，各级政府也开始探索电子政务的升级版。2016 年 1 月腾讯发布的《2015 年度全国政务新媒体报告》显示，我国政务管理与互联网的深度融合趋势日益明显。据统计，全国政务微博账号接近 28 万个，政务微信公众号已经超过 10 万个，全国开设的政务民生公众号已经超过 8 万个，并且政务公众号的阅读数突破“10 万+”已成为常态。其中，中央部委政务微信公众号在传达政务理念、体现政务发展和为民服务方面表现突出。[①]

在京津冀地区，不仅是企业积极向新媒体转型，政府部门也顺应新媒体时代信息传播特征，推出了新媒体政务服务平台，更好地促进了政府与民众之间的双向交流，赢得了公众的理解和认可，为广大居民提供了更优质、更快捷的公共服务。近两年来，政务新媒体的应用范围不断拓展，已经渗透到民众的生活、消费、出行等各个领域。

2010 年 8 月，北京市公安局创新搭建“平安北京”网络公共关系平台，实现了通过网络发布资讯、征集建议、互动交流等服务功能。与此同时，北京市公安局在全国公安系统率先开通“平安北京”官方微博账号，并于 2011 年 8 月正式落户人民网。截至 2011 年 12 月，“平安北京”的微博粉丝已经突破 210 万，

① 腾讯. 2015 年度全国政务新媒体报告［R］. 2016-01.

排在中国十大政务微博的榜首。2013 年 3 月，北京市公安局再次开通微信平台，同时启用“平安北京”微信公共账号。目前，“平安北京”新媒体服务平台覆盖了微博、微信、博客、微视、新闻客户端五种应用和 10 个子平台，能够为全市居民提供及时、便捷的信息交流与服务。

天津市政府积极探索公共服务供给侧改革，利用互联网平台，推出了“天津文化云”项目，旨在统筹公共文化资源，提高资源共享程度。“天津文化云”可以提供在线参观展览、查询演出信息、网上购票选座、获取文化咨询、组织文化活动等多种功能，为百姓享受文化服务、参与文化消费提供了便利，也为天津市文化创意产业的发展增加了动力。

据《2015 年上半年全国政务新媒体综合影响力报告》显示，上海、浙江、北京等经济发达地区，政务新媒体的影响力在全国处于领先水平（见表 7–1）。其中，北京市政务新媒体综合影响力排在全国第三位，而天津市与河北省均未能进入前十名。从单向指数来看，北京市政务新媒体受众指数最高，而互动指数最低，与第一位的上海市差距较大。由此可见，北京市政务新媒体应当重点在与网民的互动方面进一步加强。

**表 7–1　2015 年上半年省级单位政务新媒体综合排行榜前十位（微博、微信）**

| 名次 | 地区 | 政务新媒体单项指数 | | | | | | 综合得分 |
|---|---|---|---|---|---|---|---|---|
| | | 互动指数 | 传播指数 | 受众指数 | 成长指数 | 内容指数 | 集群指数 | |
| 1 | 上海市 | 85.01 | 80.68 | 81.92 | 81.83 | 81.45 | 81.51 | 82.50 |
| 2 | 浙江省 | 81.24 | 81.42 | 81.54 | 81.94 | 81.58 | 81.71 | 81.49 |
| 3 | 北京市 | 80.47 | 81.55 | 82.09 | 81.65 | 81.82 | 81.55 | 81.37 |
| 4 | 四川省 | 80.36 | 80.94 | 81.62 | 80.98 | 80.86 | 81.67 | 80.97 |
| 5 | 江苏省 | 80.68 | 80.76 | 80.47 | 80.91 | 80.25 | 80.11 | 80.58 |
| 6 | 广东省 | 80.82 | 80.59 | 80.66 | 80.21 | 80.19 | 80.26 | 80.56 |
| 7 | 重庆市 | 80.02 | 80.53 | 80.69 | 80.78 | 81.56 | 80.51 | 80.53 |
| 8 | 甘肃省 | 80.15 | 81.06 | 80.44 | 80.45 | 80.08 | 81.05 | 80.50 |
| 9 | 河南省 | 79.86 | 79.63 | 81.46 | 80.78 | 80.39 | 80.81 | 80.37 |
| 10 | 江西省 | 79.92 | 80.36 | 79.61 | 80.57 | 80.59 | 80.87 | 80.17 |

资料来源：新华网舆情监测分析中心、新华政务直通车项目组，《2015 年上半年全国政务新媒体综合影响力报告》，2015 年 7 月。

# 第二节　京津冀地区民间资本进入新媒体产业的重点领域

新媒体的迅速兴起，使传统媒体企业受到了巨大的冲击，其中对纸媒的影响尤为突出。在“倒逼机制”下，电视台、杂志等传统媒体企业纷纷走上了转型之路。网络视听、网络游戏、数字报纸等新媒体产业，日益受到社会资本和产业基金的青睐。

## 一、民间资本进入新媒体产业的总体情况

2016 年 1 月，中国传媒大学文化发展研究院发布了《中国城市文化竞争力研究报告（2015）》，“中国城市文化竞争力指数”排名首次发布。该研究报告共涉及 36 个城市，主要是直辖市、省会城市、副省会城市和计划单列市。它们在文化竞争力方面差异显著。从综合排名上看，北京、上海、广州、深圳、天津等十座城市的文化竞争力位于全国前列，其中北京和上海不仅在经济实力上领先，其文化优势也明显居于前列，远远高于紧随其后的广州和深圳。

京津冀地区文化竞争力的提升，很大程度上得益于新媒体产业的快速发展，而这与大量民间资本的进入密不可分。由于受我国长期以来文化体制的影响，在文化传媒产业的存量资产中，国有资本仍然占据着绝对的优势。但是，随着传统媒体的转型和新媒体的兴起，在增量资产中，民间资本所占的比重明显提升。

以北京地区为例，新媒体产业出现越来越多的上市公司，在这些公司的资本构成中，民间资本所占的比重不断上升（见表 7-2）。其中，传统媒体转型而成的上市公司，前十大流通股东中，除控股股东一般为国有企业外，其他股东大多为基金公司、投资公司、信托公司和自然人等。同时，控股股东股本比重有所下降，很多上市公司控股股东股本占比不足 50%，表明民间资本进入的趋势日益明

显。而新媒体特征突出的初创型上市公司，控股股东则大多为公司的创始人，这类公司一般属于自然人控股，股本构成中民间资本占绝对比重，前十大股东中以自然人和投资公司、基金公司为主。

**表 7–2 北京地区主要传媒类上市公司股本结构**

| 公司简称 | A 股代码 | 控股股东 | 实际控制人 | 控股股东股本占比（%） | 前十大股东股本占比（%） |
|---|---|---|---|---|---|
| 北巴传媒 | 600386 | 北京公共交通控股(集团)有限公司 | 北京市国资委 | 55 | 61.31 |
| 歌华有线 | 600037 | 北京北广传媒投资发展中心 | 北京广播电视台 | 37.42 | 52.04 |
| 引力传媒 | 603598 | 罗衍记 | 罗衍记、蒋丽 | 55.87 | 70.84 |
| 乐视网 | 300104 | 贾跃亭 | 贾跃亭 | 34.46 | 49.95 |
| 光线传媒 | 300251 | 上海光线投资控股有限公司 | 王长田 | 44.06 | 72.66 |
| 华录百纳 | 300291 | 华录文化产业有限公司 | 中国华录集团有限公司 | 17.55 | 56.13 |
| 中文在线 | 300364 | 童之磊 | 童之磊 | 20.14 | 49.64 |
| 暴风集团 | 300431 | 冯鑫 | 冯鑫 | 21.18 | 35.34 |
| 万达院线 | 002739 | 北京万达投资有限公司 | 王健林 | 57.91 | 71.39 |
| 华谊嘉信 | 300071 | 刘伟 | 刘伟 | 31.04 | 61.77 |
| 蓝色光标 | 300058 | 赵文权 | 赵文权 | 7.43 | 41.01 |
| 腾信股份 | 300392 | 徐炜 | 徐炜 | 32.36 | 64.89 |

资料来源：作者整理。

## 二、重点领域 1：民间资本进入网络视听行业

在新媒体快速发展的时代，北京电视台、北京广播电台等传统电视台、广播电台纷纷转型，乐视网等一批网络视听行业的新媒体企业异军突起，视听领域的竞争异常激烈。其中，乐视网就是民间资本进入网络视听行业的一个典型代表。乐视网于 2004 年成立于北京，致力于打造基于视频产业、内容产业和智能终端的“平台+内容+终端+应用”完整生态系统，这也被业内称为“乐视模

式”。乐视网构建了完整的垂直产业链条，覆盖网络视频、影视制作、电子商务、体育赛事、电动汽车等多个领域。2014 年，乐视全生态业务总收入已接近 100 亿元。2010 年 8 月，乐视网在中国深圳证券交易所创业板上市，是行业内全球首家成功 IPO 的上市公司，也是中国资本市场 A 股最早上市的视频公司，在新媒体产业发展中有划时代的意义。这为乐视网的长远发展提供了良好的融资平台。

新媒体的发展离不开先进技术和设备的支撑。乐视的成功就在于实现了硬件与软件、平台与内容的完美结合。从乐视盒子到乐视电视，再到乐视手机，以及未来的乐视汽车，乐视在硬件的更新换代中，不仅融入了更先进的技术，还植入了互联网的基因。乐视盒子作为视频平台的延伸产品，一度成为乐视重要的利润增长点。此后，乐视以较低的价格进军电视行业，探索“硬件不盈利、内容盈利”的生态体系商业模式，乐视电视销量保持了高速增长的态势，占领了电视机和手机这些信息消费的重要接口，这为乐视的内容销售创造了更大的市场空间。其他还有一些企业，如小米，也是通过终端设备与内容的协同发展，实现了短期内的爆发式增长。

## 三、重点领域 2：民间资本进入网络游戏行业

近年来，网络游戏和手机游戏引领了行业的主导方向，京津冀地区的游戏产业也呈现出新格局。其中，北京市是我国网络游戏发展的前沿地带，北京市网游行业是全国行业发展的风向标。伴随北京市网民规模的不断扩大，网络游戏产品种类不断丰富，产业链也逐步得到延伸，尤其是以手机为主要平台的网络游戏获得蓬勃发展。2013 年 11 月，北京成立了首个综合性网络游戏产业公共服务平台，旨在为游戏产业的新创企业提供技术支持、项目辅导等综合服务。依托这一公共服务平台，有利于北京市网络游戏行业突破一些共性技术难题，实现行业的集聚发展优势。与此同时，北京市网络游戏已经开始走向海外，一批具有自主版权的网络游戏销往海外市场，并且赢得了海外用户的认可。现在，北京市网络游戏已经出口到 100 多个国家和地区，海外市场销售收入在全国名列前茅。

网络游戏行业的高速发展，背后是民间资本的大量进入。其中，触控科技就是北京市网络游戏行业的一个佼佼者。触控科技依靠“捕鱼达人”这款游戏，成功切入苹果游戏平台，在手机游戏方兴未艾之时就站稳了脚跟。此后，触控科技采用多维度推广游戏，积极布局产业链，打造游戏平台，逐渐在激烈的行业竞争中脱颖而出。触控科技成功的要素是，不仅依靠游戏开发的简单商业模式，而是通过构建开放、共享平台，成为游戏产业链中不可替代的环节，从而实现了在产业链中的资源整合与价值创造。

## 四、重点领域 3：民间资本进入数字报纸行业

在新媒体时代，传统纸媒和出版行业都受到了极大的冲击。越来越多的传统报刊和出版企业借助互联网实现转型升级与跨界发展。在数字报纸行业，北青集团对报业进行资源整合，积极打造新媒体产业板块，逐渐形成报业和新媒体两大支柱产业的格局。2010 年，北青集团成立了专业的新媒体机构——北青联合通信传媒，旨在将北青集团的几大资源优势从传统媒体平移到新媒体领域里面来。根据新媒体新闻内容与传播的特点，北青集团围绕“环北京自行车赛”、“斯诺克·海口世界公开赛”等世界顶级赛事活动，分别开发了“环京体育”和“青彩体育”手机客户端，用户能够实时跟踪赛况，收看视频转播，以及参与互动评论和竞猜活动，极大地丰富了传统的单向信息传输模式。

另一家纸媒《天津日报》，也成功转型成为一家数字化新媒体企业。天津日报报业集团成立于 2002 年 8 月，拥有以《天津日报》为龙头的十报两刊一网的报刊体系，日总发行量达 150 多万份。在网络媒体的强烈冲击下，天津日报报业集团也成立了自己的网络媒体，以原创的特色内容和先进的技术抢占市场。2006 年 5 月，天津日报集团旗下的《每日新报》率先应用二维码技术，成为国内首家使用二维码技术的平面媒体。2006 年 9 月，《天津日报》成为国内首家进入卫星报纸销售系统的中文报纸，实现了美国、德国、英国及港澳台等 36 个国家和地区的读者同步阅读。通过应用数字技术，天津日报报业集团成功拓展了终端市场，并显著提升了业务拓展能力和客户满意度，其创新尝试在数字报纸行业的发展中具

有长远的战略意义。

## 五、重点领域 4：民间资本进入自媒体行业

当前，新媒体已经渗透到我国社会的各个领域，并且正在改变着人们的生活方式、工作方式和娱乐方式等各个方面。伴随移动新媒体平台与技术的高速发展，自媒体逐渐成为新媒体产业的重要组成部分。近年来，京津冀地区自媒体发展十分活跃，尤其是北京市公众号数量大幅增长。与此同时，聚集在京津冀地区的一批“中华老字号”，也纷纷通过自媒体平台获得了新生。2014 年 8 月，国内首个自媒体公社在北京成立，旨在引导自媒体行业的技术研发、标准制定、人才培训等方面，从而实现行业的规范发展和健康发展。

根据《京上广等地区自媒体生态报告（2015）》，北京市内公众号数量有 17041 个，涵盖了 16 个区县，囊括了 4 大行业中的 219 个子行业。其中，每周更新的公众号数量约 2653 个，每日都在更新的公众号数量仅有 1414 个左右，即北京市内仅有 15.6%的公众号是活跃账号，活跃账号中超过一半在每日更新。每周发布文章约 2.5 万篇，每篇文章平均 1416 人次点击阅读。北京市公众号数量最多的前五个行业分别为：民生服务、文化教育、医疗健康、汽车行业和电子商务（见图 7-2）。不难看出，公众号活跃率较高的五个行业则是文化教育、民生服务、汽车行业、医疗健康和圈层组织（见图 7-3）。

据统计，2015 年第四季度，北京市公众号中新闻资讯行业的单篇文章均阅读和单个账号均发布量在各行业中最高，均阅读达到了每篇 1.2 万以上的点击量，均发布量为每个账号 63 篇，即新闻资讯行业单个公众号每隔一天发布 1.5 篇资讯。另外，均阅读高且发布量也高的行业有时尚生活、旅游休闲、民生服务和文化教育；宗教信仰行业均发布量较高，但均阅读较低。

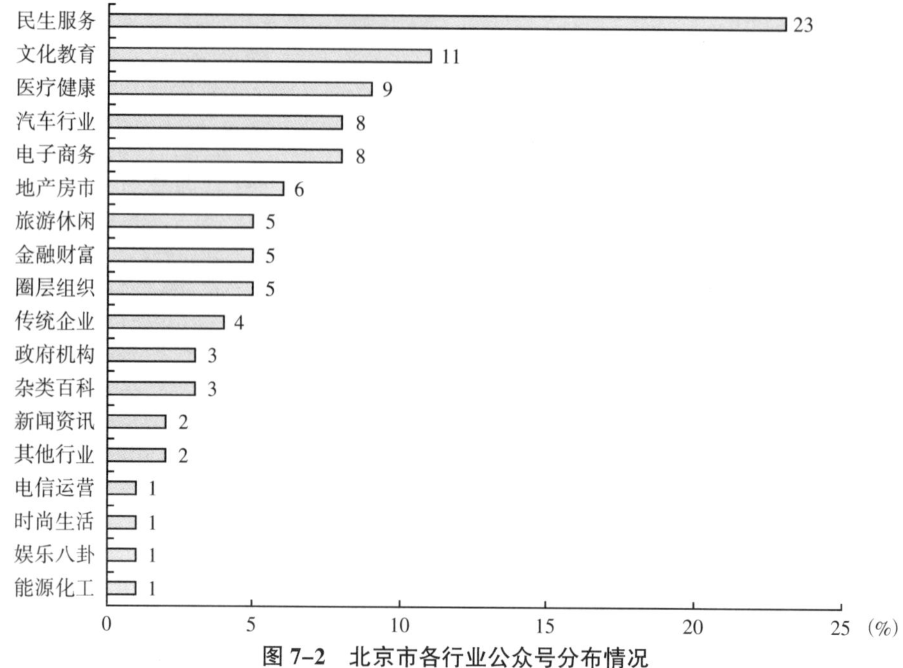


**图 7-2　北京市各行业公众号分布情况**

资料来源：云堆新媒。

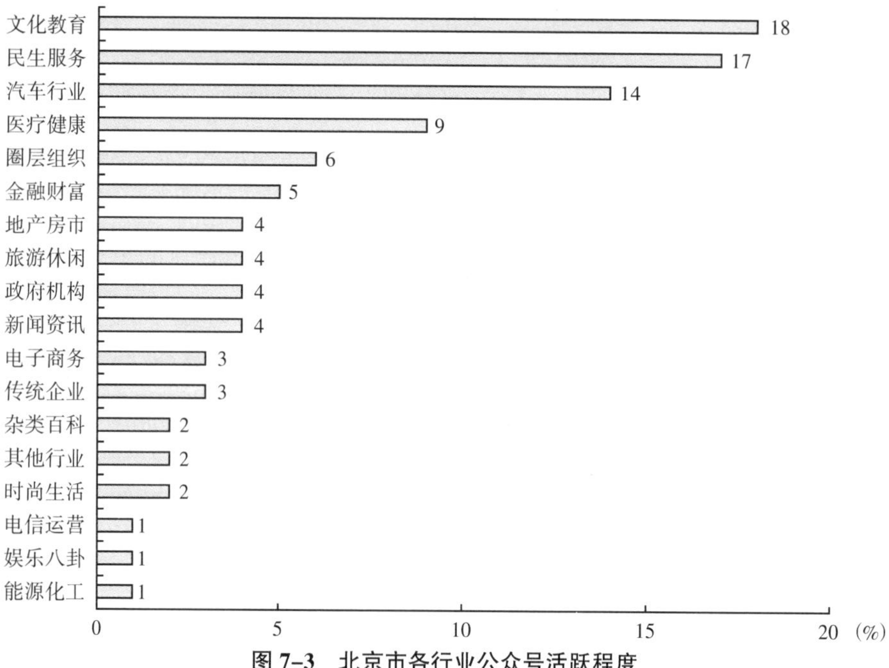


**图 7-3　北京市各行业公众号活跃程度**

资料来源：云堆新媒。

# 第三节　京津冀地区民间资本进入新媒体产业的主要方式

京津冀地区民间资本进入新媒体产业，主要采取了新创企业、并购重组、上市融资、产业基金、股权众筹等多种方式。近年来，北京地区文化传媒类企业掀起一场上市热潮，且大多数将发展重点聚焦在新媒体领域。与此同时，在传统融资方式的基础上，无形资产融资租赁模式兴起，正在北京启动试点并逐步推广，成为民间资本进入新媒体产业新的方式。

## 一、民间资本参与传统媒体企业重组

据不完全统计，2015 年我国传媒行业共发生融资与并购事件 283 起，比 2014 年数量有所增加。除未透露金额的案例之外，融资和并购总额达到 2148.8 亿元。[①] 京津冀地区有着众多的中央企业和国有企业，在深化改革过程中，也带动了新媒体领域的民间资本进入。国家财政部明确提出，鼓励文化企业兼并重组改制上市。北京新媒体集团等一系列案例表明，民间资本正在通过参与国有文化企业混合所有制改革，进入新媒体领域。这也为国有企业深化改革起到了重要的促进作用。例如，阿里巴巴投资《北青社区报》等一系列案例，就是民间资本参与传统国有传媒企业重组转型的实践探索。

以北京电视台为例，2007 年，北京电视台正式启动新媒体战略，积极拓展业务领域，进入网络电视、手机电视等新媒体领域。北京电视台通过搭建新媒体运营平台，致力于成为一家拥有丰富品牌内容、多种新媒体平台的中国最具整合

① 郭全中，胡洁. 传媒业融资与并购趋势［M］. //崔保国. 中国传媒产业发展报告（2016）. 北京：社会科学文献出版社，2016.

力的跨媒体运营商。2007 年初，北京电视台新媒体战略执行单位“京视传媒”与华友世纪达成合作，成立新的电信增值服务公司“京视无线”，负责独家运营北京电视台的电信增值业务。京视传媒采用资产重组、资源整合、品牌运营、产业链接、市场驱动的联合发展模式，希望借助北京电视台新媒体战略的全面铺开，将自身打造成主营业务突出，娱乐和新媒体业务相辅相成，资本运作活跃，规模经济显著和市场竞争力较强的具有全国影响力的传媒产业集团。

## 二、借助资本市场平台吸收民间资本

近年来，北京地区文化传媒类企业掀起一场上市热潮，一批文化传媒企业借助资本市场获得了更广阔的发展空间。在这些上市公司中，越来越多的公司将未来发展的重点锁定在新媒体领域（见表 7–3）。从上市公司 2015 年报告披露的信息来看，行业整体运营状况良好，创造了高额的营业收入和利润。另外，还有许多新媒体企业选择在美国资本市场上市，另有一些企业在“新三板”、全国中小企业股份转让系统进行股权交易。依托分层次、多样化的资本市场，是民间资本进入新媒体领域的重要途径之一。

例如北京的歌华有线，自 2011 年起，大力实施“一网两平台”的发展战略，积极引入战略投资，逐渐形成多元化的业务格局，基于歌华云平台和广电大数据的新媒体矩阵已经初具规模。2015 年 10 月，歌华有线借助资本市场通过定向增发股票融资，获得了 33 亿元的投资，主要用于新媒体领域的建设与发展。同年 6 月，歌华有线又与阿里巴巴等合作，组建中国电视院线运营公司，实现了互联网资源和电视用户资源、高端电源资源的优势整合。

再如天津的北方网，2015 年 9 月，天津北方网新媒体集团在全国中小企业股份转让系统挂牌，成为天津市首家挂牌上市的国有文化企业。目前，北方网已经从一个单一的门户网站，逐渐发展成一个覆盖广泛的全媒体矩阵，开通了一系列“两微一端”，并负责运营和维护“天津发布”政务微博。北方网通过资产重组，吸收了天津广播电视台、天津日报社和今晚报社等多个股东，推动了跨界资源的整合。如今，北方网新媒体集团已成为天津地区拥有用户人数最多、传播范围最

表 7-3　北京地区主要传媒类上市公司发展情况

| 公司简称 | A 股代码 | 证券类别 | 上市时间 | 2015 年营业收入（万元） | 2015 年营业利润（万元） |
|---|---|---|---|---|---|
| 北巴传媒 | 600386 | 上交所主板 A 股 | 2001-2-16 | 301059.89 | 22830.43 |
| 歌华有线 | 600037 | 上交所主板 A 股 | 2001-2-8 | 256806.78 | 32128.13 |
| 引力传媒 | 603598 | 上交所主板 A 股 | 2015-5-27 | 185812.66 | 2656.25 |
| 乐视网 | 300104 | 深交所创业板 A 股 | 2010-8-12 | 1301672.51 | 6942.28 |
| 光线传媒 | 300251 | 深交所创业板 A 股 | 2011-8-3 | 152329.47 | 43330.78 |
| 华录百纳 | 300291 | 深交所创业板 A 股 | 2012-2-9 | 188488.72 | 25031.02 |
| 中文在线 | 300364 | 深交所创业板 A 股 | 2015-1-21 | 39024.62 | 2133.62 |
| 暴风集团 | 300431 | 深交所创业板 A 股 | 2015-3-24 | 65211.01 | 16076.36 |
| 万达院线 | 002739 | 深交所中小板 A 股 | 2015-1-22 | 800073.38 | 144732.07 |
| 华谊嘉信 | 300071 | 深交所创业板 A 股 | 2010-4-21 | 325005.63 | 18216.90 |
| 蓝色光标 | 300058 | 深交所创业板 A 股 | 2010-2-26 | 834726.90 | -45803.60 |
| 腾信股份 | 300392 | 深交所创业板 A 股 | 2014-9-10 | 145238.61 | 16651.30 |

资料来源：作者整理。

广、综合实力最强、产业规模最大、发展理念最新的新媒体传播旗舰。

## 三、设立新媒体投资基金和融资平台

网游、动漫、互动电视等新媒体产业的兴起，正在成为各类风险投资和基金关注的焦点。设立方向明确的产业投资基金和融资平台，是促进新兴产业快速发展的重要手段。据不完全统计，我国目前已经有超过 100 只文化产业基金，其中不乏国家主权基金份额。[①] 例如，由财政部、中银国际、中国国际电视总公司等发起成立的中国文化产业投资基金，以股权投资方式投资新闻出版发行、广播电影电视、网络文化等领域。新媒体产业投资基金，已经成为新媒体企业融资的一个重要来源。

在京津冀地区，北京市发挥资本集聚的优势，设立了多个支持新媒体产业发

① 张向东，谭云明. 中国传媒投资发展报告（2016）[M]. 北京：社会科学文献出版社，2016.

展的投资基金。2009 年 11 月，在北京市相关政府部门的积极推动下，北京中关村创业投资发展中心、中联资本管理集团、汉能投资集团三方签署了共同设立“中关村数字媒体产业投资基金”的框架协议，基金总规模拟定为 1 亿美元。“中关村数字媒体产业投资基金”重点支持下一代互联网新技术的应用、网络游戏、动漫及其他科技创意类产业。2013 年 3 月，北京市国有文化资产监督管理办公室注册成立了北京市文化创意产业投资基金管理有限公司，并由此管理公司发起设立了北京市文化创意产业投资基金。该基金采用公司制的方式，定位于母基金，通过政府资金的引导放大效应，与其他社会资本共同发起设立若干子基金，重点投资于北京市的文化产业领域，基金总规模计划超过 100 亿元。

近年来，除了一般性的产业基金和创投基金以外，行业内还出现了诸如“高樟资本”等专门针对新媒体的投资平台。这些投资平台的一个典型特征是，更多关注互联网相关领域，具有丰富的新媒体项目投资经验，投资方向十分明确。从实践来看，这些专业的新媒体投资平台倾向于投资那些特色较鲜明、商业潜力大的自媒体平台。

## 四、建立股权众筹平台扶持初创企业

当前，一些新兴的新媒体创业企业，通过股权众筹平台募集项目、筹集资金，从而获得高速成长。据统计，众筹主要集中在北京、上海、广东、浙江四个省市，凭借先进的互联网思维和发达的经济基础，这四个地区成为全国文化产业众筹融资发展最为迅猛的地区。2015 年，北京共发生文化产业众筹事件 487 起，募资规模达到 2.84 亿元，在全国名列第一。[①] 在规模扩张的同时，股权众筹模式也在不断实现创新发展。

例如，小米众筹平台，主要为智能硬件产品项目发起者提供筹资、投资、孵化、运营一站式综合众筹服务。科技博客“36 氪”旗下的 36 氪股权众筹平台，

① 段卓杉，崔斌. 2015 年文化产业资本运作由“疯狂”转向“理性”[M]. 中国文化报，2015-12-26.

除了采用常规的“领投+跟投”方式，还尝试推出成熟创业公司的老股众筹产品，即由创始人或持股较多股东出让少量原始股份给平台上的投资者。同时，它还将利用 36 氪媒体、氪空间及 36 氪融资等板块的各自优势打造闭环的创业生态圈，为股权众筹平台提供“造血功能”。在影视众筹领域，2014 年 9 月，百度金融联合中信信托、中影股份等推出电影类消费金融平台“百发有戏”，采用一种“消费众筹+电影+信托”的商业模式，被称为互联网、金融、文化产业跨界融合的范本。这些股权众筹平台，在投资者和筹资人之间搭建了一座桥梁，尤其在扶持新媒体行业的初创企业方面，发挥了非常重要的作用。

## 五、探索文创企业无形资产融资租赁

针对企业融资难问题，试点无形资产融资租赁，是北京市文创企业融资方式的创新举措。北京拥有丰富的文化无形资产，但受限于行业“轻资产、高风险”等特点，文创企业一直难以通过传统融资渠道获得银行贷款。2015 年 9 月，北京市政府发布了《北京市服务业扩大开放综合试点实施方案》（以下简称《实施方案》），其中明确提出，推进文化服务领域有序开放，试点著作权、专利权、商标权等无形文化资产的融资租赁。据测算，若按照《实施方案》放开试点融资租赁业务，北京市相关文创企业的融资额可以增加 5 倍。

在试点政策推动下，国内第一家以文化资产融资租赁为主业的融资租赁公司——北京市文化科技融资租赁股份有限公司正式成立，注册资本 21.9 亿元。该公司由北京文投集团联合中国恒天集团、中国文化产业发展集团等机构共同发起成立，旨在切实解决文创企业融资难的问题。有了注册资本 20 多亿元的文化租赁公司作为平台担保，银行对文创企业借贷更加放心，缺少有形资产抵押的文创企业更容易获得资金支持。通过试点无形资产融资租赁，很好地发挥了资金的杠杆作用，为更多企业搭建了新的融资渠道。大业传媒集团就是无形资产融资租赁的受益方，有了资金的支持，公司通过投资《奔跑吧兄弟》、《丝绸之路》等一系列影视作品，获得了业绩的高速增长。北京华夏乐章文化传播有限公司探索版权融资方式，以《纳斯尔丁·阿凡提》和《冰川奇缘》两部音乐剧版权为标的物，成功向文化租赁公司融资500万元，成为国内首笔以版权为标的物的融资租赁业务。今后，类似无形资产融资租赁这类基于文化传媒产品特性的金融产品和服务创新，还有巨大的市场需求空间。

## 第四节　京津冀地区民间资本进入新媒体产业的问题与对策

尽管借助雄厚的产业基础、良好的政策环境和民间资本的进入，京津冀地区新媒体产业取得了快速发展。但是，必须清醒地认识到，新媒体产业发展中仍然存在许多现实的问题，尤其是民间资本进入新媒体产业尚有较大的障碍。针对这些问题和障碍，本书提出相应的对策建议，旨在推动新媒体产业健康、可持续发展。

### 一、主要问题

#### （一）传统媒体与新媒体融合不足

由于新媒体的兴起时间还比较短，传统媒体与新媒体的融合仍处于探索阶段。目前来看，京津冀地区两者融合的深度和广度还有待于进一步加强。一些传统媒体在转型过程中，尽管已经建立了“两微一端”等新媒体平台，但是却忽视了内容的建设与创新，致使融合不到位。还有一些传统电视台转型过程中，出现了与网络电视台“貌合神离”的情况，传统媒体与新媒体相互失去了依托，也导致融合深度不够。此外，传统媒体与新媒体融合需要商业模式的创新，但这种创新并不是盲目的，而是必须基于新媒体传播方式和受众群体的特点，否则也会使融合的效果大打折扣。

#### （二）民间资本进入产业障碍较大

长期以来，民间资本在促进经济发展、创造社会就业方面，发挥了举足轻重的作用。但是，在经济新常态背景下，民间投资规模却表现出萎缩现象。同时，在某些产业，民间资本仍然面临很高的进入门槛，时常会遭遇“玻璃门”、“弹簧门”等现象。具体到文化传媒产业，长期以来，国有资本一直占据着绝对优势地位，不利于民间资本的进入。据《国有文化企业发展报告（2015）》显示，截至2014年底，全国中央文化企业共计3280户，从业人员29.4万人，资产总额7204.3亿元，实现营业收入3342亿元，利润总额458.3亿元。其中，北京地区国有文化企业资产占全国的比重达到5.3%，排在第七位。在传统媒体向新媒体转型的过程中，这些国有企业具有明显的产业基础和资金优势，民间资本要想进入国有企业传统优势领域，仍然存在较大的困难和障碍，产业对民间资本的开放度有待提高。

### （三）行业规范和监管制度亟待完善

新媒体发展改变了传统的信息传播方式，也催生了全新的商业模式，同时也带来了一些新的问题。一方面，信息质量和网络安全问题日益凸显，网络信息良莠不齐、真假难辨，经常充斥一些网络谣言和虚假新闻，对舆论导向和社会稳定造成了负面的影响。同时，近年来大数据、云计算的应用使数据呈爆炸式增长，随之而来的技术漏洞越来越多，也带来了个人信息安全问题和公民隐私泄露等各种社会风险。另一方面，由于网络制度尚未完善，侵权抄袭现象难以遏制。由于网络信息量大，审核能力有限，很多网民没有实名制注册，使得版权的维护变得举步维艰。这些问题都是制约新媒体产业健康发展的障碍。

## 二、对策建议

### （一）加快文化产业供给侧改革

“十三五”时期，应加快文化产业供给侧和需求侧改革，实现产业升级。一方面要创新驱动，培育文化消费新增长点。对文化产业领域来说，“创造新供给”、“实现发展动力转换”也是未来的方向。实际上，文化消费需求是可以被引导和创造的，关键在于如何以优质的文化产品激发人们的消费欲望。另一方面要完善市场，促进文化供给从同质化到精品化。文化企业的创造力要得到有效释放，必须要提高市场化程度，充分发挥市场在资源配置中的决定作用，同时政府要创造良好的条件和环境，鼓励企业、社会组织、个人放手去创造更多品质优良、雅俗共赏的文化产品。

**（二）提高对民间资本的开放度**

新媒体产业方兴未艾，需要大量的民间资本支持。因此，应尽快打破民间资本进入瓶颈，继续提高传统媒体产业对民间资本的开放度，更好地发挥新媒体产业对经济发展的带动作用。为此，建议进一步拓展民间资本的投资范围和领域，除游戏、娱乐、旅游等传统产业以外，鼓励社会资本进入文化金融、文化企业孵化器、文化众创空间等新兴领域。建议政府为民间资本进入新媒体产业创造公平的竞争环境，对于重点扶持的产业领域，可以采取专项资金、税收优惠等多种政策手段，激发民间资本的投资热情，从而增强产业发展的动力。另外，应加快探索文化领域 PPP 模式，试点取得成功经验后，尽快推广到更大的范围。最后，政府要营造有利于民间资本进入的良好舆论氛围，善于总结和传播成功的合作案例，消除国有传媒企业一些不必要的顾虑，促进文化领域混合所有制经济的发展。

**（三）进一步规范行业生态环境**

一方面，加快行业立法。新媒体时代，版权保护问题显得尤为突出。但是，我国目前在此方面的法治化程度相对落后，亟待完善行业监管和立法，建立健全符合新媒体时代要求的法律法规体系。北京奥运会新媒体版权保护做出了有益的尝试，应将这种模式加以推广，并进一步完善，尽快实现行业的法治化。另一方面，加强行业自律。目前，已经出现了一些新媒体行业自律组织，并且制定了针对新媒体行业特征的自律公约，但与问题相比仍然任重道远。例如，国家新闻出版广电总局主管的 50 家行业社团联合签署了《新闻出版广播影视从业人员职业道德自律公约》（以下简称《自律公约》），针对行业发展和从业者素质存在的问题，明确提出了“十提倡”、“十不为”。《自律公约》充分结合了新闻出版广播影视行业的特点，对从业人员提出了明确要求，因此能够较好地发挥约束力。

# 第八章 长三角地区民间资本进入新媒体情况的考察

长三角地区人才荟萃、经济发达，文化产业总量长期在全国处于领先地位，且具有产业密集度高、投资资金充沛、企业实力强、区域联动显著等特点。新媒体产业作为文化产业中的重要组成部分在长三角地区发展也较为平衡，新闻出版、广播影视、旅游动漫、广告网游都多个行业无不涉及，且在全国范围内都具有较高影响力。

## 第一节 长三角地区新媒体发展的总体情况

随着互联网和数字媒体的迅速普及，新媒体产业作为文化产业的重要组成部分，已经开始逐渐成为影响媒体产业及至第三产业业态创新的关键性因素之一。尤其在长三角地区，因其数千年来的文化积淀、人口聚集，以及改革开放后的经济与技术快速发展水平，使得长三角地区成为孕育新媒体产业发展的沃土。在以上海、杭州、南京为龙头的核心城市的带动下，该地区形成了新媒体设备制造、内容生产、创业投资等多层次的产业链集群，并逐步形成了核心企业带动的全产业链发展态势。与此同时，长三角地区民间资本充裕、商业繁荣，且民众对于新生事物的接受度较高，也促使该地区创新性企业集聚效应明显。在近年来传统行业增长乏力，劳动密集型产业亟待转型升级的过程中，长三角地区的大量企业家开始将视线转向市场潜力更大、增长速度更快的新媒体产业。

## 一、新媒体产业规模持续增长

据统计，我国传媒产业的整体市场规模在2015年已达到了12000亿元，且在整体经济增长稳中趋缓的大环境下，2015年我国传媒产业依然维持了12.4%的同比增长。在长三角地区以浙江为例，浙江省传媒产业在2015年实现增加值645.3亿元，同比增长18.2%，其中新媒体产业实现增加值323.4亿元，占传媒产业的比重为50.1%，占比最高，增速最快。从全国的数据来看，传媒产业中传统媒体的增速正在逐渐趋缓，甚至出现大量纸媒业绩大幅下滑的情况，而新媒体则成为当前传媒产业发展的中流砥柱，尤其是直播、视频、游戏等新媒体领域以极高的增长速度和巨大的市场预期吸引了大量资本的投入。据不完全统计，“截至2015年中国传媒市场投融资总额超过了4500亿元，其中其他产业投融资占800亿元，而其他产业的资本大多数都是投给了以移动互联网和互联网为代表的新媒体。此外，因为有的业外资本表面上看起来投向的是传统媒体，但实际上资金流向的是向由传统媒体转型或者融合的新媒体，所以这部分的投资额不好统计”。[①]长三角地区媒体产业的投资更是如此，新媒体不但成为媒体产业投资的主要方向，且民间投资还在其中扮演着重要的角色。民间资本在近年来一改以往短期炒作的投资风格，转而开始向新媒体产业布局控股，不但出现了股权投资平台数量的持续增长，还出现了一批民营企业开始转变经营方向，积极向新媒体产业布局的发展态势。[②]其中最具代表性的是作为电商巨头的阿里巴巴近年来动辄几亿元、几十亿元投资收购新媒体企业，已经成为影响媒体行业格局的重要代表。与此同时，长三角地区一批传统媒体企业也开始积极投入新媒体产业，其中浙报传媒、

① 张向东，谭云明. 文化传媒投资迎来历史发展新机遇［J］. 传媒，2016（21）.

② 陈端. “传媒+X”未来更加无缝融合［N］. 中国新闻出版广电报，2016-05-03.

上海报业集团、南京日报报业集团等都是典型的代表。而在国家“大众创业、万众创新”政策的提振下，民间资本通过创新创业进入新媒体领域的案例不胜枚举，仅在上海一地近年来就崛起了一批具有全国影响力的新媒体品牌，如华尔街见闻、澎湃、界面、蜻蜓 FM、喜马拉雅 FM、Bilibili 等。

## 二、高质量 IP 被资本追捧

长三角新媒体产业的投资热潮不只体现在企业层面，新媒体内容生产领域也是资本追捧的对象，其中最具代表性的就是近年来的 IP 热潮，上市传媒公司纷纷瞄准这一富矿，进行大量开掘。据华创证券的报告显示，近年来以 IP 为主导的网络剧市场正处在指数级扩张阶段。数据显示，2014 年中国网络剧的总体市场规模达到 40 亿~50 亿元，其中衍生市场约占 10 亿元，版权市场占据 30 亿~40 亿元，到 2017 年该领域市场总体规模将达到约 425 亿元，而单集网络剧版权费将在两年内突破千万元。①

以浙江华策影视为例，2014 年华策影视提出了 SIP 的概念，即 Super IP，公司将以热门 IP 网剧产品作为运营模式的中心，主打“超级制作+顶级明星+热门”IP 三种要素组成的网络影视产品，在该领域以 4.5 亿元批量采购适用于改编网络剧的热门大 IP 的版权资源，制作 20 部以上优质的网络剧并在互联网平台播出。② 华策影视的决策是具有代表性的，近年来对于新媒体产业的投资一定比例上是对于 IP 资源的投资储备，由于新媒体市场的快速崛起而导致内容产品稀缺使得所有与内容产品开发相关的资源都可能成为 IP 资源，成为资本追逐的对象。这一方面无疑体现了新媒体产业的快速发展，而另一方面也说明新媒体在发展的同时内容产品还存在供需上的不平衡，大量的市场需求还有待开发，而优质的内容产品则是新媒体产业的盈利保证。

①② 浙江华策影视股份有限公司. 华策影视：2015 年半年度报告摘要 [Z]. 2015.

## 三、上市新媒体企业业绩分化

据长三角媒体相关企业调查数据显示，2016 年长三角地区的文化传媒上市企业和集团在国内已上市和拟上市的已超过 40 家。比较具有代表性的在国外上市的文化传媒集团有网易、华媒控股等传媒集团，国内已上市的企业有幸福蓝海、顺网科技、华媒控股等。[①] 大多数上市媒体企业是新媒体企业或已经深度涉足新媒体领域，并已经在全国范围形成较大的影响力，甚至很多企业已经成为新媒体产业中的领军企业，且各媒体都呈现出极为强劲的增长势头，尤其是涉足新媒体领域发展的媒体企业。譬如，东方财富、华媒控股两家传媒公司，都是在传统媒体业务发展的同时又与互联网企业开展合作，积极开展移动互联业务，使其 2015 年都完成了 10 倍的业绩增幅。而网络视频市场的快速崛起也使得影视制作类企业的业绩出现了显著增长，特别是网络视频观看中占大比例的电视剧业务增幅尤为突出。譬如，浙江唐德影视公司 2015 年前三季度的总收入增长率为 190%，而电视剧《左右劈刀》和《拥抱星星的月亮》的信息网络传播权和首轮卫视电视播映权是其收入增长的主要来源。除此之外，新媒体产业中的网络游戏企业发展也特别迅猛，具有代表性的是杭州顺网科技和上海三七互娱，其 2015 年前三季度的利润增幅分别达到 10748.99%和 90.06%。[②]

## 四、技术水平促进产业升级

新媒体产业的发展本质是技术的推动，媒体技术的变革与创新无疑将为新媒体产业带来发展的新机遇与新动能。长三角地区的新媒体企业对于新技术的应用与推广始终走在行业的前列，民营资本与风险投资也热衷于追逐新技术可能带来的广阔市场前景。近年来，虚拟现实、超高清技术、大数据、云计算、无人机、人工智能等技术都开始在新媒体领域率先试水，在长三角地区不乏企业已经将其

① 陈端，张向东. 中国传媒投资发展报告（2016）[M]. 北京：社会科学文献出版社，2016：103-122.

② 郭全中. 用资本之手促媒体融合——2015 传媒业资本市场新动态 [J]. 中国报业，2016（1）.

推向市场展开商业化运作。

顺网科技目前已与宏达通讯有限公司（HTC）就 HTC 所拥有的虚拟现实资源达成战略合作。顺网科技将负责中国大陆范围内公众上网场所渠道 HTC VIVE 系列产品独家代理，双方将基于本次战略合作构建基于公众上网场所的 HTC VIVE 生态系统。影视业方面，浙江华策影视以 1470 万元入股兰亭数字，探索 VR+综艺的发展模式。超高清技术由于超高清的高分辨率和高帧率，带来了数据量的大幅度增加。2014 年，法国、韩国、日本以及美国等国家电视运营商相继推出了 4K 超高清电视频道，当前的数字电视产业已进入 4K 超高清时代并逐渐成熟，欧洲卫星运营商 SES 预计 2020 年全球将有 200 个超高清直播频道，用户达 1 亿。到 2025 年将增加至 1000 个超高清频道，拥有 5 亿多用户。研究公司 NSR 预测，到 2025 年，将有 560 个 4K 和 8K 频道通过 DTH 平台播送。[①] 上海从 2015 年开始计划通过两年建设一个 4K 超高清电视的试验示范区，这将有力地推动我国超高清电视应用的发展。互联网在海量数据的产生、获取、挖掘及整合方面呈现出巨大的商业价值，以大数据和云计算为代表的互联网技术为各行各业提供了无限的发展可能。比如在演艺节目内容制作方面，根据大数据和云计算的分析结果，搜索潜在观众的相关资料，他们的年龄、职业、地域、受教育程度等信息被数据化比对分析、存储传送，从而提炼归纳为不同类型的“观众群”。利用大数据技术实现智能设计，利用消费者无所不在的数据分析，再用数字技术将作为生物体的人与机器接驳起来，通过数据连通、分析与转换，最终会制造出甚至“比你自己还了解你自己”的产品。[②]

无人机、人工智能技术等新技术在媒体行业的运用给信息的生产、传播等方面带来了深刻变化。在 2015 年天津港“8·12”爆炸事故的报道中，无人机功能凸显，新华社新媒体、澎湃新闻等利用无人机通过航拍以图片和视频的形式发送爆炸现场新闻画面，新闻画面角度更加多样化。还有新华社推出的机器人撰稿人

---

① 荣跃明，花建. 上海文化产业发展报告（2016）[M]. 上海：上海社会科学院出版社，2016：42.

② 于平，李凤亮. 文化科技创新发展报告（2015）[M]. 北京：社会科学文献出版社，2015：174-240.

参与新闻生产，通过数据采集与加工完成自动写稿。[①]新传播技术深刻影响了传播生态，给信息的生产、传播、形态以及媒体商业模式带来了深刻变化。

## 五、平稳发展的文化消费需求

新媒体产业与文化产业、城乡居民文化产品消费紧密相关，长三角地区中上海市、江苏省和浙江省的文娱消费支出都高于全国消费水平。其中，比较引人注目的是江苏省和上海市在2013年的消费支出就已经分别突破了人均3000元、4000元大关。由于起步早、基数大，长三角地区城镇文化消费增速已经开始下降，目前长三角地区除安徽省外文娱消费增速方面低于全国的平均水平。但“城乡二元”结构的问题在长三角地区也普遍存在，江苏省和上海市在区域城镇文化消费上表现出了较强的需求和消费能力，但区域农村文化消费依然相对滞后，这也导致了长三角地区城镇文化消费增速虽然呈现递减的趋势，但农村文化消费增长依然较为迅猛。其中，浙江省在农村居民家庭文娱消费支出水平上一直处于领先地位，并且消费支出呈稳定增长态势。[②]可见在农村文化消费市场中长三角地区依然有一定的增长潜力，尤其是随着农村地区的收入不断增加，目前在家庭消费支出中占比较低的文娱消费未来前景值得期待。

互联网“泛娱乐”化现象已经成为新的需求点。由粉丝经济和热门IP串联的“泛娱乐”生态概念最早是由腾讯公司提出的，指由音乐、动漫、体育、游戏、直播、二次元、影视、网文、综艺等组合形成的娱乐一体化生态。互动娱乐在2015年进入到IP元年，由此“泛娱乐”将围绕IP资源的版权展开激烈竞争，音乐、二次元、影视、网络剧等将进行多方位互通。“泛娱乐”还将进一步向移动端渗透，包括带动移动端的游戏、文学、动漫、电竞等联动发展。长三角地区在二次元方面的典型代表是上海哔哩哔哩网站。上海哔哩哔哩网站目前市值估价已达15亿元，2016年活跃用户已超过1亿人，拥有超过100万活跃的UP主，

---

① 唐绪军. 中国新媒体发展报告（2016）[M]. 北京：社会科学文献出版社，2016：25-26.

② 胡慧源. 长三角文化产业区域比较[J]. 开放导报，2015（5）.

视频投稿每天有数万级，90%是用户自制或者原创的视频。由此可见，整个市场增长潜力巨大，受到资本市场的热捧。“此外，移动端的发展使在线音乐的用户能够获得更加丰富的场景体验，增加用户黏性，移动端的在线音乐也开始拓宽发展空间，打造在线演艺平台以及小众音乐平台和原创音乐，加强内容供应，细分用户群体。”① 互联网、新媒体对生活、娱乐、学习的渗透越来越深，而目前“90后”其实已经成为中国移动互联网最活跃的人群，由于他们成长的新媒体环境不同于父兄辈的成长环境，在“90 后”群体里，每一个亚文化的族群都有自己的文化，因此用户个性不是单一的，甚至过于复杂。而依托大数据技术能够对长三角地区使用互联网或智能手机的用户进行精准定位，利用互联网与新媒体向目标用户推送相关内容，能够获得用户好感并极大地刺激用户的文化消费需求，同时在线支付等功能更方便、快捷，能够迎合新媒体用户，引发用户的超前消费行为，并且长三角地区居民收入相对较高，在文娱消费支出方面仍有很大潜力。

## 六、政策环境日趋优化

无论从中国政策层面或是长三角地区经济发展需求的角度来说，新媒体产业都占据着举足轻重的地位。国家需要强大的文化产业和媒体产业实现中国文化走出去和向世界讲述中国故事的重大职责，也同样需要一批以阿里巴巴、腾讯、网易为代表的互联网新媒体企业来担当“国家名片”的作用。而长三角地区也需要以文化创意为内核的新媒体产业来填补升级转型、制造业迁移之后的产业空白，成为地方经济新的增长点。因此，推动新媒体产业发展，给予新媒体产业政策上的扶持已经成为从中央到地方政府一致的共识。2015 年“大众创新、万众创业”使得文化传媒类创新创业企业如雨后春笋般快速涌现，而“互联网+”的发展战略使得更多的传统企业积极投身到新媒体发展和应用的产业大潮中，媒介融合的重提使得传统媒体再一次鼓足勇气迈出转型融合的步伐。

在中央层面，“《中共中央关于制定国民经济和社会发展第十三个五年规划的

① 曹军波. 中国传媒产业发展报告（2016）［M］. 北京：社会科学文献出版社，2016：128-140.

建议》中明确提出‘推广新型孵化模式，鼓励发展众创、众包、众扶、众筹空间’、‘发展天使、创业、产业投资，深化创业板、新三板改革’等思路，多层次资本市场体系渐趋完善，更是为文化传媒领域的产品、服务创新、模式创新和业态创新注入了更多的资本动能”。[①] 该建议中明确指出了要为文化传媒产业提供资本动能，这也就意味着民营资本和国有资本不仅可以利用自有资金投资文化传媒产业，更可以通过银行、证券等金融手段为产业发展提供充沛的资金支持。同时，在 2015 年和 2016 年召开的两次“国际互联网大会”中，国家主席习近平也明确指出“十三五”期间，中国将大力实施国家“互联网+”行动、网络强国战略、大数据战略计划，促进互联网和经济社会融合发展以及扩展网络经济空间。这也就意味着，新媒体发展担负着推进国家网络战略、繁荣网络空间经济的重任。中央明确的战略方向使得文化传媒产业和所包含的新媒体产业在近年来迅速成为各地政府积极扶持的对象，长三角地方政府也纷纷出台政策和举措支持产业发展。上海出台和完善了一系列资金、财税等政策举措，通过财政资金的扶持带动社会资本的投入，极大地推动了中小文化企业的发展。“2013 年，上海文化（创意）产业发展财政扶持资金共扶持 245 个文化产业优秀项目，扶持资金总额达 2.86 亿元，带动社会资金投入 62 亿元；上海文化发展基金共资助文化项目 571 项，扶持金额总计 1.53 亿元；上海文化‘走出去’专项扶持资金扶持 54 个文化交流与贸易项目共计 880 万元；在动漫、游戏、网络视听、数字出版、电影等十余个领域也设置了总计 1 亿元的文化专项资金。”[②] 江苏加快对产业园区和产业基地的建设，截至 2013 年 5 月，“江苏省已建成 13 个国家级和 27 个省级文化产业示范基地，7 个省级文化产业园区，6 个国家动画产业基地，4 个国家级影视基地。2013 年江苏对文化产业的财政补贴也达到了新高，省财政预算安排省级文化产业发展专项资金 2.6 亿元，比 2012 年增加 6000 万元，增幅达到 30%专项资金主要通过贷款贴息、项目补助的方式，支持传统和新兴文化产业的发展，

① 《中共中央关于制定国民经济和社会发展第十三个五年规划的建议》，2015-11.

② 强荧、焦雨虹. 上海传媒发展报告［M］. 北京：社会科学文献出版社，2014.

重点支持国家级文化产业园区、文化产业示范基地的建设”。[①]浙江深化文化产业体制改革，“浙江省先后出台了《中共浙江省委浙江省人民政府关于深化文化体制改革加快文化产业发展的若干意见》、《浙江省人民政府关于印发浙江省文化产业发展规划（2010~2015）的通知》、《浙江省广播电视局关于加快浙江省影视产业发展的若干意见》等政策规划。近期还专门召开全省文化产业发展大会，出台了《关于进一步加快发展文化产业的若干意见》等政策规划，在财政、税收、劳动保障、企业用地、投融资等方面形成了较为完整的政策体系”。[②]安徽省加大招商引资力度，“安徽省委省政府制定《关于扶持民营文化企业发展的实施意见》，共四十五条，从鼓励引导民间资本投资、加大资金扶持力度、落实税收优惠政策、改善融资贷款服务、优先安排项目用地、着力建设服务平台、加强人才队伍建设、支持文化品牌建设、优化企业发展环境九个方面，提出具体的扶持政策，为民营文化企业发展注入更强劲的动力”。[③]政府出台的一系列鼓励措施和指导性意见，对长三角地区民间资本进入新媒体产业起到了积极的推动和引导作用。

## 第二节　长三角地区民间资本进入新媒体产业的重点领域

长三角地区的民间资金充沛，且投资积极性高，在新媒体领域中民间资本几乎涉及了所有高增长的领域和类别，其中包括影视、体育、游戏、动漫、新技术五大方面。

---

① 胡慧源. 长三角文化产业区域比较［J］. 开放导报，2015（5）.
② 郭全中，胡洁. 2015 年传媒业融资与并购发展研究［J］. 传媒评论，2016（5）.
③ 郭全中，郭锐，郭凤娟. 2015 年我国传媒类上市公司发展情况研究［J］. 西部学刊，2016（10）.

## 一、影视业是新媒体产业的重要投资领域

近年来，借助丰富的民营资本、得天独厚的自然环境、底蕴深厚的地方文化资源以及长三角的区域地理优势，浙江省杭州市正在进入影视产业发展的快车道，总体呈现良好态势。影视制作机构数量日益增多，涌现了浙江华策影视股份有限公司、浙江长城影视有限公司等一批实力较强的民营影视制作机构。

其中最具有代表性的公司是浙江华策影视股份有限公司。2005 年 10 月，浙江华策影视股份有限公司成立，并于 2010 年上市。华策影视以电视剧为主要业务，也是国内第一家上市的主营电视剧的公司。华策影视对电视剧产业进行全产业链的开发，围绕发行和制作，同时进行影视城建设、广告开发、产业投资、新媒体开发等项目，一年能够制作 3~5 部院线电影、上千集优质电视剧。华策影视目前已有 20 多家子公司，其无论是在营利收入、产业规模、公司市值、创作规模上都具有明显的竞争优势，是全国影视公司中的佼佼者。华策影视在 2015 年实施 SIP 战略，以“网剧、电影、综艺”三项为主要项目，进行全面的加速升级。[①] 据统计，2016 年 2 月华策影视发布的 2015 年业绩报告显示，属于上市公司股东的净利润为 4.77 亿元，同比增长 22.40%；公司全年总营收达到 26.64 亿元，同比增长 38.10%。华策影视之所以能在行业内取得傲人的成绩，是因为其对于文化消费市场准确的宏观把控，以及不断发展的互联网战略、国际化战略、全内容战略、全产业战略和大胆积极的投资模式。到 2016 年，华策影视形成了教育事业群、综艺节目群、全网局事业群、互联网事业群等几大事业群。[②]

随着影视企业集聚的步伐逐渐加快，“杭州市西溪创意产业园区的集聚效应显著，中国（浙江）影视产业国际合作实验区等重大项目逐步落实；影视产品实现结构化调整，创作了一批在全国范围内有影响力的影视精品，并斩获国内国际多个奖项；杭州影视人才建设初见成效，从业者素质不断提升；影视节庆会展活

① 傅嘉. 华策影视推进 SIP 战略［N］. 中国证券报，2015-12-10.

② 方璐. 华策影视布局 IP 再下一城称电影要进行业前五［J］. 21 世纪经济报道，2015-12-10.

动渐成气候；影视产业对相关产业，特别是对杭州旅游业的带动效应初现”。[①]

上海民营电影企业最近几年增长迅速，2013 年已增至百余家。然而与北京等地相比，上海显然缺乏电影龙头企业。上海的民营电影企业大多数规模偏小，从业时间短，发展缓慢，没有出现能够与华谊、博纳这样资本雄厚的大公司相匹敌的企业。上海比较有代表性的民营公司如银润传媒、新文化影业等，以及华宇、凯羿等参与投资制作的多为中小成本影片，以爱情喜剧片和惊悚恐怖片为主。作品类型相对集中，制作相对粗糙，过度迎合观众。“国产恐怖片”在观众心中几乎成了“烂片”的代名词。[②] 与上海民营企业相反，上海在影视领域具有国有背景的企业实力强劲，以上海联合院线和百视通为代表。自 2002 年联合院线建立以来，旗下的加盟院线数量实现了从 56 家到 213 家的飞跃式发展，形成了“上海为中心，江浙地带为辅，全国各主要省份散点”分布的格局，其中不乏耀莱、环艺、海上国际影城等实力雄厚的一流院线品牌。2013 年，北京耀莱成龙国际影城票房收入高达 9200 多万元，位居全国影院第一。上海联合电影院线还与韩国的 CGV（希杰集团）等有多座影院合作计划，2010 年又和美国的 ETR 公司达成长期战略合作关系，并已在国外投建 100 多座电影院。[③] 而百视通秉承“打造电视新看法”的宗旨，基于“内容为王，技术支撑”的发展思路，经过多年的运营管理和资本运作，已建构起全国领先的 IPTV（交互式网络电视）、互联网电视、手机电视等新媒体全业务平台。百视通依托 SMG 的内容资源，拥有海量内容资源版权库，其内容储备量超过 35 万小时，拥有电视剧、电影、体育、音乐、少儿动漫等节目，能满足不同观众的收视需求。百视通还是我国最早从事 IPTV 业务的公司，经过多年的经验积累与技术研发，其 IPTV 技术已十分成熟。2010 年，百视通 IPTV 技术开始服务于海外，其自主研发的中间件技术被法国电信采购，此后，百视通开始在印度尼西亚、越南、新加坡等东南亚新兴市场的全

① 李阳，郁东，肖俊. 杭州研究［M］. 北京：社会科学文献出版社，2015：204-209.
② 荣跃明. 上海文化发展报告（2015）［M］. 北京：社会科学文献出版社，2015：154-155.
③ 欧阳友权. 中国文化品牌发展报告（2016）［M］. 北京：社会科学文献出版社，2016：30-32.

面拓展。[①] 以移动互联网为发展核心，新媒体行业将渗透到影视业争夺用户。

## 二、VR领域是新媒体产业的新兴投资领域

VR是Virtual Reality的简称，即虚拟现实，指结合多领域前沿技术（如计算机图形学、人机交互技术、传感器技术、人机接口技术、人工智能技术等），借助适当装备，通过三维视觉、听觉、嗅觉等创造出与现实不同的世界，并与其进行体验和交互。“从2013年开始，VR领域迎来了大量的资本涌入，全年VR企业共融资达1.47亿美元。而2014年融资总金额更是急剧飙升至7.75亿美元，2015年融资总额稳中有降，仍达6.86亿美元。从2015年起，VR概念在全球蔓延开来，Google、Sony、Facebook等全球科技巨头纷纷以不同方式介入VR行业以推动市场发展。”[②]

长三角地区的民间资本对于进军VR产业也是势在必得，早已开始针对VR产业进行一系列的投资布局，并将VR技术进一步运用在企业的运营之中。在电商领域，淘宝宣布推出全新购物方式Buy+。Buy+使用“虚拟现实”技术生成可交互的三维购物环境，可以100%还原真实场景，进入VR版淘宝可以选择在全球范围的各种仿真场景中尽享购物乐趣。其重构购物体验和消费时空所激发的巨大想象空间和商机引发了广泛关注。在影视领域，浙江华策影视以1470万元入股兰亭数字，探索“VR+综艺”的发展模式，例如节目将会分普通版和VR版，在VR版里，观众戴上眼镜，仿佛置身导师席，一边观看音乐人对决，一边与共同观看的小伙伴进行互动，具有很强的“带入感”和“沉浸感”。而作为VR渠道商的典型代表，杭州顺网科技的具体规划主要分三个部分：“在公共上网区域全面铺设VR体验点；全面推广HTC VIVE系列VR设备；研发建设基于HTC VIVE产品的VR内容管理和分发平台。通过对国内优质VR内容商的投资，顺网科技将代理一批优质VR内容或者直接购买其版权，并且还将致力于开发内容

① 欧阳友权. 中国文化品牌发展报告（2016）[M]. 北京：社会科学文献出版社，2016：110-116.
② 陈端，张向东. 中国传媒投资发展报告（2016）[M]. 北京：社会科学文献出版社，2016：103-122.

运营平台和计费产品并将其运用于网吧内 HTC VIVE 的运营管理，保证 VR 游戏等内容的质量，增强用户黏性。”①

同时随着云计算、大数据、移动互联网、物联网和智慧城市等技术的发展和普及，云传播逐步成为传统媒体和新媒体转型升级的共同选择。云传播可看作一个基于计算的社会信息系统，其传播机制是“共享”，以“云服务”为传播媒介，其传播过程主要在云端完成。云传播的发展需要借助大数据、云计算等先进技术作为支撑，实现传播过程中云端信息的储存、共享和云服务的使用，以促进媒体的创新和融合发展。对于云服务，截至 2015 年 12 月，有 68.8%的企业听说过云服务，但仅有 15.2%的企业使用过云服务。我国较大的公共云平台主要包括阿里云、腾讯云和百度云等大型互联网企业，也包括世纪华联、Ucloud 以及华云数据等专业技术公司。② 可见，在云传播领域如果能在短时间为用户提供最优质的服务，就能够有效占领市场。无人机被称为“空中机器人”，天眼看世界，通过场景化、可视化的展现方式创新新闻表达，能够更便捷、安全、精准地报道新闻，成为新闻机构最先进的报道方式之一。2015 年 6 月 15 日，国内新华网无人机编队成立。③ 新闻写作机器人的使用，使人工智能技术拓展到传媒报道领域。新传媒体行业积极、主动吸纳新技术抢占技术制高点，在可视化、数据化、智能化方面取得了突破性进展。

## 三、体育生态经济呼之欲出

随着国内文化娱乐消费的不断升级，不论是传统体育赛事或是新生的电子竞技行业都成为新媒体产业投资的聚焦点。体育赛事具有跨地域、跨文化、低意识形态敏感度的特点，不但具有广泛的社会影响力，而且投资风险低，因而受到各类资本大鳄的追捧。早年国内体育赛事的转播权主要由央视或省级卫视把持，而近年来移动收视平台、智能电视等新媒体产品的普及使得越来越多的企业都开始

① 王京乐. 中国传媒投资发展报告（2016）[M]. 北京：社会科学文献出版社，2016：307-328.
② 唐绪军. 中国新媒体发展报告（2016）[M]. 北京：社会科学文献出版社，2016：283-284.
③ 唐绪军. 中国新媒体发展报告（2016）[M]. 北京：社会科学文献出版社，2016：238.

关注到体育竞技产业背后所蕴含的巨大商机。国内如阿里巴巴、乐视、万达等知名企业都开始纷纷涉足体育竞技行业，期待能在2025年达到5万亿元的体育竞技大市场中分得一杯羹。其中，万达在2014年就已经开始布局体育产业，并在这一年就完成了4500万欧元对马德里竞技足球俱乐部20%股权的收购；10亿欧元对全球著名体育媒体制作及转播公司盈方体育传媒集团100%股权的收购；6.5亿欧元对美国世界铁人公司（WTC）的收购。乐视体育也在2016年宣布了120亿元的体育新媒体版权投资计划。而在长三角地区的阿里巴巴在2016年和腾讯一起获得了奥运会的新媒体转播权，2017年又获得了2022年亚运会的独家新媒体版权，并在2016年开始筹谋第一个自主赛事IP和电子竞技开放平台，即原创电竞赛事（WESG，世界电子竞技运动会）。此外，2015年通过借壳成功回归A股的杭州新媒体企业分众传媒也在持续加大对体育娱乐领域的投资，积极介入电视电影内容制作发行、体育节目制作发行和赛事运营等领域，运用分众现有的宣传发行平台拉动这些内容及活动的用户影响力。在打造体育竞技生态链方面，上海华人文化则着眼于全产业链进行布局。“2014年底华人文化入股英国曼城集团，2015年华人文化先后拿下了80亿元的中超版权和投资优势传媒并运营中国大足赛。此外，华人文化还投资了盛力世家发展运动员经纪和体育营销。”① 2016年初，华人文化斥资千万美元收购社区场馆线下品牌运营商索福德，涉足群众体育领域，其在赛事、版权、培训等方面的总体布局和生态协同效应浮出水面。索福德在获得华人文化B轮融资的同时，也与曼城俱乐部达成战略合作伙伴关系。②

从目前长三角区域体育竞技领域的投资态势来看，民营资本是体育竞技产业的投资主力。民营资本在资金运用上没有过多限制，可以在全球范围内对体育竞技产业的全产业链展开收购，从欧洲的足球俱乐部，到体育赛事运营商，再到体育节目制作转播企业，以及体育竞技播出平台，民营资本的布局已经形成完整的

---

① 陈端，张向东. 中国传媒投资发展报告（2016）[M]. 北京：社会科学文献出版社，2016：103-122.

② 高庆秀. 黎瑞刚首谈“体育全产业链”，中超、曼城之外，再布局群众体育[J]. 娱乐资本论，2016-04-05.

新媒体体育竞技生态链。从当前的发展态势来看，新媒体与体育竞技产业之间的结合依然处于摸索中，还没有能够盈利的商业模式可供参考，但庞大的受众群体和巨大的市场潜力正在被大量民间资本和民营企业挖掘出来，未来该领域必将成为新媒体产业发展的重要组成部分。

## 四、游戏及其相关产业竞争加剧

游戏一直是新媒体产业中的重要组成部分，众多新媒体企业都以游戏运营作为其主要的收入来源。而根据数据，中国目前移动游戏玩家已经达到 3.5 亿个，数量超过美国和日本的总和，而预计 2016 年中国移动游戏收入也将达到 66 亿美元，实现双倍增长。游戏市场尤其是移动游戏市场以其惊人的增长速度引起了大量民间资本的关注，仅 2015 年游戏市场的融资案例就发生了 204 起，涉及资金超过 615 亿元。除未透露具体投资规模的交易外，共有 126 起融资交易案例，其中百万元级融资占 48%，且多数为天使轮投资；千万元级融资占 24%，融资轮数集中在 A 轮、B 轮；亿元级融资占 15%，全部为 A 轮及以后融资。在长三角地区，网易作为新媒体和游戏产业的领军企业，在 2016 财年网易收入达到 381.7 亿元，与 2015 财年的 228 亿元相比同比增长 67%；净利润为 116 亿元，同比增长 72%；其中 2016 年在线游戏净收入达到 279.8 亿元，同比增长 61%，占公司总收入的 73.3%，可见在线游戏一直以来都是网易的主要收入来源。2016 年网易开始积极布局移动手机游戏市场，其二次元手游产品《阴阳师》一经推出立即占领手游市场。游戏上线 30 天内，下载量已突破千万。据统计数据显示，《阴阳师》自 2016 年 9 月 2 日登陆 App Store 以来，在排行榜上的名次从未跌出过前五名，每日活跃用户超过 400 万个。国庆节过后，《阴阳师》超越网易的另一款游戏《梦幻西游》，并且在 App Store 畅销排行榜上暂列第一位。在此款手游中网易不但大胆启用日本阴阳师的经典 IP，还加入了大量原创情节迎合中国市场。其凭借用心的剧情设计和精美的画面制作以及对二次元用户的审美风格精准的把握，成功打开了二次元玩家的游戏市场。

与此同时，曾经一度信誓旦旦不做游戏的阿里巴巴也在 2016 年开始进军游戏产业，尤其开始在移动游戏市场展开布局，并在 2016 年初将旗下 UC 九游正式更名为阿里游戏，展开公司化运作。可见未来的移动游戏市场将成为民营资本和企业激烈竞争的领域，而行业的高增长与高利润也必然吸引更多的民营资本涌入。

## 五、加速建设动漫产业

数字动漫产业近年来在长三角地区快速发展，尤其是在上海、浙江、江苏三地，动漫产业已经形成了产业集群效应。长三角地区已举办过中国国际数码互动娱乐展览会、中国国际动漫节和中国国际动漫博览会这三大国家级动漫节并且承办了各类动漫会展。其中上海的动漫产业更是与国际接轨，成为国产动漫面向国际的展览厅。上海炫动卡通公司是东方传媒旗下的动漫公司，其精心打造了“噢咦噢”、“喜羊羊”这两个国内知名的原创动漫人物，制作了“秦时明月”这样的动漫口碑之作并且获得了国际赞誉。浙江省在动漫产业方面有《乐比悠悠》等 9 部动画作品，并且在国家新闻出版广电总局的推荐下作为优秀动画片播出。“据统计，浙江省全年制作动画 1818 集共 21154 分钟，其中制作动漫的企业大多为民营并且集中在宁波和杭州。单单在杭州，这几年随着动漫产业的发展，已经积聚起动漫产业从业人员数万名、动漫企业约 258 家。”① 江苏省，苏州、南京、常州和无锡已经是国家级动漫产业基地，其地方政府在公共技术服务平台上投资了数千万。“江苏的原创动画产量已超过 5 万分钟，可以说在全国范围内一枝独秀。安徽的原创动画量位居全国第五，安徽芜湖和合肥是全国大型动漫产业基地，其中合肥的同人文化产业是全国原创动画制作生产十大机构之一，也是全国原创动画片产量城市第六位。安徽还筹建了淮南、马鞍山、池州等动漫产业基地。”②

① 牛兴侦，卢斌，郑玉明. 中国动漫产业发展报告（2015）[M]. 北京：社会科学文献出版社，2015.
② 邵梦. 安徽动漫跻身全国前五强 [J]. 徽商杂志，2013（4）.

## 第三节　地区民间资本进入新媒体产业的主要方式

新媒体是资本和技术密集型产业，在近年进入新媒体的各路资本中既包括了传统媒体企业，也包括了民间生产制造业企业，还有很多金融企业和独立投资人的身影。而这些资本进入新媒体领域的方法、渠道也各有不同。

### 一、传统媒体转型

#### （一）传统报业华丽转型

随着对新媒体认识的深化和新媒体技术的不断发展，传统报业集团以互联网为切入点，迅速展开传统媒体与新媒体的融合发展之路。在长三角地区，浙报传媒集团和上海报业集团是在进军新媒体领域中转型较为成功也较有代表性的。

浙报传媒以服务和资本为核心向“互联网+”转型，两手并抓进行改革。集团保持了“传媒控制资本，资本壮大传媒”的一贯理念，从顶部建设入手，首先突破转型所需的资本要素，加快构建围绕互联网新媒体衍生的用户、资本、技术三大基础平台，以此加强整体转型互联网新媒体进程中的优势。浙报传媒集团先后收购了杭州边锋和上海浩方两家公司。杭州边锋网络技术有限公司是中国专业的网络旗牌游戏运营商，创立于 1999 年，主要由边锋游戏和游戏茶苑两家公司合并而成，2004 年并入盛大网络，2013 年被浙报传媒全资收购。上海浩方在线信息技术有限公司在世界电子竞技游戏平台公司中排名前列，更是国内同类公司中的优秀代表，拥有数款国内最流行的竞技类网络游戏的独家运营权，具有丰富的线上与线下竞赛组织经验。2004 年，浩方并入盛大网络，2013 年被浙报传媒全资收购。收购之后，浙报传媒集团开始构建以互联网为核心平台的结合智慧服务、文化产业投资、数字娱乐和新闻传媒为一体的“3+1”平台，其互联网新媒体的商业模式从服务入手，将进一步探索和开发“服务+新闻”的新型商业模式。

这样，浙报传媒集团在服务和资本并行运作的新模式下，开始了向“互联网+”集团的转型之路。①

上海报业集团的改革则是由内而外，从自身内部机制入手，自主建立互联网内容供应平台。上海报业集团将平台化建设作为总体新媒体的发展战略，新成立了“新媒体中心”，以此加快新旧媒体的融合。在资本方面，报业集团集中进行资产运作为报业运营提供稳定的资金链。“此外，现在国内知名的新媒体项目如‘澎湃新闻’、‘界面’、‘上海观察’等都是上海报业的新媒体产品，上海报业还准备进一步打造‘平台级’的互联网产品，并最终实现集团整体向互联网新媒体转型的目标。”②

**（二）传统媒体深入电竞游戏产业**

“2015 年，中国电竞游戏市场的收入实现了爆发性增长，全年收入达 1407 亿元，超出同年院线电影总票房 3 倍。由此，国内上市传媒企业纷纷将目光投向电竞游戏产业，而随着移动电竞产业的进一步爆发，一众资本竞相入局。”③

长三角地区以浙报传媒为代表，早早抓住了电竞游戏产业的商机对电竞游戏产业进行早期投资。2014 年浙报传媒入股上海起凡信息技术有限公司和上海起凡数字技术有限公司，从此开始着手对电竞游戏产业的布局，并称“将与起凡旗下的电子竞技类游戏新产品、网页游戏联合运营、电子竞技平台及赛事资源联合拓展等业务形成协同效应”。

到 2015 年，浙报传媒在电竞游戏产业的投资已达 1680 万元，其中包括对手游企业龙渊网络的投资。基于对优质 IP 的发展前景和竞技类游戏的生命周期的把握，浙报传媒将连同手游企业打造全新的手游竞技游戏。此外，浙报传媒还计划在 2015 年继续加强对数字娱乐平台的建设，其旗下的“边锋娱乐”将整体实现移动化、社区化、竞技化和媒体化。浙报传媒还多方位参与电子竞技游戏产业，在 2014 年就分别主办和承办了浙江省电子竞技大赛和全国电子竞技大赛，

---

① 余江灏. 中国传媒投资发展报告（2016）[M]. 北京：社会科学文献出版社，2016：327-339.
② 唐绪军，黄楚新，王丹. “互联网+”下的中国新媒体发展特色 [J]. 新闻战线，2016（11）.
③ 微电竞. 电子竞技，2016（7）.

使其在电子竞技领域拥有了一席之地。

### （三）移动端视频进军移动互娱业

2016 年曾被认为是“移动端视频”迎来爆发性成长的一年，确实随着移动互联网技术的全面成熟，移动端视频现在已成为未来移动互娱业的重要支柱之一，可以说有超高的商业价值和发展潜力。长三角地区的华媒控股（杭报集团下上市公司）的全资子公司杭州网络传媒有限公司就将战略点落在了移动视频上，2015 年其公告称将收购快点文化传播有限公司一半以上的股权。本次收购标志着华媒控股将正式通过移动端视频进军移动互娱业。华媒控股收购的快点文化是一家移动视频公司，主要为视频内容提供技术和分销支持，并与移动视频内容供应商、移动端推广商和播控拍照方等合作。其主要的商业优势在于稳定丰富的渠道平台资源以及高质量的技术支持。另外，快点文化在移动视频销售领域也具有较强优势。由此，华媒控股将通过与快点文化的交易建立移动视频业务的推广和销售平台，进一步扩宽公司全媒体平台的推广渠道并丰富平台内容，这将成为公司提高营利收入的基础。[①]

通过对以上公司盈利模式的分析，我们不难发现其中的内在规律：首先，内容成为策略中心，产业链的开发基本都是围绕产品内容进行的；其次，在转型过程中发展多元业务，跨界经营成为常态；最后，大多数的上市传媒公司会着重考察技术驱动力和社会主流消费力等因素作为投资参考。

## 二、投资并购模式

### （一）IP 运营+股权投资+上市公司股权溢价方式

IP 资源是 IP 开发的核心。优秀的、具有市场潜力的 IP 一直是市场争夺的对象。良好的 IP 运营加上资本投资，会为企业带来了爆发式的利润增长。以浙江唐德影视股份有限公司为例，2015 年春节前最后一个交易日，范冰冰、赵薇、张丰毅等明星持股的武媚娘传奇制作方浙江唐德影视股份有限公司在深交所上

---

① 郭全中，胡洁. 互联网视频新趋势研究［J］. 西部学刊（新闻与传播），2016（4）.

市，首发 2000 万股，发行价 22.83 元，发行后总股本为 8000 万股。借助武媚娘传奇所创造的收视热潮和公众关注，唐德影视的股价被迅速炒高抬升。2011 年，赵薇、范冰冰以每股成本 2.3 元的价格入股，这时候正处于唐德影视的增资扩股时期，① “2015 年 10 月唐德影视除权后，范冰冰持有公司 258 万股，按照唐德影视停牌前 64.98 元/股的价格计算，范冰冰持股价值已达 1.7 亿元，增值约 57 倍。2016 年 3 月，唐德影视发布公告称公司正筹划以现金方式收购无锡爱美神影视文化有限公司（简称‘爱美神’）51%股份的事宜。爱美神是范冰冰于 2015 年 7 月 30 日注册成立的，注册资本 300 万元，核准日期为 2016 年 1 月 29 日，股东为范冰冰和她母亲张传美。”②

### （二）上市融资成为重要进入方式

基于良好的政策环境和不断增长的市场背景，国内一些传媒企业包括读者传媒、万达院线、江苏有线、中文在线等公司纷纷选择通过 IPO 的方式上市融资。在长三角地区，最具有代表性的是以 32.66 亿元募集金额位居榜首的江苏有限公司。此外，巨人网络、分众传媒等中概股公司在 2015 年完成私有化之后也成功在 A 股借壳上市。“被称为‘网游回归第一股’的巨人网络在 2015 年借壳世纪游轮上市。世纪游轮在重组公告中称世纪游轮将向巨人网络的全体股东以非公开的方式发布 4.43 亿股，每股发行价格 29.58 元，以 131 亿元的作价购买巨人网络的全部股权。通过这次交易，巨人网络的创始人史玉柱成为世纪游轮的最大控制人，巨人网络顺利在 A 股借壳上市。”③

从 2015 年初开始持续火爆的新三板，带动了 VC/PC 机构纷纷布局新三板，以“新三板+并购基金”相结合进行全产业链运作。新三板公司的并购与被并购交易风起云涌。在互联网方面，“2014 年 12 月，南京报业传媒集团控股的江苏龙虎网信息科技股份有限公司（简称龙虎网）在新三板正式挂牌，龙虎网着力打造区域社区 O2O 领军品牌，并以此为契机为客户提供一系列移动互联网和线上

① 李曼宁. 影视公司年报有看头向泛娱乐领域开疆拓土［N］. 证券时报，2016-02-29.
② 陈端，张向东. 中国传媒投资发展报告（2016）［M］. 北京：社会科学文献出版社，2016：103-122.
③ 郭全中，胡洁. 2015 年传媒业融资与并购发展研究［J］. 传媒评论，2016（5）.

线下整合营销服务。从运营能力角度分析，龙虎网作为互联网整合服务商，通过打造南京精准家庭用户数据库，建立大数据实时营销、优质线下服务分成营销等模式，通过轻资产运营，实现了较好的资产、资金流动性。”[①]

在自媒体方面，安徽省政府控制的皖新传媒收购了新生企业蓝狮子。蓝狮子估值 3.5 亿元，2015 年 4 月前，公司实际控制人为自媒体人吴晓波，持有 47.51%的股份。2015 年 4 月蓝狮子进行了重大股权变更，蓝狮子 45%的股权被皖新传媒控制，皖新传媒在实质上取代了吴晓波成为公司新的控制人。从这次交易中可以看出皖新传媒试图从传统出版发行企业转型到互联网新媒体的尝试——向互联网出版业衍生，这也加速了传统出版发行企业与新媒体内容的进一步融合。“蓝狮子”在 2015 年 11 月正式挂牌新三板，目前其主要业务是提供高端商业阅读服务和图书内容服务。其中，高端商务阅读服务包括讲师培训服务、读书会业务、自媒体业务等；图书内容服务包括数字出版内容提供、企业定制图书出版内容提供等。蓝狮子作为新兴企业虽然目前经营团队比较稳定，但是也存在一些客观问题。比如由于其体量较小，所以虽然创新成果突出但收益一般。其实这样的情况在不少上市新三板公司中都存在，自媒体自身具有的轻资产属性是媒体类新三板公司扩张规模的一大难题。[②]

总体来看，报业新媒体新三板企业要结合自身实际存在的问题，及时补齐发展短板，全面夯实企业竞争力的基础。企业竞争力是一个企业综合实力和企业价值的直接体现，由于报业新媒体新三板企业处于不同的生命周期和发展阶段，表现在竞争指标上参差不齐、高低各异，但是企业务必以全面、系统的观点来夯实竞争力的基础，深入分析盈利能力、偿债能力、运营能力、成长能力等方面业已存在的短板，着力优化资本结构，提高资金使用效率，建立良好的企业内部发展环境，选择适合企业的竞争战略，建立以竞争力管理为中心的企业管理体系，形成有特色的企业文化。

① 夏涌. 中国新媒体发展报告 No.7（2016）［M］. 北京：社会科学文献出版社，2016：259-269.
② 陈端. 2015~2016 中国传媒投融资领域模式创新与风险剖析［J］. 中国出版，2016（14）.

### （三）“互联网+”思维下的投资新方向

数据显示，“到 2015 年 12 月，全国互联网普及率已经达到 50.3%，而全国网民总数也达到了 6.88 亿人之多，”[①] 过半中国居民涉足网络。其中，2015 年新增网民 3951 万人，增长率为 6.1%，较 2014 年提升了 1.1 个百分点，网民规模增速也在提升。由此可见，互联网已经渗透人们生活、工作的方方面面，随着网络中原住民的长大，网民数量只会越来越多。处在这样一个到处都是互联网、到处都是 Wi-Fi 的时代，如果仍然不与网络技术接轨，结果可想而知。互联网造成了信息爆炸的局面，互联网技术给人更加方便的体验，借助互联网这个平台，自媒体疯狂增长且日新月异，各种性能不断完善，吸引着越来越多的网民用户。传媒行业没有了以前垄断性的优势，面对这种情况企业能做的就是努力与互联网接轨。

上海东方明珠新媒体股份有限公司未来非常重要的投资方向就是互联网与移动互联网。公司做到了遵循互联网媒体发展规律，以互联网电视形成媒体新的传播格局和产生更大的商业价值。重组后的上市公司已经占据了互联网电视的领先地位，拥有综合内容优势、互联网电视平台大数据系统的技术优势、各种终端整合分发的能力优势、各类业务对接的渠道优势。东方明珠充分利用了互联网相关技术，发展线上线下业务，利用互联网构建了公司与用户之间更近的桥梁，针对性服务更加周到，用户才会更加满意。东方明珠持续推进 IPTV 的经营，力争构建最大的 IPTV 平台。秉持清晰的互联网思维，开拓新的渠道和内容，利用大数据的优势特点创建云平台，建设成一个庞大的互联网枢纽集团指日可待。[②]

### （四）跨界并购方式

目前，浙报传媒旗下拥有两大投资平台：传媒梦工场和东方星空。传媒梦工场以早期种子孵化和天使投资为主，专注于布局中国新媒体研发和创业。东方星

---

① 中国互联网络信息中心. 2015 年第 37 次中国互联网络发展状况统计报告——互联网接入环境（八）. 2016.

② 张小利，王倩. 中国传媒投资发展报告（2016）［M］. 北京：社会科学文献出版社，2016：505-520.

空则以财务投资者和资源整合者的身份，承担着帮助浙报传媒完成互联网时代枢纽型传媒集团大战略布局的重任。浙报传媒上市以来，多次通过投资并购的方式拓展新型业务，先后布局游戏、影视等用户基础扎实、发展前景广阔、业绩增长明确的行业。2013 年 4 月，浙报传媒以 23 亿元实现对棋牌游戏平台杭州边锋和电竞游戏平台上海浩方的整体收购，初步完成娱乐互动板块的构建。收购完成之后，边锋浩方沿着“媒体化”和“竞技化”的发展思路，推出为游戏用户量身定制的新闻产品和互联网电视机顶盒，开发无线游戏和无线应用产品，上线游戏直播平台战旗 TV，承办全国电子竞技大赛，着力提升平台价值。影视行业是浙报传媒在互动娱乐板块布局的又一选择。从 2009 年开始，旗下投资平台东方星空便开始通过项目投资的方式分别投资了电视剧《风语》、《彼岸 1945》、《裸婚之后》和电影《秦时明月》、《寻龙夺宝》等作品。“2014 年 4 月，浙报传媒斥资 1 亿元入股在制作精品剧能力上很有发展潜力的唐人影视，进入影视剧制作行业，强化公司互动娱乐业务的整体竞争力。同时，由于影视剧用户和游戏用户具有一定的重合度，未来还可与边锋浩方平台形成资源协同。”①

此外，2015 年涉及长三角地区的重大并购事件就有百视通合并东方明珠、阿里巴巴收购优酷土豆等。

## 三、互联网巨头打造传媒生态圈

阿里巴巴是长三角地区最具有代表性的互联网巨头。阿里巴巴于 2014 年 9 月在纳斯达克上市，并创下美股最大 IPO 的历史纪录，后将杭州作为其总部。2015 年，阿里巴巴的股价从 103.94 美元下跌至 81.27 美元，下跌率为 21.8%。尽管如此，阿里巴巴还是凭借 2028 亿美元的市值成为国内市值最高的互联网公司并且跻身全球互联网公司前五位。阿里巴巴的营收从 2014 年开始就呈直线增长态势，用一年时间就从 525 亿元升至 1107 亿元，年度收入增速超过 110%。数据显示，阿里巴巴每分钟就创收 21 万元。“在阿里巴巴自创的‘双十一’活动当

---

① 余江灏. 中国传媒投资发展报告（2016）［M］. 北京：社会科学文献出版社，2016：327-339.

天，总成交额更是超过了 912 亿元。在投资战略方面，阿里巴巴先后投资 60 余家公司、收购 8 家公司，总投资额达 183 亿美元，收购总额约 50 亿美元；除了投资国内公司，阿里巴巴还积极进行海外投资，其中有 15 家海外公司得到投资，总花费为 25 亿美元。到 2015 年，阿里巴巴的互联网生态圈已经初具规模，除了在企业服务和医疗健康等领域持续加大投入，还重组了多条业务线，包括其旗下的阿里音乐、阿里文学、阿里游戏、阿里体育、阿里影业等。可以说阿里巴巴在文化传媒业正以迅速扩张的姿态面对未来。"[①] 2015 年 3 月，阿里巴巴以 24 亿元入股光线传媒 8.8%的股份，成为光线传媒的第二大股东。同月投资美国照片分享应用 Snapchat。2015 年 5 月以来，阿里巴巴连续发力，投资了《北青社区报》、财经天下、第一财经和《南华早报》，强势入驻传统媒体，大有掌控舆论话语权的意图。第一财经作为中国唯一一家集广播、电视、日报、网站、杂志于一体的中国专业财经媒体，其平面媒体包括国内知名度颇高的财经类报纸《第一财经日报》和财经类杂志《第一财经周刊》。阿里有意将其打造成"中国版彭博社"。2015 年 8 月，阿里通过优酷土豆间接投资弹幕视频网站 AcFun，融资额 5000 万美元；同月阿里巴巴创投占股 4.47%成为华谊兄弟第四大股东。10 月，阿里巴巴对优酷土豆发出 45 亿美元要约收购，拟全资收购优酷土豆，在这之前，阿里巴巴已有 18.3%股份。12 月，阿里巴巴投资 8600 万美元，和腾讯一起参与了影视业巨头"博纳影业"的私有化，其中阿里影业间接持有 10%股权，腾讯间接持有 7%股权。阿里巴巴在 2015 年的投资手笔更大且目的性更明确，一些投资包括苏宁、华谊、魅族、光线传媒、邮政储蓄银行等的投资额都达到了几百亿元。据统计，其在 2015 年投资的公司已经达到了 20 家，主要分布在 B 轮、C 轮公司，A 轮之前的公司获得投资的数量比较少。可以看出，阿里巴巴的投资战略表现出了明显的协同性和战略性。[②] 在文化传媒领域的投资与阿里巴巴自身"双 H"（大健康、大娱乐）战略重点规划相配套，而且具有很强的吸睛效应和话题效

---

① 陈端. 2015~2016 中国传媒投融资领域模式创新与风险剖析［J］. 中国出版，2016（14）.

② 陈端. 中国传媒投资发展报告（2016）［M］. 北京：社会科学文献出版社，2016：57-99.

应，面向资本市场源源不断的新故事和未来巨大的想象空间也成为其市值管理的有效组成部分。

## 第四节　长三角地区民间资本进入新媒体的问题与对策

民间资本在新媒体领域投资也并不是一帆风顺的，在新媒体发展过程中也存在自主品牌建设、地区之间同质化竞争和产业价值链分工不完善等突出问题，对民间资本进一步促进新媒体发展带来了不利影响。针对这些问题，则需要通过深化融合发展加以有效解决。具体来讲，包括产业间融合、产业内融合和区域间融合等融合途径。

### 一、主要问题

除了全国新媒体产业发展面临的资金、政策、法律体系等共性问题外，从长三角地区新媒体产业发展情况及民间资本进入新媒体的重点领域和主要方式看，目前主要存在的问题集中在如下三个方面：

**（一）自主品牌建设有待增加**

总体而言，长三角地区民间资本进入新媒体对产业规模的成长具有非常重要的促进作用，在各重点领域甚至呈现出了爆炸式增长的现象。但是在产业规模快速成长的同时，还应该关注新媒体产业发展的质量和可持续性。其中，品牌建设是产业发展质量的重要体现。以动漫产业为例，长三角作为我国动漫产业翘楚，整体而言仍然带有较为明显的动漫强国外包基地的色彩。虽然近年来原创动漫作品数量不断增加，但是高质量的动漫精品仍然不多。例如，江苏省是我国最大的动画片和推荐播出动画片数量基地，但是真正具有全国影响力的优秀动画片较少，在动画形象和动漫情节方面模仿动漫强国作品的现象仍然较为普遍，创新匮乏。自主品牌建设的不足，将会在长期内影响区域新媒体的发展，削弱区域新媒体的核心竞争力并最终影响对区域新媒体产业进行的转型改革。

**（二）地区之间同质竞争加剧**

前文有言，目前各地纷纷出台新媒体产业促进政策，各地也在加紧产业基地（园区）的培育和建设。总体而言，长三角地区各地的产业政策在政策目标、政策工具和政策效果等方面相似度高，加之区间之间新媒体产业要素流动便利，导致地方间新媒体产业结构同质化现象严重，表现为无论区域大小，新媒体产业分布并没有明显差异化。同质竞争的另一个特点是部分新媒体细分行业存在重复建设的现象，同一地区甚至在同时建设多个同业园区，在吸引企业入驻时存在优惠政策“攀比”的情况，地方政策竞争也诱导一些企业采取套取政策“红利”的短期行为。这又反过来导致一些新媒体园区入驻企业流动性大，人才队伍难以稳定，影响园区的升级和长远发展。

**（三）产业价值链分工不完善**

新媒体的价值链以新媒体产品为枢纽，上游包括创意策划、作品制作，下游包括周边产品及衍生产品开发等。与新媒体产业发达国家相比，长三角地区新媒体产业内分工仍不发达，特别是下游衍生品的开发与经营并没有形成成熟的模式，后产品市场的开拓处于较为初级的发展阶段，市场潜力的发掘仍有较大的空间。

## 二、对策建议

上述长三角地区新媒体产业发展中存在的问题，虽然在短期内可能会刺激新媒体产业的繁荣，但是从长期看，或对民间资本进入新媒体造成不利影响。为此，未来长三角地区需要在如下方面更好地促进新媒体产业持续健康发展。

**（一）深化产业间融合**

针对自主品牌建设滞后的问题，加强新媒体产业与其他产业的融合。应鼓励新媒体企业更为广泛且深入地发掘地域文化特色，深化新媒体与其他产业的融合，摒弃模仿外国同行的路径。一方面借助新媒体的创作与传播载体带动其他行业的转型升级；另一方面地域特色文化和传统产业也可以为新媒体创作增加内涵，加快从承接外包到原创再到品牌化发展的转变，为民间资本进入新媒体产业拓宽投资领域，提升发展层次。

### （二）深化产业内融合

针对产业价值链分工不完善的问题，加强上下游产业的融合。坚持深化产业体制改革，加强对内对外开放，吸引更多的民间资本进入新媒体产业，从而不断细化产业分工，探索新的商业模式。同时，还应该通过产业链的延伸促进新媒体作品品质升级，形成产业链上下游协同升级的良性发展格局。

### （三）深化区域融合

针对地区之间同质竞争和重复建设的问题，加强区域之间新媒体产业的融合。长三角地区应该加强地区之间政策联动，整体布局区域新媒体产业，充分发挥各地区在人才、区域文化、关联产业等方面的特色，鼓励各地区差异化发展。逐渐减少补贴性产业政策，转向营造全区域性公平竞争的新媒体产业发展环境，为民间资本进入新媒体行业进行稳定的政策预期。

# 第九章　珠三角地区民间资本进入新媒体情况的考察

随着信息技术的发展，媒体行业的格局发生了深刻变化，以互联网技术应用为集大成者的新媒体产业脱颖而出，对传统媒体造成了巨大冲击，电视、广播、报纸、杂志等传统媒体主导的舆论格局正经历着前所未有的挑战。以互联网新媒体、移动互联网新媒体、社交新媒体、视听新媒体、电商新媒体、动漫、游戏、自媒体为代表的新媒体改变着媒体传播的方式，改变着人们的生活。在新媒体发展的浪潮中，珠三角地区是表现尤为突出的弄潮阵地之一。受改革开放的先锋之势影响，珠三角地区新媒体产业发展也走在全国前列，涌现出了腾讯、网易、迅雷等一批在新闻资讯、搜索下载、影音视听、动漫、游戏等领域迅猛发展的优秀企业，民间资本投资的新媒体浪潮在珠三角地区遍地开花。珠三角在新媒体的探索、发展、改革、创新中在全国处于领先地位，而民间资本在其中所处的地位及发挥的作用也愈加重要。

## 第一节　珠三角地区新媒体产业发展的总体情况

珠三角地区是国内最早出现新媒体产业萌芽的地区之一，并抓住互联网和移动互联产业大发展的机遇，凭借先行者优势，在网络游戏、在线动漫等领域获得了迅猛发展，增长势头一路领先。在政府各项支持性政策的引导下，珠三角地区新媒体产业规模不断扩大，产业融合不断推进，产业聚集逐步形成，在全国新媒体产业布局中发挥着重要作用。

## 一、新媒体企业遍地开花，产业增长一路领先

早在新媒体尚未兴盛之前，珠三角地区许多企业已经迈开了探索新媒体成长和发展的脚步。1997 年，网易在广州注册成立；1998 年，腾讯在深圳注册成立；2003 年，迅雷在深圳落户扎根。腾讯、网易、迅雷等一批互联网企业在广州、深圳等珠三角创业胜地悄悄成长，在网络社交、在线视听、资源下载、网络游戏等领域辛勤耕耘，开枝散叶。除了广州和深圳两大新媒体创业公司聚集地之外，珠三角其他地区也敏锐地觉察到了新兴媒体的发展机遇。例如，江门市极为重视动漫产业的发展，于 2003 年成立动漫画协会，为珠三角地区动漫业的发展提供行业支持。

在各类新媒体企业的辛勤努力下，珠三角地区新媒体产业获得了迅速发展，国内领先地位不断凸显。截至 2010 年，广东省文化产业产值连续 8 年占据各省榜首，当年我国文化产业产值有 1/4 来自该省。就网络文化及相关数字互动游戏产业而言，广东省的表现一直居全国首位，在 2012 年全国该产业收入中的占比超过 1/3。就游戏产业而言，广东省在该产业部门中的产业链已经较为完整，盈利模式也相对成熟。2015 年，广东省占全国该产业收入的比重达到 72.1%，位居全国第一。

珠三角地区得天独厚的创业条件使其成为了新媒体产业发展的前沿阵地。觉察到互联网巨大能量的创业者和企业家们在珠三角这块丰腴的土地上细细耕耘，一批批新媒体企业在此生根发芽，茁壮成长，锐意进取，不断创新，引领了全国新媒体产业的大发展。从破土而出的探索期，到全面开花的繁荣期，珠三角地区一直走在新媒体产业发展的前列，以开拓者的姿态迎接着产业发展的未来。

## 二、地方政府大力支持，政策规划相继出台

珠三角地区新媒体产业的发展离不开政府的大力支持。为了推动文化产业的发展，深圳市于 2008 年 1 月出台了《深圳市文化产业发展纲要》，这是珠三角地区首个文化产业发展纲要，将创意设计业、动漫游戏业、数字视听业、新媒体产业、现代印刷业、文化旅游业、演艺娱乐业、高端工艺美术业等领域确定为深圳市未来重点发展的文化产业。通过贷款贴息、房租补贴、保险资助等多种方式，深圳市每年提供 5 亿元财政经费，助推新媒体产业等文化创意产业的发展。在扶持政策的灌溉下，深圳市新媒体企业茁壮成长，一批批新媒体企业从不知名的中小企业发展为行业龙头企业。

随着新媒体产业的不断发展，政府对新媒体的认识逐渐拓展到了文化建设与发展的角度。为了进一步加强文化建设，推动新媒体产业和文化的进一步融合，广东省政府在 2010 年 7 月出台了《广东省建设文化强省规划纲要（2011~2020 年）》，为新媒体产业的发展指明了方向，主要从创新网络文化传播形式和丰富网络文化产品类型等方面对新媒体产业发展提出了建议。新媒体产业成为广东省文化建设的重要组成部分，这为珠三角地区大力发展新媒体提供了政策支持。

从省级纲要到市级纲要，从方向引领到政策支持，珠三角地区各级政府都对新媒体产业给予了高度重视，为新媒体企业的发展提供了营养沃土。将新媒体发展与文化建设相结合，是珠三角地区新媒体产业保持蓬勃生命力的基础，也是未来新媒体企业开阔思路、不断创新的创意源泉。

## 三、媒体融合渐成趋势，国有资本大力涉足新媒体

传统媒体与新兴媒体的融合是珠三角地区媒体行业战略发展的重要方向，也是国有媒体涉足新媒体的重要切入点。珠三角地区一直是传媒产业发展的领先阵地，国有传媒企业的发展规模和速度都处于全国领先水平。新媒体产业的发展重塑着媒体产业的格局，国有传媒企业作为传统媒体行业的代表，面临着全新的机遇和挑战。主动将传统媒体与新媒体发展相融合，适应时代发展，是国有媒体企

业作为主流媒体应有的姿态。近年来，珠三角地区国有媒体企业在与新媒体的融合发展方面一直表现活跃。2010 年 5 月，广东省新媒体高峰论坛在广州举行，论坛聚焦媒体转型融合，推动传统媒体和新媒体的融合协调发展，为新媒体产业的成长提供了更广阔的空间。2014 年 3 月，泛珠三角新媒体高峰论坛在珠海开幕，珠三角地区新媒体产业发展与布局向周边延伸。

在媒体融合浪潮中，南方传媒在新媒体发展领域取得巨大进展。从 2009 年起，为规范管理，国家广电总局对互联网电视采取“集成播控服务+内容服务”的牌照管理制度，其中南方传媒位列 7 大互联网电视播控牌照商之首。2013 年，南方传媒旗下的南方新媒体公司合并经营收入 12438 万元，新媒体产业经营收入同比增长 22.45%，净利润接近 2000 万元，获得“2013 中国新媒体正能量传播贡献奖”、“2013 年广东省自主创新示范企业”称号，其核心业务广东 IPTV 获得“2013 中国（行业）新媒体最具投资价值品牌”称号。广东 IPTV 的用户数已达 300 万户，通过手机视频产品观看内容的用户超过 1500 万户，移动电视公交车覆盖 3200 辆，游轮覆盖 13 艘，楼宇覆盖 200 多块屏，地铁电视超过 13000 台电视终端，每天平均人流量 600 万人，峰值可达 800 万人。

珠三角地区不但是新媒体产业发展的前沿阵地，也是大力践行媒体融合的主要地区。发展新兴媒体是国有传媒企业与时俱进的必然要求，媒体融合是传统媒体适应时代发展的必然趋势。媒体融合的过程，既是国有资本发挥作用的过程，也是民间资本发挥作用的过程。在现阶段，尽管国有媒体是媒体融合的参与主体，但在未来，民间资本将有更多的发展机遇。

## 四、聚集式发展特征显著，产业基金相继成立

经历多年发展，珠三角地区新媒体产业集群逐步形成，聚集式发展特征显著。特别是在动漫游戏产业，珠三角已经形成了较为完整的产业集群。从区域分布来看，广州是该集群的联络中心，广东省动漫协会和游戏协会均设在广州，充分发挥了广州作为省会城市的核心纽带作用；深圳是该集群的产业中心，腾讯、迅雷等著名网络企业均落户深圳，成为整个集群最关键、最有活力的部分；东莞

则是该集群的加工制造中心，借助东莞松山湖动漫产业园等安排，充分发挥东莞的地缘优势和劳动力资源优势。从产业分布来看，珠三角地区游戏动漫产业集群涵盖了动漫游戏产业链的各个环节，从研发到运营，从生产到服务，从核心产品生产到衍生品制造，珠三角游戏动漫全产业链已经基本形成。

为了促进新媒体产业的发展，珠三角地区多种产业基金相继成立，为新媒体产业发展提供政策支持和资金保障。2016 年 3 月，媒体融合投资基金在广州成立，为新媒体发展加上金融之翼，助推传统媒体和新媒体的进一步融合。2016 年 5 月，新媒体产业基金在广州成立，为新媒体产业发展加上政策之翼，从政策制定和引导方面推动媒体融合更快更好地发展。两大媒体融合基金侧重点不同，前者注重市场运作，后者注重政策引导；充分发挥了两大基金各自的优势，能够为全面推动传统媒体和新媒体的融合增添力量。

产业集群和聚集式发展是新兴产业发展成熟的必然结果。珠三角地区新媒体产业经历了萌芽成长期的突破和发展繁荣期的积淀，已经迎来了集群化发展的阶段。为了进一步推动新媒体产业在这一阶段的发展，各类产业基金应运而生，从更为宏观的角度为未来新媒体产业的发展保驾护航。

## 五、动漫游戏成珠三角地区新媒体产业最大亮点

动漫游戏行业是珠三角地区新媒体行业成长尤为迅速的领域。2004 年，广州天河软件园网络游戏收入占国内网络游戏总收入的 1/4，达到 6.1 亿元。2005 年，广东省开始加大力度培育国家级网络游戏动漫产业基地，力争形成以广州为核心的动漫游戏产业集群。同年 8 月，国家动漫产业游戏基地落户广州。在企业发力和政策支持的双重引擎作用下，珠三角地区的动漫游戏产业获得了快速发展。到了 2009 年，广东省已有动漫企业 950 多家，仅深圳一个基地就有 60 多家动漫企业，产值超过 6 亿元，广州的动漫协会已有 167 家会员单位，涉足电视动画的企业占到 46%。广州致力于将其自身打造成网络游戏和在线动漫产业的核心基地。自 2012 年起，广州开始举办国际网络及数字互动游戏博览会，博览会功能多样，既包括展区展览，也包括交流论坛，还包括竞技大赛和交易签售会，极

大地促进了网络游戏动漫产业的发展。网易和酷狗是广州知名的民营新媒体企业，在网络游戏等领域也占据重要的地位。

为了进一步推动动漫产业的发展，政府相关政策也相继出台。例如，深圳市颁布了《深圳市关于扶持动漫游戏产业发展的若干意见》，制定了大力扶持动漫产业发展的政策措施。中山市于2006年发布了《中山市文化产业发展战略研究报告》，报告指出要在中山市建立文化产业园区，并于当年底举办第一届中国（中山）国际动漫游戏产业博览会。

动漫游戏产业是珠三角地区新媒体产业发展的亮点，在全国范围内处于领先地区，是珠三角地区新媒体产业发展的典型代表，同时对其他新媒体行业来说也发挥着带动和示范效应。珠三角地区动漫产业发展势头强劲，在未来新媒体行业发展中将继续引航开路，奋勇向前。

## 第二节　珠三角地区民间资本进入新媒体产业的重点领域

民间资本在珠三角地区新媒体产业发展中一直扮演着重要的角色。一批富有开拓探索精神的民营企业开创了珠三角地区发展新兴媒体的先河。民间资本在创建新媒体企业、组建行业联盟、参与媒体融合等方面行动积极，在网络游戏、在线动漫和自媒体等领域表现出色。

### 一、珠三角地区民间资本进入新媒体产业的总体情况

#### （一）民间资本在珠三角地区新媒体产业中占据重要地位

珠三角地区蓬勃发展的新媒体产业一定程度上是民间资本勇于尝试、敢于创新的结果。第一，民间资本在珠三角地区新媒体产业的成长和发展过程中发挥着引领者的作用。珠三角地区已经孕育了一大批新媒体产业的龙头企业，比如互联

网综合服务企业腾讯和网易、移动传媒企业华视传媒、动漫名企华强、影视下载名企迅雷、在线影院名企雅图等，而这些企业基本都是民间资本投资。第二，珠三角地区拥有完整的新媒体产业链，其中民间资本支撑着大半边天。深圳市已经形成了较为完整的新媒体产业链，涵盖了从创意设计到内容制作、从设备生产到售后服务的各个环节。此外，深圳拥有腾讯、迅雷、华强、第七大道、雅图、中青宝等众多知名的民间资本投资的新媒体企业，在自媒体、在线视听新媒体、网络游戏、在线动漫、资源下载等领域占据着主导地位。第三，民间资本在各种行业论坛的组织和参与中发挥着重要作用。2015 年 11 月，第六届新媒体营销高峰论坛在深圳举办，主办单位除了省广股份之外，还包括金鼠标、蓝莓会等民间资本，承办单位钛铂新媒体也是一家民营多媒体企业，标志着民间资本在新媒体营销领域的引领性地位。

### （二）在组建行业联盟方面表现积极

珠三角地区民间资本在组建各种行业联盟方面一直表现活跃。2015 年 10 月，腾讯大粤网组建了广东自媒体媒探联盟（蔓越莓联盟），联盟定期举办线下沙龙，邀请入驻联盟的成员参加，同时优秀自媒体人和腾讯总部负责人与大家交流，并针对一些问题进行解答。广州禾堂新媒体俱乐部对新媒体发展趋势做出分析，在促进从业者交流、提高新媒体平台水平和加强项目合作等方面发挥着积极的作用。2016 年 1 月，“天润空间”在广州市天河区正式成立，成为广州北创业孵化器。天润空间将全力搭建创客交流、活动以及业务咨询的平台，为创业者提供服务和帮助。天润空间秉承创客联盟创意为先的宗旨，将重点孵化新媒体项目，为广州的新媒体创业者提供良好的沟通空间。2016 年 1 月，民间自发组织——深圳新媒体联盟成立，致力于为深圳新媒体人提供全面服务的社群组织，帮助在深圳的新媒体人获得更好的发展和成长，联盟参与者主要包括深圳地区的自媒体人、微博及微信运营编辑、新媒体投资人、公关广告行业合作伙伴等。民间资本大力投入行业联盟建设，推动了行业信息和知识的共享，加强了行业凝聚力。

### (三) 借助产业园区获得更快发展

入驻产业园区是民间资本寻找发展沃土的重要举措。2013 年 1 月，新媒体电子商务园创业孵化基地在佛山落成。园区以佛山制造业为基础，以打造珠三角地区电子商务摇篮为目标，创建了智能化的电子商务运作平台，并大力推行云端技术的应用，有效地通过发展电子商务推动了新媒体产业的价值增加和价值输出。民间资本进入电子商务领域，可借助佛山新媒体电子商务园提供的优惠政策和良好环境，实现更好更快地发展。借助园区的优越条件，民间资本在佛山的新媒体产业中已显增长之势。

### (四) 在媒体融合方面尚需发力

实现传统媒体和新媒体的融合是国有媒体机构近年来的发展方向，而在媒体融合的过程中，民间资本的参与力度还有待加强。2014 年 8 月，大洋网联合广佛都市网、中山网、中国江门网、深圳新闻网、珠海新闻网、今日惠州网、东莞阳光网、西江网共同发起组建中国（珠三角）自媒体联盟，加强合作与交流，促进新旧媒体的融合与发展。省属媒体组建的自媒体联盟之中并无民间资本的身影，民营新媒体企业未被省属自媒体联盟充分考虑进来。然而，在新媒体竞争市场愈加激烈的态势之下，省属新媒体和民营新媒体加强合作成为必然。2015 年底，羊城晚报报业集团联合百度以及国双科技，实现了国有资本和民间资本的结合，双方共同签署战略协议，开展大数据业务合作，打造《羊城晚报》智慧信息研究中心。2016 年 8 月，深圳市网络媒体协会发起组建了涵盖国有资本新媒体和民间资本新媒体的 84 家企业联盟，进一步推动国有资本和新媒体的融合。从资本结构角度而言，目前民间资本在媒体融合领域不占优势，但未来比重有望提升。

总的来看，珠三角地区民间资本进入新媒体产业后的发展态势良好，民间资本在新媒体产业中占据着举足轻重的地位，发挥着引领带动作用。民间资本在开拓业务新领域、组建行业联盟、入驻产业园区方面表现活跃，民间资本和国有资本的融合发展是未来新媒体发展的重要方向。

## 二、民间资本进入新媒体产业的重点领域：网络游戏产业

珠三角地区率先开创的新媒体行业中有相当一批以游戏产品起家，且多为民营企业。珠三角拥有网易、火石、腾讯等多家知名网络游戏企业以及近 3000 家数字互动游戏相关企业，基本形成了研发、生产、销售一条龙服务的产业群。从网络游戏市场需求来看，广东网络游戏用户数量约占全国用户总量的 12%，居全国首位。2011 年，广东网络游戏产业总产值达 250 亿元，网络文化及相关数字互动游戏产业总收入约占全国该产业总收入的 1/3，居全国首位。

珠三角地区民营网络游戏公司凭借其在技术、市场、经营经验等方面的优势，在网络游戏产业中占据着主导地位。2015 年 11 月，广东省游戏产业协会在广州成立，协会会员涵盖了来自网游、手游、页游、游戏机以及周边产业的 130 多家游戏产业中的龙头企业，其中包括网易、腾讯、金山、九游、中移互联、银汉等多家知名企业。作为广东省唯一一家省级旅游协会，其会员涵盖了珠三角地区主要的游戏生产商，而其中多数均为民营企业或者民间资本介入的企业，比较有代表性的企业包括腾讯、网易、金山、九游等。相对于国有资本，民间资本在网络游戏产业的投资比重具有明显优势。广东省游戏协会首届会长由腾讯游戏副总裁蔡欣担任，也在一定程度上说明了民间资本在网络游戏产业中的主导地位。

网络游戏行业是珠三角地区新媒体产业中的亮点行业，也是民间资本发挥主导作用的重要领域。民间资本的主导性地位提升了珠三角地区网络游戏行业的市场活跃度，使得市场中的竞争更为充分、有效，进而推动了珠三角地区网络游戏行业在保持健康可持续发展的同时永葆企业和市场的生命力。

## 三、民间资本进入新媒体产业的重点领域：在线动漫产业

珠三角地区在在线动漫领域一直处于国内领先地位，而这种领先地位在很大程度上得益于民间资本的贡献。珠三角地区的动漫产业经过近 10 年的发展，逐渐成为珠三角地区的明星产业，获得了人们的极大关注。广东省动漫产业一直位居全国前列，连续 8 年在产值、市场份额以及作品影响力等方面居全国首位，并

涌现出了一些全国知名的动漫节目和品牌。其中，《喜羊羊与灰太狼》、《熊出没》、《猪猪侠》等作品深受观众喜爱，不但创造了可观的经济财富，还有力推动了珠三角地区的文化建设。自 2008 年起，我国出现的大部分知名动漫作品和动漫形象都源自广东省，例如喜羊羊、灰太狼、美羊羊、小灰灰、熊大、熊二、光头强、火力少年王等，粤产动漫文化品牌与商业品牌，纵横全国，成为内地市场上最畅销、最受欢迎的民族原创动漫产品。2014 年，广东省电视动画片产量达 32 部、28818 分钟，总量位居全国第一；国产动漫 30 部卖座电影中，有 16 部是粤产；打入全国票房前十位的广东动漫也占一半份额。在产业规模上，全球有 80%以上的动漫衍生产品由中国企业生产，而这其中有超过一半源自广东。

珠三角动漫产业在发展中呈现出明显的产业聚集特征，民间资本在其中发挥着重要作用。广东省动漫协会于 2014 年 11 月在广州成立，首批吸纳 79 家会员，包括网易、腾讯、天艺传播、奥飞动漫、鼎龙集团、华强动漫等企业，涵盖了现时广东动漫产业链上最优秀、最具影响、最具规模的企业。2015 年 5 月，广东省动漫行业联盟宣布成立，联盟由 2 家行业组织（广东省动漫艺术家协会、广州动漫行业协会），3 家动漫基地（广东动漫城、深圳国家动漫画产业基地、东莞松山湖动漫产业园区），4 家播出平台（广东电视台少儿频道、广州广播电视台少儿频道、深圳电视台少儿频道、嘉佳卡通频道），5 家重点动漫企业（广东奥飞动漫文化股份有限公司、广州蓝弧文化传播有限公司、广东咏声文化传播有限公司、广州达力传媒有限公司、深圳华强数字动漫有限公司）共同发起，并在第七届东莞漫博会主场召开了成立大会。民间资本和省属电视台齐力打造动漫产业链，共同为珠三角地区动漫产业做出贡献。民间资本在动漫产业中发挥着不可替代的作用，同时也必须加强与省属电视台或其他国有新媒体企业的合作，才能实现产业集群化发展。

动漫产业是珠三角地区新媒体产业的骄傲，是国内动漫产业角逐国外动漫产业的主体代表。民间资本所具有的灵活性、开拓性和创造性造就了其在动漫产业发展中做出了不菲成绩。民间资本在珠三角地区动漫产业发展中做出的贡献无可替代，在与国有媒体合作中发挥的作用不容忽视。

## 四、民间资本进入新媒体产业的重点领域：自媒体产业

互联网的普及，特别是移动互联网的普及，为自媒体的发展提供了便利条件。珠三角地区在互联网大发展的过程中，抓住先机，赢得了自媒体产业中的一片阵地。作为中国“最互联网城市”，深圳的自媒体呈现出百花齐放的局面：一些党政机关运用自媒体发布权威信息、服务人民群众，成为了新时期践行“网上群众路线”的重要平台；一些企事业单位运用自媒体拓展业务、提升效益，积累了利用“互联网”实现转型升级的创新经验；一些个人自媒体积极建言发声，在专业垂直领域影响力不断扩大，创下了很多“大众创业、万众创新”的生动案例。自媒体主体呈现多样化，企业、政府、事业单位、个人以及其他类型的组织都参与其中。公众账号和专用 APP 成为自媒体参与者竞相发声的主要通道。

在珠三角地区的自媒体行业中，民间资本占有不可忽视的席位。2015 年 1 月广东微信排行榜统计了从 2014 年 12 月 29 日至 2015 年 1 月 4 日广东地区 4686 个优质微信公众号的数据，从公众号地域组成来看，除广州、东莞、深圳、惠州、佛山等珠三角城市的公众号密集上榜，此外，饶平、潮州、汕头等粤东城市的一批优秀公众号也脱颖而出，这些公众账号有国有媒体所开，有民营媒体所开，也有个体所开。2015 年 2 月，东莞报业传媒集团联手清华大学新媒体研究中心，发布了首个针对东莞市微信公众号受欢迎情况的新媒体指数排行榜。两家机构对东莞市内 2000 多个微信公众号进行追踪观测，利用清华大学新媒体指数数据库，以阅读量、点赞数、头条阅读数、最大阅读数等作为数据指标，计算出新媒体综合指数做出数据排名，准确地反映东莞微信公众号的受欢迎程度。2016 年 5 月，东莞互联网公司奎虎网络推出其自主研发的创新自媒体营销平台——有猴 APP，成为东莞企业转型升级和企业家思维升级的一次主动突破。在自媒体产业，多种参与主体共同努力，共同发声，民间资本在其中发挥的作用亦不可替代。

自媒体行业是民间资本在新媒体行业发光发热的重要领域。珠三角地区有着活跃的地域文化，不论是官方媒体、民营媒体，还是互联网个体用户，都表现出

了对自媒体的热爱。官方自媒体较为严谨，个人自媒体较为松散，民间资本所兼具的系统性和灵活性使其在官方自媒体和个人自媒体之间起到了一定的桥梁和纽带作用，在未来的自媒体发展中将是一股更加强劲的力量。

## 第三节　珠三角地区民间资本进入新媒体产业的主要方式

新媒体产业作为一个成长迅速的新兴产业，发展势头良好，吸引着民间资本的进入。进入新媒体有很多可选择的方式，但是在不同的阶段，对于不同的企业，民间资本在进入方式上的侧重点也有所不同。在新媒体产业发展早期主要通过创建企业的方式进入，随着产业规模的扩大，合资、并购、战略联盟等方式受到青睐。在珠三角地区，除了这些一般化的进入方式之外，参与媒体融合和入驻产业园区，也成为民间资本进入新媒体产业的重要方式。

### 一、创建新媒体企业

创建新媒体企业是进入新媒体行业的重要方式，也是珠三角地区民间资本在新媒体行业发展早期主要的进入方式。在新媒体行业发展初期，一批富有开拓精神的民营企业率先探索新媒体发展之路，在网络下载、在线影音、网络游戏等领域开山拓路，为珠三角地区新媒体行业的繁荣奠定了基础。第七大道、迅雷和A8音乐的发展轨迹是珠三角地区民间资本通过自建企业的方式进入新媒体行业的典型代表。

第七大道位于深圳市南山区，成立于2008年，是一家成长迅速的网页游戏公司，目前拥有700多名研发人员和运营人员。第七大道成立之初只有10个人，随着公司的不断发展壮大，其影响力和竞争力也不断攀升。经过5年的发展，公司已经成为网页游戏行业中的佼佼者。目前第七大道的网页游戏业务已覆盖全球

140 多个国家和地区，成长潜力极为显著。

同样位于深圳市南山区的迅雷成立于 2003 年，是一家以“下载”闻名的互联网企业，主要致力于为用户提供多媒体资源数据传输服务，在网络下载、在线播放等领域有着不俗的成绩。经过初期在产品选择和发展方向上痛苦而正确的抉择以及 10 多年的奋力发展，迅雷已经成长为国内覆盖范围最广、用户数量最多的网络平台之一，其知名度可谓家喻户晓。

成立于 2000 年的 A8 音乐公司已有 16 年的发展历史，公司前期致力于发展基于互联网的手机 PIM 业务，成为全国最早与运营商合作的 WAP 网站之一。然而，这一过程并非一帆风顺。2002 年，A8 音乐突然被运营商约谈放弃手机 PIM 服务，业务不得不终止。2003 年，A8 音乐与中国移动、中国音乐著作权协会签署版权保护倡议书，推动无线音乐的正版化，2006 年提出互联网“正版音乐服务”，2008 年，公司在金融危机中逆势而上，在香港主板上市，获得了 120 倍认购。

创建企业是珠三角地区民间资本进入新媒体行业的主要方式。创建新企业意味着一切从无到有，一切从头开始，正是这种脚踏实地、从头做起的开拓精神，使得珠三角地区民营新媒体企业形成了自己独特的竞争优势，这种进入方式下的民间资本具有较为强大的生命力。

## 二、参与媒体融合

媒体融合已成传统媒体在现时代下的大势所趋。传统媒体在新媒体的冲击下面临着崩溃和瓦解的困境，市场份额不断下降（见图 9-1），新兴媒体正威胁着传统媒体的生存。为了使传统媒体在现时代环境中更好地生存和发展下去，必须敞开思维，开拓思路，实现与新媒体的融合。实现媒体融合的重要举措是推进传统媒体和新兴媒体之间的相互渗透。传统媒体应用新技术，借助新平台，将业务范围扩展至新媒体领域，实现了传统媒体的新式发展。新媒体行业利用其自身的技术优势和平台优势，进入传统媒体关注的领域，扩展了新媒体行业的涉足范围，提升了新媒体在传播信息和提供服务方面的影响力。目前，大多数传统媒体已经以开放的思维和心态接纳并介入了新媒体行业，通过开通微博、微信、客户端等方式更快、更便捷地向公众传递信息（见图 9-2）。根据清华大学沈阳教授团队对 110 家样本媒体的调查，微博、微信、客户端的开通率分别为 96.36%、95%和 60%，其中有 66 家媒体机构开设了“两微一端”业务。

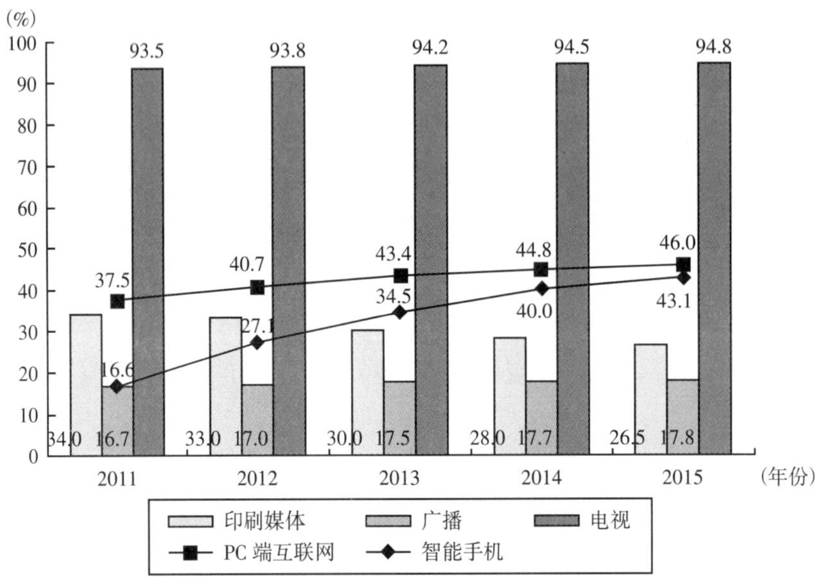


**图 9-1　2011~2015 年各类媒体的受众渗透率**

资料来源：2015 新浪新媒体峰会之未来媒体趋势报告。

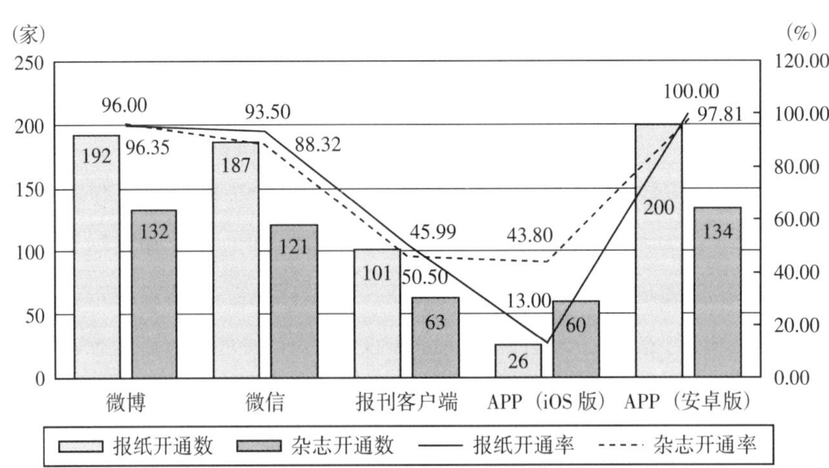


**图 9-2　2015 年传统媒体开拓“两微一端”的情况**

资料来源：2015 新浪新媒体峰会之未来媒体趋势报告。

媒体融合为民间资本进入新媒体带来了契机。民间资本可以在媒体融合的过程中大有作为。媒体融合不但是传统媒体和新媒体的融合，同时也可以是国有资本和民间资本的融合。2015 年 12 月，腾讯网、南方报业传媒集团主办，腾讯·大粤网承办了“2015 广东影响力网络盛典”，是民间资本新媒体与国有资本新媒体通力合作、共同推进媒体发展的典范。2015 年的影响力网络盛典以“场景革命”为主题，聚集了近 1000 位来自政府、文化、商业、IT、传媒等领域的精英人士，探索移动互联网的下一个“风口”。国有资本和民间资本的合作，可以使媒体融合的思路更宽，融合方式更为灵活，为促进国有传统媒体的转型升级做出贡献。在此过程中，民间资本获得了更多进入新媒体领域的机遇。

在媒体融合中抓住机遇，与国有媒体合作共同推进新媒体发展，是珠三角地区民间资本进入新媒体行业的有效方式。尽管目前这一方式还未兴盛，但在未来媒体融合趋势大潮中必将彰显其吸引力。

## 三、入驻新媒体产业园区

近些年来，各种新媒体产业园基地的建立为民间资本进入新媒体领域提供了途径。2013 年 1 月，新媒体电子商务园创业孵化基地在佛山建成。园区以利用新媒体促进电子商务发展为主要目标，利用平台优势鼓励创业，培育创业主体，为创业者提供场地支持和“一站式”服务，并从政策上加以协调和引导，同时通过成立投资基金等方式为创业者提供资金支持，提升创业成功率，并以创业带动就业，加强创业孵化基地的示范带动作用。民间资本入驻电子商务园，增加了电子商务市场的活力，提升了电子商务新媒体的市场多样性，企业在优化自身的同时也有利于推动产业园本身的发展与成长，进而在园区发展、市场成长和企业优化过程中形成良性互动。2014 年，园区总产值已达 4 亿多元。到 2015 年，入驻企业已达 200 多家。

2014 年 5 月，深圳建成珠三角地区唯一一家国家级新媒体试点广告产业园——新媒体广告产业园。产业园以构建新媒体上下游产业链为核心，致力于打造涵盖新媒体广告技术研究与开发，广告内容创意与制作，品牌整合与广告发布，广告数据研究与应用，广告展示与交易的整个产业链集群，通过建设创新平台、金融服务平台、商事咨询平台、合作推广平台、创意俱乐部等服务平台，结合园区独有的政商环境优势，整合资源，激活创新基因，释放分享、聚合效应，有力、有序、有效推进园区产业发展。众多民间资本投资的新媒体企业入驻园区，其中包括中国最大的移动电视广告公司华视传媒。华视传媒是中国最大的户外数字媒体联播网，覆盖最具有影响力的 89 个公交城市和 14 个地铁城市，每天影响主流城市 5.7 亿人次。

产业园区为民间资本发展新媒体产业提供了良好的环境，也是一种重要的进入方式。通过利用产业园区提供的专业平台和优惠条件，利用产业园区上下游产业资源优势，可以减少民间资本进入新媒体产业的阻力。

## 四、设立专项投资基金

近几年来，参与设立专项投资基金成为民间资本进入新媒体行业的重要方式。专项投资基金一般由一家企业独立设立或者由多家企业联合设立（且联合设立居多），聚焦当前市场前景较好的行业，比如网络游戏、动漫、在线影视、新媒体广告等，通过股权投资或者债权投资等形式进入新媒体行业。

珠三角地区的民间资本也紧跟投资基金成立热潮，民营投资公司纷纷联合其他企业成立了聚焦于新媒体领域的专项产业投资基金。2016 年 3 月，乐视鑫根并购基金投资管理公司在深圳成立，该公司由乐视流媒体广告公司与鑫根投资基金管理公司联合成立，旨在投资乐视产业链各环节所涉及的重点产业和领域，从而推动乐视产业价值链的形成和完善，提升乐视的行业影响力。2016 年 7 月，印纪影视娱乐传媒有限公司与深圳前海瑞华鹏飞投资管理有限公司、深圳光大创新咨询顾问有限公司共同出资设立深圳印纪光大投资咨询合伙企业，投资重点为文化娱乐产业，主要包括影视剧行业、互联网文化、游戏、体育，以及与上述领域相关的上下游行业项目。2016 年 8 月，深圳凯撒文化创业投资企业和深圳市前海利昌融资产投资管理有限公司共同成立文化创业专项投资基金，成立后的产业基金作为对外投资主体，主要从事文化创意、IP 运营、网络媒体渠道、广告传媒、动漫、影视类、CP、发行、虚拟现实（VR/AR）等产业股权投资或债权投资。

设立聚焦于新媒体领域的专项投资基金，是珠三角地区民间资本在新媒体行业发挥作用的重要方式，也是未来民间资本进入新媒体行业的重要途径。民间资本借助专项基金平台，能够找到更好的投资领域，在新媒体行业中更好地发力。

## 五、借力众筹平台

民间资本进入新媒体，可以选用众筹的融资模式，不但可以获取资本，还可以收获市场调查和市场营销的效果。众筹不但能够帮助中小企业在一定程度上解决融资难问题，而且有助于创业企业在融资过程中进一步了解市场情况，宣传企业和产品。此外，众筹还可以帮助筹资者和创业者迅速验证产品开发预设的市场假设，节约产品试验时间。需要注意的是，众筹适用于那些与受众有结合点的产品的融资；只有投资者认可产品，并愿意为产品的问市出力，众筹才有可能取得成功。与国有资本相比，民间资本比较分散，通过众筹平台，民间资本能够找到更好的投资机遇。新媒体行业属于新兴行业，行业参与者比较复杂，行业环境不够透明，民间资本盲目进入可能会遇到各种问题，借助众筹平台，可以提升民间资本在新媒体行业中的配置效率。

众投邦是一个众筹投资平台，从其微信公众号发布的信息分类比例可以看出（见图 9-3），众筹项目及活动占其信息发布量的 1/3，从信息分布比例而言，众筹项目数量比较可观，表明众筹模式方兴未艾。珠三角地区民间资本可借助众筹平台进入新媒体产业，实现资金的多渠道获取。而在实践中，珠三角地区已有不少民间资本通过众筹模式进入新媒体领域，“大家投”就是其中比较有代表性的一个。

“大家投”是一家总部位于深圳的股权融资平台，是深圳市创国网络科技公司的下属众筹平台。该平台的融资模式是：筹资者在平台上发布创业项目，当项目吸引到足够的投资人并凑满投资额度后，各个投资人按照各自的出资比例成立一家有限合伙企业，由领投人任普通合伙人，其他跟投人任有限合伙人，之后，

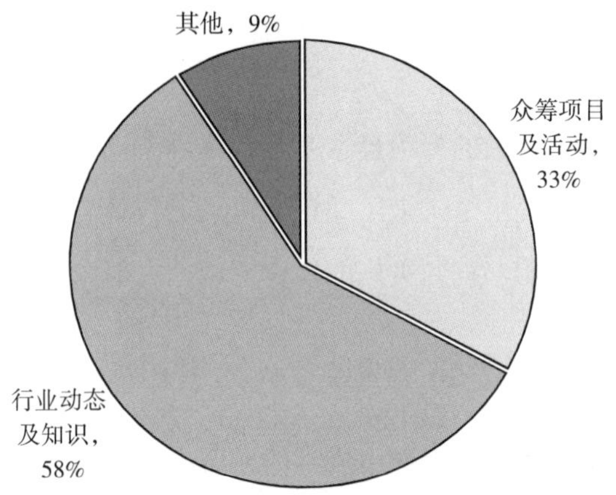


**图 9-3　2016 年 2 月众投邦微信公众号推送内容分布**

资料来源：和讯网。

再以这家有限合伙企业为投资者，入股众筹项目的公司，持有项目公司相应的股份。如果在众筹平台上融资成功，平台作为中间人可以抽取一定金额的融资顾问费，一般抽取比例为 2%。此外，为了更好地管理投资款项，“大家投”推出了一款中间产品“投付宝”。“投付宝”的优点之一是可以分批拨款，根据企业的产品或运营进度决定是否持续拨款。2014 年 10 月，中国（深圳）第一届股权众筹大会召开，股权众筹联盟成立，“大家投”创始人李群林任联盟理事长。

珠三角地区民间资本通过众筹平台进入新媒体产业已经取得了一些成绩，但是由于新媒体和众筹都是比较新兴的事物，都不够成熟，而且众筹模式仍处于探索发展时期，其效果究竟如何还有待进一步的实践检验。

## 第四节　珠三角地区民间资本进入新媒体产业的问题与对策

民间资本本身具有一定的松散性和盲目性，在投资新媒体行业这一新兴领域时，会因其本身特性以及行业环境的不成熟，出现许多问题。如果不能妥善解决这些问题，不但会影响到民间资本在新媒体行业中的健康发展，也会对整个新媒体行业的健康发展造成阻碍。因此，明晰民间资本进入新媒体行业面临的问题，并采取适当措施予以解决，是确保新媒体行业健康发展的必然要求。

## 一、珠三角地区民间资本进入新媒体产业存在的问题

### （一）因其内容随意性使其可信度受质疑

自媒体的内容生产较为随意，让一些未经核实信息或不良信息借助移动互联网快速传播，造成了公众对新媒体的不信任加重。广州社情民意研究中心于2016 年 1 月发布的《媒体与公众关系调查报告》显示，传统媒体的受信任比例高于新兴媒体。在有关重大事件以及突发事故的新闻信息上，人们更为信赖传统媒体，受信任比例高达 65%，远高于社交媒体 25%的受信任比例。调查结果表明，虽然相对于传统媒体来说，新媒体的信息获取更快速，信息类型更丰富，但是人们对这些信息的信任感却不能与传统媒体相比。

### （二）行业资质及牌照运营权规范需继续完善

新媒体从业者资质欠缺、牌照运营权不规范是民间资本进入新媒体行业后产生的一个重要问题。目前新媒体行业包含了国有资本投资机构、民间资本投资机构、外资投资机构、个体组织以及行业协会等，参与主体较为庞杂。特别是社交新媒体、直播新媒体、自媒体的出现，使得大量个体参与者和小规模民营机构参与其中，造成了新媒体行业参与主体多而乱的情况，不但影响了新媒体行业信息传播的效率和质量，还影响到了整合新媒体行业的健康可持续发展。由于人人都可以是自媒体，人人都可以传播信息，造成了信息从根源上就可能存在风险。虽然政府已经制定了相关的规则制度约束新媒体从业者行为，但是资质认定问题尚未解决。

### （三）新媒体主体与受众之间缺少健全有效的沟通协商机制

这一问题集中反映在网络游戏提供方与购买方之间。2014 年上半年广东省消委会共受理互联网投诉 6900 件，占同期投诉总量的 11.28%，其中，网游投诉共计 3289 件，远高于上年全年 1580 件的总数，占互联网投诉总量的 47.67%。

这些网游投诉主要集中在以下几个方面：游戏运营商称玩家使用非法软件，对其做封号处理；游戏运营商不能提供满足消费者预期的服务，也缺少妥善便捷的退款渠道，影响了消费者正常的退款申请；用户的账号被盗或装备丢失后，运营商没有提供相应的处理流程和服务，造成用户的问题迟迟得不到解决；玩家满足游戏活动的条件，确认时却被告知还有一些要求不满足；游戏设置不够公平，造成玩家之间的成绩严重失衡；单方面宣布关闭服务器，却对用户无任何补偿措施，比如针对未用完的游戏充值或者未到期的 VIP 服务，没有提出相应的补偿措施。产生这些问题的根本原因在于网络游戏提供方与购买方之间缺少沟通协调机制，而这一问题也是其他新媒体产业领域存在的问题，需要在更为广泛的范围内引起重视。

综合来说，珠三角地区民间资本进入新媒体行业面临的主要问题突出地表现在生产内容较随意、牌照运营权不规范、与受众缺少有效沟通三个方面。如果不妥善解决这些问题，新媒体市场将会趋于混乱，失去公众信任，进而危及整个行业的健康发展。

## 二、促进珠三角地区民间资本发展新媒体产业的对策与建议

### （一）加强对新媒体从业人员的培训，提升从业者素质

新媒体运营者的社会责任感缺失和采编系统的不规范，是新媒体发展中的最主要问题。为了改变这种情况，需要从新媒体从业者这一源头入手，提升其业务素质，增强其在信息传递过程中的责任心和使命感。为此，应该加强对新媒体从业者进行培训。深圳市在新媒体从业人员培训方面已有所作为。自 2014 年开始，深圳市委统战部组织开展新媒体从业人员培训班，以进一步提升深圳市新媒体从业者的业务素质和政治意识。培训对象主要包括互联网、数字杂志、广播、报纸、桌面视窗、数字电视、电影、触摸媒体等领域的从业人员，特别是经营管理人员和技术研发人员。每届培训班持续一周，通过培训积极引导新媒体从业者树立正确的职业观，以更好地适应新时代背景下新媒体发展的要求。政府主管部门可以加强培训，新媒体企业也应该有意识地举办或者让其员工参加培训，提升新

媒体从业人员的素质，推动新媒体产业朝着健康可持续的方向发展。

**（二）制定相关规章制度，规范新媒体从业资质和牌照运营权问题**

规范新媒体行业任职资质，加大新媒体行业牌照运营权监管力度，是改善新媒体从业市场秩序的必然要求。为了更好地解决新媒体产业中的虚假信息和不当信息等问题，政府有必要采取较为严格的从业者资格认证制度，对从业者应有的知识、经验、技能等制定相应的标准，从源头上减少新媒体行业极易出现的虚假信息和不当信息等问题。在珠三角地区，省属媒体企业在获取新媒体行业牌照运营权的执行方面较为规范。2015 年 4 月，广东南方新媒体发展有限公司已获得广东广播电视台互联网电视集成播控和节目内容服务牌照的独家运营授权。至此，广东广播电视台作为互联网电视牌照方拥有了自己真正的互联网电视运营主体。这一举措也规范了新媒体行业的运行，为珠三角地区有序发展新媒体行业做出了表率。民间资本可以以国有资本为榜样，在资质认定和牌照申请审核等方面表现出应有的主动性。

**（三）改善新媒体从业者工作状态，实现行业持续健康发展**

珠三角地区新媒体从业者目前处于一种压力较大的工作状态。2016 年 9 月，滴滴出行发布了 2016 年《珠三角城市智能出行大数据报告》（结果如图 9–4、图 9–5 所示）。由图 9–4 可见，珠三角地区最为拥堵的城市是广州，其次是深圳。由图 9–5 可以看出，珠三角地区人均拥堵成本最高的城市是深圳，高达 4357 元，其次是广州。调查报告显示，珠三角地区加班最多的公司中深圳的公司居多，且多位于科兴科学园、万里达科技大厦、华为工业区、朗科大厦和创维半导体科技大厦，其中科兴科学园聚集了众多科技、互联网公司，腾讯游戏部门就位于此。在跨城通勤中，互联网从业者所占比重最高。此外，智能出行呈增长趋势。据报告统计，2016 年 1 月至 7 月，珠三角地区智能出行的总量已达 6.2 亿人次，其中，广州、深圳两市单个工作日早晚高峰的智能出行总量就可达 70 万人次。这一调查结果显示，珠三角地区的互联网从业者，特别是新媒体从业者的工作压力较大，经常面临加班和堵车等问题，工作状态有待改善。

为了改善珠三角地区新媒体从业者工作状态，新媒体企业或者个体从业者可

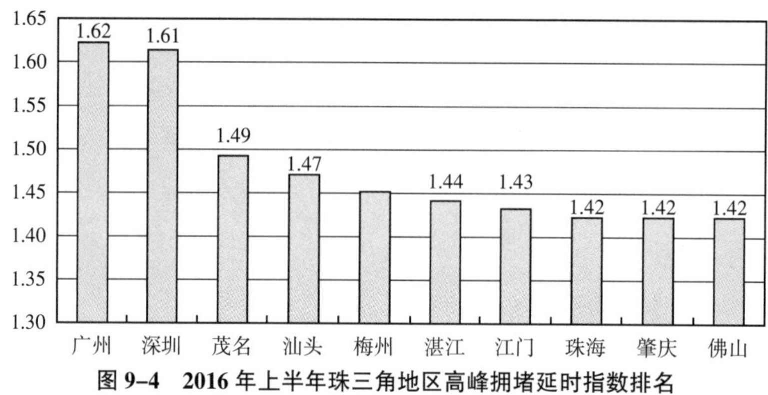


**图 9-4　2016 年上半年珠三角地区高峰拥堵延时指数排名**

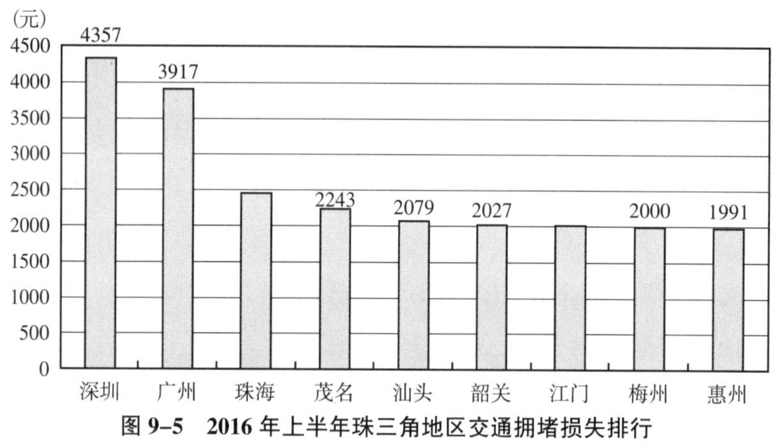


**图 9-5　2016 年上半年珠三角地区交通拥堵损失排行**

以适当减少工作强度，掌握正确、高效的工作方法，同时加强学习和培训，减少从业者吸收知识和信息的时间，提升从业者的业务能力。

综上所述，要解决珠三角地区民间资本进入新媒体产业后存在的问题，需要加强对新媒体从业人员的培训，提升其业务素质，政府部门应制定相关的资质认证和牌照审核，规范新媒体从业者经营权，新媒体从业者本身也要掌握正确的工作方式，缓解工作压力。在政府、企业和个人的共同努力下，实现新媒体行业的健康持续发展。

# 第十章　成渝经济区民间资本进入新媒体情况的考察

改革开放以来，成渝经济区民营经济快速发展，并在“互联网+”的大好机遇下积极投身新媒体领域，不仅实现了投资价值，也进一步促进了成渝地区媒体行业的升级发展。与此同时，在互联网等新技术的驱动下，成渝经济区的传统传媒企业也通过资本化运作吸引民间资本，实现在新媒体时代的转型。然而，受自身能力以及政策等方面的影响，民间资本在成渝经济区新媒体成长过程中的作用有待进一步提升，这需要政府在相关领域强化管理与引导。

## 第一节　成渝经济区新媒体产业发展的总体情况

改革开放后，成渝经济区媒体行业发展迅速，形成了一大批知名媒体企业，树立了其在全国传媒行业的地位。随着互联网技术的快速发展和普及，传统媒体向新媒体转型表现出愈演愈烈的趋势，传统媒体企业不断创新发展模式打造新媒体集群，新的媒体企业异军突起，一些专业化和区域化组织成为新媒体发展的重要促进和支持力量。

## 一、成渝经济区传媒行业发展现状

作为西部改革开放的先行区，成渝经济区媒体行业快速发展，涌现出一大批国内知名的媒体企业，也造就了一大批知名的媒体品牌。四川日报报业集团、四川新闻网传媒（集团）股份有限公司、四川广播电视台·广电传媒集团有限公司、四川出版集团、四川新华发行集团、四川党建期刊集团、峨眉电影集团、四川省有线广播电视网络股份有限公司、新华文轩出版传媒股份有限公司、重庆日报报业集团、重庆商界传媒集团、重庆出版集团等一大批传统和新兴媒体企业不断发展壮大，并打造了《华西都市报》、《成都商报》、《成都日报》、《成都晚报》、《重庆日报》、《重庆晚报》、《重庆晨报》、《重庆商报》、华龙网、大渝网等一系列媒体品牌，其中《华西都市报》曾连续8次入选世界品牌实验室"中国最具价值品牌500强"，2013年以74.52亿元品牌价值列第257位。

根据四川省新闻出版广电局和四川省版权局的数据显示，"十二五"末，四川省新闻出版广播影视行业总资产1166亿元，总收入700亿元，增加值246亿元，分别比"十一五"末增长75%、74%、69%，电影票房收入达到23亿元，排名全国第六。新华发行集团、新华文轩、成都传媒集团综合实力在全国继续保持领先地位。6种报刊进入"全国百强报刊"，9家印刷复制企业进入"全国印刷百强企业"。新媒体收入突破100亿元，电子商务收入突破30亿元，新产品新业态正在形成新的增长点。①

据重庆市工商局相关数据显示，截至2015年12月，全市注册主营文化的企业共76726家，同比增长28.44%；其中公有制及其控股企业2868家，同比增长4.33%，民营企业73858家，同比增长29.61%。注册资本金总额2020.7亿元，同比增长35.7%；其中公有制及其控股企业注册资本金总额317.19亿元，同比增长18.67%，民营企业注册资本金总额1703.51亿元，同比增长39.43%。全社会特别是民间资本对文化产业投资热度不减，2015年实际新增（新注册—新撤销）主

① 数据来源：四川省新闻出版广播影视"十三五"发展规划［EB/OL］. 四川省新闻出版广电局，四川省版权局，http: //www.scppa.gov.cn/xxgk/jbxx/xygh/201606/t20160612_31982.html，2016-06-12.

营文化的企业18535家，其中民营企业17279家，占全市文化企业总数的96.26%，资本总量已占全市文化资本总量的84.3%。然而，受银根紧张的影响，文化企业投资增速出现下降，2015年主营文化的企业注册资本金总额增速同比下降18.51%，反映了小微文化企业融资再投入的难度。①

## 二、成渝经济区新媒体发展概况

### （一）成渝经济区新媒体的技术基础

随着互联网的普及，互联网在川渝地区的渗透率不断提升，为传统媒体向媒体转型发展创造了良好的条件。截至2015年底，四川省网民规模3260万人，普及率达到40%（见表10-1）②；重庆市固定互联网宽带接入用户696.50万户，手机上网用户2185.87万户，互联网用户2984.73万户，其中移动互联网用户（不含WiFi用户）2288.23万户③。

**表10-1　2015年底四川省互联网发展水平**

| 项目 | 指标数量 |
| --- | --- |
| 网民规模 | 3260万人，普及率为40% |
| 手机网民 | 2908万人，年增长率8.5%，手机网民占比89.2% |
| 性别结构 | 男女比例为55.1∶44.9，男性用户高出全国水平1.5个百分点 |
| 城乡网民结构 | 64.8∶35.2，乡村网民人口比例高于全国平均水平6.9个百分点 |
| 搜索引擎用户规模 | 2780万人，使用率85.3%，高于全国平均水平3个百分点 |
| 网络新闻用户规模 | 2651万人，使用率81.3%，低于全国平均水平0.7个百分点 |
| 即时通信用户规模 | 2857万人，使用率87.6%，低于全国平均水平3个百分点 |
| 网络视频用户规模 | 2428万人，使用率74.5%，高于全国平均水平1.3个百分点 |

资料来源：中国互联网络信息中心，四川省互联网信息办公室. 2015年四川省互联网发展状况报告［R］. 2016：1.

① 数据来源：重庆市文化委员会规划发展处. 2015年重庆文化产业运行情况［EB/OL］. 重庆市文化委员会网站，http：//www.cqwhw.gov.cn/Html/1/zwgk/gkxx/whtj/2016-03-28/16702.html，2016-03-28.

② 数据来源：中国互联网络信息中心，四川省互联网信息办公室. 2015年四川省互联网发展状况报告［R］. 2016：1.

③ 数据来源：重庆市统计局国家统计局重庆调查总队. 2015年重庆市国民经济和社会发展统计公报［R］. http：//www.cqtj.gov.cn/tjsj/sjzl/tjgb/201603/t20160311_423854.htm，2016-03-11.

### （二）成渝经济区新媒体发展的实践

自2014年《关于推动传统媒体和新兴媒体融合发展的指导意见》发布以来，成渝经济区积极推动传统媒体和新兴媒体的融合发展，实现了新媒体的快速发展。截至2015年底，四川省有备案网站18.1万个，网民3260万人，官方微博9000余个、微信公众号3700余个，新媒体从业人员及网络意见人士约23万人。①

（1）报业与期刊业从传统纸媒向移动端转型。2010年，四川日报报业集团率先行动，成立全媒体中心，成为中国西部地区第一个实施立体整合传播的多媒体新闻机构。2014年9月18日，川报全媒体集群发布了“川报观察客户端”、“四川新闻客户端”、“川报微博微信”、“问政四川”等移动端报纸平台。《华西都市报》发布新媒体战略，包括资讯、社交、电子商务、互联网金融、精准投放广告系统、开放合作、引爆指数级的增长7个方面，并开通法人微博，截至2016年11月25日，新浪微博粉丝数达到925.4万个。《华西手机报》是全国首批也是西部首个手机报，截至2015年10月，其在全川已拥有260万个用户，其中订阅用户达200万个。《四川手机报》2014年8月被纳入省内党报党刊征订范围，截至2015年10月，用户已达6000万个，其中付费用户330万个。《四川视频手机报》是主要以“视频”展示为主的手机报产品，内容为当天四川省内的新闻要闻、娱乐播报、美食视频、影视播报、旅游视频等，到2015年10月用户已达2万人。重庆日报报业集团在新媒体快速发展的大背景下，积极转变发展战略，形成党报集群、新媒体集群、都市类媒体集群、行业媒体集群和多元产业集群“4+1”发展格局。

期刊方面，新媒体渗透呈现加速趋势。《四川手机画报》自2013年7月创刊，截至2015年10月，订阅用户达到10万个，增长近10倍。2014年，成都传媒集团首批推出了“锦观”、“谈资”、“优哉”、“微成都”、“成都发布”5大新媒体产品。雅安日报传媒集团则打造出全新的“7网1报1台1客户端”媒体网群。2015年中共四川省委四川党的建设杂志社正式组建四川党建全媒体中心，并于7月发

① 数据来源：韩静. 四川召开新媒体从业人员代表人士座谈会［EB/OL］. 人民政协网，http：//www.rmzxb.com.cn/c/2016-11-14/1142352.shtml，2016-11-14.

布了四川党建、藏地阳光、生活之友、看四川、藏彝羌 5 大媒体集群 42 个新媒体产品[①]，初步形成以党刊各纸媒为基础，四川党建网为平台，微信、微博、客户端等多种新媒体产品为先锋的传播格局。

（2）新闻网站的在线传媒产品快速发展。传统纸媒除了向移动端转型，也利用互联网的良好机遇朝着新闻网站转型。与此同时，一些新兴互联网企业也利用自身的技术和网络优势，投身互联网传媒产品供给。四川日报报业集团 2000 年推出“四川在线”，是四川省第一个综合性新闻主流门户网站。四川新闻网传媒（集团）股份有限公司重组了“四川新闻网”、“中国西部网”、《四川手机报》、“麻辣社区”、“舆情信息平台”、“四川发布”等新媒体。《成都商报》电子版转型“成都全搜索”门户网站，并发展成为成都市最大综合新闻门户网站和社区生活门户网站。[②] 中国西部网转向专业视频类网站，推出电影、川网视频等频道。重庆日报集团成立华龙网，是重庆首个“十媒一体”的全媒体新闻门户网站。

与此同时，“四川省人民政府” 网站（www.sc.gov.cn）和“重庆市人民政府”网站（www.cq.gov.cn）分别作为四川省和重庆市政府门户网站，定位于“信息公开、网上办事、政民互动”等，将其打造成为发布信息、强化沟通和服务人民的重要窗口。除省级政府门户网站之外，2013 年四川全省 21 个市（州）政府及 57 个省属部门全部开通了政务微博账号[③]，截至 2015 年 6 月，重庆市县处级以上单位共开设认证政务微博账号 1900 余个，微信账号 1000 余个，覆盖人数超过 2700 万人，覆盖公安、司法、外宣、共青团、旅游、环保、气象、卫生等党政系统[④]。

（3）新媒体产品不断涌现。移动互联网时代，川渝地区新媒体企业和产品快速成长。传统媒体基于自身的专业能力和客户容量，开发适应当前民众需求的新

① 焦勇. 四川党建期刊集团全媒体产品集群今日上线 [EB/OL]. 四川新闻网，http：//scnews.newssc.org/system/20150714/000581771.html，2015-07-14.

② 石磊等. 四川大网络产业发展报告（2014~2015）[M]// 四川文化产业发展报告（2015）. 社会科学文献出版社，2015：57-58.

③ 数据来源：四川省政务新媒体综合影响力报告.

④ 数据来源：重庆市政务新媒体综合影响力报告.

媒体产品，例如，川报集团旗下“四川在线”推出“航拍四川”频道；重庆日报报业集团以华龙网为龙头，打造了政府门户网站和以各报网、“大渝网”、“重庆APP”、“上游新闻”、“重庆智造”、“牛股村”等为代表的新兴媒体①。

一些组织和个人也利用新媒体的优势，利用新媒体在宣传推广、营销等方面的作用，开发出一些较为成功的新媒体产品。例如，四川大学在原有《四川大学学报（校刊）》的基础上，成立四川大学新闻网、四川大学教育电视台、四川大学映像工作室、四川大学新媒体创新社，开通微博、微信、视频网等，打造多元层次宣传四川大学和服务学生的全媒体矩阵联盟②；创建于2008年底的第四城社区（www.4c.cn）是四川地区最具影响力的社区生活门户和交易平台。

## 三、成渝经济区新媒体的主要发展特征

总体来看，在互联网，尤其是移动互联网快速发展的背景下，成渝经济区新媒体快速发展，仅四川省在“十二五”期间新媒体收入就突破100亿元，新媒体实现了从无到有、从弱到强、从从属到主导地位的转变。具体来看，成渝经济区新媒体的发展主要表现出如下几个方面的特征：

### （一）传统媒体企业创新发展方式打造新媒体集群

互联网以其快速的信息传播速度以及近乎为零的边际成本，对传统媒体行业的经营模式形成了巨大的挑战。成渝经济区传统媒体企业在中国互联网发展的浪潮中，通过经营理念、经营方式的转型，维持了其在川渝地区的龙头地位。四川日报业集团、成都传媒集团（成都日报报业集团）、四川新闻网传媒集团、重庆日报报业集团等，紧紧拥抱互联网时代新媒体发展的大潮，组建或者整合在线新闻网，开发移动客户端，开通微博、微信等新媒体渠道，继续保持其在成渝经济区媒体行业的领军地位。成都传媒集团和四川新华发行集团通过资本化运作，打造了博瑞传播和新华文轩两家上市公司，并通过资本市场投资更多的新媒体项目和企业，实现企业在互联网时代的快速发展。通过经营转型和资本化运作，传统

① 谢宗文. 重庆日报报业集团媒体融合发展改革纪实［J］. 新闻研究导刊，2016，7（14）：254-256.

② 资料来源：四川大学新媒体联盟网站，nmu.scu.edu.cn.

媒体企业既巩固了自身在川渝地区的地位，也创新了媒体传播方式，以传统媒体和新媒体共同发展促进川渝地区媒体集群的形成和发展，提升了传统媒体企业的传播力和综合影响力。

**（二）新媒体异军突起**

与传统媒体企业在互联网时代的创新转型相对应，成渝经济区的新媒体在互联网时代异军突起，形成了一大批较具影响力的新媒体品牌。例如华龙网（www.cqnews.net），作为重庆市唯一拥有新闻采访权的网络新闻媒体，以门户网站的形式融入主流媒体，并新设了 APP、博客、播客、微博、微信等自媒体互动平台。此外，网站还开设了英语、日语、法语、韩语四个外语频道，以及新加坡联合早报网重庆频道、新西兰中国城网重庆频道，面向全球报道重庆，读者覆盖面突破 200 个国家和地区。创建于 2008 年的第四城社区（www.4c.cn）已经成为四川地区最具影响力的社区门户网站和交易平台。

**（三）专业化和区域性组织成为新媒体发展的重要支持力量**

与新媒体快速发展相对应的是，为了规范和促进行业的健康可持续发展，成渝经济区新媒体组织和传统媒体企业，自发组织成立相关的自律组织。例如重庆市网络媒体协会、重庆市新专联新媒体分会、中国大西南网络新媒体联盟、全国少数民族地区新媒体联盟、全国广电新媒体联盟等，成为进一步规范成渝经济区新媒体和媒体行业发展的重要组织。

**专栏 10-1　川渝地区部分新媒体自律组织概况**

1. 中国大西南网络新媒体联盟　原名泛成渝经济圈网站联盟，于 2015 年 5 月 22 日在泛成渝经济圈网站联盟第六次总编联席会上修订并通过成立中国大西南网络新媒体联盟的倡议。①

2. 全国少数民族地区新媒体联盟　联盟以“团结互助、协作发展、开放交流、互惠共赢”为原则，致力于促进全国少数民族地区新媒体之间的交流

① 资料来源：中国大西南网络新媒体联盟网站，http：//www.snxw.com/dxnwm/index.htm.

与合作，以各成员单位抱团发展助推全国少数民族地区新媒体知名度和影响力的提升。①

3. 全国广电新媒体联盟　2015 年 11 月 5 日，由四川网络广播电视台等发起的“全国广电新媒体联盟”成立，联盟成员将在手机电视、IPTV、车载电视、网络电视等领域进行广泛合作，力争将其建设成为集内容提供商、网络视频平台运营商、分销渠道为一体的同系统优势合作组织。②

在互联网，尤其是移动互联网快速发展的背景下，成渝经济区新媒体行业得到快速发展。其中，传统媒体企业不断创新传播方式，实现自身向新媒体的转型并保证自身在成渝经济区传媒领域的领军地位，新媒体企业异军突起，成为成渝经济区新媒体行业的重要主体。

## 第二节　成渝经济区民间资本进入新媒体产业的重点领域

随着资本市场的不断发展，成渝经济区民营资本利用互联网发展的大好机遇，积极进军新媒体产业，但是，受资本市场发展水平等因素的限制，成渝经济区新媒体在利用资本市场方面总体弱于东部发达地区，新媒体行业对自有资本尤其是国有和传统资本渠道的依赖度较高。

---

① 四川省民宗委全国少数民族地区新媒体联盟成立［EB/OL］. 中华人民共和国国家民族事务委员会网站，http：//www.seac.gov.cn/art/2015/10/14/art_36_239889.html，2015-10-14.

② 刘晴，闫大为. 18 家新媒体“强强联手”全国广电新媒体联盟在川成立［EB/OL］. http：//www.sc.xinhuanet.com/content/2015-11/06/c_1117065396.htm，2015-11-06.

## 一、成渝经济区资本市场总体发展状况

改革开放后，成渝经济区资本市场不断发展，目前已形成以银行业为主导、证券市场和保险市场快速成长、民间资本作为补充的基本局面。

### （一）四川省资本市场发展情况概述

银行业方面，截止到2016年12月，四川省金融机构各项存款达到6.69万亿元，本外币贷款余额4.35万亿元，其中人民币贷款余额4.33万亿元[①]，占全部贷款余额的99.53%。

证券期货市场方面，2016年，四川省资本市场累计实现融资971.84亿元，同比增长24.21%。共有上市公司111家，总市值1.36万亿元，其中，在主板上市的60家，在中小板上市的27家，在创业板上市的24家。在新三板挂牌公司达到294家，较年初增加了157家。证券公司2016年累计代理证券交易额达到11.19万亿元，期货公司本年累计代理期货交易额达到7.73万亿元（见表10–2）。[②]

**表10–2　2016年12月四川证券期货市场概况**

| 指标 | 数值 | 备注 |
| --- | --- | --- |
| 本年累计融资金额（亿元） | 971.84 | 同比增长24.21% |
| 上市公司家数（家） | 111 | 比年初增加8家 |
| 其中：主板（家） | 60 | 比年初增加2家 |
| 中小板（家） | 27 | 比年初增加1家 |
| 创业板（家） | 24 | 比年初增加5家 |
| 上市公司总市值（万亿元） | 1.36 | 同比下降2.16% |
| “新三板”挂牌公司家数（家） | 294 | 比年初增加157家 |
| 证券公司家数（家） | 4 | 与年初持平 |
| 证券公司分公司家数（家） | 36 | 比年初增加9家 |
| 基金公司分公司家数（家） | 14 | 比年初增加2家 |
| 投资咨询公司家数（家） | 3 | 与年初持平 |

① 数据来源：中国人民银行成都分行. 2016年12月四川金融机构本外币存贷款主要项目表［EB/OL］. http：//chengdu.pbc.gov.cn/chengdu/129316/129705/3239678/index.html，2017-01-19.

② 数据来源：中国证券监督管理委员会四川监管局.2016年12月四川证券期货市场概况［EB/OL］. http：//www.csrc.gov.cn/pub/zjhpublicofsc/tjxx/201701/t20170125_310148.htm，2017-01-25.

续表

| 指标 | 数值 | 备注 |
| --- | --- | --- |
| 证券营业部家数（家） | 353 | 比年初增加 36 家 |
| 辖区本年累计代理证券交易额（亿元） | 111900.43 | — |
| 期货公司家数（家） | 3 | 与年初持平 |
| 期货营业部家数（家） | 47 | 比年初减少 1 家 |
| 辖区本年累计代理期货交易额（亿元） | 77257.58 | — |

资料来源：中国证券监督管理委员会四川监管局。

保险业方面，2016 年 1~11 月，四川省保险业原保险保费收入 1599.72 亿元，规模在全国排名第 5 位。其中，财产保险收入 402.92 亿元，寿险收入 946.95 亿元，意外险收入 36.70 亿元，健康险收入 215.16 亿元。[①]

“两类公司”方面，截止到 2015 年 6 月末，四川省小额贷款公司共发放贷款余额 705.17 亿元，融资性担保公司在保余额 1995.43 亿元，合计占金融机构全部贷款余额的 7.26%[②]，金融行业的多元化形势显现。

### （二）重庆市资本市场发展情况概述

银行业方面，截至 2016 年 12 月底，重庆市金融机构本外币各项贷款余额 3.22 万亿元，其中境内存款 3.1 亿元；本外部贷款总额 2.55 亿元，其中境内贷款占据总额的 99.93%[③]。

证券期货市场方面，截至 2016 年 12 月，重庆市共有上市公司 44 家，在股转系统挂牌 115 家，历年累计直接筹资额达到 4531.24 亿元，基金管理规模 440.79 亿元，私募基金管理规模达到 1095.88 亿元，为重庆市地方经济发展提供了良好的资金支持（见表 10–3）。[④]

---

① 数据来源：中国保险监督管理委员会.2016 年 1~11 月全国各地区原保险保费收入情况表［EB/OL］. http：//www.circ.gov.cn/web/site0/tab5179/info4054430.htm，2016–12–23.

② 杜坤伦. 2016 年四川金融形势分析与预测［M］//杨刚等. 2016 年四川经济形势分析与预测. 北京：社会科学文献出版社，2016：33–34.

③ 数据来源：中国人民银行重庆营管部. 2016 年 12 月重庆市金融机构本外币存贷款主要项目表［EB/OL］. http：//chongqing.pbc.gov.cn/chongqing/107668/3241445/index.html，2017–01–22.

④ 数据来源：中国证券监督管理委员会重庆监管局. 2016 年 12 月重庆证券期货市场统计报表［EB/OL］. http：//www.csrc.gov.cn/pub/chongqing/xxfw/xqscxx/zqsckb/201702/t20170208_310383.htm，2017–02–08.

**表 10–3 2016 年 12 月重庆证券期货市场概况**

| | 本月底 | 年初 | 比年初增长（%） |
|---|---|---|---|
| 境内上市公司数（A、B 股）（家） | 44 | 43 | 2.33 |
| 其中：仅发 A 股公司数（家） | 41 | 40 | 2.5 |
| 仅发 B 股公司数（家） | 1 | 1 | 0 |
| 同时发 A、B 股公司数（家） | 1 | 1 | 0 |
| 同时发 A、H 股公司数（家） | 1 | 1 | 0 |
| 股转系统挂牌公司数（家） | 115 | 59 | 94.92 |
| 拟上市公司数（家） | 29 | 23 | 26.09 |
| 历年累计直接筹资额（亿元） | 4531.24 | 2048.36 | 121.21 |
| 市价总值（亿元） | 6691.25 | 6495.93 | 3.01 |
| 其中：流通市值（亿元） | 4250.97 | 4741.49 | –10.35 |
| 总股本（亿股） | 549.92 | 468.3 | 17.43 |
| 其中：流通股本（亿股） | 420.44 | 356.97 | 17.78 |
| 证券公司数（家） | 1 | 1 | 0 |
| 证券营业部（家） | 186 | 171 | 8.77 |
| 证券分公司（家） | 23 | 17 | 35.29 |
| 证券投资者开户数（万户） | 320.15 | 271.96 | 17.72 |
| 客户资产（亿元） | 4249.69 | 4682.84 | –9.25 |
| 其中：托管市值（亿元） | 3958.10 | 4357.50 | –22.76 |
| 交易结算资金（亿元） | 291.59 | 325.34 | –10.37 |
| 期货公司数（家） | 4 | 4 | 0 |
| 期货营业部（家） | 32 | 31 | 3.23 |
| 期货投资者开户数（万户） | 13.09 | 10.64 | 23.03 |
| 期货交易保证金余额（亿元） | 84.86 | 73.43 | 15.57 |
| 基金管理公司数（家） | 1 | 1 | 0 |
| 基金只数（只） | 41 | 31 | 32.26 |
| 基金管理规模（亿元） | 440.79 | 343.59 | 28.29 |
| 证券投资咨询公司数（家） | 1 | 1 | 0 |
| 私募基金登记数（家） | 183 | 299 | –38.8 |
| 私募基金管理规模（实缴，亿元） | 1095.88 | 460.81 | 137.82 |

资料来源：中国证券监督管理委员会重庆监管局。

保险业方面，2016 年 1~11 月，重庆市保险业原保险保费收入 563.71 亿元，规模在全国排名第 20 位。其中，财产保险收入 147.01 亿元，寿险收入 320.43 亿元，意外险收入 16.60 亿元，健康险收入 79.67 亿元。①

## 二、成渝经济区民间资本发展概况

### （一）川渝地区民营经济发展概况

改革开放后，四川省和重庆市作为西部改革的先行区，民营经济发展较为迅速。1978 年后，在允许非公经济发展的大好政策下，四川省先后出台了《关于进一步加快民营经济发展的决定》（川委发［2003］14 号）、《关于四川省民营企业经济综合评价办法的通知》（川民统［2004］12 号）、《关于进一步促进民营企业发展的若干意见》（川委发［2007］7 号）、《四川省人民政府关于支持民营经济灾后恢复重建的加快发展的意见》（川府发［2009］3 号）、《四川省人民政府办公厅关于 2010 年促进民营经济发展的意见》（川办函［2010］45 号）等促进四川省民营经济发展的重要文件②。

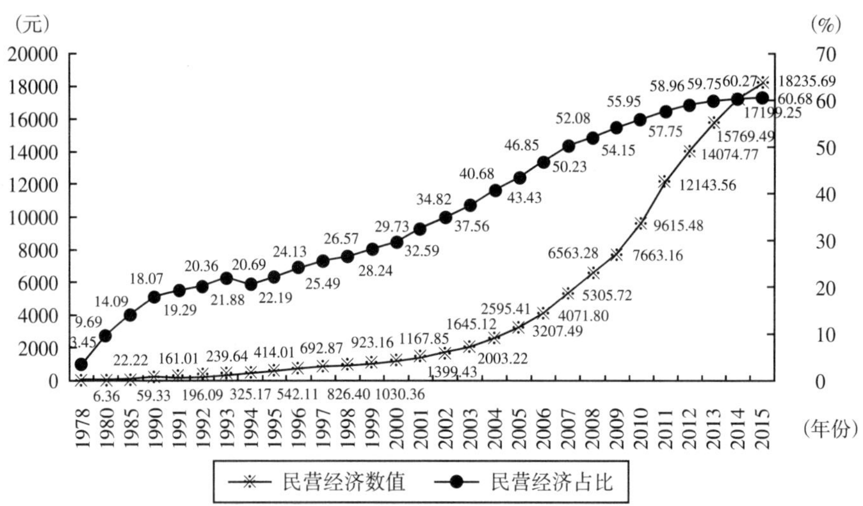


**图 10-1 1978~2015 年四川省民营经济增加值（亿元）及在 GDP 中的比重**

资料来源：《四川省统计年鉴》（2016）。

① 数据来源：中国保险监督管理委员会. 2016 年 1~11 月全国各地区原保险保费收入情况表［EB/OL］. http：//www.circ.gov.cn/web/site0/tab5179/info4054430.htm，2016-12-23.

② 数据来源：魏良益，杨钢.四川省非公有制经济发展研究报告［M］// 2015 年四川经济形势分析与预测. 社会科学文献出版社，2015：234-247.

在良好的政策背景下，四川省民营经济得到长足的发展，并在 1978 年以后保持持续增长势头，2007 年全省民营经济占全省地区生产总值的 50.2%，2015 年民营经济对全省 GDP 增长贡献率增至 60.68%，税收贡献接近 50%，技术创新、新产品开发接近 80%，提供新增就业岗位接近 90%[①]。

重庆市自 1997 年以后，市政府出台了一系列促进民营和非公经济发展的政策，如《关于大力发展个体私营经济的决定》（渝委发［1997］6 号 19(1)）、《关于进一步加快个体私营经济发展的决定》（渝办发［2004］136 号）、《关于进一步加快民营经济发展的决定》（渝办发［2004］136 号）、《重庆市人民政府贯彻国务院关于鼓励支持和引导个体私营等非公有制经济发展若干意见的实施意见》（渝府发［2005］85 号）、《重庆市人民政府关于大力发展民营经济的意见》（渝府发［2012］62 号）及一系列配套扶持政策，为重庆市非公经济发展创造了良好的政策条件。

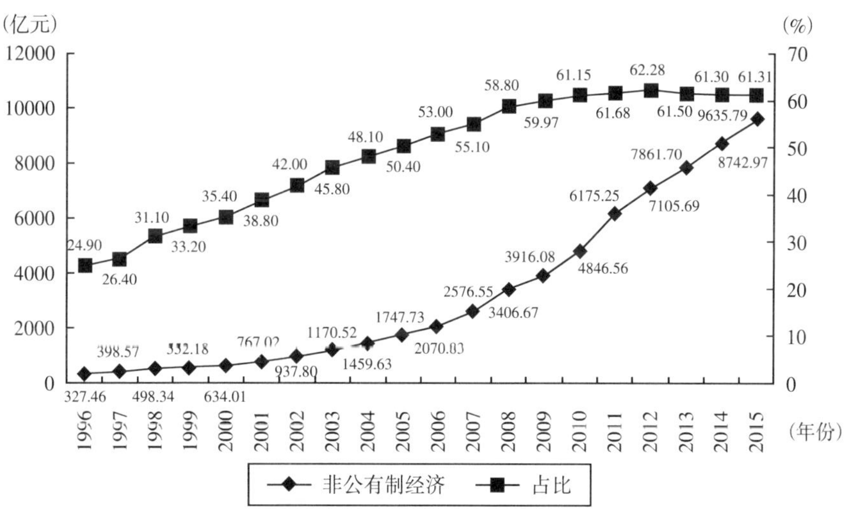


**图 10-2　1996~2015 年重庆市非公有制经济增加值（亿元）及在 GDP 中的比重**

资料来源：《重庆市统计年鉴》（2016）。

① 数据来源：《四川省统计年鉴》（2016）。

1997 年，非公经济创造的 GDP 为 398.57 亿元，2015 年增长到 9635.79 亿元，18 年增长了 23.18 倍，非公经济在地区 GDP 中的占比也从 26.40%上升到 61.31%[①]（见图 10–2）。资本市场方面，2015 年，重庆市民营企业在各级证券市场融资总额超过 339 亿元，在上交所、深交所新增上市企业 5 家，总数达 18 家，上市辅导备案新增 10 家，总数达 12 家；在新三板挂牌新增 37 家，达 59 家，上股交（Q 板）挂牌企业达 183 家；在市 OTC 挂牌企业超过 250 家。[②]

**（二）川渝地区民营投资企业发展概况**

在《国务院关于鼓励和引导民间投资健康发展的若干意见》（国发［2010］13 号）、《国务院办公厅关于鼓励和引导民间投资健康发展重点工作分工的通知》（国办函［2010］120 号）等政策指导下，川渝地区根据地方发展的实际，出台了一系列促进民间投资的政策文件。2011 年 2 月，四川省人民政府出台了《关于进一步鼓励和引导民间投资健康发展的实施意见》（川府发［2011］4 号），2012 年 6 月重庆市政府出台了《关于促进民营经济投资公共服务设施建设和运营的实施意见》（渝办发［2012］181 号），2015 年 7 月，四川省人民政府出台了《关于创新重点领域投融资机制鼓励社会投资的实施意见》（川府发［2015］41 号），2016 年 9 月，四川省人民政府出台了《关于进一步促进民间投资健康发展的意见》（川府发［2016］38 号），这些政策为民间资本进入更宽广的业务领域创造了政策条件。与此同时，随着新常态的到来以及互联网革命的不断深化，民营企业在经济转型期调整投资方向，川渝地区民营投资企业快速发展。截至 2013 年 9 月，成都市共有各类创业投资和股权投资机构 220 多家。其中，在成都注册的法人创业投资机构 64 家，注册资本 71 亿元；法人股权投资机构 40 家，注册资本 14.7 亿元；外地创业投资和股权投资企业代表处 20 多家，管理资金规模超过 200 亿元，目标总规模超过 700 亿元。在市发改委备案登记的创业风险投资机构有 12

---

① 数据来源：《重庆市统计年鉴》（2016）。

② 中华全国工商业联合会. 重庆市工商联 2015 年工作综述［M］// 中华全国工商业联合会.中华全国工商业联合会年鉴（2015）. 北京：社会科学文献出版社，2016：188.

家，备案机构数量居全国副省级城市第六位。①

在“互联网+”影响不断深化的背景下，大量民营资本投资移动互联网及相关产业。据不完全统计，目前在四川省和重庆市较为活跃的投资移动互联网相关产业的投资公司有 28 家（见表 10-4），这些投资公司具有如下几个方面的特征：①投资公司主体多元化，或为传统企业在新技术和经济条件下从产业资本向金融资本转型（例如四川圣达、川大智胜、升达林业、三泰控股、重庆商界传媒等），或为全球或者国内其他投资公司在川渝地区设立分支机构（例如华威国际集团、清控金融、远东宏信、英飞尼迪等），或为个人投资者（例如盈创兴科、克雷投资），不同类型的投资主体在资本市场中互为补充和相互竞争。②投资方向集中在移动互联网及其应用，且投资区域主要集中在北京、上海、深圳、杭州等发达地区和城市，投资川渝本地的项目相对较少。③投资项目主要集中在初创期和扩张期，投资风险较高。

## 三、成渝经济区新媒体利用资本市场情况

受资本市场发展水平等因素的限制，成渝经济区新媒体在利用资本市场方面总体弱于东部发达地区，新媒体行业对自有资本（尤其是国有新媒体企业）和传统资本渠道的依赖度较高。

### （一）上市公司数量较少

截至 2016 年 10 月，在川渝地区上市的公司中，共有新华文轩（601811）、印纪传媒（002143）、博瑞传播（600880）、迅游科技（300467）、金亚科技（300028）、长城动漫（000835）6 家（见表 10-5）从事与新媒体相关的业务。但是，从这 6 家上市公司的总体规模来看，企业总体规模较小，在公开资本市场的融资能力有限，进一步限制了这些企业未来的成长，且这 6 家上市公司中博瑞传播、长城动漫、印纪传媒和迅游科技都是通过借壳上市或者类似手段进入资本市

① 数据来源：成都市金融工作办公室. 股权投资基金业发展情况［EB/OL］. http：//www.cdjrb.gov.cn/gqtzjjs/201309/1071.html，2013-09-17.

表 10–4 川渝地区民间投资公司一览表

| 序号 | 投资机构 | 成立年份 | 投资项目数 | 投资偏好 | 投资领域 | 投资川渝项目 | 公司简介 |
| --- | --- | --- | --- | --- | --- | --- | --- |
| 1 | 四川圣达 | 1993 | — | 成熟期、收购 | 移动互联网 | | 四川圣达集团是一家大型民营企业集团，现旗下有煤炭、焦炭、水电、陶瓷、化工、茶叶、有色金属等多个控股企业，A 股上市公司 |
| 2 | 川大智胜 | — | 1 | 初创期、扩张期 | 企业服务、内容产业 | | 公司成立于 2000 年 11 月，2008 年 6 月在深圳证券交易所中小板上市，是我国空中交通领域主要的技术、系统和服务供应商 |
| 3 | 升达林业 | 1995 | 2 | 成熟期 | 移动互联网、金融支付 | | 升达林业是一家从事林业产业一体化经营的上市公司，产品涵盖强化地板、竹（木）复合地板、实木地板、浸渍纸、中（高）密度纤维板、木门、柜体等 |
| 4 | 千行集团 | 2014 | 1 | 扩张期、其他 | 移动互联网 | 2016 年 3 月与领投（容联云通讯、盈创兴科）四川 i 淘金项目 B 轮 6000 万元 | 四川千行你我科技有限公司是一家高新科技民营企业，致力于移动互联网、电子商务细分领域、系统集成及电子支付领域 |
| 5 | 全美在线 | 1999 | 2 | — | 教育 | | 1999 年在美国纽约成立，同年在中国北京设立独资公司，2000 年起，在上海设立了研发中心以及考试服务中心，目前已在江苏、山东、福建、四川、重庆、广东、陕西、湖南、江西、浙江、安徽等中心城市设立了 13 家分支机构，已在纳斯达克上市 |
| 6 | 德商资本 | — | 2 | 初创期 | 内容产业、游戏动漫 | | 成都德商投资集团立足于移动互联网、VC 投资、房地产行业三大板块，是全省规模增速最快的投资集团，资产规模达 50 亿元，员工超过 1000 人 |
| 7 | 三泰控股 | 1997 | — | 收购 | 移动互联网、硬件 | | 成都三泰控股集团股份有限公司成立于 1997 年，经过 19 年的发展，已经从早期单一的研制金融自助设备，到提供金融外包服务，现正朝向建设智慧城市社区 24 小时便民服务平台，提供多种线上线下便民服务，进而提供综合金融便民服务 |

续表

| 序号 | 投资机构 | 成立年份 | 投资项目数 | 投资偏好 | 投资领域 | 投资川渝项目 | 公司简介 |
|---|---|---|---|---|---|---|---|
| 8 | 华地财富 | 2011 | — | 初创期、扩张期 | 移动互联网、生活消费 | | 四川华地财富投资集团从以城市综合体为基础的商业地产公司发展为集商业地产开发、智慧旅游、互联网商业三大板块为核心的大型集团公司，现拥有成员企业 15 家，员工 500 余人，各板块拥有各自完整的产业链独立运营，又相互关联 |
| 9 | 华溢资本 | 2013 | 2 | 初创期、扩张期 | 移动互联网教育 | | 华溢资本成立于 2013 年，是一家新成立的私募股权投资基金 |
| 10 | 页游科技 | 2010 | — | 收购 | 移动互联网、游戏动漫 | | 成立于 2010 年，主营业务为网页游戏研发与运营 |
| 11 | 成都掌娱天下 | 2013 | — | 初创期、扩张期、收购 | 移动互联网、游戏动漫 | | 成都掌娱天下科技有限公司成立于 2013 年 9 月，位于高新区天府软件园 D 区 6 栋 4 楼，主营业务为网络游戏、手机游戏的研发、运营与发行 |
| 12 | 抱团科技/尼毕鲁科技 Tap4fun | 2011 | 17 | 初创期 | 移动互联网 | 2014 年 12 月投资游戏茶馆天使轮融资；2015 年 1 月和 8 月分别投资风际游戏天使轮和 A 轮融资数千万元 | 抱团科技是成都尼毕鲁科技 Tap4fun 成立的专注于手游领域的天使投资机构 |
| 13 | 成都金亚科技 | 1999 | 2 | 扩张期、成熟期、收购 | 移动互联网、硬件 | | 成都金亚科技是一家数字多媒体领域技术服务商，2009 年 10 月成功登陆深交所创业板 |
| 14 | 盈创兴科 | 2014 | 2 | 扩张期 | 移动互联网、企业服务 | 2015 年跟投好房通 A 轮融资 8000 万元；2016 年 3 月与千行集团、容联云通讯共投资四川 i 淘金项目 B 轮 6000 万元 | |

续表

| 序号 | 投资机构 | 成立年份 | 投资项目数 | 投资偏好 | 投资领域 | 投资川渝项目 | 公司简介 |
|---|---|---|---|---|---|---|---|
| 15 | 克雷投资 | — | 1 | 初创期、其他 | 移动互联网、社交 | 2016年3月投资挖挖pre-A轮2000万元 | |
| 16 | 重庆战略性新兴产业股权投资基金 | 2016 | 1 | 初创期 | 交通出行、硬件 | | 重庆市政府产业引导股权投资基金和重庆市属国有企业共同出资设立，引入社会资本共同参与，基金总规模约800亿元 |
| 17 | 重庆曲速资本 | 2015 | 6 | 初创期、扩张期 | 电子商务、内容产业 | 在B轮阶段领投（曲速资本、五岳天下资本、上海融川）投资麦子学院1亿元 | 重庆曲速资本是一家以互联网、移动互联网、移动游戏行业及相关产业投资的高科技风险投资基金，一期基金规模10亿元，为卓越的中国互联网创业者和企业提供资金支持 |
| 18 | 重庆商界传媒 | 1994 | 1 | 初创期、扩张期 | 内容产业、游戏动漫 | 2015年投资手艺网天使轮数百万元 | 是一家集期刊经营、网络传播、影视制作、网络游戏开发为一体的新型专业传媒机构。旗下拥有《商界》、《商界评论》、《商界时尚》、《城乡致富》、《中华手工》、《家人》六本期刊和商界财视网、致富项目网等多个网站、五家文化传播公司和一家投资公司和一家影视公司、一家公关公司、一家网络游戏开发公司、一家招商孵化中心 |
| 19 | 易一天使 | 2013 | 41 | 初创期 | 移动互联网、电子商务 | | 由重庆市博恩科技（集团）有限公司发起成立的天使投资机构，主要关注信息产业的三个领域：移动互联网、互联网金融以及互联网基础服务，投资阶段主要为处于种子期和天使期 |
| 20 | 猪八戒网 | 2005 | 4 | 初创期、扩张期 | 企业服务、移动互联网 | | 猪八戒网是服务众包平台，由原《重庆晚报》记者朱明跃创办于2006年，服务交易品类涵盖创意设计、网站建设、网络营销、文案策划、生活服务等多种行业。2015年平台交易额75亿元，市场占有率超过80%。2015年6月，猪八戒网获得赛伯乐集团和重庆国有企业的26亿元C轮投资，目前估值达110亿元 |

续表

| 序号 | 投资机构 | 成立年份 | 投资项目数 | 投资偏好 | 投资领域 | 投资川渝项目 | 公司简介 |
|---|---|---|---|---|---|---|---|
| 21 | 长安私人资本/麒厚西海 | 2007 | 4 | — | 移动互联网、医疗健康 | | 主要经营股权投资管理；企业项目投资咨询；商务信息咨询；投资管理 |
| 22 | 乡村基 | — | 1 | 初创期、扩张期 | 生活消费、移动互联网 | 2016年8月战略投资重庆嘿好吃项目数百万元 | 成立于1996年，是一家川渝口味的米饭快餐企业。截至2015年底，乡村基已拥有直营连锁餐厅400余家，分布在重庆、四川、贵州、西安、云南、湖南、湖北等地 |
| 23 | 晓石资本 | 2016 | 1 | 初创期、扩张期 | 企业服务、金融支持 | 与京北投资一道于2016年9月投资乐首付项目Pre-A轮800万元人民币 | 通过丰富的行业资源、高水平的风险把控能力、独立的自主开发系统真正实现金融与互联网的跨界合作 |
| 24 | 聚心资本 | — | 2 | 初创期、扩张期 | 移动互联网、硬件 | | 聚心资本是一家创业板上市公司重庆博腾制药科技股份旗下的专注投资的科技公司 |
| 25 | 华威国际集团 | 1998 | 12 | 扩张期、成熟期 | — | | CID成立于1998年，是亚洲成长最快的私募基金管理公司之一，管理超过8亿美元以上的基金 |
| 26 | 清控金融 | 2012 | — | 初创期、扩张期、成熟期 | — | | 成立于2012年，位于北京市海淀区清华科技园，由清华控股出资设立。清控金融主要从事资产管理、股权投资、投资咨询等业务，是清华控股有限公司金融资产与金融业务投资、管理和运营的平台。目前，清控金融的成员企业包括紫荆资本、金信资本、华控汇金、三联创投、诺德基金、中融人寿、国金证券和重庆国信，资产管理规模逾200亿元 |
| 27 | 远东宏信 | 1999 | 3 | 扩张期、成熟期 | 移动互联网、金融服务 | | 公司于2011年3月30日在香港联交所主板上市，融资租赁服务处于同行业领先地位 |
| 28 | 英飞尼迪 | 1993 | 15 | — | 移动互联网、教育 | 与中以股权基金和宗申产业集团投资重庆迈可丽儿pre-A轮1亿元融资 | 2004年成功启动的Infinity-CSVC基金是被中国和以色列政府批准的第一家中外合作非法人制创业投资基金，目前透过旗下23只美元/人民币基金（其中20只基金位于中国）和数个孵化器，英飞尼迪管理着超过上百亿的资产和上百家企业 |

资料来源：根据创业邦网站及相关企业网站整理。

场，企业本身在资本市场上的竞争能力相对较弱。

与此同时，随着创业板市场的开放，为大量中小企业利用资本市场融资和成长创造了条件。截至 2016 年 11 月 23 日，川渝地区与新媒体相关行业（如互联网和相关服务业、软件和信息技术服务业）的挂牌公司共 76 家（见表 10-6），为新媒体未来成长提供了良好的资金供给和技术基础。

## （二）民间资本投资新媒体不足

新媒体的成长，尤其是新媒体在探寻盈利模式的过程中，难以获取银行等传统金融机构的资金支持，这为民间资本进入新媒体领域创造了天然的条件。从川渝地区新媒体成长历程来看，民间资本是新媒体成长的重要资本来源，例如，2015 年重庆商界传媒投资手艺网（www.91craft.com）天使轮数百万元，2016 年 3 月克雷投资投资挖挖 pre-A 轮 2000 万元，2016 年 8 月乡村基战略投资重庆嘿好吃项目数百万元。但是，从川渝地区民间资本对新媒体的投资情况来看，其投资强度和投资水平均显不足。

表 10-5　川渝地区从事新媒体相关业务的上市公司一览表

| 序号 | 上市公司 | 代码 | 上市时间 | 公司概况 | 民营资本持股比例*（%） |
|---|---|---|---|---|---|
| 1 | 博瑞传播 | 600880 | 1995-11-15 | 原名四川电器股份有限公司，系 1988 年经成都市经济体制改革委员会批准改制并向社会企事业单位和社会公众定向募集部分股份成立，1995 年 11 月 15 日在上交所正式挂牌上市。发行总市值 5075 万元 | 35.24 |
| 2 | 长城动漫 | 000835 | 1999-06-25 | 公司前身为“上海隆源双登实业股份有限公司”，2005 年 7 月 29 日，公司名变更为四川圣达实业股份有限公司，注册地址迁往成都。2015 年 7 月 23 日名称由“四川长城国际动漫游戏股份有限公司”变更为“长城国际动漫游戏股份有限公司”。发行总市值 6926 万元 | 17.06 |
| 3 | 印纪传媒 | 002143 | 2007-07-20 | 2015 年 1 月 15 日，“印纪娱乐传媒股份有限公司”借壳“四川高金食品股份有限公司”上市。发行总市值 2.74 亿元 | 89.49 |
| 4 | 金亚科技 | 300028 | 2009-10-30 | 成都金亚科技股份有限公司，前身为成都金亚高科技有限公司。发行总市值 4.18 亿元 | 35.95 |
| 5 | 迅游科技 | 300467 | 2015-05-27 | 原名为四川蓝月科技有限公司。发行总市值 3.38 亿元 | 59.95 |

续表

| 序号 | 上市公司 | 代码 | 上市时间 | 公司概况 | 民营资本持股比例（%） |
|---|---|---|---|---|---|
| 6 | 新华文轩 | 601811 | 2016-08-08 | 由四川新华发行集团在重组改制基础上，联合成都华盛集团、四川出版集团、川报集团、四川少儿出版社和辽宁出版集团，根据《公司法》的规定以发起设立方式依法设立的股份有限公司。发行总市值 7.03 亿元 | 4.32 |

注：* 指该公司前 10 大股东中民营资本总持股比例（扣除国有股份以及国有投资基金之后），数据截止时间为 2016 年 9 月 30 日。

资料来源：根据相关企业网站整理。

**表 10-6　川渝地区新媒体相关行业挂牌公司一览表**

| 公司代码 | 公司简称 | 转让类型 | 所属行业 | 主办券商 | 地区 |
|---|---|---|---|---|---|
| 430627 | 页游科技 | 协议 | 互联网和相关服务 | 中国中投证券有限责任公司 | 四川省 |
| 833048 | 米米乐 | 协议 | 互联网和相关服务 | 东兴证券股份有限公司 | 四川省 |
| 833699 | 联网科技 | 协议 | 互联网和相关服务 | 东兴证券股份有限公司 | 四川省 |
| 834132 | 我要去哪 | 协议 | 互联网和相关服务 | 申万宏源证券有限公司 | 四川省 |
| 834133 | 卓杭科技 | 协议 | 互联网和相关服务 | 招商证券股份有限公司 | 四川省 |
| 834585 | 否玖伍 | 协议 | 互联网和相关服务 | 联讯证券股份有限公司 | 四川省 |
| 835041 | 三加六 | 协议 | 互联网和相关服务 | 东吴证券股份有限公司 | 四川省 |
| 835997 | 雨神电竞 | 协议 | 互联网和相关服务 | 广州证券股份有限公司 | 四川省 |
| 838094 | 中微科技 | 协议 | 互联网和相关服务 | 东兴证券股份有限公司 | 四川省 |
| 834484 | 博拉网络 | 协议 | 互联网和相关服务 | 申万宏源证券有限公司 | 重庆市 |
| 836617 | 软岛科技 | 做市 | 互联网和相关服务 | 国泰君安证券股份有限公司 | 重庆市 |
| 430426 | 长城软件 | 做市 | 软件和信息技术服务业 | 光大证券股份有限公司 | 四川省 |
| 430629 | 国科海博 | 做市 | 软件和信息技术服务业 | 东吴证券股份有限公司 | 四川省 |
| 831021 | 华雁信息 | 做市 | 软件和信息技术服务业 | 申万宏源证券有限公司 | 四川省 |
| 831288 | 安美勤 | 协议 | 软件和信息技术服务业 | 东方花旗证券有限公司 | 四川省 |
| 831490 | 成电光信 | 协议 | 软件和信息技术服务业 | 华西证券股份有限公司 | 四川省 |
| 831495 | 中联信通 | 协议 | 软件和信息技术服务业 | 兴业证券股份有限公司 | 四川省 |
| 831885 | 鱼鳞图 | 做市 | 软件和信息技术服务业 | 国金证券股份有限公司 | 四川省 |
| 832483 | 普罗米新 | 协议 | 软件和信息技术服务业 | 信达证券股份有限公司 | 四川省 |
| 832584 | 观想科技 | 协议 | 软件和信息技术服务业 | 广发证券股份有限公司 | 四川省 |
| 832714 | 思晗科技 | 协议 | 软件和信息技术服务业 | 首创证券有限责任公司 | 四川省 |

续表

| 公司代码 | 公司简称 | 转让类型 | 所属行业 | 主办券商 | 地区 |
|---|---|---|---|---|---|
| 833424 | 电庄股份 | 协议 | 软件和信息技术服务业 | 英大证券有限责任公司 | 四川省 |
| 833470 | 泰聚泰 | 协议 | 软件和信息技术服务业 | 兴业证券股份有限公司 | 四川省 |
| 833485 | 硕达科技 | 协议 | 软件和信息技术服务业 | 申万宏源证券有限公司 | 四川省 |
| 833555 | 华南信息 | 协议 | 软件和信息技术服务业 | 申万宏源证券有限公司 | 四川省 |
| 833668 | 天力软件 | 协议 | 软件和信息技术服务业 | 华西证券股份有限公司 | 四川省 |
| 833851 | 景云祥 | 协议 | 软件和信息技术服务业 | 中信证券股份有限公司 | 四川省 |
| 833894 | 卓影科技 | 协议 | 软件和信息技术服务业 | 申万宏源证券有限公司 | 四川省 |
| 834202 | 纵横六合 | 协议 | 软件和信息技术服务业 | 东北证券股份有限公司 | 四川省 |
| 834650 | 之维安 | 协议 | 软件和信息技术服务业 | 华西证券股份有限公司 | 四川省 |
| 834926 | 安杰信 | 协议 | 软件和信息技术服务业 | 信达证券股份有限公司 | 四川省 |
| 835040 | 莲合科技 | 协议 | 软件和信息技术服务业 | 首创证券有限责任公司 | 四川省 |
| 835247 | 云晖航科 | 协议 | 软件和信息技术服务业 | 华龙证券股份有限公司 | 四川省 |
| 835287 | 鹏业软件 | 协议 | 软件和信息技术服务业 | 中原证券股份有限公司 | 四川省 |
| 835325 | 搜搜电商 | 协议 | 软件和信息技术服务业 | 广州证券股份有限公司 | 四川省 |
| 835719 | 卡莱博尔 | 协议 | 软件和信息技术服务业 | 国开证券有限责任公司 | 四川省 |
| 836011 | 朋万科技 | 协议 | 软件和信息技术服务业 | 国信证券股份有限公司 | 四川省 |
| 836106 | 君逸数码 | 协议 | 软件和信息技术服务业 | 东北证券股份有限公司 | 四川省 |
| 836177 | 映潮科技 | 协议 | 软件和信息技术服务业 | 湘财证券股份有限公司 | 四川省 |
| 836191 | 亚讯星科 | 协议 | 软件和信息技术服务业 | 中泰证券股份有限公司 | 四川省 |
| 836199 | 正源中溯 | 协议 | 软件和信息技术服务业 | 民生证券股份有限公司 | 四川省 |
| 836678 | 紫极科技 | 协议 | 软件和信息技术服务业 | 财通证券股份有限公司 | 四川省 |
| 836803 | 依能科技 | 协议 | 软件和信息技术服务业 | 华西证券股份有限公司 | 四川省 |
| 836851 | 星盾科技 | 协议 | 软件和信息技术服务业 | 华西证券股份有限公司 | 四川省 |
| 837522 | 能信科技 | 协议 | 软件和信息技术服务业 | 东吴证券股份有限公司 | 四川省 |
| 837884 | 佳缘科技 | 协议 | 软件和信息技术服务业 | 东莞证券股份有限公司 | 四川省 |
| 837926 | 初唐科技 | 协议 | 软件和信息技术服务业 | 国都证券股份有限公司 | 四川省 |
| 837928 | 雷克斯 | 协议 | 软件和信息技术服务业 | 东兴证券股份有限公司 | 四川省 |
| 838063 | 弘信科技 | 协议 | 软件和信息技术服务业 | 长江证券股份有限公司 | 四川省 |
| 838129 | 同步新科 | 协议 | 软件和信息技术服务业 | 首创证券有限责任公司 | 四川省 |
| 838184 | 九成信息 | 协议 | 软件和信息技术服务业 | 东吴证券股份有限公司 | 四川省 |

续表

| 公司代码 | 公司简称 | 转让类型 | 所属行业 | 主办券商 | 地区 |
|---|---|---|---|---|---|
| 838534 | 中讯创新 | 协议 | 软件和信息技术服务业 | 首创证券有限责任公司 | 四川省 |
| 838856 | 好房通 | 协议 | 软件和信息技术服务业 | 东吴证券股份有限公司 | 四川省 |
| 838990 | 维纳软件 | 协议 | 软件和信息技术服务业 | 广州证券股份有限公司 | 四川省 |
| 839018 | 凯普顿 | 协议 | 软件和信息技术服务业 | 信达证券股份有限公司 | 四川省 |
| 839022 | 天意天映 | 协议 | 软件和信息技术服务业 | 湘财证券股份有限公司 | 四川省 |
| 839172 | 高德唯斯 | 协议 | 软件和信息技术服务业 | 长江证券股份有限公司 | 四川省 |
| 839175 | 步速者 | 协议 | 软件和信息技术服务业 | 东兴证券股份有限公司 | 四川省 |
| 839200 | 中亚通茂 | 协议 | 软件和信息技术服务业 | 中国银河证券股份有限公司 | 四川省 |
| 839315 | 移联创 | 协议 | 软件和信息技术服务业 | 西南证券股份有限公司 | 四川省 |
| 839421 | 金互通 | 协议 | 软件和信息技术服务业 | 安信证券股份有限公司 | 四川省 |
| 839435 | 大宇信息 | 协议 | 软件和信息技术服务业 | 湘财证券股份有限公司 | 四川省 |
| 839487 | 智科通信 | 协议 | 软件和信息技术服务业 | 国联证券股份有限公司 | 四川省 |
| 839654 | 芯软科技 | 协议 | 软件和信息技术服务业 | 西南证券股份有限公司 | 四川省 |
| 839810 | 微核科技 | 协议 | 软件和信息技术服务业 | 西南证券股份有限公司 | 四川省 |
| 430448 | 和航科技 | 协议 | 软件和信息技术服务业 | 大通证券股份有限公司 | 重庆市 |
| 430562 | 安运科技 | 协议 | 软件和信息技术服务业 | 中信建投证券股份有限公司 | 重庆市 |
| 830780 | 永鹏科技 | 做市 | 软件和信息技术服务业 | 申万宏源证券有限公司 | 重庆市 |
| 832778 | 多邦科技 | 协议 | 软件和信息技术服务业 | 国信证券股份有限公司 | 重庆市 |
| 833219 | 软汇科技 | 协议 | 软件和信息技术服务业 | 申万宏源证券有限公司 | 重庆市 |
| 834569 | 微标科技 | 协议 | 软件和信息技术服务业 | 申万宏源证券有限公司 | 重庆市 |
| 836172 | 中迪医疗 | 协议 | 软件和信息技术服务业 | 中泰证券股份有限公司 | 重庆市 |
| 837766 | 讯美科技 | 协议 | 软件和信息技术服务业 | 广发证券股份有限公司 | 重庆市 |
| 837988 | 兆光科技 | 协议 | 软件和信息技术服务业 | 国融证券股份有限公司 | 重庆市 |
| 838778 | 朗天通讯 | 协议 | 软件和信息技术服务业 | 山西证券股份有限公司 | 重庆市 |
| 839522 | 凯泽科技 | 协议 | 软件和信息技术服务业 | 西南证券股份有限公司 | 重庆市 |

注：数据截止时间为 2016 年 11 月 23 日。

资料来源：全国中小企业股权转让系统，http：//www.neeq.com.cn。

从成渝经济区资本市场和民间资本发展的现实来看，民间资本在改革开放后得以快速发展，并成为资本市场中的重要构成要素。然而，受自身投资能力以及管理水平的影响，成渝经济区民间资本进入新媒体领域的比重较小，但未来有望迎来快速的增长态势。

# 第三节　成渝经济区民间资本进入新媒体产业的主要方式

民间资本由于其趋利性质，使得其在投资新媒体过程中具有更加显著的资本理性特征。结合成渝经济区民营资本投资新媒体的实际情况，民间资本在进入新媒体的发展过程中主要表现出如下几种方式：

## 一、以混合所有制形式助推传统传媒企业向新媒体转型

成渝经济区传统媒体发展基础较好，形成了一大批在区域乃至全国具有重要影响力的传媒企业集团。在互联网等技术影响不断深入的背景下，传统传媒企业积极进军新媒体领域，寄希望于利用新的媒体传播工具推动自身的转型。然而，由于新媒体还处于快速成长期，新媒体未来发展也面临一定的市场和运营风险，传统传媒企业在进军新媒体促进自身转型发展的过程中受体制和资本等方面的限制，难以全面投入新媒体领域。因此，在实际的运作过程中，成渝地区部分传统媒体企业通过资本运作，吸引民间资本，以混合所有制形式推动自身向新媒体企业转型发展。成都传媒集团作为成渝经济区的重要媒体集团，在新媒体发展的大潮下，通过借壳四川电器成功将成都博瑞传播股份有限公司推向资本市场，有效解决了国有传媒企业体制和资本运作的困境。

**专栏 10-2　成都传媒集团以资本化运作助推自身向新媒体转型**

2006 年 11 月 28 日，成都传媒集团成立，其成立是在成都日报报业集团（成立于 2002 年 9 月 26 日）基础上实行两块牌子一套班子的运行模式。集团旗下有 6 家报纸、4 家期刊、1 家出版社、3 家媒体，同时涉足其他文

化产业领域（如图 10–3 所示，集团全资、控股、参股企业 126 户，现有在职人员 8000 余人。根据新闻出版总署公布数据显示，集团 2011~2013 年连续 3 年名列全国报刊出版集团总体经济规模第一，2014 年依然位居第二。在集团下属的各类传媒产品中，《成都日报》、《成都商报》、《每日经济新闻》等均在同行名列前茅。[①] 从成都传媒集团的发展历程来看，其朝着新媒体转型主要经历了如下三个阶段。

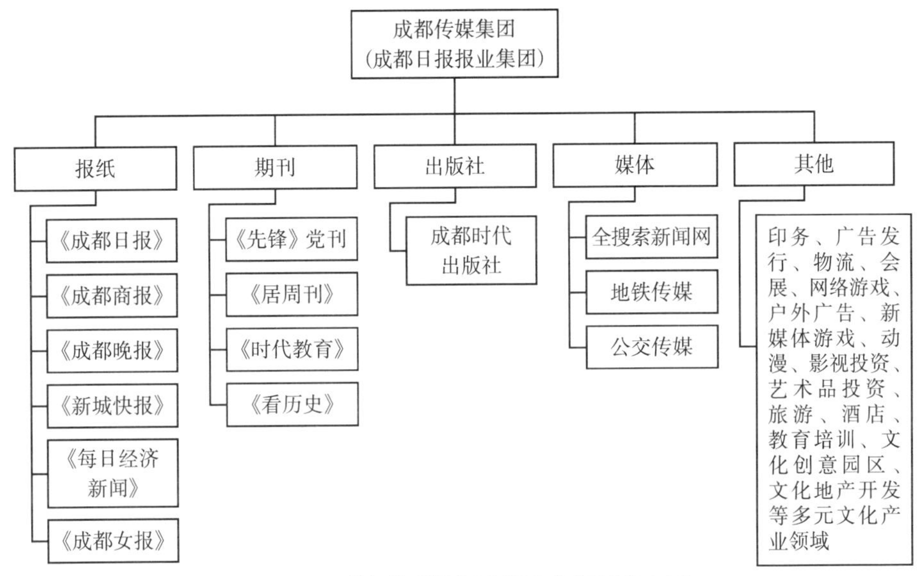


**图 10–3　成都传媒集团主要业务领域分布图**

资料来源：作者根据成都传媒集团公司网站信息绘制。

1. 试水资本市场阶段

1997 年 7 月，为拓展公司多元化投资渠道，旗下的《成都商报》成立了博瑞投资控股集团有限公司。1999 年，通过资本化运营，博瑞投资受让持有原成都国有资产管理局持有的“四川电器”27.65%的股份，成为其第一大股东。借此机会，《成都商报》控股的成都博瑞传播股份有限公司（SH 600880）成功借壳“四川电器”登陆资本市场。

① 资料来源：成都传媒集团网站，http：//www.cmgchengdu.com。

2. 进军新媒体阶段

2005 年，博瑞传播在新媒体方兴未艾之时，较有远见地提出了将成为“传统媒体的运营服务商、新兴媒体的内容提供商”的业务发展基本方向。在此经营方向的指引下，公司于 2009 年投资 4.47 亿元全资收购成都梦工厂网络信息有限公司，进军网络游戏行业。收购当年，成都梦工厂网络信息有限公司即实现净利润 7000 多万元，博瑞传播也借此实现了从平面媒体经营业务向综合性多媒体经营业务的跨越。此外，2009 年公司大力开展资本运作，控股或参股《每日经济新闻》、手游公司、户外广告公司等新媒体资源，成为成都传媒集团旗下最为重要的新媒体运营主体。

2010 年，在博瑞传播进军新媒体成功实践的示范效应下，成都传媒集团在集团层面通过了《大力发展新媒体的决议》，明确提出确保每年投入新媒体的资金不低于营业总收入的 3%。在集团大力拓展新媒体业务的基本方针下，集团以锁定优质文化和产业园区的土地资源为重要平台，引进中国移动、中国电信等渠道运营商，并积极拓展与美国新闻集团、香港无线电视、中影集团、成都地铁公司等企业开展资本与业务合作，打造国内独树一帜的“数字音乐公园”、“文化创意产业园”以及“大型的演艺场馆”。

3. 资本投资助推新媒体发展

在集团新媒体战略实施的背景下，博瑞传播以资本化运作助推新媒体业务发展。2009 年 10 月，博瑞传播设立了创业投资平台——北京博瑞盛德创业投资有限公司，主要从事创业投资业务，投资方向是文化传媒项目和 Pre-IPO 项目，并于同年 11 月在上海成立投资总部。通过投资平台的建设，博瑞传播完善了新媒体项目开发、筛选、分析、评价的管理体系，并借此助推成都传媒集团通过资本化运作提升其在新媒体领域的影响力。[①]

2014 年，成都传媒集团正式启动媒体融合“4311”战略。随着成都传

① 资料来源：马莉. 向文化产业经营者“进化”[N]. 传媒，2010（10）.

媒集团数字采编中心正式运行，标志着成都在西部率先实现内容、渠道、平台、经营、管理全面打通的媒体融合格局。目前，集团新媒体产品已涵盖网站、客户端、微博、微信、视频等主要产品形态。此外，在2016年全国“两会”期间，“微成都”推出的“成都新常识问答”专题被中央网信办在官网推荐并给予高度肯定。①

通过资本化运作，成都传媒集团实现了在新媒体领域的转型，并依托博瑞传播及其下属的投资公司，投资漫游谷、北京锐易通科技、德勤股份和蓝普科技等项目。与国内资本联合，博瑞传播在2015年12月分别与上海永宣投资管理有限公司、上海英硕投资中心（有限合伙）合作发起设立文化产业并购基金“成都联创博瑞股权投资基金管理中心（有限合伙）”、“成都英硕博瑞股权投资合伙企业（有限合伙）”，基金总规模超过50亿元，为四川乃至中国新媒体行业发展注入了一份力量。

（资料来源：根据成都传媒集团网站及相关资料整理。）

## 二、以资金供给支持助推新媒体成长和商业模式创新

新媒体在成长过程中需要大量的外部资金注入，民营资本投资新媒体可为这一阶段的新媒体成长提供资金支持。成都传媒集团在新媒体快速发展的大背景下，通过博瑞传播借壳上市，并进而通过资本化投资新媒体项目，实现了利用公众资金和社会资本分散风险、助推成长的目的。通过VC、PE等方式，一些新媒体项目，例如挖挖网、手艺网、嘿好吃等，获取了成长时期的资本支持，为其进一步成长和盈利提供了资金支持。

与此同时，民营资本对新媒体的投资，更多的是寄希望于投资新业务获取未来超额回报。因此，民营资本在投资新媒体过程中，往往对其辅之以人才、管理等方面的支持，并通过股权持有、对赌协议等方式为未来获取收益提供保障。在

① 资料来源：成都传媒集团网站，http：//www.cmgchengdu.com。

此压力下，新媒体企业会不断创新和完善商业模式，以保证自身和投资人共同利益的实现。克雷投资投资挖挖网，促进挖挖网从原有基于地理位置分享的社交媒体平台朝着纵向一体化方向发展，助推挖挖网从单纯的信息分享平台朝着连接商家、消费者、广告商、支付商等多主体平台演化，促进了挖挖网商业模式的创新，为其未来依靠自身收入和现金流发展创造了条件。2015 年重庆商界传媒投资手艺网天使轮数百万元，为手艺网从原来手艺人交流平台向更加深度的手艺工艺品设计、营销、生产等过程全方位交流和合作转型，为其后续融资和进一步成长创造了条件。

**专栏 10–3　成都克雷投资有限公司投资挖挖网**

2016 年 3 月，成都克雷投资有限公司领投，万维创客跟投，投资周边游平台挖控网 2000 万元 Pre–A 轮融资，本轮融资将为挖控网的第二阶段发展提供充足的资金支持。

1. 挖挖网简况

2014 年 9 月，挖挖网成立于成都，网站隶属于成都佑丰科技有限公司，创始人为吴一博。挖挖网早期是一家致力于解决用户吃喝玩乐的周边游平台，通过地理位置为用户提供精准的内容推荐以及探店攻略，商业模式为通过导流变现，即在于如何找到值得推荐的店铺并精准推荐给消费者。挖挖网利用挖挖 APP，为用户推荐附近美食、周边游、亲子游和休闲场所，使用户能够轻松方便地做出自己的选择，体验不一样的生活。

类似挖挖的平台，上海有 YHOUSE，北京有城觅。YHOUSE 成立于 2012 年 10 月，最新一轮融资于 2015 年 9 月完成，为 1.2 亿元的 B 轮融资，投资方为赛富基金和达晨创投；城觅成立于 2013 年 9 月，最新一次融资于 2015 年 1 月完成，为 230 万美元 A 轮融资，由腾讯产业基金投资领投、天使投资人周杰跟投，截至 2016 年 2 月移动端用户数达到 100 万人。创始人吴一博认为挖挖与其他平台定位不同，挖挖定位是围绕商家走轻奢路线，针对中高端或者说中产阶级用户，以分段式差异化消费为主，挖挖合作商户是人均消费水平在70~150元的潮店，且女性是消费主力军，而YHOUSE的人均消费额基本在200元以上。[①]

2. 克雷投资有限公司投资挖挖网目的

天使轮阶段，挖挖主要做社交分享，引导用户消费，目的是获客。创始人吴一博谈到天使轮融资得以完成也是基于其清晰的模式，但当时用户基数不足以支撑挖挖现行运营模式，所以此次融资后，挖挖的重要改变就是经营战略的调整。通过此轮融资，挖挖可以在如下几个方面拓展业务：①帮助商家为新品或新店铺进行线上线下宣传；②与美团类似，全店统一折扣，利用商家折扣差赚取利润，不同于美团的是挖挖规定必须线上支付；③做义工积分系统，现今平台已经形成现金流。截至2016年3月，“挖挖”已在西南地区的成都和重庆开展业务，并计划进一步进军西安和长沙。据“挖挖”数据显示，目前已在成都拥有合作商家150家左右，用户约20万人，日活跃用户1.5万~2.5万人，月订单数3000单。

克雷投资通过投资挖挖网，不仅为其提供资金支持，也通过投资方在成都地区的资源，为挖挖网创造传统线下餐饮和旅游资源对接的机会，将助力挖挖在新的模式下向西南地区深入扩张业务。

（资料来源：作者根据创业邦网站及相关网络资料整理。）

## 三、以投资新媒体实现双方协同发展

一些新兴的新媒体项目，由于自身商业模式不成熟等原因，难以在银行等正式金融机构获取资金。与此同时，一些民营企业在转型升级和持续成长的压力下，也希望通过投资新媒体等新兴领域助推其长期可持续发展。部分民营资本通

① 资料来源：张俊宝. 挖挖完成2000万元Pre-A轮融资！［EB/OL］. http：//www.iyiou.com/p/24969，2016-03-08.

过投资新媒体领域，尤其是与其具有较强业务联系和协同关系的新媒体企业，在促进新媒体企业发展的同时实现自身的转型发展，获取投资带来的协同效应。例如乡村基投资嘿好吃，在为嘿好吃项目提供除资本支持以外的其他能力支持，也为嘿好吃线下运作提供平台，为嘿好吃迅速导入流量创造条件。与此同时，乡村基作为成渝经济区的领军级快餐连锁企业，可以利用嘿好吃这一新媒体平台推广，实现双方在资本、运营、信息、能力、客户等方面的协同发展。

**专栏 10-4 乡村基投资重庆嘿好吃**

2016 年 8 月，乡村基（重庆）投资有限公司战略投资重庆嘿好吃项目数百万元。

1. 重庆嘿好吃概况

重庆嘿好吃自 2015 年初开始运营，总部设于重庆，截至目前其团队人数近 40 人。通过“西瓜助手”对“重庆嘿好吃”微信公众号进行分析，预估活跃粉丝约 45 万人，其头条广告行业报价为 1.1 万~2 万元人民币。重庆嘿好吃隶属于成都优米汇电子商务有限公司，总部设于重庆，其承包了重庆的美食精华、玩乐攻略和百科 DIY 等，为重庆当地和到重庆旅游的人提供美食推荐。

“重庆嘿好吃”是以公众号为代表的自媒体矩阵，坚持以内容为导向，用“原创”和“精品”路线低成本获取用户。在餐饮行业的纵向发展上，“重庆嘿好吃”通过控股、参股等形式，布局涵盖餐饮品牌策略、信息化供应链、推广传播、线上平台和终端配送供应链在内的一体化供应链解决方案。

“重庆嘿好吃”类似总部位于北京的餐饮老板内参、掌柜攻略等餐饮产业媒体。截至 2016 年 8 月，餐饮老板内参已完成 5000 万元人民币 A 轮融资，掌柜攻略完成千万级人民币 Pre-A 轮融资，职业餐饮网孵化的餐饮咖完成 300 万元人民币天使轮融资……除此之外的物流、金融、汽车、旅游、教育、医疗、B2B、社区等行业也均有特定行业属性的垂直产业媒体出现；甚至还曾有专门定位为不说谎的融资媒体“铅笔道”也曾获得过480万元人民币天使轮融资。①

2. 乡村基投资嘿好吃的协同效应

乡村基（重庆）投资有限公司成立于1996年，是一家川渝口味的米饭快餐企业。截至2015年底，乡村基已拥有直营连锁餐厅400余家，分布在重庆、四川、贵州、西安、云南、湖南、湖北等地。②

乡村基此次投资重庆嘿好吃可以实现双方的协同效应。首先，通过此轮融资，嘿好吃可以进一步实现其从内容服务的自媒体向纵向产品供给过程中的资本需求，支持未来转型发展的需要；其次，乡村基本身作为立足西南，不断朝着中西部拓展餐饮企业，拥有较高的门店客流量，投资该项目可为重庆嘿好吃提供用户入口，促进双方的共同成长；最后，通过投资重庆嘿好吃，可以利用自身的专业优势促进嘿好吃一体化供应链服务体系的完善和升级。

资料来源：作者根据创业邦网站及相关网络资料整理。

成渝经济区民间资本进入新媒体过程中表现出不同的方式，既有传统国有传媒企业通过混合所有制改革推动自身转型发展，也有新兴民间产业资本和金融资本投资新媒体，实现与企业自身的协同发展并实现投资收益。

---

① 数据来源：乡村基投资餐饮自媒体，重庆嘿好吃融千万元［EB/OL］. http：//www.iyiou.com/p/30401，2016-08-15.

② 数据来源：乡村基（重庆）投资有限公司网站，http：//www.csc100.com/about/about.php。

# 第四节　成渝经济区民间资本进入新媒体产业的问题与对策

从川渝地区民间资本进入新媒体的实际情况来看，存在着自发式进入、能力较弱、监管不足等方面的问题，需要在政策引导和监管方面予以强化，为民营资本支持新媒体发展创造良好的外部环境。

## 一、主要问题

### （一）民间资本对新媒体发展支持力度不足

从成渝经济区新媒体发展的现实来看，新媒体的发展还主要依托于国有资本，依托于传统国有媒体企业在新媒体领域的开拓，传统媒体在新媒体时代强化了自身的影响力，民间资本所占比例相对较低，尚未形成显著的规模效应。总体来看，成渝经济区民间资本在新媒体发展中的主要投资领域为新兴互联网产业催生的各种商业活动中，例如分享社区、网络游戏，对于纯粹的媒体业务参与度较低。且由于成渝经济区地处西部地区，新媒体发展较中东部地区相对落后，民营资本发展水平也相对较低，二者的结合也显著落后于东部地区。

### （二）民间资本进入新媒体领域存在较高的政策壁垒

2014 年 8 月 18 日，中央全面深化改革领导小组第四次会议审议通过了《关于推动传统媒体和新兴媒体融合发展的指导意见》。2016 年 7 月，新闻出版广电总局下发了《关于进一步加快广播电视媒体与新兴媒体融合发展的意见》，对于传统媒体与新兴媒体的融合发展提出了加大政策扶持力度的要求。然而，由于媒体行业较高的进入门槛，政策上尚未对民营资本如何进入新媒体给出明确的要求，民间资本在进入新媒体行业过程中存在较高的进入壁垒，这不利于民间资本在未来进入新媒体领域。

### （三）民间资本进入新媒体过程中的履责动机较低

从成渝经济区民营资本进入新媒体的实践来看，其主要是希望在当前互联网快速发展的大潮中获取自身的投资收益，是市场导向的一种自发式行为。然而，与一般行业不同，媒体行业肩负着价值传播的重要使命。从成渝经济区民营企业投资新媒体的动机来看，其更多地关注于经济目标，对于新媒体发展的社会目标和价值目标关注度不够。

## 二、对策建议

### （一）强化对民间资本进入新媒体行业的引导

基于新媒体作为媒体行业的自然属性，以及成渝经济区民营资本进入新媒体中存在的问题，需要政府加强对民间资本的引导。鼓励民间资本进入西部地区新媒体技术及基础设施建设等领域，扶持民间资本充分利用现有网络基础，系统解决网络接入速度、覆盖范围、应用普及等关键问题。调整产业进入标准，为民间资本进入新媒体领域提供明确的条件和准则，促进传统媒体向新媒体的转型。加强引导，鼓励民间资本在投资新媒体过程中注重履行社会责任，将社会价值创造放在与经济价值创造同等重要的位置上。

### （二）对不同的新媒体产品分类监管

新媒体是一个宽泛的概念，对于不同类型的新媒体，在民间资本进入和运营过程中应区别对待。对于传统媒体发展而来的互联网新媒体、移动互联网新媒体、社交新媒体、视听新媒体等，应按照广电传播相关规律予以监督管理，提升其在价值传播和文化创造中的作用；对于电商新媒体、动漫、游戏、自媒体等，需要结合企业和市场规律，对其加强引导，促进这类新媒体企业在实现自身商业价值的同时主动履行媒体企业的社会责任。

### （三）完善成渝经济区新媒体产权交易市场

为解决成渝经济区新媒体成长不足的问题，需要进一步完善成渝经济区新媒体产权交易市场，为不同投资者和新媒体企业在产权交易市场交易，促进成渝经济区新媒体企业的有序流动。建立和完善西部文化产业交易市场，并将其与东中部对接，将发达地区和城市的资本、技术、人才引入，鼓励成渝经济区优秀的新媒体企业和民间资本“走出去”，以大市场建设推动成渝经济区新媒体行业的快速发展。

# 第十一章　中部地区民间资本进入新媒体情况的考察

中国中部地区按自北向南、自东向西的排序来看，包括山西、河南、安徽、湖北、江西、湖南六个相邻省份。在本报告中，东北地区的辽宁、吉林、黑龙江三省新媒体也纳入本章。总体来看，由于受到互联网经济平台特征的影响，中部地区的新媒体产业发展并无明显的区域优势。

## 第一节　中部地区新媒体产业发展的总体情况

互联网经济推动了新媒体产业快速发展。从总体情况看，中部地区新媒体产业发展相对滞后，尤其民营资本主导的新媒体业务发展缓慢，但是中部地区新媒体产业地方特色明显。

### 一、中部地区新媒体产业发展相对滞后

中部地区的新媒体产业发展主要集中在“两微一端”传播平台，以及一些强调地方特征的文化传播和社区服务等方面。在新闻传播平台领域，只有湖北“九派新闻”一家上市企业，其他地方新闻平台也都以国有资本经营为主。在地方文

化和社区服务领域，大多以民营资本为主，但目前看这些新媒体业务还没有在全国范围形成明显的市场影响力。

### （一）区域信息化水平发展滞后

中部地区新媒体产业发展缓慢的根本原因在于信息经济发展滞后。《中国信息社会发展报告 2015》显示，中部地区的信息化指数为 0.3880，不但低于 0.4351 的全国平均水平，更远远低于东部地区 0.5489 的信息化发展水平。信息经济仍然是中部地区新媒体产业发展的短板，近年来，中西部地区尽管信息社会发展水平有所提升，但由于起点较低，与东部地区的绝对差距仍在扩大。

### （二）新媒体领域缺乏“千里马”

中部地区需要更多的互联网“千里马”企业出现。在“双创”政策的推动下，中国开启了第四轮创业浪潮，创业者与创新公司数量呈“井喷”之势（见图 11-1）。但是，受到创业环境和创业条件的制约，创业企业多集中在人才和资金相对充裕的东部城市。根据腾讯发布的《2016 互联网创新创业白皮书》测算的中国 TOP50 创业活力城市分布图，北京、上海、深圳仍然是创业最为活跃的城市，中部地区只有武汉进入第二梯队。新媒体产业是互联网经济繁荣发展下创业企业的主要领域，创业活动不够活跃，意味着中部城市仍处于双创探索期，新媒体产业发展缺乏新动力。

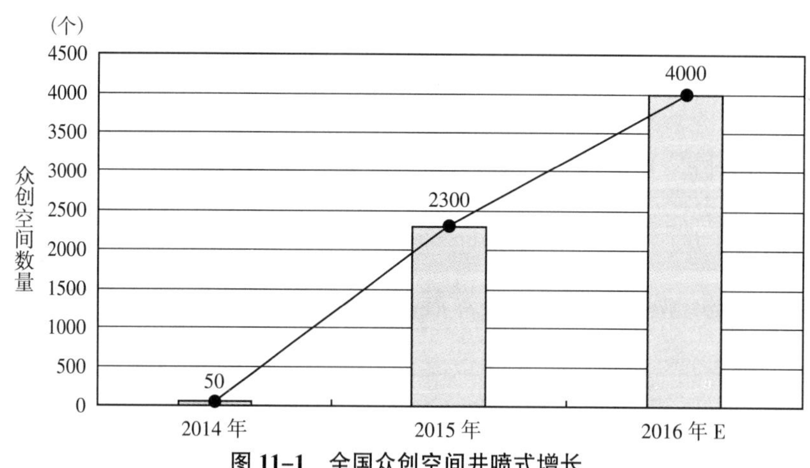


**图 11-1　全国众创空间井喷式增长**

资料来源：企鹅智酷。

### （三）需要把握好“双创”机会

中部地区民营资本在互联网领域的成长需要抓住“双创”机会。根据腾讯发布的《2016互联网创新创业白皮书》测算，2016年底中国众创空间数量或超过4000家。从产业定位方面来看，众创空间是新媒体产业的重要创业孵化器，集聚了基础服务、企业服务、政策资源、发展资金、社交平台、成长辅导、平台技术、网络流量、媒体资源等多项资源与服务。在全国领先的众创空间中，中部地区只有湖北武汉入选“十大众创空间”之末（见图11-2）。东北地区则没有发展态势良好的众创空间。创业空间活力不足意味着中西部地区民营资本缺乏信息。这也意味着这些区域互联网经济活力不足，而互联网经济的主要投资大都来自民营资本。

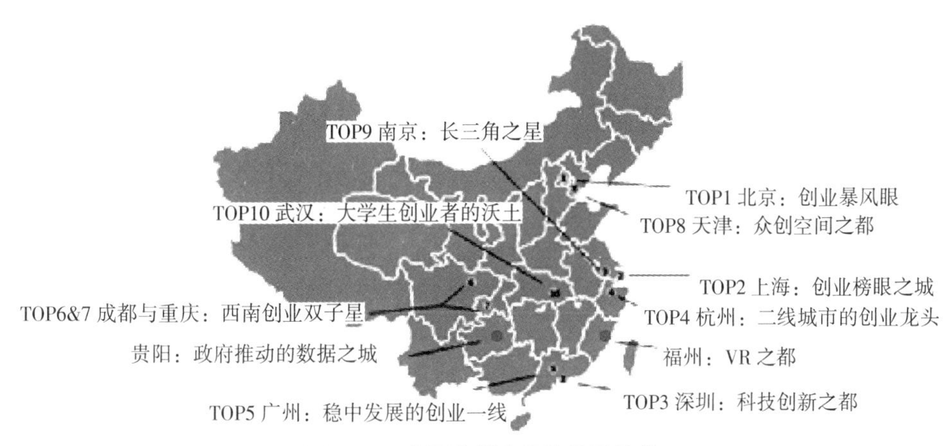


**图11-2 全国众创空间的发展趋势**

资料来源：企鹅智酷。

## 二、民营资本主导的业务领域发展缓慢

以BAT（百度、阿里巴巴、腾讯）为代表的互联网公司加大了对传统媒体业务的渗透，不断影响着新媒体产业的格局。然而，中部地区在新闻传播、视频直播、自媒体等新媒体产业快速发展的领域，并没有获得太多来自互联网巨头的投资。

### （一）新媒体合作项目承接较少

2015 年，以阿里巴巴为首的互联网巨头加快了整合传统媒体的步伐。2015 年 5 月，阿里巴巴投资入股电子版的北京青年报——社区报，并于当年 6 月入股成为《第一财经传媒》的第二大股东。在中西部地区，阿里巴巴也是频繁进行资本运营操作，2015 年 10 月阿里巴巴联合四川《华西都市报》成立“封面传媒”。然而，除了阿里巴巴与四川日报集团进行了新媒体业务合作，中部地区及东北地区并没有获得太多来自新兴互联网企业的投资。

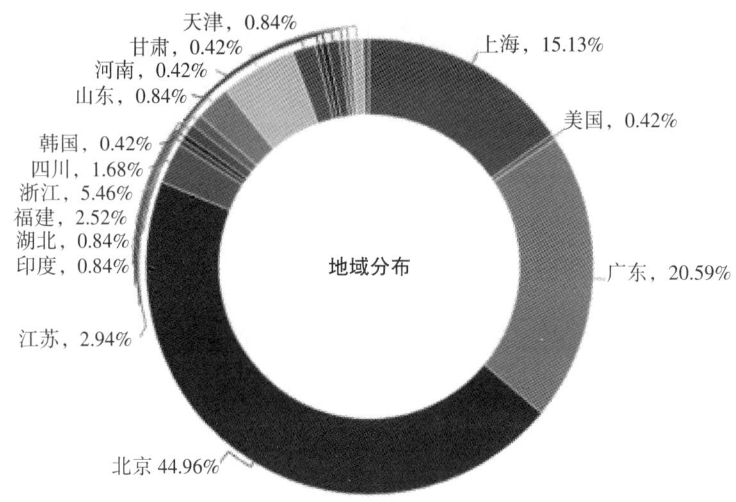


**图 11-3　腾讯投资项目地区分布**

资料来源：艾瑞咨询。

以腾讯的投资布局为例，腾讯目前作为中国互联网三巨头中的“巨无霸”，通过投资已经深深地渗入所有人的生活当中。截至 2016 年中，腾讯总共进行了超过 348 次投资，其中投资最多的方向是文化娱乐、企业服务、医疗健康、电子商务等。腾讯投资的 291 个项目中，出现了 48 个估值超过 10 亿元人民币或以上的未上市千里马，出现了 1 个已经 IPO 的公司，其中还有 26 个公司被并购。这些千里马里有用户们都很熟悉的斗鱼、BiliBili、丁香园、人人车、小红书、滴滴、陆金所、美团点评、知乎、饿了么、链家网、Keep 等。但是，腾讯在中部地区的投资仅占总投资的 0.84%。

### （二）新媒体发展模式还不明确

中部地区也在尝试和探索与互联网企业合作的模式。腾讯与各个省份合作，建设了大渝网、大粤网、大申网、大楚网、大浙网、大辽网、大苏网、大燕网等，但是这些合作更多流于表面形式，并没有太多的资金投入。总体来看，中部地区在 2015 年获得的互联网企业投资并不多。在视频直播等新兴领域，中部地区新媒体产业发展前景难以判断。从目前来看，还很难对视频直播行业的总体规模进行判断，也许中部将利用自身文化优势形成一些知名的直播平台。

### （三）自媒体项目融资进展缓慢

相对于东部地区的自媒体企业动辄千万级的融资规模，中部地区行业现状则不太乐观，只有约半数的自媒体实现了盈利。不可否认，自媒体的价值不断被挖掘，造就了一批品牌和模式。随着公司化、规范化运作，自媒体企业也获得了大量的风险投资和行业影响力。中部地区的新媒体企业规模较小，尤其对于中小自媒体人或自媒体品牌而言，生存无疑是当务之急，往往依靠大型互联网平台开展相关业务，缺乏资金的支持而举步维艰。

## 三、中部地区新媒体产业地方特色明显

随着“互联网+”相关政策的出台和信息技术的发展，互联网经济的飞速发展受到政府和社会的广泛关注。2015 年，互联网平台经济飞速发展，受到经济社会各界广泛关注。我国政府高度重视互联网平台经济，连续出台政策推动其快速、健康发展。互联网平台基于信息技术构建形成了连接多个参与方的虚拟空间，打破了实体经济的地域空间约束，平台经济成为互联网经济的主要表现形式。移动互联网继续推动互联网经济的发展，从而产生了新媒体产业。新媒体起源于互联网，彻底改变了传统的媒体形态，并不断创新发展。

### （一）各省份制定相关规划

我国中部地区新媒体行业发展迅速。总体来看，我国各地区互联网发展状况和经济发展水平有着较大差异。在产业格局上，中部地区并没有类似 BAT 那样的互联网巨头，并且 BAT 也没有在中部地区展开更多的产业布局。但是，在各

省的“十三五”规划中，中部省份均提出了发展网络经济的相关内容，其中湖北提出网络强省，河南提出建设网络经济大省，安徽和山西提出拓展网络经济空间，湖南提出大力发展网络经济，江西提出建设信息江西。随着全国“新媒体现象”的形成，新媒体行业规模发展速度惊人。中部地区的新媒体产业格局主要被划分为“社会化营销核心平台”和“消费者细分兴趣社区”两大部分。

**（二）“两微一端”为主要特征**

中部地区的新媒体产业也以“两微一端”为主要特征。移动互联网对新闻业的影响日渐深远，信息技术的进步改变了新闻服务提供的方式，民众媒介消费习惯逐渐改变，新媒体形成了自己独特的新闻语言、叙事和理念。“两微一端”的发展水平与地区经济水平正相关，北上广等东部一线城市引领新媒体发展大潮，中部、东北地区的表现比较平淡。在中部地区的“两微一端”新媒体中，还是主要以国有资本为主，如河南 12 类新媒体账号中，总体平均阅读量最高、表现最活跃的前 3 位新媒体平台分别是：“河南交通广播”、“汽车 912”、《大河报》。

**（三）地方特色媒体正在成长**

具有地方特色的新媒体产业正在成长。虽然暂时还没有形成规模效应，但是以地方特色为内容的新媒体业务正在繁荣发展，如餐饮美食、旅游、社区服务等。在这些领域，BAT 还没有形成有效的业务模式，给了民营资本巨大的成长空间。如艾媒咨询（iMedia Research）调研数据显示，部分经营者通过早期微博运营已为其带来一定的口碑与人气，41.5%的中小商家会借助淘宝等电商平台，37.8%尝试以微博进行经营与传播。这些民营企业支撑的新媒体逐渐显现出影响力，以社交媒体为例，河南微互盟动网络科技有限公司的叮当科技，已经展示出一定的竞争力和影响力。2016 年中部地区新媒体产业细分情况如表 11-1 所示。

表 11-1　2016 年中部地区新媒体产业细分情况

| 划分依据 | 产业分类 | 主要内容 | 客户端名称 | 企业名称 |
|---|---|---|---|---|
| 按照媒体形态的区别划分 | 新兴媒体产业 | 网络媒体产业：<br>包括门户网站产业、搜索引擎产业、网络社区产业、博客产业、播客（网络视频）产业、网络游戏产业、即时通信产业、网络出版产业、网络广播产业、RSS 产业、维客产业等细分产业 | 九派新闻<br>北国传媒 | 武汉日报<br>辽宁日报 |
| | | 手机媒体产业：<br>包括手机出版产业、手机广播产业、手机电视产业等 | 荆楚网<br>恩施日报 | 湖北日报<br>恩施日报 |
| | | 互动性电视媒体产业：<br>包括数字电视产业和 IPTV 产业 | 芒果 TV | 湖南电视台 |
| | 新型媒体产业 | 以楼宇电视产业、移动电视产业为代表 | — | — |

资料来源：作者整理。

# 第二节　中部地区民间资本进入新媒体产业的重点领域

中部地区的新媒体产业发展更加聚焦在新闻媒体的转型和视频产业的融合两个方面，其他特征并不明显。中部地区新媒体产业发展的特征主要包括："两微一端"新媒体平台正在形成、网络视频等多种媒体融合不断深入。

## 一、"两微一端"新媒体平台正在形成

从整个互联网产业看，门户网正在成为"传统行业"。目前，以腾讯新闻、今日头条、网易新闻为代表的综合信息媒体主导的行业格局已经初步显现。

### （一）促进传统网络媒体转型

以"微博"、"微信"和"新闻客户端"为代表的"两微一端"正成为中部地区传统媒体转型发展的主要方式。在新闻客户端方面，继 2014 年 7 月 22 日"澎

湃新闻”上线后，2015 年广东“并读新闻”、北京“无界新闻”、武汉“九派新闻”和重庆“上游新闻”也接连上线，形成了“东澎湃、西上游、南并读、北无界、中九派”的新闻客户端局面。在此种格局中，来自中部地区武汉的“九派新闻”成为重要的一极。

### （二）提升网络营销服务水平

在地方特色服务方面，以微信为载体的新媒体快速发展。微信是网商与用户交流的主要手段，众多企业都开设了微信公众账号，采取 B2C 微商模式进行商品销售。与大量的用户以及消费者进行交流，让消费者能够更好地实现自身服务的产品化，进而形成了移动电商领域的一个重要部分。

## 二、网络视频等多种媒体融合不断深入

网络视频等新媒体的发展促进传统视频媒体的转型，并不断拓展投资领域，从而使得传统媒体和新媒体的统合持续深入发展。

### （一）进入视频媒体转型领域

以此为契机，中部地区视频媒体的转型最为典型。如湖南广电集团呈现了独特的转型特点和亮点。湖南广电的“芒果 TV 生态圈”等新媒体平台集中亮相，展现出电视互联网转型的新态势。通过把电视节目 IP 化，产业价值链不断得到延伸，内容资源的价值不断被挖掘。除了打造自己的互联网产品之外，芒果 TV 还进行了一系列的相关投资。当前网络视频行业还处于积累阶段，投资巨大而盈利未显，资本市场的运作大戏还将会上演。

### （二）投资领域不断持续拓展

芒果传媒开始引入民营资本发展新媒体产业。芒果传媒联合芒果基金共同投资视频内容企业或个人。在产业方面，荔枝 FM、极米科技、环塔汽车拉力赛、唱吧等都是芒果 TV 的投资项目。基金运作方面，完成了投资大道知行、精灵数字、顺荣三七、华尔街见闻等十多个项目。同时，芒果 TV 还整合游戏团队成立了合资公司，从品牌电视节目衍生开发了《爸爸去哪儿》、《武媚娘传奇》、《花儿与少年》等手游。目前，芒果传媒旗下 7 家子公司的股权结构尚待进一步调整，

相关方案和股权结构最终确定后，各方将根据实际情况确定上述各家公司的控股股东，但实际控制人将保持为湖南广电不变。

## 第三节　中部地区民间资本进入新媒体产业的主要方式

中部地区及东三省新媒体产业发展的主要领域包括“两微一端”新媒体、报业新媒体、政务新媒体、民生新媒体等。其中，“两微一端”新媒体发展情况较好，报业新媒体涌现出武汉“九派新闻”，政务新媒体覆盖率较高，民生新媒体极具特色。

### 一、报业新媒体率先在“新三板”挂牌上市

通过在“新三板”实现挂牌上市，传统报业集团借助民营资本拓展新媒体业务。资本市场为报业媒体转型与融合发展提供了强力保障，这也给了民营资本进入新媒体产业一个新的机遇。

#### （一）“新三板”挂牌上市获得融资

以新媒体为代表的互联网媒体严重冲击国内传统媒体格局。传统的新闻媒体面临着生态环境的恶化，以及遭遇激烈的竞争。例如，报纸媒体的主要收入来源——广告收入自2012年以来大幅下降。新媒体的表现则截然相反，除了愈演愈烈的并购潮，受众也逐步扩大。面对行业危机，传统媒体积极谋划转型。以报纸媒体为例，为了消除阅读率和影响力下降的影响，不断寻求与媒介融合，主动“谋变”。近年来，传统媒体集团不断创新新媒体业务，如《杭州日报》的“华媒控股”、《辽宁日报》的“北国传媒”、《湖北日报》的“荆楚网”、《南京日报》的“龙虎网”、《济南日报》的“舜网”等，纷纷挂牌上市。现在，还有很多城市的新闻网站也在跃跃欲试，积极谋划上市。

### （二）借助民营资本实现多元化发展

“新媒体集团+新闻网站”是传统媒体登陆新三板的主要方式。荆楚网、北国传媒等中部地区已上市公司，主要的业务集中在资讯服务、广告服务、移动增值服务等方面，并不断开拓户外媒体、机场媒体、移动媒体等新业务。除了报业集团向新媒体转型，电视传媒在资本市场的发展也非常显著。中部地区的湖南卫视发展势头良好，尤其“芒果 TV”完成了首轮融资，估计高达 70 亿元。芒果 TV 积极布局新媒体产业，投资了荔枝 FM，不断以内容资源为核心能力，推动与互联网的融合。

## 二、上市融资促进新媒体产业发展初显成效

中国新媒体上市公司按业务类型可概分为五类：①新闻类新媒体公司，以人民网、百视通、凤凰新媒体为代表；②门户网站，以新浪、网易、搜狐、腾讯为代表；③搜索引擎，以百度为代表；④视频网站，以优酷土豆、酷六、乐视为代表；⑤金融资讯类公司，以大智慧、东方财富网、乾隆科技、同花顺、金融界为代表。在报业新媒体领域，中部地区及东北地区有荆楚网和北国传媒两家上市企业；在视频新媒体领域，电广传媒、湖北广电，以及湖南卫视芒果传媒在“新三板”上市的步伐也在不断加快。根据传统的分类方法，上市公司按照股权结构可粗略地划分为国有控股公司、外资控股公司和民营公司三大类。荆楚网和北国传媒都属于国有控股公司，而芒果卫视的资本结构多元化。

### （一）荆楚网

2014 年湖北荆楚网（830836）在“新三板”挂牌。荆楚网隶属于《湖北日报》，是集团着力打造的新媒体平台，成立于 2003 年。荆楚网的主要业务内容有新闻媒体、户外媒体、电子商务、数据服务等，覆盖新媒体产业的全价值链。

### （二）北国传媒

2015 年辽宁北国传媒网络科技股份有限公司在“新三板”挂牌。北国传媒主营业务包括提供新闻资讯服务、互联网广告服务、户外广告服务、移动增值服务及信息技术服务。北国传媒把为用户创新作为突破口，积极打造互联网新产品新

应用核心项目集群，发展成为拥有强大创新能力和核心竞争力的新型媒体公司。

### （三）电广传媒

湖南电广传媒（000917）于1999年3月25日在深交所挂牌上市，使湖南广电产业在全国率先进入资本市场。电广传媒的主营业务和经营范围包括：广告发布、代理、策划、制作，影视节目制作发行和有线电视网络信息传输服务，兼营房地产、旅游、会展等业务。依托中国湖南电视台七大媒体的资源优势，电广传媒拥有中国数亿的电视受众群体和湖南省200多万有线电视用户，在全国树立了广电事业产业化运作的典范。

### （四）芒果传媒

芒果传媒成立于2010年，当时湖南电视台和湖南广播影视集团合并，形成新的湖南广播电视台，湖南广播影视集团的全资子公司金鹰控股更名为“芒果传媒”。快乐购成立于2005年，也是除电广传媒之外，湖南广电旗下的第二家上市公司。芒果传媒是快乐购的最大股东，持有43.12%股份。除快乐购之外，芒果传媒还有芒果TV、金鹰卡通、天娱传媒、芒果娱乐、芒果影视、芒果互娱、天娱广告7个子公司，涉及产业链上下游各个层面。

## 第四节　中部地区民间资本进入新媒体产业的问题与对策

相对于北上广以及东部省份，中部地区和东北三省的新媒体产业的发展比较落后。在新媒体产业的具体发展路径上，中部地区应该聚焦互联网经济，实施多元化策略，突出个性化体验，积极实施产业合作与资本运作，通过大力引入民营资本，不断调整新媒体产业结构。

## 一、中部地区民间资本进入新媒体产业存在的问题

按照媒体形态，中部地区的新媒体产业可以划分为报业新媒体、“两微一端”新媒体、民生新媒体（社区服务等）。从资本构成看，报业新媒体基本以国有资本为主，业务主要是传统报纸等媒体业务的延伸，“两微一端”新媒体主要是政府及事业单位的信息发布窗口。从民营资本进入的情况看，在民生新媒体领域民营企业较多，新媒体主要作为提供服务或者市场营销的渠道，有些地方化的业务具有一定的影响力，但规模都不大。

### （一）处于初创期，民营资本还发力

河南、湖南、湖北是中部地区新媒体产业发展较好的省份。由《大河报》和清华大学新闻研究中心共同推出的《河南新媒体发展报告 2015》数据显示，河南省微博数量达 21703 个，微博总粉丝数 2.52 亿人，发布微博总数 4800 万条；微信公众号 10824 个，其中商业类和生活类占近 80%。它们呈现出几大特点：类型多样，满足不同受众需求；微用户基数大，但缺乏优势账号；生活服务类新媒体优势明显；媒体类新媒体最活跃，政务类新媒体发展最迅速。这些都是中部地区所有省份新媒体产业发展的共同特征。2015 年，中国媒体融合进入深度发展新阶段。融合发展不仅是中央主流媒体的发展规划，同时也深入地方。中部地区如湖北省《恩施日报》也积极实施战略转型。根据中国互联网数据平台 2015 年下半年中国主流新闻网站基本数据排行榜，河南大河网以 2284.7 万人的总覆盖人数排名第 12 位，而同期的主流商业新闻网站前 20 位则没有中部地区互联网企业入选。

### （二）缺乏影响力，行业缺乏盈利能力

即使那些在中部区域省份具有较强影响力的新媒体，也不被全国民众所熟知。如河南新媒体传播力榜单，在河南省微博传播力榜中，新浪河南排名第一，《大河报》位居第二；河南省微信传播力榜中，环球旅行位列第一，《大河报》排在第 25 位。其他，像九派新闻在湖北、北国传媒在辽宁等，影响力也局限在一省之内。只有湖南“芒果传媒”的影响力和生态圈突破了地域的限制。对于新媒体运营效果，中部地区新媒体在微博运营上具备整体优势，但博文质量及影响力

不足，且存在两极分化现象。微信公众号之间的差距更加明显，但是相较于微博来说，微信的类别更加全面和多元，部分公众号运营效果优秀，能对其他微信公众号起到带动作用。

中部地区新媒体发展中存在一些问题，如低数据账号偏多，新媒体平台使用率低；媒体声量与参与度不足，媒介影响力较小；深度信息挖掘不充分；细分领域特点不显著；特色营销与推广制约影响力提升；新媒体成效差距大；稳定可靠的新媒体运营模式仍需探索。未来，中部地区新媒体将呈现这样的趋势：新媒体垂直细分加深，商业价值开发趋向成熟化；媒介融合向全面深入方向发展；新媒体推广交互式途径激发更高参与度；新媒体非城市覆盖趋势进一步增强。

**（三）潜力未发挥，民营资本还存机遇**

从民营资本的经营情况看，在数量上，商业类和生活类占据新媒体产业总体80%的比重，主要是一些民生类新媒体。区别于新闻、视频、政务“两微一端”背后的政府背景，这些民生类新媒体大都是由当地的民营企业经营，主要目的是提供本地化的社区服务，或者进行实体经济的网络营销。

中部地区的民生类新媒体虽然不是特别活跃，但是由于其本土化、社区化的特征，BAT 传统互联网企业的触角又难以全面覆盖，给了民生类新媒体巨大的发展空间。中部地区新媒体的发展动力来自供给和消费的共同驱动。艾媒咨询（i-iMedia Research）数据显示，45.7%的中小商家表示看好微信运营，至于未来是否开展微信运营，53.5%的受访者有意继续开展微信运营。

山西省新媒体产业发展情况如表 11-2 所示。

**表 11-2　山西省新媒体产业发展情况**

| 产业分类 | 客户端名称 | 微信传播力指数（WCI） | 企业名称 |
|---|---|---|---|
| 新闻媒体类 | 吕梁在线 | WCI：979.84 | 吕梁在线网络服务中心 |
| | 山西新闻网 | WCI：583.26 | 山西新闻网 |
| | 万荣新闻 | WCI：407.53 | 万荣电视台 |
| 视频媒体类 | 黄河电视台 | WCI：870.99 | 山西黄河电视台 |
| | 山西影视频道 | WCI：479.42 | 山西黄河电视台 |
| | 翼城电视广告传媒 | WCI：277.05 | 翼城县广播电视中心 |

续表

| 产业分类 | 客户端名称 | 微信传播力指数（WCI） | 企业名称 |
|---|---|---|---|
| “两微一端”类 | 晋中职院 | WCI：264.43 | 晋中职院 |
| | 吕梁市图书馆 | WCI：237.04 | 吕梁市图书馆 |
| 民生新媒体类 | 宁武之窗网 | WCI：612.44 | 易网电子商务有限公司 |
| | 太原移动 | WCI：611.76 | 中移动太原分公司 |
| | 长治惠生活 | WCI：565.06 | 长治市新创科技有限公司 |
| | 长治 0355 | WCI：501.87 | 山西黄河新闻网传媒有限责任公司长治分公司 |
| | 朔州之窗网 | WCI：481.63 | 太原市晋网高科有限公司 |
| | 榆社微生活 | WCI：436.42 | 榆社新媒体科技有限公司 |
| | 兴县海龙在线 | WCI：279.95 | 兴县海龙网络科技公司 |
| | 和顺吧 | WCI：228.77 | 和顺（不明） |

资料来源：编者整理。

## 二、中部地区促进新媒体产业发展的对策

中部地区的新媒体产业发展需要新引擎和新动力，利用互联网经济、大数据产业的发展浪潮，根据各个省份的区域特色，推进网络强省、网络经济大省建设。

### （一）聚焦互联网经济，实施多元化策略

加快对外拓展布局，加速盈利模式创新，实施多元化的赢利策略。对于新闻网站客户端，加速盈利模式创新，试图改变新闻类网站对广告的过度倚重盈利模式是上市公司的生命线。新媒体公司的比拼也是盈利模式的竞争。2009 年 9 月，国新办下发《关于重点新闻网站转企改制试点工作方案》通知，对 10 家全国重点新闻网站转企改制试点进行部署，吹响了官办新闻网站上市的号角。将来，更多的新闻网站将在资本市场上直接竞争，也将与其他商业网站兵刃相见。但是，官办新闻网站由于体制僵化，盈利模式单一，同质化严重，大都过于依赖广告且规模较小。在此背景下，加速盈利模式创新就成为报业媒体等新闻网站的必然选择。各地城市新闻网应当做好三大主营业务：广告、网络舆情监测和移动增值业

务。未来应积极寻求对外合作，谋求新的增长点。与内容商、渠道商开展战略合作，投资文化传媒、互联网等项目，以拓宽业务渠道，增强盈利能力，完善新媒体产业链。

此外，要发展金融资讯业。近年来，中国民营金融资讯服务业发展迅猛，最具代表性的有两家企业：万得资讯和大智慧公司。前者号称中国领先的金融数据、信息和软件服务企业，后者专门提供金融信息技术产品开发和投资咨询服务。由于上市时机得当，原本实力稍弱的大智慧，已和万得资讯旗鼓相当。随着长江经济带的发展、东北工业基地的振兴，中部地区也应该在金融咨询领域形成自己的领军企业。

**（二）提供个性化服务，促进新媒体发展**

TrustData 市场调查机构的数据表明，中国移动新闻客户端使用量已从 2012 年的 2.1 亿上升到 2015 年的 5.2 亿，整体上突破了过去 3 年增长率持续下滑的状况，并快速持续回升。从分析市场覆盖率较高的客户端可以看出，他们除了表现出技术优势外，还显示出共同的内容特点：个性化明显，品牌风格鲜明，注重用户全方位的视、阅、听综合体验。

传统媒体通过资源整合，搭建新型传播平台的形式开拓融合道路。澎湃新闻、并读新闻、无界新闻、九派新闻、上游新闻等新闻客户端已经做出了有益的探索。湖北长江日报集团的“九派新闻”侧重于全国性舆论，在用户互动、商业模式上进行创新。观察这些新兴新闻客户端，其原创性定位也越发明显。中部地区的传统新闻类业务，应该依赖于自身的本土化特征优势，积极向新媒体转型，提供更加贴近本地生活的新闻和内容服务。

在内容品牌打造方面，《辽沈晚报》取悦“吾土吾民”的系列品牌报道，做足融合媒体内容传播的情怀和温度，展现出独具一格的文化气质。在夯实本地影响力的同时也向省外辐射，赢得了用户的广泛点赞。

**（三）实施资本运作，调整媒体产业结构**

东部地区明显的特征是 BAT 与传统媒体的合作、跨业投资。腾讯、阿里巴巴、百度等互联网公司依靠其在电商、金融、社交等不同领域的用户基础，与传统媒体开展合作，引发了一波投资、收购、合作新动态。中部地区应该加强与BAT的合作与资本运作，强化资本运作能够实现利润最大化、所有者权益最大化和企业价值最大化。例如，与湖南广电自谋发展不同，浙江广电选择了与互联网巨头腾讯公司展开强强联合。由于广电媒体资源和发展的局限，与互联网企业合作仍是探索转型的重要途径。

尽管已经有一些媒体业务逐渐实现挂牌上市，但是，从整体情况看，中部地区新媒体业务的发展缺乏盈利动机，商业模式仍待创新。以BAT为代表的互联网巨头不断加大在媒体产业的布局，使得新媒体产业的业态千变万化，呈现出欣欣向荣的发展态势。中部地区新媒体业务的发展要积极创新新模式、新业态，在吸引大量用户基础的同时，逐渐发现明确的利润来源。此外，社交化的新媒体应用（如微博、微信等），成为资本运作布局的重要方向。通过与新媒体企业合作，不断做大地区业务市场。如腾讯与解放日报集团共同打造城市生活门户大申网，与西安报业传媒集团共建大秦网，与重庆日报报业集团联合打造大渝网等。

**（四）强化流程再造，创新资本融合途径**

内容资源是新媒体产业的发展核心。信息技术的发展使得内容资源的形式多样化发展，中部地区新媒体产业的发展需要整合与融合这些新媒体内容的呈现方式，依托互联网平台，迅速建立与用户的连接，通过抢占入口获得用户青睐。互联网平台的建设可以通过自建平台或者平台入驻两种形式，“东澎湃、西上游、南并读、北无界、中九派”等都是自建平台，平台入驻则依托于东部地区发展态势良好、具有极大影响力的互联网平台。网络直播市场异军突起。中部地区的新媒体发展可以通过直播平台的火爆发展加紧与传统媒体的合作，通过直播平台开辟新闻呈现新途径和新方式。

目前传统媒体主要的入驻平台有微博、微信和聚合类新闻客户端。驻“两微一端”（微博、微信和客户端）已经成为了传统媒体融合发展的标配。精致打造“两微一端”，形成推动媒体与用户深入互动、依托网络采集信息热点、全天候发布意见观点的新生产方式，也成为深化内容融合的有效方法。依托多对多的裂变式传播机制，媒体信息在微博上的发酵速度快，传播影响力大。传统媒体通过在社交媒体开通账号，不间断地发布信息，集图片、视频、音频等形式于一体，增加用户黏性。《辽沈晚报》依托其成立的 MOJO 团队，每日对新闻进行“无断点”采集，突破了传统方式在时空、影响方面的局限。

# 第三篇

# 案 例 篇

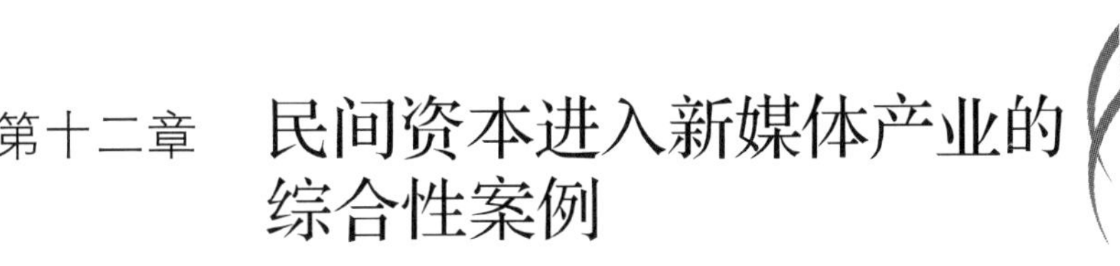

# 第十二章　民间资本进入新媒体产业的综合性案例

近几年，随着互联网技术的不断发展，新媒体产业在我国发展势头迅猛。所谓新媒体，实际上就是指相对于报刊、广播、电视等传统媒体之外的新兴传播形式，因此，它是一个相对动态的概念。新媒体的特点就是基于数字和网络技术，使传播更加快速、精准、广泛，更能体现个性化、交互性、开放性和丰富性。资料显示，截至 2015 年底，我国网民规模近 6.9 亿人，占总人口的比例超过一半，互联网普及率超过全球平均水平 3.9 个百分点。这将是我国未来新媒体产业快速发展的动力基础。新媒体产业的分类标准有多种，例如，根据载体可以分为网络新媒体、移动新媒体以及户外新媒体等；根据行业可以分为数字报纸新媒体、公共视听新媒体、互联网视听新媒体以及自媒体等。本章主要针对从事多个行业的新媒体企业进行案例研究，分析民间资本进入模式与路径、治理与管控、成效与启示以及问题与建议。根据民间资本进入新媒体的方式，包括新建、在原有基础上的扩张以及并购等，本章分别选择了搜狐、凤凰新传媒以及阿里巴巴三家企业进行分析。

# 第一节　搜狐的迅速崛起

## 一、公司简介

搜狐是世界最著名的互联网品牌之一，也是国内领先的民营新媒体集团，总部设在北京。曾经是北京 2008 年奥运会互联网内容服务赞助商。目前，拥有两家美国纳斯达克上市公司，分别是搜狐公司（NASDAQ：SOHU）和畅游公司（NASDAQ：CYOU）。资料显示，搜狐现在为国内将近 6 亿互联网用户提供全面网络服务，拥有注册用户超过 4 亿人。其创始人张朝阳因在商业实践以及互联网在中国传播方面的杰出贡献，被美国《时代周刊》评为“全球 50 位数字英雄”之一。

### （一）发展历程

与 Facebook 等国际互联网公司一样，搜狐的成长速度也是非常惊人的，从 1998 年正式成立搜狐网到 2000 年在美国纳斯达克证券市场上市，仅花了不到 3 年的时间。总的来看，搜狐的发展经历了如下三个阶段：

*1. 初创期*

1995 年，创始人张朝阳从美国麻省理工学院毕业后回国，利用风险投资创建了搜狐的前身 ITC 爱特信信息技术有限公司。1998 年，爱特信推出自称“中国人自家的搜索引擎”——搜狐，自此搜狐正式成立。初创期的搜狐，业务发展快速，很快便由单一产品转向多个产品线。1999 年，搜狐推出新闻及内容频道，向综合性门户网站发展。

*2. 高速发展期*

随着业务、人员、组织逐渐稳定，搜狐的规模和企业都得到很大的发展和提升。2000 年，搜狐在美国纳斯达克上市。上市之后的搜狐继续高速发展势头，开始实施外延扩张战略，在 4 年左右的时间内，相继收购了年轻人社区 ChinaRen 校友录、游戏资讯网站 17173.com 以及焦点房产网。2004 年，搜狐创建第三代互动式搜索引擎——搜狗。

3. 成熟稳定期

经过成长期的快速发展后，搜狐在制度、营销、人力资源等方面都全面成熟，形成了其核心能力和竞争优势。由于其市场影响力，2005 年以来，搜狐成为 2008 年北京奥运会互联网内容服务赞助商、阿迪达斯战略合作伙伴、NBA China 官方合作伙伴等。同时，搜狐也相继开放了搜狐博客、搜狐视频、搜狐微博、移动搜狐新闻客户端等，开启了“再造搜狐”行动。

**（二）产品服务**

搜狐的产品与服务主要包括四大业务平台，分别是：①媒体，包括搜狐网、搜狐新闻客户端、手机搜狐、搜狐微门户、搜狐焦点、搜狐汽车；②视频，包括搜狐视频、搜狐视频客户端、搜狐娱乐；③搜索，包括搜狗搜索、搜狗输入法、搜狗高速浏览器、搜狗地图、搜狗号码通；④游戏，包括畅游、17173、第七大道。总的来讲，搜狐已经形成了“TRIM”的互联网服务矩阵结构，即 Technology（技术驱动多维用户中心入口）、Relationship（关系驱动在线互动平台）、Industry（产业驱动的消费者决策基地）以及 Media（媒体驱动的咨讯娱乐服务）。

**（三）业务模式**

搜狐主要依靠广告业务和收费业务进行盈利。广告业务包括：①品牌广告。主要有网站上的横幅广告、文字链广告、按钮广告、视频广告、多类型的富媒体广告，以及网站上特定的赞助广告等多种形式。②搜索广告。搜狗搜索商业产品分为三部分，分别为搜狗竞价、搜狗金榜与搜狗品牌专区。

收费业务包括：①网络游戏。畅游公司在先进的技术平台的基础上进行自主研发，推出了《天龙八部》、《刀剑英雄》、《九鼎传说》、《大话水浒》、《中华英雄》、《剑仙》等颇受欢迎的在线游戏。②无线业务。主要有搜狐手机视频、手机阅读、原创频道、听书频道、无线音乐、无线运营中心、手机游戏等。

## 二、股权结构

总的来看，搜狐的股权结构一直处于动态变化之中。具体主要体现在两个方面，一是 IPO 前与 IPO 后的股权结构变化，二是股东持股比例的变化。2000 年，搜狐在美国纳斯达克市场上市，IPO 共发行 460 万股，占总股本的 15%，主承销商为瑞士信贷的第一波士顿银行。英特尔、道琼斯公司以及美国数据公司等巨头参与了其早期的投资，但由于当时不少投资者对搜狐并不看好，股票的需求也略显疲软，迫使搜狐在路演之后将发行价由开始的 16~19 美元下调到 13 美元，上市当天搜狐股价以下跌 0.0325 美元的成绩收盘[①]。

在 IPO 前后，搜狐的主要股东持股比例经历过一次变动，张朝阳、爱德华·罗伯特、董事及管理层、Maxtech 公司、英特尔公司的持股比例分别由 IPO 前的 33.1%、5.1%、38.4%、24.2%、12.3%变化为 IPO 后的 28.3%、4.4%、32.9%、20.7%、10.5%（见表 12-1）。随后几年，主要股东及持股比例均发生过一些变化，搜狐公司、张朝阳等股东均多次出售、回购搜狐股票。最近的数据显示，2011 年，张朝阳持有 7733754 股搜狐普通股，持股比例为 20.2%，相比 2005 年有所降低；2015 年底，搜狐公告张朝阳将回购 30%的股票和债券，如果要约执行，张朝阳将持有超过一半比例的搜狐股票。

**表 12-1　搜狐主要股东股权比例变化**

单位：%

| | IPO 前 | IPO 后 | 2001 年 | 2002 年 | 2003 年 | 2004 年 | 2005 年 | 2006 年 | 2007 年 | 2014 年 |
|---|---|---|---|---|---|---|---|---|---|---|
| 张朝阳 | 33.1 | 28.3 | 25.3 | 25.6 | 26 | 24.7 | 26.63 | 26.4 | 23.24 | 20.2 |
| 爱德华·罗伯特 | 5.1 | 4.4 | 3.9 | 4 | 4.1 | 3.2 | 3.29 | 2.7 | 2.25 | |
| 董事及管理层 | 38.4 | 32.9 | 47.9 | 48.3 | 51.9 | 39.5 | 30.94 | 29.91 | 26.18 | |
| Maxtech 公司 | 24.2 | 20.7 | 20.8 | 20.3 | 20.7 | 10.9 | | | | |
| 英特尔公司 | 12.3 | 10.5 | 9.4 | | | | | | | |

① 参见《张朝阳在搜狐的持股股权比例以及腾讯入股搜狗的股权比例》，http：//www.predream.org/show-223-804-1.html。

续表

| | IPO 前 | IPO 后 | 2001 年 | 2002 年 | 2003 年 | 2004 年 | 2005 年 | 2006 年 | 2007 年 | 2014 年 |
|---|---|---|---|---|---|---|---|---|---|---|
| George Chang | | | 18.3 | 18 | 20.9 | 10.9 | | | | |
| Photon 集团 | | | | | | | 21.7 | 21.48 | 21.52 | 18.27 |

资料来源：搜狐：上市概况及股权比例结构、变动，http://tech.163.com/07/0610/17/3GL4P1B800092ACK.html。

## 三、民间资本进入模式与路径

虽然搜狐一开始是一个以提供搜索引擎服务为主的网站，但是仍然可以看作在零的基础上新设立的从事多个子行业的新媒体公司。

从搜狐的发展历程可以看出，其成长壮大的过程中综合运用了多种民间资本进入的模式与渠道，简单概括就是——“风险投资+IPO”。

### （一）引进风险投资自主发起设立新媒体企业

搜狐的前身是爱特信公司，其成立得益于获得了来自美国的风险投资。1996年，张朝阳看好国内互联网市场的发展前景，与著名风险投资专家爱德华·罗伯特合作提交了一份简单的商业计划给麻省理工学院媒体实验室的主席尼葛洛庞帝，不久便争取到数百万美元的起步投资，由此成立了 ITC 公司。随着业务的不断拓展和发展速度的加快，ITC 又与几家著名的风险投资公司合作，获得了第二期风险投资。利用海外风险投资，搜狐由单一的搜索引擎服务网站向综合性门户网站发展。这也为包括新媒体在内的高科技国内企业在产业资金投入不足的情况下探寻了一条适宜的融资渠道。

### （二）利用 IPO 实施外延扩张发展

2000 年，搜狐正式在美国纳斯达克挂牌上市，随之也开启了新一轮扩张发展的步伐。如相继推出搜狐手机短信服务、第三代互动式搜索引擎——搜狗、搜狐博客、高尔夫频道、3G 频道、搜狐视频、搜狐微博、搜狐支付、搜狗地图、云输入等新业务、新内容，并与 NBA China、阿迪达斯、央视国际成为战略合作伙伴，联合酷 6 筹建千万国际版权采购基金，携手美国华纳兄弟全球首推免费在线点播。此外，搜狐还积极通过兼并收购实现多元化发展，如收购了国内最大的年轻人社区网站 ChinaRen、游戏资讯网站 17173.com 以及焦点房产网。

### （三）通过回购等手段实现战略目标

搜狐上市以来进行过数次回购，例如：2004 年 5 月，搜狐回购 100 万股股票；2004 年 10 月，搜狐同时还批准股票回购计划，计划在几个月内回购 2000 万美元的普通股（11 月回购 36.05 万美元）；2005 年 2 月，搜狐耗资 1387.3 万美元回购 885605 股普通股；2005 年 8 月，张朝阳用 400 万美元增持搜狐股票；2015 年 12 月，搜狐董事会收到张朝阳和第三方私募股权公司的初步非约束性指导性要约，对搜狐进行投资等。回购一方面显示管理层对于公司发展的信心，另一方面也可以通过向私有化方向的运作为公司发展提供更广阔的空间和灵活度。

## 四、治理与管控模式

为了不断提高公司运营效率和绩效，创造竞争优势，搜狐近年来积极探索、调整其治理模式，取得了一定的成效。

### （一）高管团队

搜狐的高管团队有两支，分别是行政管理高管团队和业务及职能高管团队。具体来看，行政管理高管包括董事局主席兼首席执行官张朝阳、代理首席财务官吕艳丰、搜狗公司首席执行官王小川以及畅游首席执行官陈德文；业务及职能高管包括媒体副总裁樊功臣、销售副总裁崔莉莉、人力资源副总裁张雪梅、市场副总裁曾怿以及副总裁兼总编辑陈朝华。

### （二）组织架构

公司的组织架构是实现经营战略的主要工具。一般来讲，公司组织架构有扁平式结构、智慧型结构和金字塔型结构三种类型，其中，金字塔型结构中又包括直线制、职能制、直线—职能制、事业部制、模拟分权制、矩阵制等具体模式。近年来，搜狐的组织架构出现过多次调整，如 2013 年搜狐视频业务架构进行调整，张朝阳任代理 CEO，搜狐总编辑刘春出任搜狐视频总裁，邓晔调任搜狐视频首席运营官，移动视频纳入搜狐集团移动产品中心。但集团整体的组织架构基本仍保持直线—职能制的组织模式（见图 12-1），这一方面能够确保企业管理体系的集中统一，另一方面可以发挥各专业管理机构的主观能动性，提升运营绩效。

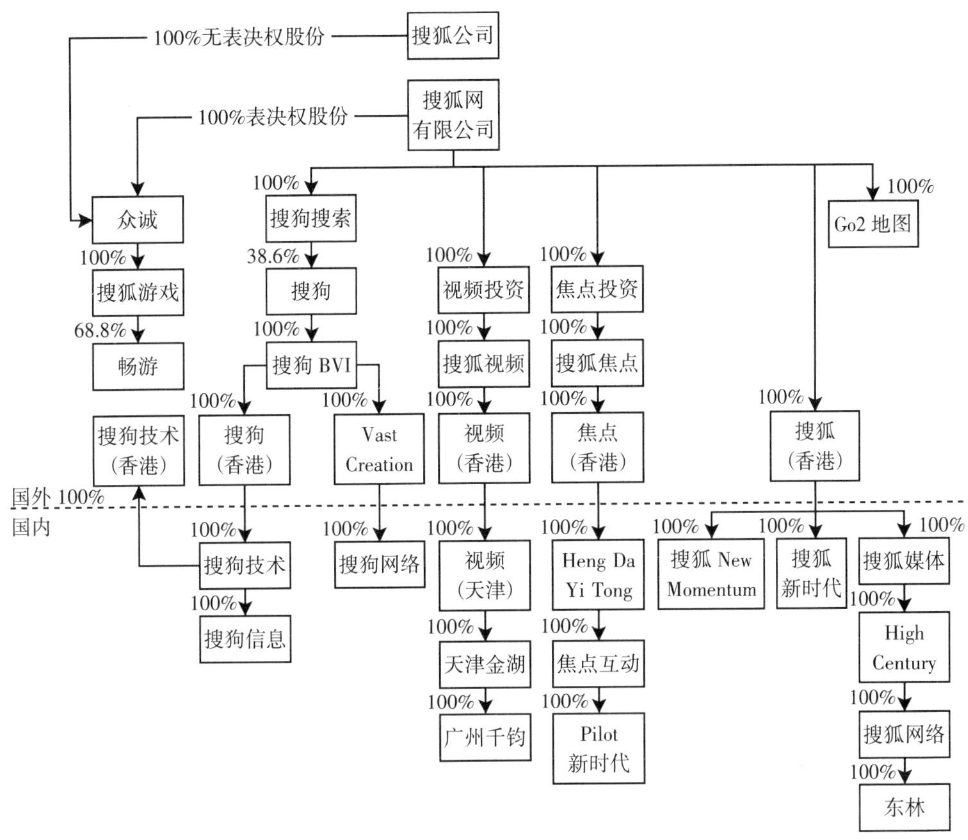


**图 12-1　搜狐公司组织架构**

资料来源：2015 年搜狐公司年报。

## 五、成效与启示

搜狐作为我国著名的互联网品牌，成立 20 年来，实现了超常规的迅猛发展，受到了广大海内外投资者的瞩目。不但是第一家拥有两个美国上市公司的中国互联网企业，而且还被《财富》杂志评选为 2011 年全球“100 家增长最快的公司”。

### （一）绩效

总的来看，自成立以来，搜狐取得了快速发展，当前各项财务指标与上市初期相比均得到明显改善。最新资料显示[①]，2015 年，搜狐总收入达到 19 亿美元，较 2014 年增长 16%，创搜狐年收入增长的历史纪录。在线广告总收入为 11 亿美元，较 2014 年增长 24%。品牌广告收入为 5.77 亿美元，较 2014 年增长 7%。其中，搜狐媒体平台，即不包括视频业务的其他搜狐媒体业务收入为 1.98 亿美元，与 2014 年持平。搜狐视频广告收入为 2.13 亿美元，较 2014 年增长 21%。搜狗收入为 5.92 亿美元，较 2014 年增长 53%。搜狐的股价也从刚上市的 13.03 美元上涨到现在的 36.81 美元。

另外，我们也需要注意到，2015 年归于搜狐公司的美国通用会计准则净亏损为 5100 万美元，美国通用会计准则每股摊薄净亏损 1.32 美元；归于搜狐公司的非美国通用会计准则净亏损为 400 万美元，非美国通用会计准则每股摊薄净亏损 9 美分；在线游戏收入为 6.37 亿美元，较 2014 年下降 2%。

造成公司盈利能力下降的原因可能主要是受宏观经济疲软及汇率因素不利的影响，但同时也给公司如何积极应对宏观经济形势变化、挖掘新的增长动力发出了信号和预警。

### （二）启示

搜狐作为一家较为成功的综合性新媒体集团，其发展过程、实施战略等均可以给我们一些启示，至少包括以下三点：

一是涉足有一定基础且具备增长潜力的领域。虽然在新媒体产业领域中，搜狐属于新设立的公司，但是并不代表没有核心竞争力。作为麻省理工学院的毕业生，张朝阳不但深受硅谷创业文化的熏陶，而且还掌握了互联网技术，熟悉这一领域，这是搜狐能够取得成功的基础。更为重要的是，搜狐进入的这一领域当时在国内几乎一片空白，具有极大的市场空间。

二是引入风险投资。搜狐能迅速发展壮大，与其前身爱特信公司引入大量海

① 参见相关年份搜狐公司年报、第四季度季报。

外风险投资密不可分。新媒体产业作为一个新兴产业，是建立在互联网技术的基础上的，企业的成长速度很快，但同时失败比率也很惊人。按照美国的经验，大概只有 20%~30%的企业能够存活下来。因此，这类企业很难从普通融资渠道获得资金。

三是打造多个增长引擎。这几乎是所有成长最快的初创公司的经验。搜狐在短短 20 年内，通过内部新设与外部并购并举的方式，从一个单一的以提供搜索引擎服务为主的公司迅速发展成为拥有媒体、视频、搜索以及游戏四大业务平台的综合性新媒体公司。2013 年，搜狐旗下搜狐新闻客户端成为国内首个用户数过亿的新闻客户端。搜狗输入法在 PC 端的覆盖率达到 92%，移动端活跃用户规模排名前三。通过打造多个增长引擎，一方面为企业的快速成长提供了持续、强大的动力，另一方面也规避了“鸡蛋放在一个篮子里”的风险。

## 六、问题与建议

在持续的快速增长的背后，我们也应该看到，搜狐还存在进一步完善优化的空间。总体来看，目前，搜狐的发展主要面临两方面的挑战，当然，这些挑战也并非搜狐所特有，很多新媒体企业都面临相似的问题。

一是竞争，尤其是同质化竞争的加剧。目前，我国新媒体产业迅速增长，导致大量新媒体企业集中涌入，甚至一些外资新媒体也进入我国市场来分一杯羹。这势必造成整个行业的竞争程度加剧，这与搜狐成立初期国内市场几乎一片空白相比，生存和竞争的压力在未来较长一段时间内将会明显增大。特别是，相当多的新媒体企业存在着同质化竞争的弊病。可以预知，搜狐将很难再以过去 20 年的增长速度增长，保持一个相对稳定的增速和市场份额应该是下一阶段发展的底线。因此，至少可以从以下三个方面入手：①搜狐作为一家“大而全”的综合性新媒体企业在未来的发展中要更加突出专长和特点，以差异化、精准化战略突围；②发挥市场优势和资本控制力，兼并收购一些具有一定特点的新媒体企业，提高市场集中度；③在内容上下足功夫，力争更加丰富、个性、及时、开放。

二是技术瓶颈难以突破。技术是新媒体企业的基础，如果难以在技术层面突破，最终将极有可能不断陷入同质化竞争的恶性循环中。纵观世界信息技术的发展历程，有不少人认为现在已经达到了技术创新的一个瓶颈期，很难再进一步推进其技术前沿面。对于搜狐来说，除了做好内容的差异化外，还可以更加积极地在技术领域寻求突破，如收购一些技术类企业，或与其开展合作。

## 第二节　凤凰新媒体的开疆拓土

### 一、公司简介

凤凰新媒体（又名凤凰网）是凤凰卫视控股有限公司旗下的全球领先的民营跨平台网络新媒体企业，其整合了旗下综合门户凤凰网、手机凤凰网及移动客户端、凤凰视频三大平台，以“中华情怀、全球视野、包容开放、进步力量”为发展理念，为主流华人提供互联网、移动互联网、视频跨平台整合无缝衔接的新媒体优质内容与服务[①]。公司总部位于北京，目前已经在美国纽约证券交易所上市，股票代码FENG，是全球范围内首家从传统媒体分拆出来的新媒体业务在全球主流交易所上市的公司。

#### （一）发展历程

凤凰新媒体是凤凰卫视控股有限公司的子公司，1996年今日亚洲有限公司与相关卫星电视有限公司、华颖国际有限公司在中国香港共同创立了凤凰维斯有限公司，并于2000年6月在中国香港创业板挂牌上市。2006年，中国移动通信集团公司的全资子公司中国移动（香港）集团出资12亿港元，购入凤凰卫视19.9%的股份，成为第二大股东。凤凰卫视除了电视外，还致力于发展其他多元化业务，如周刊、出版、新媒体和广播。

① 参见凤凰新媒体网站，http：//www.ifeng.com/corp/about/。

凤凰新媒体近 20 年的发展过程中主要有这样几个重要的时间节点：一是 1998 年凤凰网作为凤凰卫视的企业网站开通；二是 2006 年凤凰网全面改版，并命名为“凤凰新媒体”，开启了在新媒体领域的拓展；三是 2011 年凤凰新媒体在美国纽交所成功上市。目前，凤凰新媒体已经进入高速增长期。

**表 12–2 凤凰新媒体发展历程**

| 时间 | 发展重大事件 |
| --- | --- |
| 1998 年 6 月 | 凤凰网以企业网站的形式诞生 |
| 2005 年 11 月 | 刘爽出任凤凰网首席执行官正式开展在新媒体领域的拓展 |
| 2006 年 6 月 | 中国移动收购凤凰卫视 19.9%的股份 |
| 2006 年 10 月 | 凤凰网改版，凤凰新媒体正式上线 |
| 2007 年 4 月 | 凤凰网“华人佛教”频道正式上线 |
| 2007 年 11 月 | 凤凰网启用新域名 |
| 2011 年 5 月 | 凤凰新媒体在纽约证券交易所上市 |
| 2015 年 | 凤凰全媒体研究院亮相上海电视节举行盛大发布会 |

资料来源：根据凤凰网公司介绍整理，http://www.ifeng.com/corp/about/news/index.shtml。

### （二）产品服务

凤凰新媒体包括凤凰网、手机凤凰网以及凤凰视频三个平台。其中，凤凰网提供含文、图、音、视频在内的全方位综合性资讯服务，包括国际、中国大陆及中国港澳台地区的时政、社会、财经、娱乐、时尚、生活等综合新闻信息；以博客、论坛、辩论、调查等应用为用户提供互动交流空间；以 RSS、TAG、点播、轮播、个人节目表等可定制的多媒体服务满足用户的个性化信息需求。

手机凤凰网提供国内外第一手综合新闻资讯，包括时政、社会、财经、历史、军事、时尚、科技等，并涵盖独家视频、综合专题以及读书、社区、博报等互动内容。

凤凰视频利用互联网将凤凰卫视的节目在网络上展现出来，并聚合全球优质精品视频，内容上具有独特性、优秀性、唯一性。

### （三）业务模式

凤凰网与传统媒体凤凰卫视之间形成良好的协调发展模式。它一方面是凤凰卫视传媒集团优质电视内容的网络传播渠道，另一方面还整合了自身、用户以及其他很多专业媒体生产的内容，可以较好地满足主流人群包括浏览、表达、交流、分享、娱乐、理财等在内的多元化与个性化的诉求。同时，这些信息也逆向传输给凤凰卫视的电视平台，形成创新的网台联动组合传播模式，从而更好地为互联网、移动互联网及视频用户服务。

## 二、股权结构

自上市以来，凤凰新媒体的股权结构变化不大。根据凤凰新媒体披露的资料①，首次公开发行 2 亿美元的美国存托股，摩根士丹利、德意志银行以及麦格理资本是本次 IPO 的联合主承销商。主要股东如下：凤凰卫视控股有限公司是其第一大股东，持股比例达到 64.84%。其他机构方面，Morningside 持股 12.64%，Intel Capital 持股 10.54%，Bertelsmann Asia 持股 3.16%。自然人股东方面，凤凰新媒体首席执行官刘爽持股 3.06%，凤凰新媒体首席运营官李亚持股 2.4%，新媒体首席财务官刘千里等持股量均在 1%以下（见表 12-3）。

表 12-3 凤凰新媒体股权结构

| 董事及管理层 | 持股数量（股） | 持股占比（%） |
|---|---|---|
| 崔强 | | |
| 刘爽 | 15168000 | 3.06 |
| 李亚 | 11880000 | 2.4 |
| Daguang He | | |
| Qin Liu | | |
| 刘千里 | * | * |
| Yulin WANG | * | * |
| 管理层合计 | 33568000 | 6.68 |
| 主要股东 | | |
| 凤凰卫视 | 320000000 | 64.84 |

① 参见《凤凰新媒体公布股权结构凤凰卫视持股 64.84%》，http：//it.sohu.com/20110422/n280374039.shtml。

续表

| 董事及管理层 | 持股数量（股） | 持股占比（%） |
| --- | --- | --- |
| Morningside | 62400000 | 12.64 |
| Intel Capital | 52000000 | 10.54 |
| Bertelsmann Asia | 15600000 | 3.16 |

资料来源：凤凰新媒体公开招股书。其中，* 表示持股比例低于 1%。

## 三、民间资本进入模式与路径

凤凰新媒体是其控股的凤凰卫视传媒集团由传统媒体向综合性新媒体领域拓展的产物，两者业务内容有一定的相关性。总的来看，凤凰卫视进军新媒体领域成立凤凰新媒体，其资本进入模式或路径可以概括为“自有资本+外部融资+IPO”。

### （一）积极利用风险投资（VC）

作为 IPO 的前期准备，2009 年，凤凰新媒体与晨兴创投、英特尔投资和贝塔斯曼三家风险投资公司达成股权收购协议，于 2010 年以 2500 万美元收购了凤凰新媒体 23.81%的股权，共计购入 1.3 亿股公司的 A 类可转换可赎回优先股。注资完成后，凤凰卫视虽然仍为控股股东，但股权比例由 77%下降为 58.61%，凤凰新媒体管理层和员工持股比例也由 23%稀释为 17.58%。这是 2008 年国际金融危机之后新媒体行业发生的第一笔中小企业融资。

### （二）通过 IPO 实现跨越发展

1996 年，凤凰卫视有限公司在中国香港成立。随即，凤凰网以企业网站的形式于 1998 年诞生。之后几年，凤凰网一直作为凤凰卫视优质电视内容的网络传播渠道在发展，而凤凰卫视也于 2000 年在中国香港挂牌上市。直至 2005 年，集团开始致力于发展多元化业务。随着刘爽出任凤凰网首席执行官，公司正式吹响了在新媒体领域进行拓展的号角。2006 年，凤凰网改版，凤凰新媒体正式上线。2008 年，凤凰卫视向凤凰新媒体转让其持有的凤凰卫视资讯有限公司的唯一发行股，以交换凤凰新媒体 319999999 股公司普通股。这一过程中，主要使用的是控股公司凤凰卫视集团的自有资金以及部分从证券市场上募集来的资金。2011 年，凤凰新媒体成功在美国纽交所上市，这使得其品牌优势得到进一步的提升，亦为多元化发展提供了机遇。

### （三）利用并购拓展增长空间

2010 年，凤凰新媒体在利用风险资本进行融资的同时，也充分借助并购重组等资本运作手段，收购了天盈和怡丰两家网络公司，不但取得了互联网经营牌照和无线业务经营牌照，而且也可合并两家公司的收入，这势必将提升凤凰新媒体在视频互联网以及无线互联网两个潜力巨大的新领域的竞争力。

## 四、治理与管控模式

凤凰新媒体成立以来所取得的发展成就，得益于公司不断完善，形成了一套适合自身实际的高效治理体系和模式。

### （一）高管团队

凤凰新媒体目前的高管团队包括：凤凰新媒体董事长、凤凰卫视执行董事、常务副行政总裁崔强，凤凰新媒体 CEO、执行董事、凤凰卫视有限公司运营总裁刘爽，凤凰新媒体总裁、一点资讯 CEO 李亚，凤凰新媒体联席总裁、一点资讯总裁陈彤，凤凰新媒体 CFO 何晔，凤凰新媒体高级副总裁刘书，凤凰新媒体副总裁陈明，凤凰新媒体副总裁兼凤凰网总编辑邹明，凤凰新媒体副总裁黎道鑫，凤凰新媒体副总裁金明岩以及凤凰新媒体副总裁兼凤凰新闻客户端总经理岳建雄。

### （二）组织架构

凤凰新媒体作为跨平台的网络新传媒，融合了互联网、无线网和电视网三大网络平台，其中，以凤凰网为旗舰。基于业务特点，凤凰新媒体在董事会、公司高管之下设立三个业务部门，分别是凤凰网、凤凰无线以及凤凰视频。目前，凤凰网下设有 10 个频道，分别是资讯频道、财经频道、娱乐频道、时尚频道、科技频道、汽车频道、房产频道、历史频道、体育频道以及彩票频道。凤凰无线主要打造用户付费增值服务平台，包括手机凤凰网、凤凰新闻客户端、手机报、游戏、阅读、凤凰 FM、音乐等业务板块。凤凰视频作为极具媒体价值的视频平台，包含凤凰资讯、凤凰军事、凤凰纪实以及凤凰原创四个频道。

凤凰新媒体组织架构如图 12-2 所示。

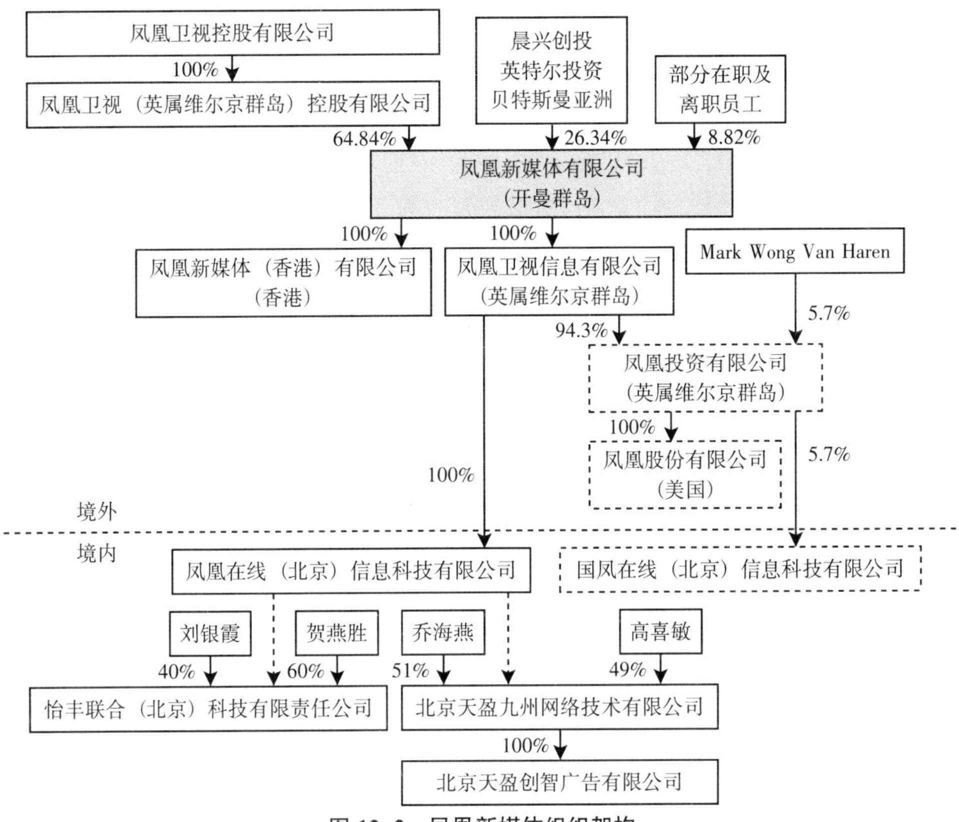

图 12-2　凤凰新媒体组织架构

## 五、成效与启示

目前，凤凰新媒体在国内新媒体产业中已经处于领先地位。数据显示，其旗下的凤凰网日均覆盖用户数（UV）超过 4700 万，月度覆盖用户数超过 4.3 亿，稳居中国第四大门户网站。手机凤凰网日均浏览量（PV）超过 2 亿，凤凰视频月度覆盖人数近 2 亿。

### （一）绩效

凤凰新媒体自成立以来收获了来自很多权威机构授予的荣誉和称号，如“2006 中国商业网站 100 强”、“2006 年消费者最喜爱的网站 TOP100”、“2007 中国最具投资价值媒体奖”、“2007 中国视频互联网营销创新奖”、“2008 中国十大媒体网站品牌”、“2009 中国新媒体贡献奖”、“2012 中国最佳雇主 30 强”等。

业绩方面，2015 年，凤凰新媒体总营业收入为 16.1 亿元人民币。不计入广告代理服务费后的净广告营收为 12.3 亿元人民币，比 2014 年增长 3.1%。2015 年广告客户数同比增长 15.2%。付费服务营收为 3.827 亿元人民币，比 2014 年下滑了 14.5%。调整后的净利润率为 9%。虽然由于营收分成成本、内容和运营成本的增长，收入和利润较上年有所下滑，但总体来讲经营绩效还是维持在一个较高的水平上。

### （二）启示

回顾凤凰新媒体的发展历程，我们至少可以从中得到三点启示：

#### 1. 相关领域的拓展

很多企业在做大做强的过程中都不可避免要遇到多元化发展的问题，不少企业没能处理好多元化问题而导致企业最终失败。凤凰新媒体的成功在于，它选择在与原有业务相关的领域进行拓展。其母公司——凤凰卫视控股有限公司本身从事的就是传统的电视媒体业务，这两个领域在内容、业务、模式以及规律等方面均存在一定的相似性，这就降低了企业的进入壁垒和试错成本，而且凤凰新媒体与凤凰卫视还形成了交互、协调发展，实践了全媒体理念，收获了成功。

#### 2. 实施差异化战略

与新媒体产业领域越来越多的同质化竞争相比，凤凰新媒体走出了一条差异化发展道路。差异化主要体现在两个方面：一是用户群体的差异化。与传统门户网站不同，凤凰新媒体走“高端网民”路线，资料显示，当前凤凰网用户的诸多指标，如月均收入、家庭经济状况、受教育程度、管理层和专业人员的比例等在中国互联网门户网站中均处于领先水平。二是内容的差异化。这是凤凰新媒体最大的特色，一些独特的频道设置，如军事、佛教、历史、原创等满足了其他门户网站难以满足的用户需求。

3. 创新商业模式

凤凰新媒体整合了多种媒介形式的新媒体，形成了“门户凤凰网+手机凤凰网+凤凰视频”的发展模式。凤凰新媒体依托凤凰卫视传媒集团的资源和平台，可以较容易地解决视频版权、制作成本等问题，从而获得市场认可。此外，凤凰新媒体也拥有从全球迅速获取一手资讯的渠道和能力。随着智能终端、互联网应用以及无线通信技术的发展，这一模式的竞争优势将进一步放大。

## 六、问题与建议

中国网络覆盖率的提高、网民数量的增多将是凤凰新媒体未来发展长期看好的重要基础，但同时也面临着一些亟待解决的问题。主要可以概括为两个方面：一是增长动力的调整。根据凤凰新媒体公布的财报，2015 年，公司总营收比上一年下降 0.3 亿元，PC 平台广告营收亦出现下降，毛利润率和净利润率均低于 2014 年。这主要与当前国内宏观经济，特别是实体经济不景气有关。可采取的应对措施有：①调整广告收入来源，如重点挖掘移动广告业务潜力，调整广告客户的行业结构等。②开发新的付费服务业务，如网页游戏、移动视频增值服务等。二是运营成本的控制。在国内要素成本整体上升的背景下，近年来，凤凰新媒体的营收分成成本、内容和运营成本也出现增长趋势。这是导致公司利润率下滑的重要因素。可以通过进一步加强三大媒体平台的融合以及与凤凰卫视的互动发展来降低资讯采集、内容制作成本；通过组织架构完善、并购重组等方式提高企业运营效率，降低交易成本；通过优化客户结构、削减约束性支持来有效控制营销成本，从而保持市场竞争力。

# 第三节　阿里巴巴的新媒体帝国

## 一、公司简介

阿里巴巴创立于1999年，是目前中国最大的电子商务公司，其对自身的定位是“为商家、品牌及其他提供产品、服务和数字内容的企业，提供基本的互联网基础设施以及营销平台，让其可借助互联网的力量与用户和客户互动”。阿里巴巴经营多个网上及移动平台，业务覆盖核心电商、云计算、数字媒体和娱乐以及创新项目和其他业务。集团的子公司及关系公司包括阿里巴巴B2B、淘宝网、天猫、一淘网、阿里云计算及支付宝等。由此可见，阿里巴巴实际上是一家以电子商务为主的互联网公司，但近几年来，特别是在美国纽交所挂牌上市以来，其加快了进军新媒体领域的步伐，主要集中在媒体、影视娱乐、音乐、视频、文学、内容分发等子领域，构建起一个庞大的新媒体帝国。

### （一）发展历程

阿里巴巴成立于1999年，在短短不到20年的发展过程中阿里巴巴大体上经历了两个阶段：一是专注于电子商务业务阶段，二是多元化发展阶段。阿里巴巴涉足新媒体业务发生于集团推进多元化战略之后。简单回顾阿里巴巴的发展历程，主要有这样几个重要的时间节点和重大事件，这也成为其发展历史上里程碑式的标志。

1999年，以马云为首的18个人在杭州创立阿里巴巴集团，首个网站是英文全球批发贸易市场阿里巴巴，随即推出专注于国内批发贸易的中国交易市场（即“1688”）。到2002年，阿里巴巴就首次实现全年正现金流入。2003年，成立了购物网站淘宝网，一年之后，推出第三方支付平台支付宝。2007年，阿里巴巴在中国香港联交所主板挂牌上市。之后的几年内，阿里巴巴一直专注于在电子商务领域的全产业链拓展，相继成立网上营销技术平台阿里妈妈、阿里巴巴集团研发院、阿里云、团购网站聚划算，收购了互联网基础服务供应商中国万网、电子商务解决方案供应商 Vendio 及 Auctiva、国内一站式出口服务供应商达通，推出了手机淘宝客户端。

直到 2013 年，阿里巴巴才开始向新媒体领域拓展，发布了阿里智能 TV 操作系统，正式推出社交网络手机客户端来往（即“点点虫”）。此后在不到 3 年的时间内，阿里巴巴集团相继收购或投资入股了移动浏览器公司 UC 优视、文化中国传播（现称“阿里巴巴影业集团”）等多家传统媒体和新媒体企业。目前，阿里巴巴的新媒体帝国包括新浪微博、文化中国、华数传媒、优酷土豆、虎嗅网、华谊兄弟、光线传媒、无界、第一财经、封面、陌陌等。

此外，阿里巴巴还加速向金融、医疗等领域扩张和布局，如打造了蚂蚁金服、菜鸟网络、阿里健康、银泰商业等，不断构建和完善业务生态圈。

### （二）产品服务

阿里巴巴集团从一个传统的电商平台逐渐向电商、金融、媒体、医疗等多个领域进军，经营多项业务，并且以电子商务为主，同时也从关联公司的业务和服务中取得经营商业生态系统上的支援。具体包括淘宝网、天猫、聚划算、1688、全球速卖通、阿里巴巴国际交易市场、阿里妈妈、阿里云、蚂蚁金服以及菜鸟网络。

阿里巴巴通过一系列并购，已经成功在一些新媒体领域布局，如视频、社交媒体、电影、新闻客户端等。其新媒体业务主要由各个被投资或收购主体提供产品和服务。例如，利用新浪微博和陌陌提供社交服务，参股第一财经提供财经资讯等服务，通过华谊兄弟、华数传媒提供影视娱乐服务，创办无界新闻提供新闻服务，由优酷土豆提供网络视频服务等。

### （三）业务模式

从整个集团层面来讲，阿里巴巴的业务模式概括起来就是商业生态圈模式，即通过系统成员之间的相互支撑和强化，促进整个系统的发展和良性循环。例如，利用自有电商平台以及 UC、高德地图、企业微博等导流，突出发展电商业务及支撑的金融业务，同时配套以本地生活服务、健康医疗以及包括游戏、视频、音乐等在内的新媒体业务。其核心是数据及流量共享，基础是营销服务及云服务。

从新媒体业务层面来讲，阿里巴巴新媒体的业务模式与其他新媒体企业基本相似，主要还是依靠广告、在线增值服务等进行盈利。

## 二、股权结构

由于阿里巴巴主要是通过收购、入股方式参与了众多新媒体，其持股比例以及各个新媒体机构的股权结构都存在差异。从集团层面来看，阿里巴巴主要的股东是软银、雅虎和马云。其中，软银是第一大股东，其次是雅虎，持股比例分别为 37%和 24%，马云持有阿里巴巴 7%的股份。

阿里巴巴自成立以来经过了多轮融资，伴随着每次融资，其股权结构也会发生一些变化。例如，经过三次私募后，马云创业团队、软银、富达投资以及其他几家股东的持股比例分别是 47%、20%、18%以及 15%；雅虎进入阿里巴巴之后，雅虎、阿里集团以及软银的股份比例变化为 39.05%、31.7%以及 29.3%；阿里巴巴回购雅虎股权之后，三者的持股比例再次调整为 23%、45.1%以及 31.9%。阿里巴巴 IPO 过程也发生了股权变更，其 IPO 发行 3.2 亿股，其中新股 1.23 亿股，占比 38%，股东出售 1.97 亿股。之后承销商启动超额配售 4800 万股，其中新股 2614 万股，其余由雅虎、马云、蔡崇信等股东出售。

## 三、民间资本进入模式与路径

根据发达国家的经验，一个国家或地区的人均 GDP 超过 5000 美元时，传媒业将处于爆发式增长阶段。目前，我国人均 GDP 已经接近 8000 美元，基于新媒体产业涌现出的巨大发展潜力以及出于构建完善的商业生态圈的考虑，阿里巴巴集团从 2013 年前后开始进入新媒体行业。

### （一）阿里巴巴的融资历程

阿里巴巴在发展过程中经历过至少六次比较大规模的融资，其资金来源也非常丰富，包括自有资金、风险投资、引进战略投资者、IPO 等。具体来说：①1999 年，马云及其创业团队以 50 万元原始资本成立阿里巴巴后，接受了包括高盛、富达投资、新加坡政府科技发展基金、Invest AB 等在内的风险投资 500 万美元；②2000 年，阿里巴巴为了进一步强化其在电子商务领域的领先地位，向软银、富达投资等融资 2500 万美元；③2004 年，阿里巴巴连续 4 年被评为全球最佳 B2B 网站后，获得软银、富达投资、GGV8200 万美元的投资；④2005 年，阿里巴巴收购雅虎中国，同时得到雅虎 10 亿美元的投资；⑤2007 年，阿里巴巴在中国香港上市；⑥2014 年，阿里巴巴在美国上市，成为美国市场上有史以来规模最大的 IPO 交易。

### （二）阿里巴巴进入新媒体的模式

阿里巴巴进入新媒体产业主要采取了以参股、并购为主的模式。例如，2013 年，投资 5.86 亿美元持有新浪微博 18%的股份，一年后再次增持 14%的股份，最终持股比例达到 32%；2014 年，出资 8.04 亿美元收购文化中国 60%的股份，并更名为阿里影业；同年，阿里巴巴还分别出资 10.5 亿美元、12.2 亿美元、2484 万美元以及超过 15 亿元人民币先后投资了华数传媒、优酷土豆、虎嗅网和华谊兄弟，持股比例分别为 20%、18.5%、15%以及 8.06%；2015 年，阿里巴巴继续扩充其新媒体版图，相继投资了光线传媒、第一财经等，并进一步收购了优酷土豆和新浪微博的剩余股份。

除了收购，阿里巴巴也参与了设立一些新媒体，如 2015 年，联合财讯集团和新疆维吾尔自治区组建“无界传媒”，联合四川日报集团成立新媒体机构“封面传媒”等。

## 四、治理模式

新媒体作为阿里巴巴最近几年才开始涉足的业务领域，也被纳入整个集团统一的大的治理框架内。

### （一）高管团队

集团的高管团队包括：董事会主席马云、执行副主席蔡崇信、首席执行官张勇、总裁 J. Michael Evans、首席财务官武卫、首席人才官蒋芳、首席技术官张建锋、首席风险官刘振飞、首席客户服务官戴珊、首席法务官兼公司秘书石义德、总裁金建杭、首席市场官董本洪、移动互联网总裁俞永福、阿里云总裁胡晓明、批发交易市场总裁吴敏芝以及首席平台治理官兼副首席财务官郑俊芳。根据阿里巴巴合伙人制度，马云和其他高管拥有董事会董事绝对任命权。

### （二）组织架构

为了能让组织更加灵活地进行协同和创新，自 2007 年以来阿里巴巴几乎每年都要对组织架构进行一次调整，重大的组织架构调整主要有两次：①2012 年，集团从子公司制调整为事业群制，成立了七个事业群，包括淘宝、一淘、天猫、聚划算、阿里国际业务、阿里小企业业务和阿里云。②2013 年，集团将现有业务架构和组织调整为 25 个事业部，具体事业部的业务发展由各事业部总裁（总经理）负责。其中就包括新成立的新媒体事业部。同时，也调整原有业务决策和执行体系，新体系由战略决策委员会（由董事局负责）和战略管理执行委员会（由 CEO 负责）构成。此外，2011 年淘宝一拆为三，淘宝商城（天猫）独立后取得了跨越式发展；2014 年阿里集团调整架构 All in 移动电商，手机淘宝移动电商平台在一年后收入迅猛增长，帮助阿里巴巴奠定了全球行业领先者地位并顺利实现了移动转型；2015 年阿里巴巴集团启动 2018 中台战略，构建符合数据经济时代的更创新灵活的“大中台、小前台”组织机制和业务机制[①]。

## 五、成效与启示

阿里巴巴涉足新媒体产业时间不长，很难明确判断其新媒体业务是否成功，但是，毫无疑问，阿里巴巴自成立以来取得了巨大的成功。公司也收获许多评选机构授予的奖项，如由中国传媒大学、国家有声媒体中心评选的 2015 年中国企业国际传播力第二名，斯坦福商学院校友会授予的 ENCORE 奖，世界零售大会组织评选的年度最佳零售商，中国经营报和 China Economist 授予的 2008 年最具

① 参见 http：//www.acfun.tv/a/ac2375454。

竞争力企业奖等。

### （一）绩效

通过考察阿里巴巴进入新媒体领域后的财务绩效，我们可以间接获知其新媒体业务开展的效果。2014 年，阿里巴巴在美国纽交所上市，开盘价为 68 美元，当天涨幅达 38.07%，收盘价达到 93.89 美元。2016 年 11 月 4 日的收盘价为 97.57 美元，市值为 2484.13 亿美元。从股价变动的角度来看，阿里巴巴上市首日以来的涨幅并不大。根据阿里巴巴的财报，2015 年阿里巴巴营业收入达 122.93 亿美元（约 762.04 亿元人民币），比 2014 年增长 45.14%；同期实现净利润 39.23 亿美元（约 243.20 亿元人民币），较 2014 年仅增长 3.92%，增速明显放缓。总的来看，阿里巴巴上市之后的财务表现还是比较出色的，净利润增速的放缓可能更多的是受到中国要素成本全面上涨的影响。由于进入新媒体领域时间较短，仍处于投入阶段，真正获得较高收益可能尚需时日，但是目前看来，这一决策并未给阿里巴巴的经营绩效带来明显的负面影响。

### （二）启示

从目前来看，阿里巴巴涉足新媒体产业还算比较成功。其进入新媒体以及通过进入新媒体来完善商业生态圈的做法可以带给我们一些启示，具体来说主要有三点：

#### 1. 基于集团整体目标的扩张

阿里巴巴进军新媒体领域并不是简单地要将企业做大做强，实现所谓粗放式的发展。其决策的背后至少有三方面全盘的考虑：一是阿里巴巴以电子商务为其核心业务，为给其提供有力支撑先后进入互联网金融、健康产业、新传媒产业等。所以说，阿里巴巴进入新媒体领域实际上是为了打造一个正反馈的商业生态系统，增强核心竞争力。二是新媒体产业在我国是一个快速增长的产业，如 2014 年我国游戏市场实际销售收入同比增长接近 40%。进入新媒体也是为了培育一个新的增长动力。三是掌握新媒体也可以为集团的整体发展提供一定的公关便利。

2. 向相关业务领域拓展

阿里巴巴进入新媒体并不是在一个全新的毫无基础的领域拓展。作为电子商务的著名企业，其掌握着新媒体发展所需的互联网技术，特别是收购了互联网基础服务供应商中国万网、电子商务解决方案供应商 Vendio 和 Auctiva 以及成立了阿里巴巴集团研发院后，阿里巴巴进一步夯实了技术基础。阿里巴巴拥有国内最全面和完善的电商交易大数据以及强大的大数据分析团队，一旦这些大数据与新媒体的内容结合起来，可以探索出更多的商业模式。

3. 充分发挥了资本控制力

正如前面所说，阿里巴巴进入新媒体主要采用收购的方式，这一方式的好处在于：一是阿里巴巴收购的基本上都是行业内的优势企业，因此，在与新媒体产业中的对手进行竞争时可以实现“弯道超车”；二是收购企业基本上已经进入高速增长期或成熟稳定期，这样就少了很多初创期的沉没投资；三是可以把新媒体不同细分行业中的龙头企业都聚集到自己旗下，奠定市场地位。

## 六、问题与建议

阿里巴巴进入新媒体同样面临一些问题，主要是来自两方面的挑战。如果处理得当，不但会创造出新的商业模式，而且还将会为阿里巴巴培育一个新的增长引擎，促进集团整体绩效的提高。

一是如何使得被收购的新媒体机构与阿里巴巴形成较好的融合。这是世界并购史上公认的难题。美国的经验也表明，如果不同的企业文化无法较好地融合起来，互联网公司收购媒体企业之后将很难产生足够的化学反应，双方的经营绩效均无法得到太多的改善，如著名的 AOL 与时代华纳的并购败局。一个行之有效的办法可能就是像阿里巴巴收购新浪微博、优酷土豆那样分步并购，而不是一次性收购，这样通过设立一个磨合期来促进企业文化的融合。

二是如何发挥被收购的新媒体机构的发展合力。阿里巴巴目前收购的新媒体企业涉及视频、社交媒体、传统媒体、电影业、新闻客户端等多个子领域，这些企业都属于各自领域中的翘楚，但是如果只是单兵突进，很难形成“1+1>2”的发展合力，甚至还有可能导致运营成本的上升。因此，必须充分发挥阿里巴巴新媒体事业部的协调、统筹功能，做好信息、内容的沟通与共享，一方面会降低制作成本，另一方面可以更加精准地应对市场需求。

# 第十三章　民间资本进入数字报纸行业的案例

随着新媒体的发展壮大，传统媒体受到越来越大的冲击，报纸行业作为传统的纸媒，其背负的压力可想而知。从过去翻阅报纸的阅读方式到电脑以及移动终端的阅读方式的改变，使得报纸作为信息传播方式的有效性进一步降低，各类市场类报纸及省级、地市级报纸的多项指标都呈现下滑趋势。数字化阅读的普及，促使报纸行业开始出现向新媒体转型的趋势，数字报纸应运而生。数字报纸行业是新媒体产业的重要组成部分，是传统媒体转型的重要领域，在这一过程中，民间资本积极介入，推动了报纸行业的转型。以下我们选取了在应对市场化需求和新媒体变革方面做得比较好的两个集团公司作为案例，上海报业集团和浙江日报报业集团，两个集团均在发展新媒体、拓展新领域、利用民间资本的力量壮大自身发展方面具有良好的借鉴意义。

## 第一节　上海报业集团

上海报业集团是近几年发展较快的集团公司，积极进行了一系列的改革促进了传统媒体和新媒体的融合。上海报业集团副社长王伟表示，发展新媒体有一个清醒的认识，就是做自己能做的事。“我们有媒体内容制作的优势，因此，重点是做与内容制作相关的新媒体项目。同时，除了自己投资外，也充分考虑利用社会资本”①。

## 一、公司简介

上海报业集团成立于 2013 年 10 月，是由解放日报报业集团与文汇新民联合报业集团两家集团合并重组而成的。上海国资委为响应中央精神，提高媒体在互联网时代的竞争力，促进传统媒体向新媒体的转型升级，将其旗下的这两家报业集团进行了整合，两家旗下的报刊、出版社、网站都归属上海报业集团所有（如《解放日报》、《文汇报》及《新民晚报》均归属上海报业集团），其下属媒体公司也顺应互联网潮流设立了多个 APP 应用及微信公众号。原解放报业旗下的上市公司新华传媒（600825.SH）成为了新集团唯一的上市公司。如表 13-1 所示，上海报业集团在 2015 年传媒集团融合传播排行榜上排名第 5 位。

**表 13-1　2015 年传媒集团融合传播排行榜**

| 排名 | 集团 | 融合力 | | | | 传播力 | | | | 融合传播指数 |
|---|---|---|---|---|---|---|---|---|---|---|
| | | 终端数量 | 终端质量 | 多样性 | 融合力 | 覆盖指数 | 浏览指数 | 互动指数 | 传播力 | |
| 1 | 人民日报社 | 19.8 | 10.0 | 8.8 | 38.7 | 20.0 | 20.0 | 20.0 | 60.0 | 98.7 |
| 2 | 新华通讯社 | 20.0 | 9.5 | 9.1 | 38.6 | 19.9 | 19.2 | 19.4 | 58.5 | 97.1 |
| 3 | 浙江日报报业集团 | 19.7 | 9.0 | 10.0 | 38.7 | 18.7 | 18.2 | 17.5 | 54.5 | 93.1 |
| 4 | 南方报业传媒集团 | 19.3 | 8.7 | 7.8 | 35.8 | 19.1 | 18.8 | 18.4 | 56.4 | 92.1 |
| 5 | 上海报业集团 | 18.3 | 8.8 | 8.2 | 35.3 | 18.7 | 18.4 | 17.0 | 54.1 | 89.3 |
| 6 | 新华报业传媒集团 | 19.2 | 8.2 | 8.3 | 35.7 | 17.3 | 16.5 | 14.7 | 48.5 | 84.2 |
| 7 | 陕西华商传媒集团 | 18.4 | 7.8 | 7.2 | 33.4 | 17.4 | 16.4 | 16.1 | 50.0 | 83.4 |
| 8 | 成都传媒集团 | 17.6 | 7.3 | 5.3 | 30.2 | 17.6 | 16.9 | 17.0 | 51.5 | 81.7 |
| 9 | 山东大众报业集团 | 19.0 | 7.8 | 4.8 | 31.5 | 17.8 | 16.5 | 14.9 | 49.1 | 80.6 |
| 10 | 中国新闻社 | 15.2 | 6.6 | 6.2 | 28.0 | 17.2 | 16.9 | 15.5 | 49.7 | 77.6 |

① 资料来源：金琳. 上海报业集团多点试水新媒体［J］. 上海国资，2016（6）：52-54.

## 二、股权结构

### （一）合并重组成立集团

在中国，传统媒体一般是计划体制，新媒体一般是市场体制，由于体制的不同，合并重组一般在传统媒体中进行，并购重组则一般在新媒体中进行①。传统媒体的合并重组常常是基于党和政府对政治和社会效益的考虑，常采用行政命令的方式来达成合并，并不一定体现经济效益和市场需求；而新媒体诞生于现代市场经济，更多地体现了自由市场的意志，往往为企业最大化利益服务。

显然，上海报业集团的成立过程并不是市场化行为，而是体制内报业采取的合并重组方式，是行政指挥的结果。在报业不景气的大背景下，此次改革体现了上海媒体改革者的战略眼光、胆识和智慧，由此可见上海市政府对报业经营的重视。

### （二）国资委领导下的上海报业集团

在西方，报业集团的投资人往往是财团。美国有大量的家族财团来支撑报业，经济好的时候，报业自然利润不错，经济不好的时候，报业也不会由于缺少支撑而陷入泥潭，它依然可以发出不错的薪水来维持住资深采编队伍。

中国的报业很少是由财团（如金融机构）支撑的，过去中国报业是由党和人民政府支撑的。随着媒体越来越市场化，仅靠党和政府的财政支撑是远远不够的。在上海报业集团组建中，从 2014 年起，解放日报和文汇报每年都可以获得上海市财政的支持资金，数目达 5000 万元，以缓解传统纸媒的经济压力。但固定的金额不足以满足上海报业集团的整体发展，上海报业集团需要新的资金注入方式来获得资源以应对互联网大潮下发展新媒体的时代要求。

### （三）上海报业集团的新媒体项目

上海报业旗下拥有众多公司，但只有一家上市公司。截至 2016 年 9 月 30

---

① 资料来源：张向东. 中国传媒产业合并重组策略研究——兼谈上海报业集团成立的启示［J］. 新闻记者，2013（12）：13-16.

日，上海报业集团持有上市公司新华传媒 23.49%的股份，是新华传媒的第二大股东，第一大股东上海新华发行集团有限公司持有新华传媒 28%的股份。

上海报业集团目前主打三大新媒体项目："上海观察"、"澎湃新闻"、"界面"。"上海观察"于 2014 年 1 月 1 日上线，是由解放日报利用自身团队和资源建设的一个新媒体平台，一款在互联网上发行、以用户收费为盈利模式的资讯类深度阅读产品。"澎湃新闻"于 2014 年 7 月 22 日上线，其内容"及时、独家、深度"，大有成为"中国第一新闻网站"的势头。"澎湃新闻"正式上线一年多，移动端的用户下载量达到 4000 万。"界面"亦于 2014 年 9 月 22 日上线。"界面"的产品有三个层次，包括精品财经新闻网站、专业投资资讯服务平台和商业情报数据库。"界面"重点报道中国上市公司及其事件，它还通过"摩尔金融"公共微信账号为个人及机构投资者提供精简、专业、权威的资讯产品。

上海报业集团旗下的三个新媒体项目无一不体现着集团公司的期望和心血，"上海观察"是将党报在互联网进行宣传的创新举措，"澎湃新闻"是想将传统报纸创办为一家新媒体，通过一体化运作及广告经营来实现盈利，"界面"探索的是"一家国有媒体集团能否借力社会资源办新媒体，实行免费加收费的形式"①。"界面"项目通过引入战略投资者，吸引民间资本进入来更好地运用资本的力量扩大自身的品牌经营。

## 三、民间资本进入模式与路径

### （一）设立投资平台向民间资本募资

上海报业集团文化新媒体投资管理有限公司（以下简称"文新投资"）是上海报业集团旗下全资控股的投资管理平台，通过直接投资和基金投资，目前管理资产规模近 20 亿元。文新投资围绕上海报业集团战略布局，通过实施直接投资，打造集团深度融合、整体转型的标杆性项目，孵化集团新的产业平台；通过基金

① 资料来源：李小兵. 巨资打造财经新媒体——上海报业集团整合引来资本大佬 [N]. 上海证券报，2014-02.

投资，与集团产业资本充分对接，获取互联网新媒体产业高速成长带来的收益。

文新投资对被投项目和基金实行“融、投、管、退”的全价值链管理。第一，代表上海报业集团帮助直投项目创新体制机制，搭建多元股东结构，提供资源整合、战略优化等投后管理与服务，并主导开展后续轮融资、并购整合，对接资本市场。第二，代表集团作为基石投资人，发起并深度参与文化新媒体基金的运营管理，和管理团队共同向社会资本、产业资本、金融资本等募资，并通过日常对接及咨询委员会、投资委员会等机制，发掘与集团整体转型具有协同效应的项目。

### （二）成立新媒体产业基金吸引风险资本

2014 年 8 月 19 日，“八二五”新媒体产业基金（以下简称 825 基金）正式成立。上海报业集团联手元禾母基金、华映资本及上市公司、龙头企业等机构投资者共同发起了这项产业基金，并将投资到互联网新媒体行业以促进传统媒体和新媒体的融合与发展。基金规模为 12 亿元，是上海报业集团旗下的一支新媒体领域的风险投资资金，吸引风险资本关注新媒体产业。825 基金可以帮助新媒体产品项目发展壮大，有利于上海报业集团更好地吸引优秀人才、促进创新创业。同时，作为风险投资基金广泛吸收民间资本进入，推动了新媒体项目的发展。

### （三）新媒体“界面”引入战略投资者

民间资本通过风险投资、私募股权的方式进入界面项目并持股成为了战略投资者。这种战略投资者并不仅是提供资金，更大意义上是能够与界面实现业务上的整合，为界面提供市场资源。同时，与上市融资的方式相比，私募不通过公开市场融资，没有利润等硬性指标要求，无需证券监管机构批准，只需投融资双方达成一致，对创业创新类项目的发展具有无法比拟的优势，是一条非常理想的民间资本进入途径。虽然按照当前政策要求，国有报业集团至少持股 51%以上，保证其绝对控制权不因融资而稀释，这种方式仍获得了民间资本的大力追捧。

#### 1. 界面的 A 轮融资

界面项目在 2014 年 9 月推出，完善的网站页面，便捷的移动客户端以及方便推送的一系列微信群构成了界面的整体服务平台。以新闻为核心，界面随后以此为基点拓展推进创新业务，目前以精品新闻、摩尔金融、尤物、前辈、圆桌、开放平台为主的六大业务形态初步形成。下一阶段，界面将努力发挥其品牌影响力，不断满足中产阶级对新闻资讯、金融投资、招聘社交等的需求。界面拥有的各种规格互联网产品矩阵，可以满足用户使用习惯的多样性。

“界面”的成立不同于上海报业集团成立其他公司的传统方式，是由上海报业作为绝对控股股东并吸引其他融资共同设立的，这其中就包括国泰君安、海通证券、联想弘毅、小米科技、奇虎 360、卓尔传媒、蓝色光标等。2015 年 7 月 30 日，蓝色光标宣布，将以自有资金 3500 万元增资界面，增资完成后，蓝色光标投资将取得界面 3.89%的股权，成为界面的第七大股东。投资完成后，界面估值达到约 9 亿元。

界面在 A 轮融资就取得了瞩目的效果，除了与上海报业集团资深国企传媒集团的资源背景有关外，与界面项目未来良好的发展前景有着密不可分的关系。上海报业集团党委副书记、总经理，界面董事长高韵斐指出，上海报业集团投资界面从根本上说是投资了“读者向互联网迁徙”这样一种趋势。这种趋势除了被上海报业集团看好外，民间资本也纷纷趋之若鹜。

2. 界面的 B 轮融资

如果说 A 轮融资还带有一定的发展不确定性风险，那么 B 轮融资就是市场对界面发展的评价了。此时民间资本的再度介入，绝不会仅因为美好愿景，而是基于切实的优质绩效。在 2015 年 9 月的 A 轮融资之后，界面的快速发展获得了市场认可，为了进一步提升其产品和服务的质量，界面再次考虑融入资金获得发展。2016 年 7 月，界面启动了 B 轮融资，战略投资人昆仑信托和另一家跟投共同认购了超过 3 亿元的融资金额，此时界面的估值比之前的 9 亿元获得了更大幅度的增长。

## 四、治理与管控模式

上海报业集团立足于“大调整、小改革”，形成符合市场规律和报业实际的治理结构模式，责任明晰、产权清晰、分工明确、整合有力。

### （一）设下属独立法人公司

上海报业集团旗下的解放日报社、文汇报社、新民晚报社恢复了报社的独立建制，成为了独立法人。各报社总编辑对各自发行的报纸负责，同时接受党委的领导。人权、财权和事权由三家报社各自独立行使，人事部、财务部、发行部、广告部均在三报社内部完整设立。这种下设独立法人的方式有利于集团和报社的关系协调与责任划分。三家报社紧跟时代步伐，适应市场变化，做大做强品牌，完成从传统媒体向新媒体的融合转型。上海市财政每年向解放日报社和文汇报社提供资金支持，帮助两大报社在没有经济压力的情况下加快品牌建设和运营。此外上海市宣传文化的专项资金也将投入各主要报纸、宣传媒体及有影响力的报刊来发展新媒体，适应市场的需求。

### （二）组织架构的变革

上海报业集团重新设计了组织架构，主要包括三个方面：统筹报业资源、改革现有报业结构、提供保障服务[①]。上海报业集团更加重视合理配置报业资源，关注资产的运营，重视战略规划以及强调审计的合规性，将集团整体层面的管理上升到一定高度。并且新设了报业改革推进办公室，专门关注传统报业的变革和促进，以及设立了新媒体发展研究中心，集中资源为新媒体的融合发展提出更好的建议，同时做好后勤管理，为媒体工作者更好地服务。

### （三）下属公司开发新媒体产品

集团层面并不直接开发新媒体产品，而是与下属公司有着明确的任务分工。集团层面主要考虑体制改革，对外合作，成立基金公司吸引资本，帮助促进产品孵化等。三大报社因为拥有了独立的财权和人权、事权，对新媒体产品的开发和推广具有独立的决策权，可以更加灵活地应对市场变化，寻找客户需求，把新媒体产品做大做强。

---

① 资料来源：王侠. 深化报业改革的上海破题——传媒学者谈上海报业集团成立的意义和启示［J］. 新闻记者，2013（12）：3-12.

### （四）集团对新媒体界面项目的绝对控股地位

对于界面项目而言，上海报业集团最初的设计即为探索一条国有控股条件下利用民间资本发展新媒体项目的创新路径，由此可见保持上海报业集团对界面的绝对控股地位十分重要，而且这也符合目前国家相关政策的规定。这种绝对控股能实现界面的后续发展不脱离上海报业集团的国企背景，利用好上海报业集团的采编资源和组织优势，持续打造高质量信息编排，确保对舆论导向的绝对控制，而非一味迎合利润要求走向低端庸俗化。

## 五、成效与启示

### （一）战略合作伙伴解决业务难题

界面拥有多元化的股东，且股东的选择往往考虑的是业务发展的需要，成为战略合作伙伴。此种战略合作有利于界面解决业务难题进一步提升专业度，借助多方力量互通有无，与战略伙伴实现共赢，也提升其自身的商业价值。

互联网时代媒体必须与用户紧密对接，缺乏客户群成了新成立的界面的业务难题。为了引入用户流量，界面找到了战略合作伙伴——百度公司、奇虎 360 以及小米科技，这些公司之所以能与界面合作正是基于它们能给界面带来引流的效果。百度特意在百度新闻里为界面设置了专属的网站，可以使浏览百度新闻的用户直接进入界面。界面也跟奇虎 360 沟通希望界面的新闻直接从 360 弹窗中跳出供用户阅读。分众传媒亦可提供价值不菲的界面广告。这些与战略伙伴合作的意向显示，界面通过战略伙伴引入客户流量，通过内容和服务将用户吸引并进一步留住客户创造更多的商业价值。

### （二）有利于媒体内部创业孵化

由于多数传统媒体不具备独立的投资权，创业孵化项目往往缺乏资金的支持而无法获得发展。一般情况下，特别是互联网背景下的创业孵化项目，都需要依托风险资本和私募股权等投资基金才能支持其商业价值的变现。界面项目的出现弥补了传统媒体不利于业务线孵化及引资的缺陷。

例如，界面除了以新闻为核心的业务以外，还发展了其他多种业务。之所以在上线的开始就做出这样的多业务尝试，主要还是对单纯新闻网站的担心，单一的模式不利于以盈利为目的的风险资本的追捧。界面的眼界比新闻业务更宽更远，希望通过各种服务将城市白领、中产阶级汇聚在一起，提供给他们所需的各种服务。界面的业务如急聘，帮助大公司紧急招聘高端市场人才；视频，推出全球财经资讯的相关视频，满足客户快速可视化阅读的要求；特稿，以具体现象为描述分析对象的稿件；尤物，以高端层面男性用户为目标的商务导购，有针对性地满足特定群体的需求。这些业务线在界面旗下发展孵化，在条件成熟的时候完全可以以合资的方式分离独立出来。

以摩尔金融为例，作为连接投资者与投研服务人士的社区，就是界面团队自己孵化出的新商业模式，已完全实现独立运作和进行融资。摩尔金融是界面（上海）网络科技公司旗下的互联网创新金融资讯及服务平台，由上海报业集团控股，弘毅投资、海通证券、国泰君安、小米、360、卓尔等联合投资，为追求效率的投资者提供动态市场消息、私人化投资分析及后续的投资产品与服务，广泛涵盖股票、基金、信托、债券、不动产等各类投资工具。

**（三）借助民间资本力量帮助国有企业发展新领域**

国有企业发展新领域可以借助民间资本的力量，民间资本的加入也往往是看重国有企业雄厚的资源背景和发展实力。在界面引入的B轮投资中，昆仑信托十分重视上海报业集团在新媒体领域做出的广泛尝试和创新布局，期望能在未来与上海报业集团有更加全面的战略合作。上海报业集团发展的界面项目在国有控股的基础上实现了多元股东，集结了优秀的创业团队且有良好的激励机制与企业文化，作为新媒体又同时存在产品孵化平台，这种良好的模式被行业内外纷纷看好。界面的快速发展，无不受益于民间资本的力量。

此外，从投资的角度引入民间资本也可使国有资产保值增值。界面在引入A轮投资后估值达9亿元，资本增值在10个月间达到9倍多。

**（四）民间资本的引入有利于办报思维的市场化拓展**

上海报业集团合并产生前作为传统的报业媒体，其自身拥有专业的采编人才，多年积累的收集信息的能力及编辑水平使得其有提供高质量高权威专业信息服务的优越性。这是上海报业集团具有的优势所在，可以提供高质量的信息编排和加工，也是其吸引民间资本的关键。然而，这种优势在另一方面也是一种劣势，信息的采编发布成本可能会比较高。民间资本的引入会促使上海报业集团更多地考虑市场化运作方式，考虑如何发掘和满足用户需求，有效采编和精准投放，降低成本提高利润。

## 六、问题与建议

### （一）加强与战略投资者的进一步合作

目前界面与战略投资者的合作已经展开，但具体细节层面的合作还需要进一步深入，合作方能否为界面提供持续的帮助，通过高品质的内容服务来满足界面长远发展的需要，是一个十分重要的问题。仅提供资金的投资是远远不够的，所以与战略投资者的深入合作十分必要。在合作的细节层面进一步商谈，同时也平衡好各股东之间的利益关系。

### （二）业务线的孵化不宜急于求成

界面在上线初期就开始考虑业务线的多样性，避免由于新闻业务的单一所面临的风险。然而由于市场竞争依然激烈，业务线铺得太广却缺乏深度，无法满足市场更进一步的需求。每项业务的拓展和成熟切勿急于求成，而应以质量为导向，业务线的孵化要水到渠成。盲目推进多条业务线固然可以分散风险，也在某种程度上降低了资源和人才的集中度，但不利于出精品。业务线的孵化应顺应自然，在适时的时候再独立运作。

### （三）加强政府监管，完善法律法规

传统报业有主管单位和主办单位，上级主管单位往往是党和人民政府。界面作为新的私募与风险投资参与的公司制企业，要按照现代企业管理制度来规范和运行。新媒体的发展方向和特点决定了其必然是按照市场化的方式来运行，更多注重经济利益的追求。但与此同时，作为文化传媒行业，其所起到的宣传和舆论导向作用也具有不可避免的政治属性，这使得政府的监管必不可少。如何更好地对媒体企业进行监管，是需要进一步解决的问题。对于报纸行业新媒体转型的监

管，目前仍没有规范的法律法规，应进一步完善相应法律法规。

## 第二节　浙江日报报业集团

浙江日报报业集团旗下的浙报传媒通过借壳上市注入经营性资产，定向增发新股获得资本市场支持，进而通过并购获得所需资源补齐短板，构建以用户为核心的互联网传媒公司，进行产业升级，借助资本运作创造巨额收益，实现从传统报业向新媒体的融合发展与转型。浙江日报报业集团通过传媒控制和运用资本，让资本为传媒服务，更好地发展壮大了传媒产业。

### 一、公司简介

《浙江日报》是中共浙江省委机关报，1949 年 5 月 9 日创刊。浙江日报报业集团（浙报集团）成立于 2000 年 6 月，目前拥有 38 家传统的主流媒体，亦包括网站、手机客户端、手机报、网络平台、APP 应用、微博、微信公众号等众多新兴媒体形式。其网络注册用户及移动用户规模庞大。浙报集团曾两次入选“世界媒体 500 强”，并被评选为国内第一批“数字出版转型示范单位”。浙报集团在 2015 年传媒集团融合传播排行榜上排名第 3 位。

近年来，浙报集团认真贯彻中央和省委决策部署，致力于推动传统媒体和新兴媒体融合发展，加快全面改革、全面融合、全员融合，努力搞活传统媒体，做大新兴媒体。2009 年，浙报集团先行开展集团化、公司化改革，设立控股公司——浙报传媒控股集团公司，通过下设独资及控股公司经营传媒及相关产业，其规模在全国报业行业处前列位置。2010 年，浙报集团启动媒体经营性资产借壳上市计划，后成立了浙报传媒梦工场，通过资本市场的融资并购了网络游戏平台，将资本、技术、用户资源牢牢掌握在手中，获得了在互联网时代整合转型的先决条件。公司秉承“传媒控制资本，资本壮大传媒”的发展理念，大力深化全面融合、全面改革、全面建设，积极推进从传统报业集团向科学发展的现代传媒集团战略转型。与此同时，国家对大型国有报业集团的上市融资转型持鼓励支持态度，对数字传媒的发展十分重视。

2011 年 9 月，浙报集团完成了在上海证券交易所的借壳上市，将媒体的经营性资产整体注入其中，改名浙报传媒集团股份有限公司（600633.SH）（以下简称“浙报传媒”），成为全国第一家媒体经营性资产整体上市的省级报业集团，目前市值超过 300 亿元。在传媒行业盈利水平较差且不断下滑的大环境下，浙报传媒依然实现了营业收入和利润的不断增长，其改革的成效可见一斑。浙报传媒荣获“2014 年度最受投资者尊重的上市公司百强奖”。

## 二、股权结构

当前，为了保证意识形态领域的绝对安全，我国相关政策一方面规定传媒企业在上市时首先必须得到相关部门的批准，另一方面要求其实际控制人对传媒类上市公司必须持有不低于 50%的股权，以保证对上市公司的绝对主导权和控制权[①]。

根据浙报传媒上市公司的财报资料，如图 13-1 所示，截至 2016 年 9 月 30 日，浙报传媒的实际控制人浙江日报报业集团分别通过其旗下的浙报传媒控股集团有限公司持有浙报传媒的股权份额为 49.76%，通过浙报传媒控股集团有限公司的全资子公司浙江新干线投资公司持有浙报传媒持股的股权份额为 0.67%。

## 三、民间资本进入模式与路径

### （一）借壳上市

谈到迅速扩大资本，最便捷的方式莫过于在资本市场上市筹集资金。众所周知，直接上市除了对公司本身具有各种高标准的要求之外，还因一系列烦琐的审

① 资料来源：郭全中，胡洁. 国有传媒类上市公司股权结构的缺陷与完善［N］. 中国经济时报，2016-03.

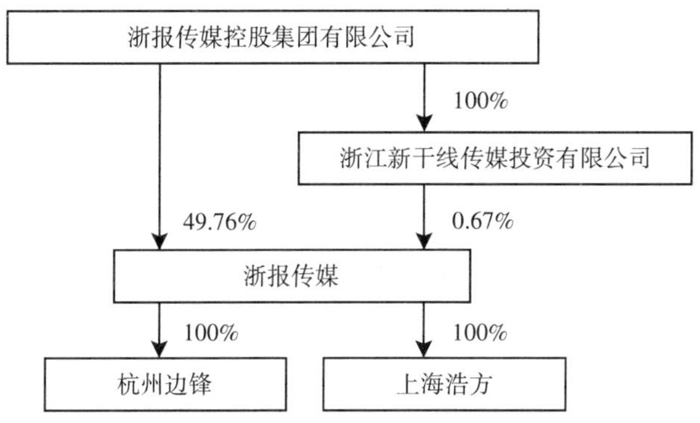


**图 13-1　2016 年 9 月 30 日浙江日报报业集团股权结构**

批手续而花费较长的时间。浙江日报报业集团想到了利用已有的资源帮助自己迅速上市，其在 2010 年 10 月选定壳资源 *ST 白猫，开始启动借壳上市计划。通过将经营性资产整体注入的方式终于在 2011 年 9 月成功在上海证券交易所上市，资产重组后将名称变为“浙报传媒”，主要经营报纸杂志、新媒体以及印刷等业务。浙报传媒从开始启动借壳上市到实际完成审批正式挂牌只用了一年时间，这种方式高效便捷，引起了报纸行业的关注。

**（二）定向增发**

在完成了借壳上市之后，浙报传媒开始考虑如何利用资本市场的力量重新整合资源，扩大业务范围，以更好地应对传统纸媒面临的挑战，完成向新媒体的转型。在考虑了多种可能的方案之后，浙报传媒着手并购游戏公司，基于自身战略需求选定了盛大网络旗下的子公司上海浩方和杭州边锋。并购所需的资金，浙报传媒拟通过定向增发新股直接募集。为了顺利完成增发获得新股东的认可，浙报传媒多次路演以表明此次增发并购的目的所在。作为国资背景的资深媒体，浙报传媒的新媒体转型并购起点获得了投资界认可，2013 年 4 月，浙报传媒完成了非公开定向增发，认购价格每股 13.9 元，总筹资 22.85 亿元，除基金管理公司的认购之外，还获得了人民网和中国国际广播电台旗下公司的认购，定向增发取得了良好的预期效果。同时市场对浙报传媒的此次定增并购也持支持态度，其每股价格最高达到了 18 元以上。

### （三）投资于用户平台实现转型

浙报传媒收购边锋和浩方两家游戏公司，其并购价格达到市盈率20倍的高价，其目的正是要整合浙报传媒自身缺少的用户资源。以往的浙报集团，其经营的重点往往集中在报纸本身，以把内容做好为目标。但进入互联网时代，每个人每天都面临海量信息和多渠道的信息获取方式。作为媒体，不了解用户真正的需求，无法准确及时地将有用信息传递给用户，终将被时代淘汰。用户群信息的获得固然可以通过自身积累建立起来，但这一过程十分漫长。浙报传媒急于踏入互联网的浪潮，真正实现和用户点对点对接，做到对用户信息和需求的精准分析，通过大众喜闻乐见的多媒介方式，提供用户需要的各类资讯、娱乐、阅读、竞技等综合服务。因此，通过收购获得用户平台，对浙报集团来说是转型的最快和最佳方式。

与此同时，浙报集团也在考虑社区化发展，特别是线上线下的联动社区发展，边锋和浩方对此可以贡献大量的用户群。在县一级市场，通过边锋的棋牌游戏进行当地的文化娱乐建设，让更多游戏玩家成为未来的目标受众①。

## 四、治理与管控模式

### （一）组织结构

浙报集团采用传统上办报和经营彼此分开的模式，办报即由编辑委员会主管编辑和出版业务，而经营是指由总经理办公室负责其经营业务。浙报的组织结构可以划分为三个不同的层级：最高层是由集团的党委和公司董事会组成，是集团的最高决策层，决定着集团的整体发展方向和发展战略；第二层级是集团的总编辑和公司的总经理层级，分别通过编委会管理编辑出版工作和对经营业务进行管理；第三层级是集团下属的各经营性公司，各经营性公司独立运作经营，对公司自身的日常运营负责。应该说组织结构是显性的，真正隐藏在其后的是一个传媒

① 资料来源：王清颖. 破解浙报集团收购边锋浩方的迷思——以用户为中心的报业转型破冰之旅［J］. 中国记者，2013（9）：82-84.

集团的管控模式和领导者的治理思想[①]。

### （二）治理结构

浙报集团的治理结构主要采用了更为灵活、更能适应市场变化的方式。在事业部制结构的基础上，让每一个媒体都拥有自己独立的法人公司，仅通过控股的方式对公司进行管控，这样每个媒体都能对自身选择有更多的自主性，大大提高了其积极性。此外，经营性的公司在集团层面和媒体的层面都有设立，除了考虑到媒体宣传之外也重视了其日常经营。浙报集团较好地运用了公司法人这一现代企业制度，通过控股方式形成了有效管理且灵活多样的大规模集团公司。这种治理结构有利于新媒体及时适应市场变化，发挥主观能动性快速发展壮大。

### （三）财务管理

在全国范围来看，浙报集团一直具有领先地位的财务管理水平。其财务管理主要是从整体层面考虑资金的调配而非各个环节的简单盈亏。由媒体公司把报纸经营的不同环节统筹起来一起管理，协调发展并重组其办报流程使之更加规范和科学。资金链是集团发展的命脉，因此建立先进的、可控的、可灵活调节的财务制度对于每一个传媒集团来说都是有益的，而且是要从集团母公司的角度进行思考和战略把控的[②]。

### （四）以战略为导向的管控模式

浙江日报报业集团的最高战略为集团战略，以集团的战略为导向，层层分解得到公司层面及执行层面的具体战略，一步步向下传达直到执行层。浙报集团的事业部制结构是每个事业部均设立经营性公司，但前面提到的资金这一项是由集团统一管理的，并且人员的调配即人事这一核心资源也在集团层面控制，除此之外的利益追求选择由下属事业部公司自行决定。因此，只需从战略层面上进行放权的管控，而无需操作层面或直接参与的管控，既可达到管控的目的，又可以使执行层具有更大的自主权和灵活性，有利于新媒体的发展。

---

①② 资料来源：毕朦予. 论我国传媒集团管控模式选择——以浙江日报报业集团为例［J］. 中国报业，2012（6）：97-98.

### （五）规范的公司治理机制

浙报传媒作为上市公司，形成了规范的公司治理机制及法人治理结构。公司股东大会为最高权力机构，董事会为决策机构，监事会为监督机构，管理层负责日常的经营活动。

按照浙报传媒的《公司章程》，浙报传媒将定期召开股东大会、董事会及监事会。涉及重大事项时，股东大会将考虑网络投票意见，让中小股东对公司事宜有话语权，保护中小股东的利益。重大决策均交独立董事审核并听取独立董事发表的独立意见。公司董事会下设五个专门委员会负责战略投资、薪酬考核、提名、审计及关联交易控制，特别对关联交易重点监控，全部由独立董事确保监管事项的合法性。公司的监事会选派职工代表进入，参与公司决策与监督，维护职工的合法权益。

浙报传媒同样重视内部控制的建设，在 2012 年成立内控委员会，以董事长为主任委员，并组织专人编写具有浙报传媒特色的《内部控制手册》，全方位地从管理、运营各个角度对内部控制进行规范，使下属各公司及每个员工真正认识到规范业务环节合规合法经营的重要性。

浙报传媒的上市重组案例获得了行业的好评和多项奖励，且其规范的公司治理机制和监管体系也获得了认可。在中国证监会 2012 年开展的上市公司年报工作现场检查中，浙报传媒的规范治理得到了监管部门的肯定；2013 年 6 月，公司入选上证公司治理指数样本股。这些荣誉的取得，充分体现了监管机构与资本市场对公司治理工作的肯定①。

## 五、成效与启示

### （一）快速上市

由于政策性原因和行业的特殊性，我国传媒行业的上市需遵循采编和经营分

① 资料来源：张雪南. 传媒控制资本，资本壮大传媒——浙报传媒上市三年的实践与探索［J］. 传媒，2014（23）：35-37.

离的原则，而且大多数采取借壳上市的形式。浙报传媒采取一次性置换的方法，将置出的资产直接换取股权[①]。浙报集团在上市时将其旗下的媒体公司等经营性净资产合计 6 亿多股评估达 24 亿元置换白猫股份 2.7 亿股的股票，由于此方案需保证每家公司在上市后均有盈利，压力之大可想而知。浙报集团顶住了 2011 年后传媒受互联网冲击所导致的利润下滑，加快内部资源整合力度，强化成本控制，实现了逆势增长。其借壳上市的胆量和智慧使得浙报集团通过这种方式节省了大量的时间成本，在短时间内进入资本市场，获得了融资机会。其随后的定向增发获得了市场认可，为进一步整合业务及转型新媒体奠定了扎实的基础。

### （二）高效融资

在收购两家游戏公司时，由于需要大量现金支付，能否高效顺利融资成为关注焦点。而 32 亿元的并购价格能否被投资方接纳也是定向增发的关键。曾有观点认为浙报传媒并购游戏公司的价格过高，但从浙报传媒后来股价涨到市盈率 35 倍之高可以看出外界对此并购的信心，而浙报集团给予定增投资人的 27 倍市盈率也获得了认可。同时由于盛大网络对此项并购承诺对赌协议，2013~2015 年实现净利润获得较大增长，一旦没有完成既定利润目标，盛大网络将给予补偿金最高达 9.6 亿元，为浙报传媒免除了并购后利润下滑的风险。毫无疑问，以浙报传媒良好的国资背景，此次定向增发是成功的，获得了市场的认可，而且这种高效的融资方式，为浙报传媒快速获取业务目标、打开市场、开启新媒体转型的大门起到了举足轻重的作用。

### （三）通过收购完成客户群目标

传统报业在互联网时代受到的冲击最大，一直以来中国报业因审批所限受到保护，且中国的城市化进程不如欧美发达国家，报纸还有一定的存在空间，但市场化浪潮下留给传统报纸的发展时间已经不多。浙报集团感受到了这种面临淘汰的危机，在上市完成后考虑将浙报老媒体转入以用户为核心的互联网全媒体时

---

① 资料来源：程烨. 全媒体战略下的报业资本运营路径——以浙报传媒为例［J］. 新闻世界，2014（9）：157-158.

代。然而，缺乏用户量直接对接成为了浙报传媒的短板，若自己培养互联网用户将耗费大量的时间，快速进入互联网的难度就变得非常大。因此浙报传媒考虑收购已有的互联网用户平台实现对接，在分析用户阅读习惯数据之后研究开发浙报自己的新媒体产品，并进一步在用户身上推广试行，以便未来更好地向大众发送。

在考虑用户群收购时，浙报传媒曾考虑了多个行业，通过多角度分析选定了游戏行业。同时在游戏公司中选择了游戏种类多样的棋牌类游戏公司边锋，其用户群较为多元化，各个年龄层级均有涉及。对于电子竞技平台浩方，则看中了其用户的年轻化，主要以大学生为主。这种不同的用户定位是两家公司获选的根本原因，而并不同于一般的以利润为指标的收购。最终，边锋、浩方收购项目通过收购达到了创建客户群的目标，这种方式不仅迅速快捷，也能利用已有资源弥补自身短板，以及与游戏公司整合业务合作新的项目。

## 六、问题与建议

### （一）投资适合的项目领域

浙报集团在成立初期，曾投资于房地产和资本投资领域，虽作为报纸行业投资者，但这两大领域与其主业并不相关。这两大领域正是自 2000 年后我国快速发展的行业，给浙报集团带来了丰厚的利润，奠定了发展基础。近年来浙报集团开始以新闻和服务作为其发展战略，投资与传媒相关的新业态，如数字化娱乐业、媒体与电子商务、网络医疗服务、养老产业相关等。这些产业都受到国家的相关政策支持且具有巨大的发展前景。浙报集团投资这些领域可以发挥传媒资源优势，能与传媒主业形成融合互补。尽管如此，浙报集团在投资时仍应注意选择适合的项目领域，更多地从战略层面考虑项目而非单纯地从盈利的角度考虑项目。

### （二）培养和巩固优秀团队

浙报集团也发展了新媒体孵化项目，新媒体创新孵化的整个过程收获了团队成长，参与孵化团队的技术水平和自信心都有了很大的提升。除了新媒体孵化项目以外，浙报集团及下属公司的各个运营团队都存在对优秀人才的迫切需求，除了自身培养人才之外，还要考虑从企业外部吸引招揽人才。新媒体项目的多元化发展要求，必须有相应的具备全方位知识技能的人才资源相匹配。因此浙报集团的新媒体转型及向多领域投资的延伸，必须探索创新招聘和用人机制，建立和业务发展相配套的激励机制，完善企业内部培训和打通晋升通道，以培养和巩固优秀团队。

**（三）保持和稳定传媒核心业务**

浙报传媒结合互联网的纵深发展，使其营业收入自 2014 年起发生了大的结构性变化，其中来自互联网的各种收入占到了 40%，而由浙报集团向数字娱乐、电子商务、网络医疗以及养老服务的侧重发展使得其传媒产业在整个集团的所占比例仍会继续下降。浙报传媒的定位是传统传媒向新媒体的转型，其固有的报业品牌价值和宣传优势绝不能就此丢弃。浙报传媒必须坚守传媒的核心使命，从核心业务的角度做好传媒的转型和创新，保持和稳定传媒核心业务，不失公司上市的初衷。

# 第十四章　民间资本进入公共视听行业的案例

公共视听载体，从运营主体来看，包括平台集成商、内容集成商和广告集成商；从业务来看，商业楼宇、公交地铁和户外大屏形成三足鼎立的局面[①]；从运营收入来看，主要来自广告[②]。风险资本与上市为公共视听载体运营主体提供了快速成长所需要的资金支持。其中，分众传媒、航美传媒与华视传媒能顺利在美国上市融资，与 VC/PE 的支持分不开（见表 14-1）。与此同时，风险资本也相继注资国内公共视听载体各个细分市场的运营主体。部分公共视听媒体运营主体获得 VC 及其他投资机构投资情况如表 14-2 所示[③]。分众传媒与华视传媒分别作为楼宇电视与公交地铁移动电视领域的典型代表厂商，且在其发展过程中均经历了私募基金注资与海外上市。因此，本章选择分众传媒与华视传媒作为分析民间资本进入公共视听行业的两个案例。

---

① 据 2014 年第四季度的有关数据，楼宇电视市场份额占 40.3%，公交移动电视占 23%，户外大屏占 16%，三者共占据 79.3%的市场份额。

② 中国公共视听载体 2014 年的广告总收入为 106.7 亿元，比 2013 年的 90.9 亿元增长 17.4%。

③ 数据资料内容转自《中国视听新媒体发展报告（2011）》（视听新媒体蓝皮书）（作者：熊艳红、董年初）。

**表 14-1　部分公共视听载体运营商 IPO 情况**

| 成立时间 | IPO 时间 | 公司名称 | 上市地点 | 上市代码 | 筹资额 | 发行市盈率（倍） | 是否有 VC/PE 支持 |
|---|---|---|---|---|---|---|---|
| 1999-06 | 2001-02 | 巴士传媒 | 上海证券交易所 | 600386 | RMB793.6M | 35.81 | 是 |
| 2005-08 | 2007-11 | 航美传媒 | 纳斯达克证券交易所 | AMCN | USD225M | 195.38 | 是 |
| 2005-04 | 2007-12 | 华视传媒 | 纳斯达克证券交易所 | VISN | USD108M | N/A | 是 |
| 2003-05 | 2005-07 | 分众传媒 | 纳斯达克证券交易所 | FMCN | USD171.7M | N/A | 是 |

**表 14-2　部分公共视听媒体企业获得 VC 及其他投资机构投资情况**

| 公司名称 | 行业分类 | 发生年份 | 投资金额 | 投资机构 |
|---|---|---|---|---|
| 晶立中国 | 楼宇媒体 | 2007<br>2008 | 5000 万美元<br>8000 万美元 | 德意志银行<br>某世界 500 强制造企业 |
| 世通华纳 | 公交电视 | 2006<br>2006<br>2007 | 1500 万美元<br>4500 万美元<br>5000 万美元 | 国泰财富<br>鼎辉、国泰财富、华登国际、成为基金<br>霸菱亚洲 |
| 天骏传媒 | 火车媒体 | 2008 | 8300 万美元 | 华盈创投、ePlanet、张江高科 |
| 分众传媒 | 楼宇媒体 | 2003<br>2004<br>2005 | 4000 万美元<br>1250 万美元<br>3000 万美元 | 软银<br>维众投资、鼎辉<br>高盛、英国 3i、维众投资 |
| 华视传媒 | 公交地铁电视广告 | 2006<br>2007<br>2007 | 1425 万美元<br>4000 万美元<br>3.1 亿美元 | OZ<br>高盛、麦顿<br>麦顿 |
| 郁金香传媒 | 商圈 LED | 2006<br>2007 | 4000 万美元<br>3000 万美元 | JCDecaux、华平基金<br>瑞士信贷 |
| 易取传媒 | 楼宇媒体 | 2007<br>2007 | （未披露）<br>1300 万美元 | 鼎辉<br>IDG |
| 华语传媒 | 楼宇电梯 | 2007 | 1000 万美元 | 分时传媒 |
| 巴士在线 | 车载移动 | 2003<br>三轮 | 1500 万元人民币<br>7200 万美元 | 赣能股份<br>建银投资、IDG、崇德投资 |
| 航美传媒 | 航空电视 | 2005 | 1000 万美元 | 鼎辉 |
| 第七传媒 | 航空广告 | 2007 | 800 万美元 | 中国宽带产业基金 |
| DMG | 地铁广告 | 2003<br>2005<br>2006<br>2009 | 140 万美元<br>600 万美元<br>3250 万美元<br>3000 万美元 | 戈壁<br>戈壁、日本电通、NTTDoCoMo<br>戈壁、橡树资本、Sierra、NIFSMBC<br>戈壁、橡树资本 |
| 亿品传媒 | 火车媒体 | 2004<br>2005 | （未披露）<br>1600 万美元 | 联想投资、三井投资<br>莲花投资 |

续表

| 公司名称 | 行业分类 | 发生年份 | 投资金额 | 投资机构 |
|---|---|---|---|---|
| 炎黄健康传媒 | 医院媒体 | 2006<br>2007<br>2008 | 500 万美元<br>3500 万美元<br>500 万美元 | 软银赛富<br>兰馨亚洲、崇德投资、银瑞达、汇丰直投<br>分众传媒 |
| 互力健康传媒 | 医院媒体 | 2005<br>2006 | 1000 万美元<br>2000 万美元 | 晨兴创投<br>老虎基金、晨兴创投 |
| 香榭丽传媒 | 商圈 LED | 2008 | 3000 万美元 | 软银赛富 |
| 活跃传媒 | 健身媒体 | 2005<br>2008<br>2008 | 150 万美元<br>500 万美元<br>1000 万美元 | Brainheart<br>Brainheart、Alpha<br>蓝驰创投 |
| 共合互动传媒 | 商圈媒体 | 第一轮<br>2008 | 约 1000 万美元<br>2000 万美元 | 软银<br>软银、鼎辉 |
| 孚朗格高尔夫传媒 | 商圈媒体 | 2008 | 1000 万美元 | 展鹏传媒 |
| 七维传媒 | 商圈媒体 | 2008 | 1000 万美元 | KTB、OakCreekCapital |
| 信语通 | 校园媒体 | 2005 | 300 万美元 | IDG |
| 迪岸传媒 | 校园媒体 | 2007 | 3500 万美元 | 永威投资 |

注：根据《风险投资与新媒体的理性建构》（作者：金定海、顾壁君），《2009 年：中国传媒产业发展报告》（传媒蓝皮书）等相关资料整理而得。

# 第一节　分众传媒

## 一、公司简介

分众传媒（Focus Media）成立于 2003 年 5 月，在全球范围首创电梯媒体，通过内生增长和外延式并购相结合的方式，迅速成长为国内领先的数字化公共视听载体运营集团。此外，分众传媒也正致力于将其打造成为国内领先的 LBS 和 O2O 媒体集团。分众传媒公司的业务领域详见图 14-1。2005 年 7 月，分众传媒在美国纳斯达克成功上市，募资额为 1.72 亿美元，刷新了当时的 IPO 纪录，其市值超过 70 亿美元，被誉为中国上市公司在纳斯达克的龙头股。2006 年，分众传媒以 3.25 亿美元的价格并购中国第二大楼宇视频媒体运营主体——聚众传媒，至此，分众传媒的覆盖度达到 75 个城市，占据了约 98%的市场份额。2007 年 12 月 24 日，分众传媒成为被纳入纳斯达克 100 指数的第一只中国广告传媒股。2015 年，分众传媒成功回归中国 A 股，市值破千亿元，成为中国传媒第一股。

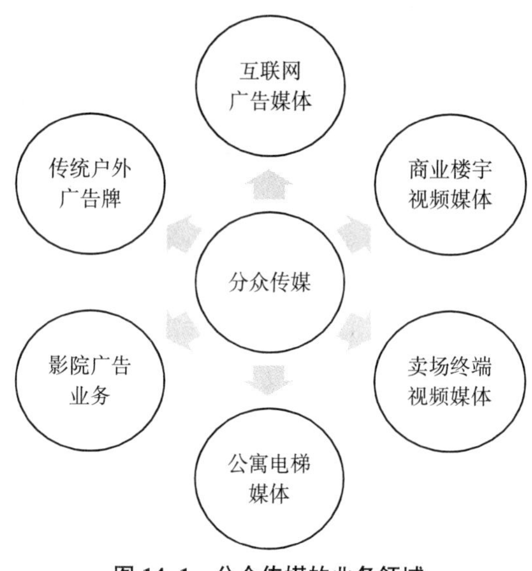


**图 14–1　分众传媒的业务领域**

## 二、股权结构

截至 2015 年 12 月 31 日，分众传媒信息技术股份有限公司与实际控制人之间的产权和控制关系以及前 10 名股东持股情况如图 14–2 和表 14–3 所示[①]。

① 资料来源于七喜控股于 2015 年 9 月 2 日发布的《重大资产置换并发行股份及支付现金购买资产并募集配套资金暨关联交易报告书（草案）（修订稿）》。

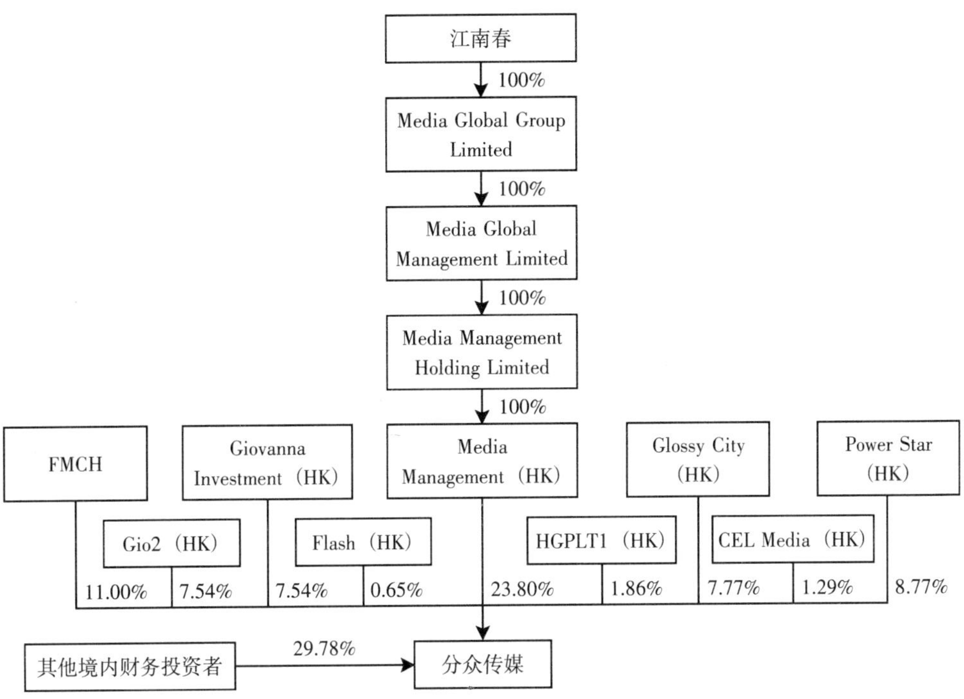


**图 14-2　公司与实际控制人之间的产权及控制关系**

**表 14-3　公司前 10 名股东持股情况**

| 股东名称 | 股东性质 | 持股比例（%） | 持股数量（股） |
|---|---|---|---|
| Media Management Hong Kong Limited | 境外法人 | 24.77 | 1019588922 |
| Power Star Holdings（Hong Kong） Limited | 境外法人 | 9.13 | 375844025 |
| Glossy City（HK） Limited | 境外法人 | 8.09 | 333020786 |
| Giovanna Investment Hong Kong Limited | 境外法人 | 7.85 | 323199356 |
| Gio2 Hong Kong Holdings Limited | 境外法人 | 7.85 | 323199356 |
| 珠海融悟股权投资合伙企业（有限合伙） | 境内非国有法人 | 3.47 | 142829752 |
| 易贤忠 | 境内自然人 | 2.36 | 97258192 |
| 上海筝菁投资管理合伙企业（有限合伙） | 境内非国有法人 | 2.31 | 95219835 |
| 珠海晋汇创富叁号投资企业（有限合伙） | 境内非国有法人 | 2.08 | 85623587 |
| HGPLT1 Holding Limited | 境外法人 | 1.93 | 79610752 |

## 三、民间资本进入模式与路径

### （一）私募注资

由于分众传媒创造的商业楼宇视频新媒体的市场前景和商业模型以及未来极高的成长性被 PE 资本所看好，2003~2004 年，分众传媒得到了 PE 的三轮注资。2003 年 5 月，软银注资数千万美元于分众传媒，使得分众传媒的商业楼宇液晶电视联播网于 2004 年得以在广州、深圳、杭州、南京、武汉、西安、成都、沈阳、青岛、大连十大城市铺开，从而全面构筑全国统一网络。2004 年 6 月，分众传媒与国际知名风险投资机构包括 CDF 鼎晖国际投资、TDF 华盈投资、DFJ 德丰杰投资、美商中经合与麦顿国际投资等签署 1250 万美元的第二轮融资协议。2004 年 11 月，分众传媒与美国高盛公司、英国 3i 公司及维众中国签署 3000 万美元的第三轮融资协议。

### （二）IPO

2005 年 6 月，注册于开曼群岛的分众传媒境外控股母公司 Focus Media Holding Limited（FMHL）向美国证券交易委员会报备了招股说明书的注册声明，其股份成为美国证券法下的登记证券。随后，2005 年 7 月 13 日，FMHL 的美国存托股份（ADS）在纳斯达克正式挂牌报价。2005 年 7 月 19 日，FMHL 在纳斯达克完成了 700 万股 ADS 的首次公开发行。分众传媒以每股 17 美元的发行价获得了 1.717 亿美元的募资额，刷新了当时的 IPO 纪录。分众传媒的 VIE 结构如图 14-3 所示①。

### （三）私有化

IPO 7 年后，2012 年 8 月，江南春联合相关私募投资人向 FMHL 董事会提出了一份收购 FMHL 并完成 FMHL 退市的私有化提案。在该私有化提案的基础上，

① 软银公司与分众传媒达成注资协议之后，很快在英属维尔京群岛注册成立分众传媒（中国）控股公司，江南春和其他三位创始人以及软银作为公司股东，同时，控股公司在中国香港又设立了子公司，而香港公司又在上海注册成立了两家公司——上海分众广告传播有限公司和分众多媒体技术（上海）有限公司，并由这两家公司具体运营从永怡传播剥离出来的商业楼宇视频联播网项目。

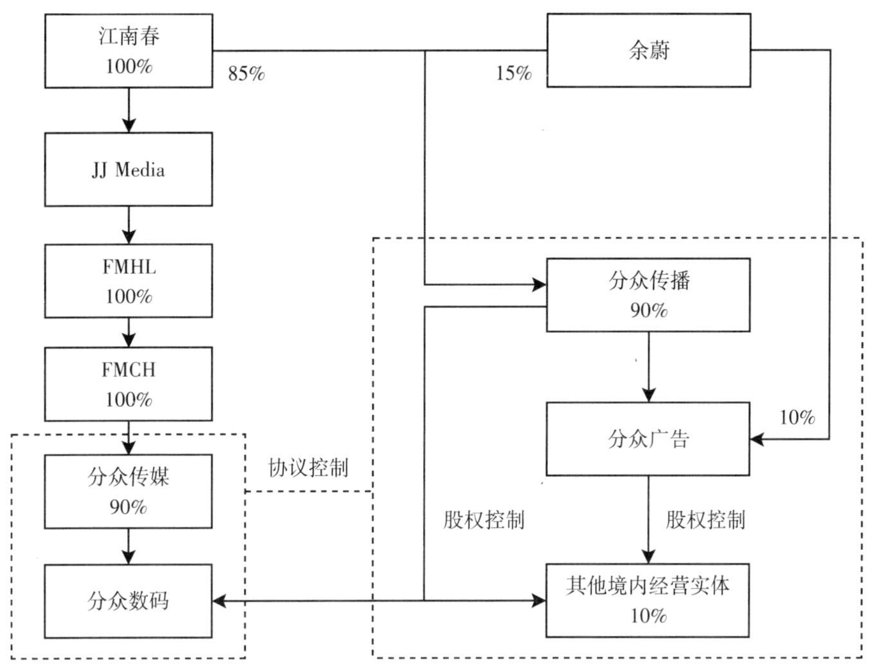


**图 14–3　分众传媒在纳斯达克上市的 VIE 结构**

在完成美国证券法下所要求的必要程序之后，2012 年 12 月 19 日，FMHL 与 Giovanna Parent Limited 及 Giovanna Acquisition Limited 签订了一份《合并协议》。根据该协议，私有化将通过 FMHL 收购 Giovanna Acquisition Limited 的方式实施，收购完成后，Giovanna Acquisition Limited 不复存在，FMHL 成为 Giovanna Parent Limited 的全资子公司。在签署《合并协议》的同时，江南春、私募发起人以及当时 FMHL 的第二大股东 Fosun International Limited 另行签署了一系列相关交易文件，据此江南春和 Fosun Internationa Limited 各自同意将其所持有的 FMHL 股份的一部分通过约定的转换方式转换成 GGH 的股份。2013 年 4 月 29 日，FMHL 召开的临时股东大会审议并通过了《合并协议》及其所规定的各项交易。同年 5 月 23 日，FMHL 向开曼群岛公司注册处报备并登记了合并计划。同年 6 月 3 日，FMHL 向美国证券交易委员会报备 15 表格，根据美国的相关证券法律，该表格正式注销了 FMHL 的股份和 ADS，并有效地终止了作为纳斯达克上市公司的

FMHL 应该向美国证券交易委员会提交报告的义务[①]。

分众传媒的私有化属于杠杆并购交易，根据此前签署的权益融资承诺函、需提供的资金总计约 11.8 亿美元。根据相关法律文件的披露，由四大私募组成的“私募基金财团”负责 11.8 亿美元的股权融资，其中凯雷集团与方源资本需分别提供 4.52 亿美元的融资资金；中国光大控股和中信资本需分别提供 5000 万美元与 2.26 亿美元的融资资金。由美银美林与中国国家开发银行香港分行等组成的银团负责提供 15.25 亿美元的债务融资资金[②]。

### （四）借壳上市

分众多媒体技术（上海）有限公司借壳深市中小企业板上市公司七喜控股重组方案实施完毕，分众传媒于 2015 年 12 月 29 日实现中国 A 股上市。七喜控股于 2015 年 9 月 2 日发布的《重大资产置换并发行股份及支付现金购买资产并募集配套资金暨关联交易报告书（草案）》（修订稿）披露，以 2015 年 5 月 31 日为资产评估基准日，七喜控股以全部资产及负债与分众传媒 100%股权的等值部分进行置换。本次交易拟注入资产（分众传媒 100%股权）作价 457 亿元，拟置出资产作价 8.8 亿元，两者差额为 448.2 亿元，七喜控股通过向交易对方发行股份及支付现金的方式购买差额部分。本次交易完成后，江南春将成为七喜控股的实际控制人，Media Management（HK）将成为持有七喜控股的控股股东。

## 四、治理与管控模式

### （一）组织结构

分众传媒共有 96 家子公司，其中分众传媒直接控股的子公司（一级子公司）包括：分众（中国）信息技术有限公司、上海分众数码信息技术有限公司、上海分众软件技术有限公司、驰众信息技术（上海）有限公司、深圳前海分众信息服

---

① 相关资料来源于七喜控股于 2015 年 9 月 2 日发布的《重大资产置换并发行股份及支付现金购买资产并募集配套资金暨关联交易报告书（草案）（修订稿）》。

② 资料来源：梁雅婷. 私募股权投资与中概股的私有化——基于分众传媒私有化的案例研究［D］. 对外经济贸易大学硕士学位论文，2013.

务管理有限公司、上海传智华光广告公司、上海影众广告有限公司。除了这 7 家子公司外，分众传媒还有 89 家主要下属子公司。另外，分众传媒下属控股子公司共设立有 35 家分公司。分众传媒董事会为公司战略执行的最高机构，董事长为公司创始人江南春先生，他负责统一管理旗下如分众楼宇、框架传媒、央视三维、卖场联播网，包括享乐邦等独立的事业群，目前所有子公司都是独立核算，独立运营。分众传媒的组织管理采取矩阵式的管理模式，每个独立事业部有各自的总经理，对其业务单位的年度销售任务负责，这样最大化地保障了其团队在市场一线的灵活性。媒体的财务、媒体开发及运营管理，则由集团公司的专门部门进行垂直化管理，能保障公司在资源投入方面的优化及效率的提升。分众传媒的组织结构如图 14-4 所示。

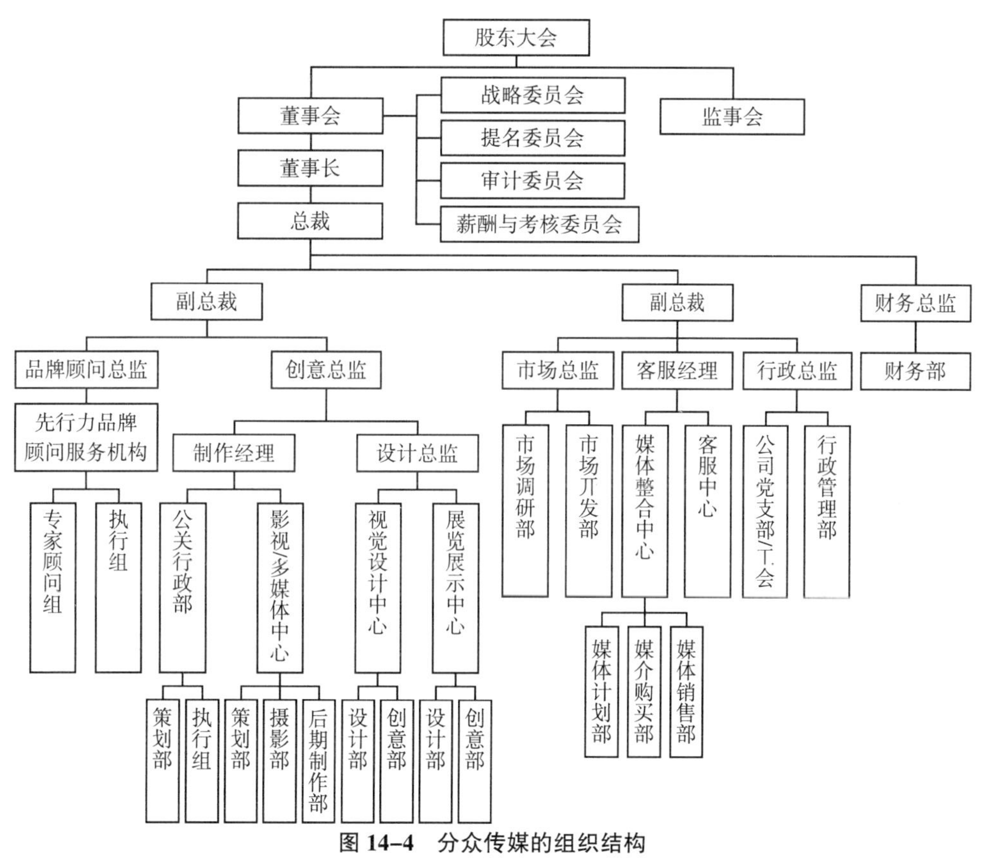


**图 14-4　分众传媒的组织结构**

资料来源：根据相关资料整理。

### （二）高管团队

分众传媒的高管团队情况如表 14-4 所示。

表 14-4 公司高管团队情况

| 姓名 | 职务 | 任职状态 | 性别 | 年龄 | 任期起始日期 | 任期终止日期 |
|---|---|---|---|---|---|---|
| 江南春 | 董事长 | 现任 | 男 | 44 | 2016-01-28 | 2019-01-28 |
| 沈杰 | 副董事长、副总裁兼董事会秘书 | 现任 | 男 | 46 | 2016-01-28 | 2019-01-28 |
| 刘杰良 | 董事、总裁兼财务负责人 | 现任 | 男 | 46 | 2016-01-28 | 2019-01-28 |
| 胡勇敏 | 董事 | 现任 | 男 | 46 | 2016-01-28 | 2019-01-28 |
| 冯军元 | 董事 | 现任 | 女 | 46 | 2016-01-28 | 2019-01-28 |
| 庄建 | 董事 | 现任 | 男 | 46 | 2016-03-08 | 2019-01-28 |
| 信跃升 | 董事 | 现任 | 男 | 46 | 2016-03-08 | 2019-01-28 |
| 潘东辉 | 董事 | 现任 | 男 | 46 | 2016-01-28 | 2019-01-28 |
| 杜民 | 独立董事 | 现任 | 男 | 48 | 2016-03-08 | 2019-01-28 |
| 葛俊 | 独立董事 | 现任 | 男 | 44 | 2016-01-28 | 2019-01-28 |
| 葛明 | 独立董事 | 现任 | 男 | 64 | 2016-01-28 | 2019-01-28 |
| 卓福民 | 独立董事 | 现任 | 男 | 65 | 2016-01-28 | 2019-01-28 |
| 龚陟帜 | 监事会主席 | 现任 | 女 | 35 | 2016-01-28 | 2019-01-28 |
| 杭璇 | 监事 | 现任 | 女 | 32 | 2016-01-28 | 2019-01-28 |
| 何培芳 | 监事 | 现任 | 女 | 33 | 2016-01-28 | 2019-01-28 |

## 五、成效与启示

### （一）成效

1. 私募基金为分众传媒的快速成长和业务扩张提供巨额资金支持

私募融资为分众传媒的快速成长和业务扩张提供了巨额资金的支持。2003 年 5 月，分众传媒与软银签署数千万美元的第一轮融资协议，巨额资金的注入，使得分众传媒的商业楼宇液晶电视联播网于 2004 年得以在广州、深圳、杭州、南京、武汉、西安、成都、沈阳、青岛、大连十大城市铺开，从而全面构筑全国统一网络。2004 年 6 月与 11 月，分众传媒又先后获得私募基金 1250 万美元与

3000 万美元的注资，第二轮与第三轮融资资金的注入，使得分众传媒继商业楼宇视频联播网之后，于 2004 年全面推出针对家庭中快速消费品的采购者和决策者的中国卖场视频联播网。

2. 私募基金助力分众传媒顺利完成 IPO 与私有化

传媒产业和风险投资之间有某种天然的契合度，在新媒体融资中发挥了重要作用。国内传媒行业巨头分众传媒，在 2003~2004 年两年的时间内先后获得私募基金的三轮巨额注资。这些国际知名风险投资机构不仅给分众传媒以巨额资金注资，还参与分众传媒公司治理与内部控制的建设，使其符合国际资本市场的需求。此外，PE 在分众传媒私有化过程中发挥了重要作用，不仅提供了巨额的股权融资资金，还提供了专业技能与经验；在分众传媒私有化完成之后，PE 又积极参与公司管理，促其成长，为其成功转板上市做好准备。

3. 上市为分众传媒提供了融资平台及其并购扩张的资金保障

分众传媒的上市为其进一步对外并购扩张提供了资金保障和融资平台。上市以来，分众传媒连续发起多次横向并购，先后收购了 60 余家传媒企业。分众传媒通过多次的横向并购整合了国内的媒体行业，实现了对国内细分市场的相对垄断，从而只需利用简单的商业模式实施强制性展示与发送广告，就可以消除竞争对手的价格竞争与广告主的议价能力，保证了其盈利能力的提升，最终成为综合媒体网络巨头（分众传媒 IPO 后 2006~2007 年的主要财务指标及其增长情况如表 14-5 所示）。

**表 14-5　分众传媒上市后（2006~2007 年）的主要财务指标及其增长情况**

单位：美元

| 项目 | 2006 年 | 2007 年 | 增长率（%） |
|---|---|---|---|
| 总营业收入 | 2.119 亿 | 5.0667 亿 | 139.1 |
| 营业利润 | 8040 万 | 1.439 亿 | 79.0 |
| 净利润 | 8320 万 | 1.444 亿 | 73.6 |
| 净利润（不计入非现金股利和收购产生的无形资产摊销，非 GAAP 准则） | 9730 万 | 1.906 亿 | 95.9 |
| 每 ADS 完全摊销收益 | 0.80 | 1.19 | 48.75 |

续表

| 项目 | 2006 年 | 2007 年 | 增长率（%） |
| --- | --- | --- | --- |
| 每 ADS 完全摊销收益（不计入非现金股利和收购产生的无形资产摊销，非 GAAP 准则） | 0.93 | 1.57 | 68.82 |

资料来源：分众传媒年报。

### （二）启示

1. 风险资本的进入使得公共视听类新媒体行业重新洗牌升级

除了已经上市的分众传媒、航美传媒与华视传媒外，其他公共视听类新媒体企业如触动传媒、巴士在线、香榭丽传媒与世通华纳等也均获得了大量的风险投资资金注资。以分众传媒为例，从其登陆美国纳斯达克，再到其私有化，最后到其借壳上市回归 A 股，都是在风险资本的强力推动下进行的。分众传媒 IPO 后，使得其拥有了远胜于行业内竞争对手的资金实力与融资能力，风险资本也展现出了其更强大的影响力，分众传媒通过资本的力量最终彻底改变了公共视听类媒体乃至整个媒体行业的竞争态势。

2. 吸引风险资本是公共视听类新媒体企业融资的必经之路

不少风险资本将战略性新兴产业的新媒体企业作为重点投资领域，风险投资不仅可以为公共视听类新媒体的业务扩张与快速成长提供巨额资金支持，还会帮助被注资企业完善管理模式、商业模式、公司治理与内部控制等，积极促成被注资企业成功上市。在风险投资帮助公共视听类新媒体企业成功上市方面，分众传媒和华视传媒就是很好的例证。

3. 公共视听类新媒体与风险资本的融合可以实现双赢

风险投资通过帮助公共视听类新媒体进行 IPO 融资，不仅使得新媒体企业可以获得大规模融资资金，而且也为风险投资的增值与退出提供了合适的渠道。由风险资本参与的新媒体企业 IPO 使风险投资者们一方面可以分享 IPO 所带来的投资收益，赚取高额报酬；另一方面也更有利于他们在风险投资市场上提高声誉和扩大影响力，有利于风险投资未来开展更多更好的投融资活动，分众传媒的 IPO 与私有化就是最好的例证。

## 六、问题与建议

### （一）问题

1. 传统分众传媒的生存空间受到便捷式智能移动终端普及的不断挤压

随着 3G、4G 网络的普及，公共场所无线网络的逐渐覆盖，以智能手机、平板电脑为代表的数字终端迅速发展，它们在智能终端的多媒体功能、可上网、多任务性、移动性、实时性等特性的基础上更便于携带，因其提供的丰富应用程序和交流分享平台，填补了用户的碎片化时间，使人们成为“低头一族”。分众传媒的主要阵地——商业楼宇、公寓电梯等不停重复播放广告的分众显示屏不再能吸引来来往往人们的注意，甚至会引起人们的反感，因为其过于嘈杂喧闹，而手机和平板电脑等移动智能终端则更好地填充了人们碎片化的“无聊时间”，移动互联网终端无疑是这场对“消费者无聊时间和空间”争夺战的最终赢家。

2. 传播单向性，缺乏受众的参与与互动

相对于网络媒体而言，楼宇电视媒体的不足之处表现在其传播的单向性。因此，媒体单方面的展示很难保证广告投放效果，也难以刺激用户参与。在以受众为本位的传播语境下，对于缺乏受众的参与互动的传统传媒企业而言，其必然会面临较大的生存危机。因此，传统媒体企业需要与网络新媒体等相融合，借助网络技术实现传播者与接受者之间的实时互动。

### （二）建议

1. 坚持“内容为王”，强化广告制作

首先，新媒体之所以受到用户欢迎，是由于其良好的内容建设，符合客户需求的媒体内容，自然能受到受众欢迎。在此方面，分众传媒可以进行相关的广告质量把控，将一些新颖有趣、接受度强的广告内容进行传播。其次，在广告中加入一些互动内容，提高受众的参与度。以手机等移动设备为介质的新媒体，其之所以受欢迎，很大程度上缘于互动性，如在移动互联网上，人们可以和好友交流，在文字媒体上发表实时评论，在视频媒体上发射弹幕交流等，这些互动，都是用户喜爱的。分众可参考这种互动性，在视频类的户外广告中，穿插加入弹幕、点歌等环节和活动，或者设置一些小奖品，加强与受众的互动。最后，分众还应该整合相应的资源，做好移动互联网服务，并促进受众与自身互联网服务的对接。如建设好自身的网站、APP 等，并通过户外设施布置相应的免费 WIFI、二维码等，促进用户与分众自身新媒体建设的连接。

2. 加快媒体融合，提升媒体传播力

公共视听载体要想克服传播单向性的不足，就需要进行广告传播方式的创新，主动将公共视听载体终端显示屏与 PC 及手机等移动终端联结起来，实现多屏终端的联动，从而达到公共视听载体终端与网络终端及手机终端的“三屏”互动，不仅为受众创造参与和互动的条件与机会，而且也扩大了媒体的传播范围。此外，公共视听载体运营主体也可以通过短信、微信与微博等方式加强与受众的互动，通过线上线下融合，在丰富公共视听载体广告传播方式的同时，让受众主动选择与控制广告内容的播放，这样一方面增强了广告媒体的亲和度，另一方面又消除了受众的被强迫感与逆反心理，有利于广告传播效果的提升。

## 第二节　华视传媒

### 一、公司简介

华视传媒（NASDAQ：VISN）于 2005 年 4 月 8 日在深圳诞生，主要从事户外媒体的广告和新闻信息传播，是中国最大的移动电视媒体运营商，依托中国乃至全球最大的公交地铁全覆盖的户外数字移动电视频道联播网，华视传媒也是中国最大的公共交通 Wi-Fi 网络运营商。2007 年 12 月 6 日，成立两年半的华视传媒在美国纳斯达克股票市场成功上市，融资 1.24 亿美元，创造了纳斯达克从零开始的最快上市纪录。2008 年 8 月 15 日，华视传媒融资 1.012 亿美元，成为美国当年唯一成功增发的中国公司。2009 年 10 月 15 日，华视传媒以 1.6 亿美元成功收购 DMG，成为当年媒体行业最大的一起并购案。据统计，截至 2014 年 1 月，华视传媒已经代理了全国 94 个城市公交车（214800 个公交移动电视终端）、19 个城市地铁（95500 个地铁电视终端）的移动电视广告业务，占据 84.6%的车载电视无线发射技术终端与 95.3%的中国地铁电视终端，影响中国主流消费城市的日覆盖人次约 5.7 亿[①]。

## 二、股权结构

华视传媒的公开资料显示，截至 2016 年 8 月 31 日，公司持股比例大于 5%的大股东持股情况如表 14-6 所示。

**表 14-6　公司持股比例大于 5%的大股东持股情况**

| 股东名称 | 直接持股数量（股） | 占已发行普通股比例（%） |
|---|---|---|
| JieChen | 18613400.00 | 18.12 |
| 李利民 | 18180967.00 | 17.50 |
| 分众传媒控股有限公司 | 15331305.00 | 14.80 |
| 合计 | 33512272.00 | 50.42 |

## 三、民间资本进入模式与路径

同所有的户外新媒体一样，华视传媒走的是一条创业、吸引风投、重组、扩张，直至谋划上市的常规道路。据华视传媒的官方网站披露，华视传媒于 2005 年 4 月 8 日成立，2006 年后，华视传媒就得到了高盛与麦顿等风险投资基金的注资；2007 年 12 月 6 日，华视传媒在纳斯达克资本市场成功上市，融资 1.24 亿美元；2008 年 8 月 15 日，华视传媒成功增发，融资 1.012 亿美元。

### （一）私募注资

2006 年后，风险投资资金开始源源不断地流入公交电视领域，华视传媒先后获得美国知名投资商 Och-Ziff（OZ）、高盛以及麦顿投资（Milestone）的青睐。

① 数据来源：易观国际 2014 中国移动电视市场发展研究报告。

2006 年 4 月，华视传媒获得机构投资者 Och-Ziff（OZ）1425 万美元的私募注资；2007 年 3 月，华视传媒获得高盛和麦顿两家投资机构 4000 万美元的注资；2007 年下半年募集到第二只基金（“麦顿中国机会投资基金Ⅱ”），基金总规模是 3.1 亿美元。在华视传媒上市前，风险投资及其他投资机构对其投资情况如表 14-7 所示。

**表 14-7 风险投资及其他投资机构在华视传媒上市前的持股情况**

| VC/PE | 持股数（股） | 持股比例（%） | 备注 |
| --- | --- | --- | --- |
| Front Lead Investments Limited | 15400000 | 28.4 | |
| The OZ Funds | 14000000 | 25.9 | 美国第八大对冲基金 |
| Milestone Ⅰ，Ⅱ and Ⅲ | 6708408 | 12.4 | 麦顿投资 |
| Milestone Ⅳ | 1341682 | 2.5 | 麦顿投资 |
| Massive Sheen Investments Limited | 6600000 | 12.2 | |
| IPROP Holdings Limited | 4472272 | 8.3 | VenFin Limited（南非的一家 VC）的全资子公司 |
| GSPS Asia Limited | 5366726 | 9.9 | 高盛的全资子公司 |
| Axial Group Limited | 250000 | 0.5 | |

### （二）IPO

2007 年 12 月 6 日，成立仅两年半的中国最大的移动电视媒体运营商华视传媒在纳斯达克资本市场成功上市，融资 1.24 亿美元，成为纳斯达克从零开始最快上市纪录创造者，也是中国唯一在美国上市的户外数字电视媒体运营企业。华视传媒 IPO 的主承销商为瑞士信贷和美林银行，副承销商为 CIBC 世界市场和 Piper Jaffray。股票代码为“VISN”。

### （三）增发

2008 年 8 月 15 日，即华视传媒在 IPO 8 个月后，股票增发成功，成为当年美国唯一增发成功的中国公司，华视传媒以每股 16 美元的价格成功增发 632.5 万股，募集到 1.012 亿美元的融资资金。

### （四）并购

2009 年 10 月 15 日，华视传媒以 1.6 亿美元收购 DMG，成为当年媒体行业最大的一起并购案。2010 年 12 月 30 日，华视传媒又与分众传媒宣布双方签署股权收购协议，分众传媒将以每股 3.979 美元的价格收购华视传媒新发行的 1533 万股普通股。交易完成后，分众传媒持有华视传媒约 15%的股权，江南春个人持有华视传媒 1%的股权，李利民持有华视传媒 17.2%的股权，并继续担任华视传媒董事会主席兼首席执行官。

## 四、治理与管控模式

### （一）参控股公司

华视传媒（VISN）的参股与控股的子公司包括数码媒体集团、华视新文化传媒有限公司、成都市华视数字移动电视有限公司、深圳前海移动互联有限公司等 21 家公司。

### （二）高管团队

华视传媒高管团队情况如表 14-8 所示。

表 14-8　华视传媒高管团队情况

| 类型 | 姓名 | 职务 | 任职日期 | 性别 | 出生年份 |
|---|---|---|---|---|---|
| 董事会成员 | 李利民 | 董事会主席，董事，首席执行官 | 2005-12-31 | 男 | 1961 |
| | 刘杰良 | 董事 | 2011-06-30 | 男 | 1971 |
| | 熊振 | 董事 | 2015-06-04 | 男 | — |
| | 梁艳清 | 独立董事 | 2005-12-31 | 女 | 1972 |
| | 谭希松 | 独立董事 | 2007-12-31 | 女 | 1948 |
| | 黄立达 | 独立董事 | 2011-12-30 | 男 | 1960 |
| | Jie Chen | 独立董事 | 2016-05-31 | 男 | 1980 |
| 高管成员 | 王焱 | 首席财务官 | 2012-08-27 | 男 | 1978 |
| | 刘薇 | 首席运营官 | 2013-01-23 | 女 | 1967 |
| | 刘海军 | 首席开发官 | 2008-07-31 | 男 | 1963 |
| | 邓天霖 | 首席战略官 | 2014-06-03 | 男 | — |

## 五、成效与启示

### （一）成效

1. 私募注资、IPO 与增发为华视传媒快速发展提供了资金保障与融资平台

私募基金对华视传媒的巨额注资为其联播网覆盖全国提供了资金保障，也加速了华视传媒启动 IPO 的进程，而 IPO 则加速了华视传媒的并购。华视传媒上市当月的 15 日，其董事局主席兼首席执行官李利民表示，本次 IPO 募集的 1.08 亿美元资金主要用于以下三个方面：①巩固与扩张在中国的广告网络；②在强大技术平台支撑下，逐步进入公共交通以外的广告领域，如以户外电视实时播放技术为主的新广告领域；③寻求各种战略合作与行业并购，继续做强做大企业。华视传媒借力资本市场，贯通地铁与公交移动电视广告市场。2009 年 10 月 15 日，华视传媒宣布以 1.6 亿美元收购专营地铁电视广告的数码媒体集团（DMG），通过本次并购整合，华视传媒成为中国乃至全球最大的公交与地铁全覆盖的车载移动电视广告联播网运营商，并成为中国移动电视行业的推动者与领导者。在股票增发方面，华视传媒股票的成功增发，不仅增加了股份的流动性，使公司股票对大型基金有更大的吸引力，并引入了富达基金等战略投资者，表明资本市场对公司商业模式及经营业绩的认同，有利于公司的长远稳健发展；同时，进一步优化了股权结构，更获得了持续发展所需的资金。

2. 分众传媒参股华视传媒，有利于双方资源价值互补及行业整体服务水平提高

首先，在双方资源价值互补性方面，华视传媒近些年通过对内资源整合与完善收视评价标准，对外加强与传统媒体战略合作等战略举措，其媒体价值获得了广告主与受众的广泛认可。分众传媒参股华视传媒，表明双方公司均看到了中国户外数字化移动电视的未来发展前景，华视传媒的公交与地铁系统移动电视频道联播网与分众传媒的商业楼宇、住宅、大卖场与超市电视网络及影院网络之间具有很强的优势互补性，双方优势资源的这种价值互补性也得到了资本市场的认可。其次，在行业整体经营服务水平的提高方面，华视传媒在整合地铁资源之

后，通过进一步完善户外移动电视收视评价标准和加大与传统媒体战略合作等战略举措，进一步巩固了其在户外移动电视市场的垄断地位。分众传媒的参股，使中国户外新媒体企业在商业楼宇、超市与公交地铁渠道上形成良性发展的竞合关系，并带来优势资源的价值互补性，有利于户外新媒体行业整体经营服务水平的提高。

**（二）启示**

1. 外资是公共视听新媒体企业谋求海外上市的重要推手

华视传媒能在纳斯达克资本市场成功上市与其融资结构有关。企业在海外上市，外资的注入是一个重要推手。风投需要通过“退出”而获得投资收益，没有好的退出模式，VC 无法坚持，而上市是性价比最高的退出模式。由于华视传媒得到了巨额的外资私募基金注资，因此会助推华视传媒快速在海外上市而套现。与中国的“新三板”与创业板相比，境外市场的上市政策相对宽松，同时，在中国主板或创业板上市，企业经历的审批过程相对较长。因此，那些需要高速成长的企业自然就会谋求海外上市。此外，华视传媒以广告传播为主体，中国政府对外资注入新媒体的管制力度相对不高。当然，海外上市企业维持高股价则是一个难题，因此，企业需要选择符合自身市场战略和发展要求的上市策略。

2. 行业内整合加剧，行业门槛日益提高

目前，占据市场领先地位的主流厂商会利用其自身的资源优势和资本实力，在行业内进行业务扩张与资源整合，大力抢占资源以获得排他性优势，提高竞争力，稳固其行业地位，导致行业进入门槛日益提高。以华视传媒为例，2009 年 10 月 15 日，华视传媒以 1.6 亿美元成功收购专营地铁电视广告的数码媒体集团（DMG），通过本次并购整合，实现了电视终端的公交移动电视广告联播网与地铁移动电视广告网的融合，华视传媒成为中国乃至全球最大的公交与地铁全覆盖的车载移动电视广告联播网运营商，并成为中国移动电视行业的推动者与领导者。另外，华视传媒不断创新技术与商业模式，抢先扩展新业务，获取新的收入来源，如大力布局巴士 Wi-Fi，抢占公交移动入口，待公共视听载体移动入口布局完善之后，利用 LBS 进行精准营销。

## 六、问题与建议

### （一）问题

1. 部分区域出现饱和形势

公交、列车与地铁终端市场渐趋饱和，新媒体运营商面临着扩张转型的压力。公共视听载体市场在北京、上海、广州与深圳等一线城市开发得较早，终端市场也接近饱和，因此，拓展领域主要在于开辟新的线路与场所。为了争夺有限的终端市场资源，各市场运营主体都已在各自的领域谋求集约化发展，进行“深耕细作”，一方面针对受众的需求特征，进行精准营销；另一方面通过提供更高品质的服务，增强广告客户的忠诚度，以获得更多广告客户的持续信赖，从而实现更大的市场价值。此外，由于一、二线城市的市场竞争日趋激烈，因此，随着城镇化进程的加速，各市场主体将会扩展其发展空间至三、四线城市。

2. 公共视听新媒体市场竞争激烈

从公交地铁移动电视行业竞争格局来看，中国公交地铁移动电视市场现有竞争较为激烈，整个行业仍然是世通华纳、华视传媒、巴士在线三家实力较强的运营商占据了80%以上的市场份额，它们通过全国传播策略，已经成为了公交地铁移动电视市场的“三驾马车”。此外，商业楼宇、医院、药店、机场、车站与公共汽车等受众集中与开发价值较高的市场渠道已经被各大公共视听新媒体企业所占据。其中，商业楼宇电视基本被分众传媒所垄断，医院与药店被互力健康传媒和炎黄健康传媒二分天下；飞机上与机场候车室主要为航美传媒的阵地；户外大屏领域主要由香榭丽传媒与郁金香传媒运营；列车电视主要由鼎程传媒运营。

### （二）建议

1. 布局三、四线城市，扩展业务区域

在目前的经济状况下，一、二线大城市与三、四线城市在GDP、居民消费、收入等方面表现出截然不同的状态。同时，一、二线主要城市的市场竞争激烈且基本趋于饱和，各大运营商自然将发展的战略重点转移至更有潜力的三、四线城市。同时，政府制定的多项政策鼓励中国城镇化建设，居民购买力越来越强，面对这样巨大的商机，许多企业及新媒体公司已经开始并加速向三、四线城市延伸发展，借此保持业绩的持续上涨。不仅对于公交移动电视行业，对于其他形式的媒体传播形式来说，拥有大量三、四线城市资源就将拥有更多的发展机会。

2. 加强媒体融合，拓展业务新模式

媒体融合可以在融合的各个媒体企业之间实现优势资源的相互共享与优化配置，充分发挥优势资源的竞争力，避免资源的重复利用，扩大广告传播受众的规模，降低媒体企业的运营成本，从而实现利润最大化。公交地铁移动电视媒体与传统主流媒体加强融合，一方面，双方通过合作各取所需，实现优势互补；另一方面，随着媒体融合模式的日趋成熟，公共视听新媒体与各个产业的合作机会也会越来越多，公共视听新媒体在保持目前业务继续平稳发展的同时，将会进一步扩展业务新模式。

# 第十五章　民间资本进入互联网视听行业的案例

随着科技进步尤其是互联网的发展以及适应用户多样化要求的需要，不同形式的互联网视听类节目开始出现。互联网视听节目服务主要是指利用公共互联网向计算机用户提供视听节目的服务，涉及范围十分广泛。如音乐、戏曲、体育综艺等各种节目的制定、播出，赛事、新闻、电视剧等的直播、转播、转发，节目的聚合、点播、制作等都属于互联网视听类节目的范围。相对于传统的视听节目形式，互联网视听服务方便、自由、时间宽松、内容多样，受到越来越多大众的偏爱，互联网视听企业市场份额不断扩大、盈利增加明显、前景光明，吸引了越来越多民间资本的积极介入。民间资本通过多种方式进入，如直接投资互联网视听行业、间接利用融资、通过股权收购、企业通过内部业务转型或者新设业务等进入。

为了更好地说明民间资本进入互联网视听行业的现状，本章选择了映客直播、腾讯视频、爱奇艺三个案例进行阐述。主要原因在于：第一，从公司自身以及业务领域来看，互联网直播作为一种新兴的直播形式，一旦出现就得以迅速发展，尤其 2016 年以来直播行业爆发式发展，互联网进入“直播时代”，成立于 2015 年的映客直播主打互联网直播业务，经过短短一年多的发展就已取得国内手机视频社交领域排名第一的成绩，原因值得追溯。互联网视频、音乐、电影、节目制作等作为互联网视听企业的主产业，各家企业在这一领域使出浑身解数展开了激烈的竞争，尽管竞争如此激烈，但腾讯一枝独秀占据主导地位，市场份额遥遥领先。面对互联网视频、音乐、电影、节目制作等市场，爱奇艺前有龙头老大腾讯，后有乐视、优酷土豆等众多虎视眈眈的竞争对手，尽管有百度的大力支持，但是在这样的情况下爱奇艺的发展情况如何？第二，从民间资本投资角度来看，三家公司民间资本进入的方式各不相同，方式多样，既有融资、股权收购、合作，又有利用现有资金拓展业务、新设业务等。

# 第一节　映客直播

## 一、公司简介

映客作为一个直播的媒体平台，隶属于北京蜜莱坞网络科技有限公司。这是一家致力于提供移动视频直播业务的新创企业，成立于 2015 年 5 月，主要以“90 后”为服务对象，旨在打造“90 后”单身人群最喜欢的娱乐视频直播平台，公司的核心业务即是映客直播的研发与运营。2016 年可谓是“直播年”，这一年直播迅速发展，各种大大小小的直播软件不断出现，观看用户激增，网络主播人数猛增。根据中国产业调研网发布的《2016~2022 中国直播行业现状分析与发展前景研究报告》可知，中国直播卫星数字电视用户量从 2005 年的 345 万人，增长到 2015 年的 1.88 亿人，共用 10 年时间；而直播平台用户量从 0 到 1.5 亿人，则仅用 2 年。据统计，2015 年中国在线直播平台数量接近 200 家，网络直播平台用户数量已经达到 2 亿，大型直播平台每日高峰时段同时在线人数接近 400 万，同时进行直播的房间数量超过 3000 个。可见网络直播作为一个新兴产业，已成为一个互联网企业竞争的重要领域，逐渐受到投资人、大公司等的重视。映客有自己独特的优势，虽然成立时间不长，但是目前在国内手机视频社交领域排名第一，下载量超过 1 亿次，日活动量超过 1000 万。

奉佑生是映客的创始人兼 CEO，最初他选择进入音乐行业，创建了多米音乐。但是逐渐发现音乐行业竞争激烈，巨头优势明显，发展前途黯淡，于是他开始寻找新的机遇。奉佑生认为，创业总要敢于挑战未知，做了 10 多年音乐软件，也没有等来真正的付费音乐时代，是时候换个方向了。最终基于各种权衡，他选择了直播行业，经过短时间的开发测试后，2015 年 5 月，映客直播正式上线，最初映客直播只有直播功能，不能打赏和私信，2015 年 8 月增加了打赏功能。

## 二、股权结构

映客隶属于北京蜜莱坞网络科技有限公司，公司成立于 2015 年 5 月。作为一家刚刚经历了三轮融资的新创企业，公司目前股权结构还不是特别清晰。查阅相关资料可以得到以下信息，如表 15-1 所示。

表 15-1　主要股东以及股权比例

| 姓名 | 投资人类型 | 股权比例 |
|---|---|---|
| 奉佑生 | 自然人股东 | 37% |
| 北京多米在线科技股份有限公司 | 法人股东 | 不详 |
| 西藏昆诺赢展创业投资有限责任公司 | 法人股东 | 10.23% |
| 宁波梅山保税港区映客常青投资管理合伙企业（有限合伙） | 法人股东 | 不详 |
| 苏州紫辉聚鑫投资中心（有限合伙） | 法人股东 | 不详 |
| 侯广凌 | 自然人股东 | 不详 |
| 嘉兴光信九号投资合伙企业（有限合伙） | 企业法人 | 3% |
| 宁波安合瑞驰投资合伙企业（有限合伙） | 企业法人 | 不详 |

资料来源：根据全国企业信用信息公示系统以及每日经济新闻整理。

## 三、民间资本进入模式与路径

### （一）进入模式

蜜莱坞作为一个新创企业，成立时间较短，企业的发展还未涉及转型、并购等。因此民间资本的进入模式相对单一，主要是拓展业务与战略合作模式。映客目前盈利模式单一，公司的运营、人力、平台建设维护成本巨大。为了长远发展应该不断地扩展业务，除了游戏直播、才艺直播、生活直播等，进一步增加直播节目的内容，提高直播节目的质量。映客的 CEO 奉佑生说，未来的盈利方式是电商和广告，既然针对老年人的视频购物已经存在，那么针对“90 后”的购物仍然可以存在。目前电商这种模式已经开始运作，在 2016 年“双十一”之前，天猫与映客达成了千万级的商业战略合作同盟，在“双十一”的购物狂欢节中加入了直播的元素，让明星在直播中与用户互动、宣传、推销产品，从而有效地利用明星效应、广告效应、粉丝经济等。截至 2016 年 11 月 12 日零点，据阿里官方提供的数据显示，本次天猫“双十一”活动总交易额突破 1207 亿元。在这一数字背后映客直播功不可没，可以看出“直播+电商”新的盈利模式已逐步形成。

**（二）进入路径**

民间资本进入映客直播的路径主要是通过利用映客的三轮融资。

2015 年映客刚上线时，奉佑生获得了老东家多米音乐 500 万元天使投资。在创办映客之前，奉佑生曾是多米音乐的联合创始人、副总裁。

2015 年 11 月，A 轮融资，映客获得赛富基金领投，金沙江创投、紫辉创投跟投的 2500 万元的投资。

2016 年 1 月，由昆仑万维领投，A+轮融资总共 8000 万元。昆仑万维取得映客增资完成后 18%的股权并获得一名董事的席位。随后该公司将股权全部转让给子公司昆诺赢展。后经过多轮融资，昆诺赢展的股权比例稀释为 13.23%。2016 年 9 月，昆诺赢展以 2.1 亿元的价格将所持有的蜜莱坞 3%股权转让给光信资本，昆诺赢展的股权比例稀释为 10.23%。此轮映客融资 2.1 亿元。

通过映客的三轮融资，多米音乐、赛富基金领投、金沙江创投、紫辉创投、昆仑万维、昆诺赢展、光信资本等以直接投资的方式进入直播行业。

## 四、治理与管控模式

### （一）高管团队

表 15-2 主要管理者及其职位

| 序号 | 姓名 | 职位 | 序号 | 姓名 | 职位 |
| --- | --- | --- | --- | --- | --- |
| 1 | 奉佑生 | 董事长 | 5 | 达娃卓玛 | 董事 |
| 2 | 张甜 | 董事 | 6 | 廖洁鸣* | 经理 |
| 3 | 廖洁鸣* | 董事 | 7 | 方彦肖 | 监事 |
| 4 | 侯广凌 | 董事 | 8 | 金凤春 | 监事 |

注：标有 * 标志的为法定代表人。
资料来源：全国企业信用信息公示系统，http://gsxt.saic.gov.cn/。

### （二）组织结构与管控模式

映客直播作为一个新建企业，现有的开放信息还不够完善，查阅资料未发现其明确组织架构。

作为新创企业，虽然映客的发展势头良好，状态上佳，但难免在监管、发展路径等方面存在不足之处。据了解，多米音乐、昆仑万维、紫辉创投的管理者们作为映客的股东，在投资后极其关注映客的发展，不时会对奉佑生提出相关的管理建议，指导映客的发展模式。同时，为了进一步管控直播行业，对于公司自身以及集团管控不了的问题，政府采取应对策略进行科学管控。直播因其即时、互动性强等特性受到众多年轻人的追捧，发展迅速，但是直播平台乱象横生、直播节目良莠不齐，映客直播也面临着这样的问题。为了加强对直播行业的监管力度，营造良性、积极、健康的直播环境，2016 年 11 月 4 日，国家互联网信息办公室发布了《互联网直播服务管理规定》，明确规定通过实名登记、内容日志存档、及时阻断、新闻信息先审后发、建立黑名单等有力工具，来提高直播的质量。

## 五、成效与启示

### （一）成效

1. 融资迅速，发展势头良好

短短半年时间，映客完成三轮融资。在雄厚资本的支持下映客发展迅速，势头良好。投资者的获利不断增加。例如，昆仑万维仅出售映客 3%的股权就取得 1.95 亿元的投资收益，2016 年上半年，公司的盈利达到 2.43 亿元，同比增长 25.21%。

2. 盈利增加，竞争优势显现

2016 年 9 月，昆仑万维发布公告，拟以 2.1 亿元将所持有的映客 3%的股权出售给光信资本。根据该交易价格计算，映客估值已达 70 亿元，增长了 17 倍。可以看出，映客得以飞速发展。再加上我国在线视听用户不断增加，为映客直播平台创造了极大的盈利空间。映客目前在国内手机视频社交领域排名第一，已经成为中国前十大社交网络应用之一。

### （二）启示

1. 民间资本进入新媒体行业，促进了新媒体发展，扩大了社会影响

随着三轮融资的完成，映客迅速发展，用户数激增，企业价值数十倍增加。尤其是映客的社会影响越来越大，起初映客针对的是“90 后”群体，但如今不仅“90 后”，社会各个年龄段、各个阶层的人都开始使用映客。加上映客定期邀请明星做客、直播互联网会议（如第三届世界互联网大会）等都吸引了越来越多用户的观看以及投资者的注意。

2. 必须加强对进入新媒体民间资本的引导、管制，保证民间资本合理流动

改革开放以来，民间资本投资发展壮大，成为促进经济发展与社会进步、扩大就业、增加居民收入的重要力量，政府应该对民间资本投资进行鼓励、引导。2010 年 5 月，国务院发布关于鼓励和引导民间投资健康发展的若干意见，鼓励和引导民间资本进入基础产业和基础设施领域、市政公用事业和政策性住房建设领域、社会事业领域、金融服务领域等。下一步应该继续出台关于民间资本进入

新媒体行业的相关意见，以鼓励、引导民间资本投资，为民间资本投资创造良好环境。李克强总理曾经强调，民间投资是稳增长、调结构、促就业的重要支撑力量，要放宽准入，保证民间资本投资“有门”。对于新媒体行业而言，民间资本的进入既能够弥补行业资金缺乏的问题，又能够给民间资本自身带来收益，但是如果不加强对民间资本的引导、管制，容易产生民间资本投资无序、资本干预新媒体等一系列问题。

## 六、问题与建议

### （一）问题

1. 行业竞争激烈，数据造假

虽然直播行业是新兴领域，但是由于进入门槛低、用户人数众多的优势，已经获得了很多企业的青睐，出现了映客、YY、斗鱼、花椒、美拍、秒拍等众多直播平台，连小米、腾讯、乐视这样的大企业也开始进入这一行业。而且直播软件上线所需时间也越来越短，据报道，从 2016 年 5 月开始，基本上平均 3 个小时就会上线一款新的直播软件，直播行业竞争越来越激烈。一些直播平台为了吸引用户以及投资者的注意，往往制造出在线人数多、流量大的假象，因为高流量意味着人气旺。映客就被曝出真实观众数量造假、机器人观众滥竽充数的问题。还有一些主播为了出名，会通过经纪公司或者自身买粉、刷流量，这些往往没有办法进行监管。这种数据造假、表面繁荣的景象往往蒙蔽了投资者的双眼，导致投资者过度自信，给投资者带来极大的风险。

2. 内容同质化，盈利低且模式单一

映客直播的内容主要是游戏、才艺、生活（如逛街、吃饭、化妆等），各直播平台几乎一致。映客的主要盈利模式是从用户打赏主播、购买虚拟道具中通过与主播分成来获利，但从分成比例来看，这种模式主要是给主播获利提供了机会，映客作为平台从中获利很少，更不用说前期的投资者们。另外，不排除一些主播为了人气，找亲戚、朋友或者直接自己购买虚拟道具送给自己的情况，实质上真正是用户消费的比例大打折扣，导致平台获利甚微。这是映客及其投资者们面临的一个重大问题。

3. 直播内容良莠不齐，对直播的监管力度不够

直播平台的出现为大众提供了一个展示自己的机会，主播往往通过直播才艺、游戏、生活等来吸睛。但是还有一部分主播为了快速博人眼球往往提供一些低俗违规的内容，不仅给观看的用户造成错误示范，更抹黑了直播平台形象，往往使得部分不了解情况的社会大众对直播产生一种偏见。对于映客，尽管已经声明对平台的监管力度很大，网警、审核人员 24 小时监管，但是综观整个映客，由于用户数量庞大，主播入驻要求很低，再加上有些主播自身素养问题，有些情况还是难以避免。

**（二）建议**

1. 面对竞争，避开锋芒，走差异化道路

目前直播行业竞争激烈，尽管奉佑生当初创业时想的是避开 BAT，但是随着直播行业的兴盛，也已经引起了 BAT 的关注。因此，映客要想保持竞争优势，面对大公司的竞争，正面冲击不可行，映客在坚持自己的先机优势、技术优势的同时，要不断完善自我，坚持走差异化道路，培养起自己的忠诚用户观众群，在激烈的竞争中夺得一席之地。

2. 进一步扩展业务，扩大盈利模式

投资直播这种新媒体行业的企业看重的是其新的商业模式以及未来的发展前景、盈利潜力，映客目前盈利模式单一，公司的运营、人力、平台建设维护成本巨大。为了长远发展应该不断地扩展业务，除了游戏直播、才艺直播、生活直播等，进一步增加直播节目的内容、提高直播节目的质量，建设好的口碑，培养良好的顾客忠诚度。还可以与其他企业进行合作，如“双十一”与天猫合作，开创“直播+电商”的盈利模式，就是一个成功的例子。

3. 公司进一步完善技术，加大监管力度

尽管映客现在 24 小时网警，专业审核人员监督不断，但由于依靠的是人工识别，往往存在遗漏、误判等情况，从成效来看显然是不够的。映客可以通过进一步完善技术，做到自动识别直播内容，再加上人工监管的双重保险，能够极大

地提高直播内容质量。

4. 政府制定相关政策，完善法律法规

政府部门也应该进一步完善相关法律法规，加大对直播行业的监管。事实上，对于互联网视听类节目的监管，国家一直没有放松过。2007 年 12 月，广电总局公布《互联网视听节目服务管理规定》；2010 年 3 月，广电总局发布《互联网视听节目服务业务分类目录（试行）》；2016 年 6 月，网信办发布《移动互联网应用程序信息服务管理规定》；2016 年 9 月，广电总局下发《关于加强网络视听节目直播服务管理有关问题的通知》；2016 年 11 月 4 日，为了营造良性发展、良性竞争的直播环境，国家互联网信息办公室发布了《互联网直播服务管理规定》，明确规定通过实名登记、内容日志存档、及时阻断、新闻信息先审后发、建立黑名单等有力工具，来提高直播的质量。映客直播认真解读了该规定，且表示会认真遵守规定，进一步加强监管，坚持正确的价值导向，打造一个“绿色、健康、文明、积极向上”的直播平台。

综上所述，通过不断完善，映客直播的发展会越来越好，业务趋于多样化，盈利模式增多，民间资本投资者的获利也将不断增加。

## 第二节　腾讯

### 一、公司简介

腾讯公司成立于 1998 年 11 月，总部位于深圳，最初是由马化腾和张志东等注册成立的。2004 年 6 月 16 日，腾讯控股有限公司在香港联交所主板公开上市。腾讯成立之初，马化腾就遇到了资金难题。在国外聊天软件 ICQ 的启发下开发了 QQ，受到了国内用户的追捧，注册人数激增，这就需要服务器扩充，然而庞大的服务器托管费用使得马化腾难以承受，甚至产生了将 QQ 卖掉的想法，好在因为种种原因最终没有卖掉。

经过多年的发展，目前腾讯已经拥有实时通信工具 QQ、微信和 WeChat、腾讯网、腾讯游、QQ 空间等中国领先的网络平台，拥有互动娱乐事业群、移动互联网事业群、网络媒体事业群、社交网络事业群、微信事业群、企业发展事业群、技术工程事业群七个业务体系。这些平台在强大业务体系的支持下能够满足用户沟通、社交、资讯、娱乐和金融等方面的需求，实现腾讯“一切以用户价值为依归”的经营理念。

根据腾讯最新公布的，截至 2016 年 9 月 30 日，腾讯第三季度营业收入为 403.88 亿元人民币，比 2015 年同期增长 52%。微信和 WeChat 的合并月活跃账户数达到 8.46 亿，同比增长 30%，QQ 月活跃账户数为 8.77 亿，同比增长 2%。图 15–1 为腾讯 1999~2009 年的发展简图，从中可以看出腾讯的发展势头良好。

经过多年的发展，腾讯已经成为最大的互联网服务提供商企业之一，与百度、阿里巴巴共同被赋予了 BAT 的名字。除此之外，腾讯还是一家新媒体公司，在视频、音频、文字、图片等方面都有很大的投入。腾讯发展过程如图 15–1 所示。

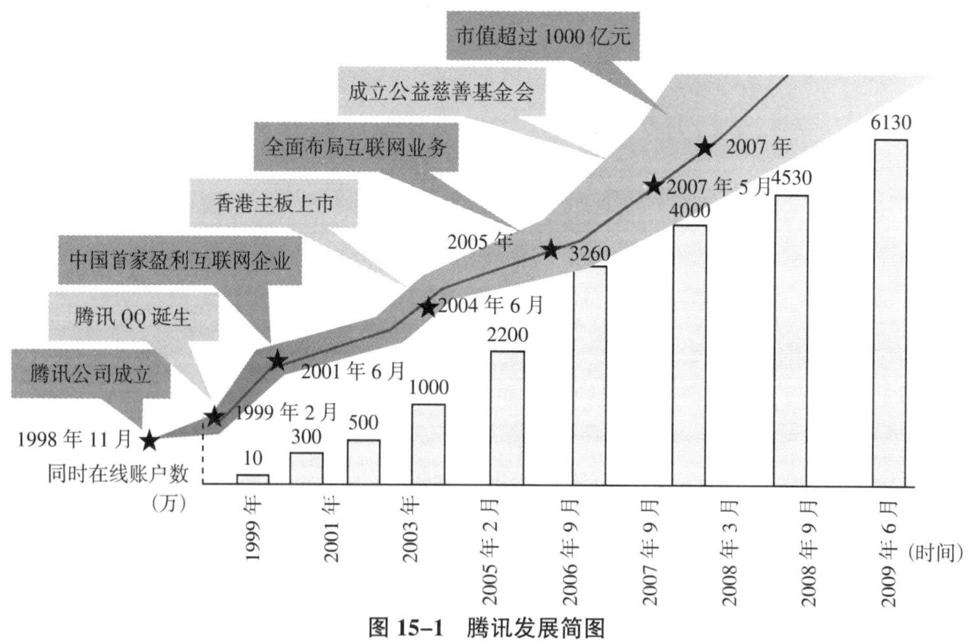


**图 15–1　腾讯发展简图**

资料来源：腾讯官网 http：//www.tencent.com/zh-cn/at/rm/index.shtml。

## 二、股权结构

腾讯成立之初，资金遇到问题，软件卖不掉，融资也融不到。后来，马化腾选择去寻求风险投资，通过努力获得了 IDG 和盈科数码的 220 万美元的投资，占腾讯控股 20%的股份，马化腾及其团队持 60%的股份。2001 年 6 月，香港盈科将其所持腾讯控股 20%的股权出售给了 MIH，另外，MIH 还从 IDG 手中收购了腾讯控股 13%的股份。2002 年 6 月，腾讯控股其他主要创始人又将自己持有的 13.5%的股份出让给 MIH，腾讯的股权结构由此变为创业者占 46.3%、MIH 占 46.5%、IDG 占 7.2%。2003 年 8 月，腾讯创业团队才将 IDG 所持剩余股权悉数购回，并从 MIH 手中回购少量股权，经过股权结构的重新调整，最终完成了上市前 MIH 与创业团队分别持股 50%的股权结构①。2004 年正式挂牌上市，后来又经过了不断的股权变动，腾讯的股权结构如图 15-2 所示。

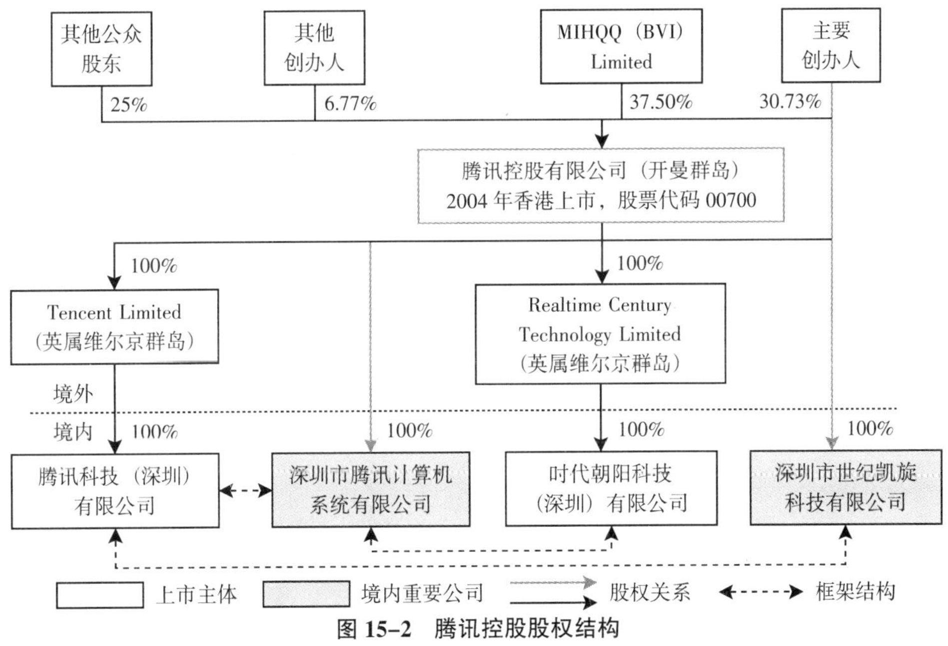


**图 15-2 腾讯控股股权结构**

资料来源：http：//www.360doc.com/content/16/0218/10/30210279_535439468.sht。

① 资料来源：腾讯：风险投资商以转手退出［J］. 国际融资，2009，12：42-45.

## 三、民间资本进入模式与路径

### （一）进入模式

1. 拓展业务模式

（1）腾讯视频。腾讯成立后首先推出了即时通信工具QQ，随着公司发展业务不断拓展、公司产品也越来越丰富。随着互联网的发展，传统媒体方式不再能够满足用户的需求，在这样的背景下，腾讯视频于2011年4月正式测试上线。作为一款依附互联网的视频播放器，它不仅能够为广大用户提供即时、丰富、清晰、优质的视频资源，而且设有VIP、点播等功能，满足用户的多样化需求（图15-3为腾讯视频的结构功能）。以腾讯视频为代表的视频网站成了传统媒体播放内容的"镜像"，从而使得观众拥有了在传统媒体规定电视频道以及播出时间之外进行观看的自由，也就是说对于不能及时收看电视直播的观众而言，有了替代性的资源。腾讯视频还发展了网络自制剧业务。2014年，腾讯视频累计上线10部自制剧，总播放量超过10亿次。2015年，腾讯视频继续上线自制剧，包括《你是温暖，逆光而来》、《暗黑者第二季》、《大英雄》、《我是你的喋喋phone》、《我为宫狂2》等。2016年9月在企鹅影业成立之初，腾讯视频就宣布了《鬼吹灯》等8部顶级品质网络剧的计划。

截至2014年3月，腾讯视频的月度覆盖用户数达到3.18亿，成为国内覆盖用户最多的视频网站。2015年1月，腾讯视频移动端月度日均覆盖人数位居行业第一，以绝对的优势将其他网站甩在后面。根据Questmobile数据，2016年3月，在Android+iOS两端的MAU（月活跃用户数量）/DAU（日活跃用户数量）表现上，腾讯视频稳居第一。

（2）微信。最初微信是社交工具但是随着功能不断增加，已经不单是社交工具了，尤其是已经可以与电视业务相结合了。如一些电视台设置微信公众号，通过微信公众号向观众发布娱乐报道、新闻等视频，不仅提高了节目的收视率，而且增加了微信的使用人数。有些电视节目还通过微信发展的"摇一摇"功能，与观众互动。尤其是在2015年春节，通过"摇一摇"可以获得明星的拜年视频，

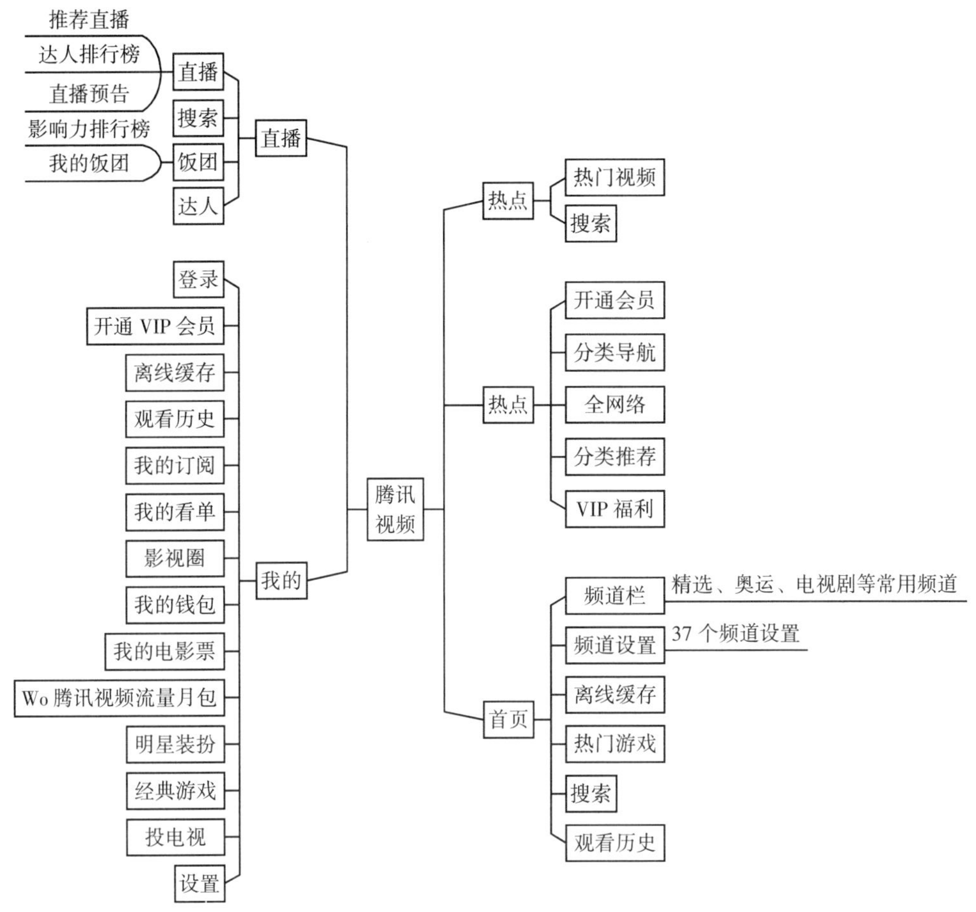


**图 15-3 腾讯视频结构功能**

资料来源：《移动视频 APP 的水深火热：腾讯视频和爱奇艺竞品分析报告》，http：//www.woshipm.com/evaluating/408454.html。

或者微信红包。不过要想获得红包就必须要观看《春节联欢晚会》，在主持人提到送礼的时间段去摇，这样既增加了传统电视媒体的收视率，又能够增加微信的在线用户数，传统媒体与新媒体的结合可谓是一举两得。

（3）直播。随着直播的兴起，作为老牌互联网企业腾讯也不甘示弱，除了已经投资的直播龙珠、斗鱼外，又一口气推出企鹅直播（主要是体育直播）和腾讯直播（主要是泛娱乐和明星粉丝直播）两大直播平台。最近腾讯直播推出大型直播选秀活动“天天星播客——百城直播秀”，旨在打造直播领域的“快男超女”，并且宣称赛后会与获胜者签约，为其提供资金包装、发展平台。

2. 新设模式

企鹅影业和腾讯影业。为了进入影视行业，2015 年 9 月 11 日，腾讯视频宣布企鹅影业成立，9 月 17 日，腾讯宣布成立全资子公司腾讯影业。短短一周成立两家公司，虽然都是影视公司，但来源与依托不同：企鹅影业来自网络媒体事业群，依托腾讯视频业务；腾讯影业来自互动娱乐事业群，依托腾讯旗下在线文学阅文集团、游戏等泛娱乐业务。另外，二者在业务方面也是不同的，企鹅影业主要以网络剧为主要业务，对于电影业务则主要是参投，且短时间内不会进行主控项目与开发。腾讯影业则是腾讯互娱在游戏、文学、动漫之后推出的又一业务，是腾讯泛娱乐战略业务布局的重要一环。腾讯影业的重点在于以 IP（知识产权）价值构建为核心，通过影视、文学、动漫、游戏、衍生品等多元化的明星 IP 运营和协同。腾讯影业已经准备将拥有的几个游戏以及文学动漫 IP 改编成影视作品。

3. 合并模式

为了进一步巩固腾讯在互联网在线音乐市场的地位，2016 年 7 月 15 日，腾讯和中国音乐集团（CMC）正式宣布将数字音乐业务进行合并，CMC 拥有酷狗、酷我两大音乐服务客户端。腾讯将旗下的 QQ 音乐与 CMC 合并，通过资产置换股权，腾讯成为新音乐集团的最大股东，从此腾讯拥有了中国前三大移动音乐应用——QQ 音乐、酷狗、酷我。根据全球领先的移动互联网第三方数据挖掘和分析机构艾媒咨询权威发布的数据，2016 年第一季度在中国手机音乐客户端累计下载量上，酷狗音乐居于领先地位，下载量占比达到 27.8%，而 QQ 音乐、酷我音乐分别位于第二、第三，占比分别为 15.3%、13.1%。截至 2016 年第三季度，酷狗音乐客户端用户下载量占比达 28.3%，排名第一，QQ 音乐、酷我音乐分别位居第二、第三，占比分别为 15.8%、13.7%。由此可以看出新的 CMC 集团占据手机音乐市场将近 60%的市场份额。在线音乐领域是目前中国互联网公司展开竞争的主要战场，此次合并无疑使得腾讯成为中国在线音乐市场的“领头羊”。而且根据艾媒咨询 2016 年第三季度的数据，仅有 3.4%的用户会经常更换手机音乐客户端，多数用户很少或者不会更换手机音乐客户端。较高的用户忠诚度、较大的市场份额将给腾讯带来极高的收益，保证了腾讯在该领域的首领地位。

**（二）进入路径**

腾讯主要采用直接投资新媒体产业的方式进入。

（1）入股龙珠、斗鱼。随着直播行业的兴起，腾讯在建立自己的直播平台之前已经入股了龙珠、斗鱼两大直播平台。2015 年 11 月，龙珠游戏直播平台母公司——苏州游视完成了近亿美元的融资，由游久游戏领投，腾讯跟投。其中游久游戏拟出资 2.78 亿元投资苏州游视，投资完成后，持有游视 21%股权，成为第二大股东，腾讯股权将从 15%增持至 20%。2016 年 3 月，斗鱼 TV 完成 B 轮 1 亿美元（约 6.7 亿元人民币）的融资，此次融资由腾讯领投 4 亿元，红杉资本和南山资本等跟投。同年 8 月，斗鱼直播完成 C 轮 15 亿元的融资，本轮融资由腾讯、凤凰投资领投，深创投、国家中小企业基金、红土成长等跟投。根据斗鱼直播的官方数据，截至 2016 年 3 月，斗鱼的日活跃用户数量为 1500 万，MAO 为 2 亿，总体而言在细分领域中占据了七成市场份额。腾讯入股斗鱼前景光明。

（2）微影时代。2014 年 5 月微影时代成立，腾讯以微信、QQ 等平台资源入股，占了 25%的股份。2015 年 4 月，B 轮融资由腾讯、万达、文资华夏、鲁信、刚泰文化等参投，共融资 1.05 亿美元。2015 年 11 月，微影时代完成 C 轮融资，融资 15 亿元，由北京文资华夏安赐影视文化投资基金领投，信业基金等多家基金公司参投，原股东腾讯、万达、引力进行了跟投。2016 年 4 月，微影时代完成 C+轮融资，由天神娱乐领投，腾讯、华人控股、乐逗游戏、光大金控、远洋资本等多家机构参投，融资约 30 亿元。微影时代 C 轮两次融资总额已达 45 亿元，公司估值 20 亿美元。

（3）入股华谊兄弟。2011 年，腾讯 4.45 亿元入股华谊兄弟，持有 4.6%的股权；2014 年，腾讯斥资 12.8 亿参与增资，定增后，腾讯持华谊兄弟 8.08%的股份；2016 年华谊兄弟、腾讯等成立“华谊腾讯娱乐有限公司”，表明二者再次联手，进行深层次、多方面、全方位的战略合作。华谊方面也表示，华谊兄弟和腾讯公司将建立更紧密的境内外合作关系，资本、业务双线并行，共同发力互联网娱乐领域。

## 四、治理与管控模式

### （一）高管团队

腾讯主要管理者及其职位如表 15-3 所示。

**表 15-3 腾讯主要管理者及其职位**

| 姓名 | 职位 | 职责 |
|---|---|---|
| 马化腾 | 主要创办人之一，董事会主席、执行董事兼首席执行官 | 全面负责集团的策略规划、定位和管理 |
| 刘炽平 | 总裁 | 负责管理公司日常营运 |
| 许晨晔 | 主要创办人，首席信息官 | 全面负责公司网站财产和小区、客户关系及公共关系的策略规划和发展工作 |
| 任宇昕 | 首席运营官，兼互动娱乐事业群总裁、移动互联网事业群总裁 | 全面负责互动娱乐事业群、社交网络事业群及移动互联网事业群的发展 |
| James Mitchell | 首席战略官，集团高级执行副总裁 | 全面负责公司战略规划和实施，投资者关系管理工作，为公司提供业务规划及业务模式等方面的战略建议，以及加强公司与投资环境的双向沟通 |
| 刘胜义 | 网络媒体事业群总裁，集团高级执行副总裁 | 全面负责腾讯网络媒体事业群，包括腾讯新闻、腾讯视频、腾讯体育、企鹅影业等 |
| 汤道生 | 社交网络事业群总裁，集团高级执行副总裁 | 全面负责社交互联网业务平台的研究与开发工作以及增值服务的管理工作；全面负责 QQ 通信及社交网络平台、增值服务以及开放平台的策略 |
| 张小龙 | 微信事业群总裁，集团高级执行副总裁 | 全面负责微信、邮箱等产品及团队的管理工作，同时参与公司重大创新项目的管理和评审工作，2014 年 5 月升任公司高级执行副总裁，负责领导微信事业群的工作 |
| 卢山 | 技术工程事业群总裁，集团高级执行副总裁 | 负责本公司运营平台系统的管理工作；负责技术工程事业群的管理工作 |
| 网大为 | 首席探索官，集团高级执行副总裁 | 一直致力于推动腾讯公司国际化和新领域探索的步伐 |

资料来源：腾讯官网，http：//www.tencent.com/zh-cn/at/managementteam.shtml。

### （二）组织架构与管控模式

作为一个老牌互联网公司，为了适应市场环境的变化以及自身发展的需要，腾讯的组织架构经过多次调整，2012 年将原有的业务系统制升级为事业群制，即将现有业务分为企业发展事业群、互动娱乐事业群、移动互联网事业群、网络媒体事业群、社交网络事业群、技术工程事业群以及微信事业群七大事业群，各大事业群各司其职，协同促进腾讯的发展，并且还成立腾讯电视控股公司主管电子商务业务，以此来支持腾讯的发展。

腾讯成立子公司企鹅影业和腾讯影业。为更好地管控这些子公司，成立的企鹅影业是来自腾讯网络媒体事业群，依托腾讯视频业务；腾讯影业则来自腾讯互动娱乐事业群，依托腾讯旗下的在线文学阅文集团、游戏等泛娱乐业务。虽然两个子公司同为影业，但是腾讯给了两者不同的定位，企鹅影业主要是以网络剧为核心和主要业务，对于电影业务则主要是参投，短时间内不进行主控项目与开发。腾讯影业的重点在于以 IP（知识产权）价值构建为核心，通过影视、文学、动漫、游戏、衍生品等多元化的明星 IP 运营和协同。腾讯根据企业战略，明确投资目的，入股斗鱼、龙珠两大直播平台，为建立自己的直播平台奠定基础。另外，腾讯和中国音乐集团（CMC）正式宣布将数字音乐业务进行合并，合并后由 CMC 联席 CEO 谢振宇、谢国民出任新音乐集团的联席总裁，腾讯公司副总裁彭迦信出任新音乐集团的 CEO，两者同时管控，促进新音乐集团在音乐业务上优势互补、协同发展。

## 五、成效与启示

### （一）成效

1. 利用上市募集到的资本，腾讯获得了巨大的收益

根据腾讯公司公布的 2016 年第二季度财报，腾讯的股票价格在香港股市上升了 6%，市值已达到 2490 亿美元，超越市值 2460 亿美元的阿里巴巴，成为中国市值最高的科技公司。根据 2016 年最新的第三季度财报显示，腾讯前三季度总收入为 403.88 亿元（60.48 亿美元），比去年同期增长 52%。在业务领域，2016 年 3 月，在 Android+iOS 两端的 MAU（月活跃用户数量）/DAU（日活跃用户数量）表现上，腾讯视频稳居第一。此外还推出了企鹅直播和腾讯直播；入股华谊兄弟；通过与 CMC 数字音乐业务的合并，成为中国在线音乐市场的“领头羊”等。

2. 在新媒体领域取得了长足进步

在2012年中国网络视听优秀栏目推荐活动，腾讯网的《中国茶馆》获选2012网络视听优秀栏目。

在面对一些国际大型赛事时，如世界杯，中央电视台一直拥有其独家转播权，作为门户网站的腾讯网不能第一时间进行转播，为了吸引观众，腾讯网选择采用个性化的短视频的方式来满足公众的需要，如每日射门集锦、每日精彩瞬间等。在视频风格方面也与电视台不同，电视台的解说员往往严肃认真、庄重大气地还原比赛情况，腾讯网制作的一些小视频则选择走幽默风趣路线，能够让观众在观看紧张比赛之余放松心情。

另外，中央电视台一直紧握奥运会的版权，但2016年里约奥运会开幕前期，中央电视台以1亿元的价格来分销奥运会版权，最终腾讯以其强大的经济实力获得了由中央电视台分销的里约奥运新媒体版权，虽然播出时间延迟至少半个小时，但是腾讯可以在旗下各个平台播出奥运会的全部比赛，这足以给腾讯带来巨大收益。2016年第三季度，腾讯广告业务迅速增长，其中腾讯里约奥运会专题活动吸引了约7亿名独立访客访问腾讯新闻及视频平台，这能够巩固腾讯作为网络体育媒体领导者的地位。除此之外，腾讯还获得了NBA五个赛季的网络独家直播权，以及在腾讯游戏平台改编NBA游戏的权利。

### （二）启示

从进入新媒体的模式与路径可以看出，腾讯的投资范围广、涉及业务丰富。因此，必须要注意企业自身的资金运作能力。腾讯作为一家互联网老牌大企业，实力雄厚，资金运作能力良好，但是对于一般小企业而言，必须要从自身实际情况出发，切不可盲目扩张、投资，要量力而行。

## 六、问题与建议

### （一）问题

1. 对产品的开发力度还不够

腾讯的抄袭、模仿在业内是公认的。最初QQ的创建是模仿国外的ICQ聊天软件，抄袭联众，推出主打棋牌类游戏的 QQ 游戏中心，模仿开心网的《抢车位》、《开心农场》，QQ 旋风抄袭迅雷；看到别的企业在直播行业风生水起，于是也进入直播行业；看到其他企业发展影视，于是也选择进入电影行业。可以看出，腾讯对产品的开发力度还远远不够，自主创新能力亟待增强。

2. 面临来自传统老牌媒体的竞争压力

相较于传统媒体，虽然新媒体以其独特的优势发展迅速，用户群不断增加、市场占有率不断扩大，但是由于出现时间较短以及政策、用户习惯等影响，新媒体在某些方面仍然面临着传统媒体的碾压。例如，面临一些国际赛事时传统电视台以其技术优势、人员专业性、品牌名声等往往获得独家转播权，处于中心位置，而腾讯网作为新媒体往往处于随从地位，要想获得转播权需要花费很大的成本。

**（二）建议**

1. 加大技术投入，产品创新力度

尽管总是抄袭、模仿，但是经过长年积累，腾讯已经造就了自身强大的学习能力、复制产品能力，再加上公司倡导创新，这些能力最终能够转化为自身内部能力。经过腾讯的努力，目前公司员工中已有 50%以上为研发人员，且目前腾讯在存储技术、数据挖掘、多媒体、中文处理、分布式网络、无线技术六大方面都拥有了相当数量的专利，另外腾讯在全球互联网企业中专利申请和授权总量均位居前列。这说明抄袭、模仿只是暂时性的，腾讯始终坚持倡导自主创新，以树立技术优势，推动企业进一步发展。

2. 转换思路以应对传统媒体的竞争

在市场方面，腾讯一直都面临着传统媒体的竞争。由于传统媒体自身具有的一些先天优势（技术、政策、名声等），与之进行正面较量未必可行，可以选择换个思路，如走差异化竞争路线，为用户提供不一样的产品，以吸引用户、提高用户黏性，或者与传统媒体合作，实现合作共赢。

# 第三节 爱奇艺

## 一、公司简介

爱奇艺由百度创立，于2010年4月正式上线，是国内首家专注于提供免费、高清网络视频服务的网站。公司一直秉承"悦享品质"的口号，致力于为用户提供丰富、高清、流畅的专业视频体验以能够满足用户的视听需求。由于爱奇艺是由百度创立的，因此爱奇艺依靠着百度的支持得以不断发展。中国网络视频用户多数都习惯通过百度搜索来查找视频内容，在爱奇艺产生之前百度将搜索到的结果大多导向别的视频网站，创立爱奇艺之后，百度可以在用户搜索完成后，优先将结果导向爱奇艺，起初爱奇艺95%以上的用户都来自百度用户。此举可以有效地培养用户习惯，逐渐地，部分用户会直接搜索爱奇艺。另外，爱奇艺还实施全平台登录布局，全面覆盖电视端、PC端、手机端、PAD端，涉及视频、电商、游戏、直播、电影票等业务领域，用户覆盖率不断增加，企业获得了长足的进步。未来，爱奇艺将在多元化的内容储备、个性化的产品体验、定制化营销服务领域继续发力，引领视频行业的体验革命①。

## 二、股权结构

爱奇艺的资本运作动作相对简单。2011年8月和12月，百度耗资4500万美元认购爱奇艺B轮优先股，并于2012年11月3日收购原爱奇艺第二大股东普罗维登斯所持股份，成为其单一最大股东，持有80.5%的流通股份。2014年11月19日，小米联合顺为资本向爱奇艺投资18亿元，小米成为第二大股东（但小

① 资料来源：爱奇艺官网，http：//www.iqiyi.com/common/aboutus.html。

米未披露在爱奇艺中持股比例），同时百度也追加了对爱奇艺的投资。根据新浪财经，2017 年 2 月 21 日，爱奇艺完成金额达 15.3 亿美元的可转债认购，主要认购方有百度、高瓴资本、博裕资本、润良泰基金、IDG 资本、光际资本、红杉资本等，其中百度认购 3 亿美元。但是由于公开披露信息过少，有关爱奇艺目前的具体股权结构还不是很明确。

## 三、民间资本进入模式与路径

### （一）进入模式

1. 拓展业务模式

（1）网络自制剧。爱奇艺将互联网力量介入影视行业，制作出了一大批优秀的网络自制剧，如《奇葩说》、《灵魂摆渡》、《废柴兄弟》等都是爱奇艺的自制节目。这些自制剧无论是形式、题材、数量还是主创阵容等，都是新鲜的，满足了不同年龄、不同阶层的用户需要。而且也有助于为冠名广告商提升品牌知名度，能够吸引更多的广告商，从而增加爱奇艺的收益。图 15–4 为爱奇艺移动端的结构功能。

（2）爱奇艺大脑。2014 年，爱奇艺在全球范围内率先建立起首个基于搜索和视频数据理解人类行为的视频大脑——爱奇艺大脑，用大数据指导内容的制作、生产、运营与消费。为用户提供更加丰富多彩、高质量的视听节目。

2. 合并模式

2013 年，百度斥资 3.7 亿美元收购 PPS，将 PPS 与爱奇艺合并，合并后二者在自制剧、产品建设、独播等很多领域动作频繁。

### （二）进入路径

与腾讯相同，民间资本也主要采用直接投资的方式进入新媒体行业。具体来说，百度通过 2011 年、2012 年的认购、收购，最终持有了爱奇艺 80.5%的流通股份，成为其单一最大股东。2014 年，小米投资 18 亿元入股爱奇艺，支持爱奇艺的发展。同时，百度追加对爱奇艺的投资。另外，2014 年 7 月，爱奇艺向外宣布正式投资成立爱奇艺影业（北京）有限公司，进军电影行业。

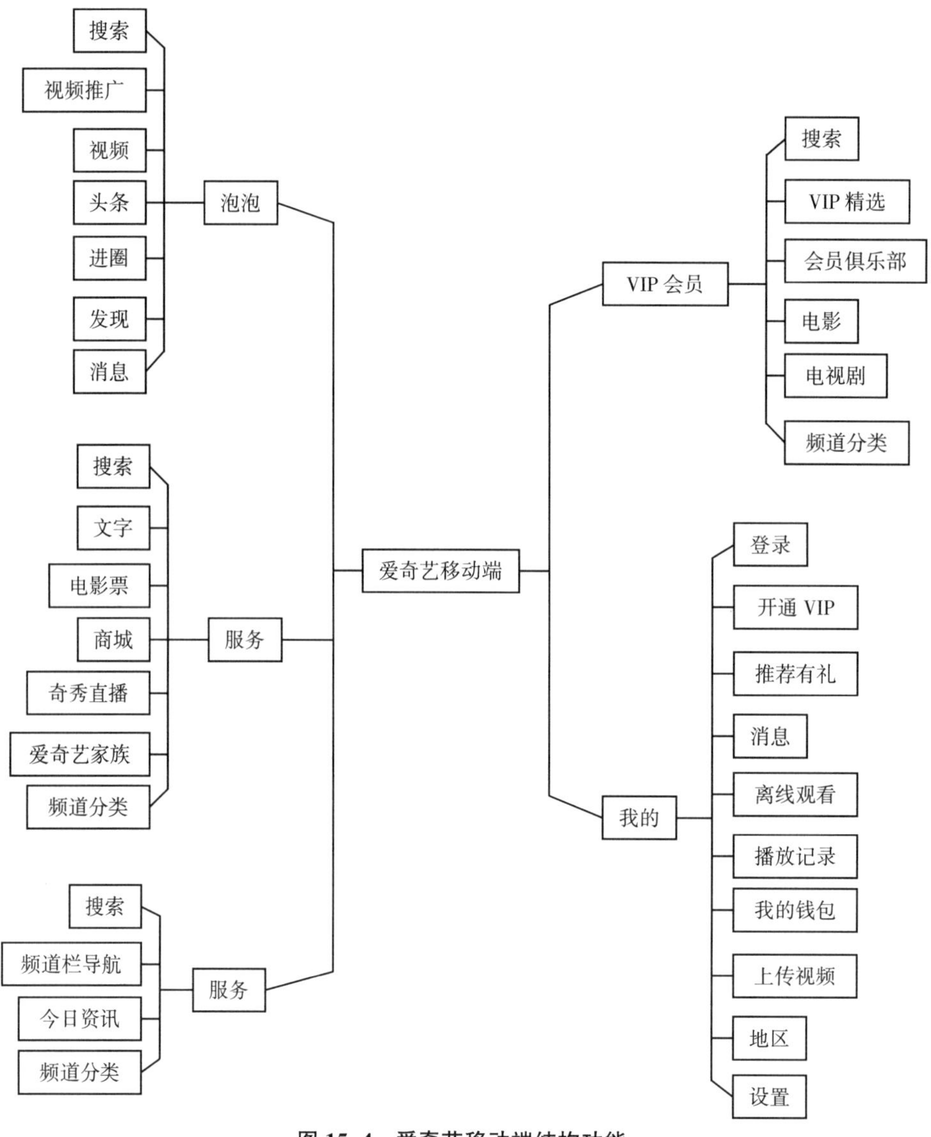


**图 15-4 爱奇艺移动端结构功能**

资料来源：《移动视频 APP 的水深火热：腾讯视频和爱奇艺竞品分析报告》，http：//www.woshipm.com/evaluating/408454.html。

## 四、治理与管控模式

### （一）高管团队

爱奇艺主要管理者及其职位如表 15-4 所示。

表 15-4 爱奇艺主要管理者及其职位

| 姓名 | 职位 | 职责 |
|---|---|---|
| 龚宇 | 首席执行官 | 负责公司的总体战略、发展规划以及管理 |
| 王晓辉 | 首席内容官 | 负责爱奇艺自制内容的采编制作 |
| 杨向华 | 副总裁 | 主要移动终端部分 |
| 段有桥 | 副总裁 | 主要负责盒子等电视终端产品 |
| 耿晓华 | 副总裁 | 主要负责内容整体运营，版权采购、内容建设、内容自制 |
| 王湘君 | 首席营销官 | 全负责爱奇艺和 PPS 品牌管理、广告销售工作 |
| 徐伟峰 | PPS 创始人 | 主要负责游戏、动漫、IP |
| 李岩松 | 副总裁及爱奇艺影业总裁 | 主要负责爱奇艺影业相关事务 |

资料来源：根据网易科技报道、中国新闻网等整理。

### （二）组织架构与管控模式

在组织架构方面，爱奇艺也设立了事业部制。根据查阅资料，爱奇艺主要有文学事业部、移动业务事业部、游戏事业部、智能设备事业部四个事业部，还投资成立爱奇艺影业[①]。各个事业部各司其职，相互配合，共同促进爱奇艺的发展。

在管控模式方面，2010 年百度宣布投资组建独立视频公司爱奇艺。成立后百度仍然继续加强对爱奇艺的治理与管控，不仅专门拨出资金以供爱奇艺自制节目，利用百度搜索功能将用户转到爱奇艺网站上，而且通过社会关系、公司名声为爱奇艺引进了小米 18 亿元的投资。

爱奇艺也采取了相应方式对合并企业进行管控。一方面，加强公司企业文化建设，企业文化是组织认可的、约定俗成的一系列的值观、信念、符号、仪式等。企业文化能够指导员工行为。在企业内部构建出优秀、包容、积极的文化，

① 资料来源：《爱奇艺——组织结构图》2016 版，新华猎头整理，http：//www.pikuu.com/web/iqiyi.html。

既有利于公司接受新鲜事物、加强与其他公司的合作，也有利于总公司对下属子公司进行管理，从而保证下属子公司能够规范、有效地发展。爱奇艺与PPS合并后，二者在经营理念、价值观、企业习俗等方面难免存在差异，爱奇艺始终秉承“悦享品质”的品牌口号，以及“简单想、简单做”的企业文化。通过加强企业文化的宣传、建设力度，逐渐促进二者的相融。另一方面，成立爱奇艺影业（北京）有限公司，由爱奇艺副总裁李岩松来担任爱奇艺影业的总裁，主要负责爱奇艺的电影事业。

## 五、成效与启示

### （一）成效

1. 自制节目收效明显

以爱奇艺自制的节目中国首档说话达人秀《奇葩说》为例，该节目上线之初就引起极大关注，节目以年轻观众群体为目标顾客，同时为吸引年龄稍大的顾客又提出“40岁以上观众要在‘90后’陪伴下观看节目”的口号，紧抓顾客的猎奇心理。节目中选取的话题都是有趣、常见、有争议的社会热点问题，如份子钱该不该被消灭、相亲要不要AA制、这是不是一个看脸的社会等。参加的选手也都说出一些新奇的观点、大胆的言论，用奇葩方式传递奇葩观点，在技术方面节目则选择了年轻人更加喜欢的，如画面剪辑、神曲配乐、即兴弹幕等手段。收效方面，有数据显示，该节目上线24小时内点击量即突破百万，播出一个多月播放量破亿，两次登顶微博话题榜，且在社交媒体引发多轮话题。除此之外，该节目的广告价值更是得到大量厂商的关注、认可和追捧。节目尚未上线，美特斯邦威就以5000万元总冠名，创下了互联网自制综艺冠名费新纪录。节目开播以后更是吸引了光明莫斯利安、海飞丝、Jeep自由光、大众汽车、有范APP、谷粒多等品牌竞相追投。另外，节目获得《2014年最佳内容营销奖》，颁奖词中称，《奇葩说》的成功再次证明，“内容为王”依然是网络视频营销的铁律。

2. 用户、收入均有所增加

据爱奇艺官网信息，在2013年爱奇艺与PPS合并后，爱奇艺公司同时拥有

iQIYI 和 PPS 两大品牌，进而成为了中国最大的网络视频平台。根据艾瑞 IUT 的数据，2013 年 8 月，iQIYI 和 PPS 在全平台用户规模以及时长上均达到行业第一，全网的月度用户覆盖为 3.57 亿。另外，截至 2016 年 6 月 1 日，爱奇艺宣布其有效 VIP 会员数已突破 2000 万，一年内会员数量就实现了 4 倍增长。由此可以看出，爱奇艺的用户以及收入都有了长足进步。

### （二）启示

面对视频网站内容同质化严重的问题，爱奇艺通过拓展业务、引入优质节目或者自制节目来吸引用户。依托百度的强大支持，联合 PPS 资源优势互补，爱奇艺成了中国最大的网络视频平台。

应当引导民间资本以多种方式进入新媒体行业，如投资、认购新股、受让股权、并购重组、经过某些平台间接进入等，以促进新媒体行业的发展。

## 六、问题与建议

### （一）问题

1. 面临着传统媒体以及腾讯等激烈的竞争

目前市场上传统媒体与新媒体、新媒体企业之间竞争相当激烈。传统媒体一直处于主流地位，具有先天优势。另外，根据中国网络视听服务协会、中国互联网信息服务中心发布的《2015 年中国网络视听发展研究报告》，中国网络视频用户规模达 4.61 亿，用户使用率为 69.1%，是第二大休闲娱乐类应用；手机网络视频用户规模达 3.54 亿，半年增长率居休闲娱乐类应用之首，手机成为网络视频收看的第一终端。互联网视听行业用户群广泛、市场份额巨大，吸引了众多的竞争者，对爱奇艺而言，面临着腾讯、乐视、优酷土豆等的竞争。

2. 经营方式相对单一，收入主要是广告与用户

对于百度而言，爱奇艺一直亏损，2014 年、2015 年百度的收入增长都很高，但利润率却一路下滑，一个重要原因是爱奇艺拖了百度后腿。爱奇艺自制剧成本都是来自百度，其收入主要依靠广告与用户。虽然近年来用户付费观影数增长，也吸引了不少广告商，但是相对巨大的成本，收益仍未达预期。

3. 为获得节目独家播放权，一掷千金

为了吸引用户，爱奇艺往往选择一些质量高、符合大众口味的综艺节目、影视剧等，一掷千金以获得独家播放权。如仅综艺节目《爸爸去哪儿》、《康熙来了》等就花费 2 亿元，而电视连续剧《爱情公寓 4》的单集播放价格就达数百万元。可见，为了吸引用户，爱奇艺在这一方面的花费是巨大的。

**（二）建议**

1. 把握用户需求，制定创意方案

面对传统媒体以及行业老大腾讯的竞争，爱奇艺应该以用户为核心，从用户角度出发，把握用户的多样化需求，不断开发新的创意性产品，以此来应对竞争。同时，可以根据用户浏览情况及时向用户推送相关信息，以满足用户需求，优化用户体验。除此之外，由于互动性是视频类新媒体与传统媒体的一大区别，爱奇艺应该好好利用互动性这一优势。但是根据《2015 年中国网络视听发展研究报告》的研究，登录太麻烦是用户不愿意去互动的一大原因，因此要增强用户互动性，就需要解决登录太麻烦这个问题。爱奇艺视频网站可以通过市场调研等方式，确定哪些即时通信、社交类等应用的使用率较高且有合作意向，后期逐步与这些应用达成合作，实现二者后台数据打通，用户登录即时通信或者社交应用账号后，就可以直接跳转、登录到爱奇艺视频网站上。

2. 多样化收费方式，扩大收入渠道

虽然爱奇艺的收入主要依靠用户和广告，但爱奇艺可以采取相应策略来扩大收入渠道，增加收费方式。在这方面爱奇艺已经有所行动且收效显著。2015 年，爱奇艺一举拿下“2015MAMA（亚洲音乐盛典）”独家直播版权，且成为中国地区官方投票网站，在投票时有些奖项只有 VIP 用户才可以投票，通过利用“粉丝经济”，即为了给自己偶像投票，粉丝会选择付费成为爱奇艺 VIP 用户，此举给爱奇艺带来不少的收益。此外，要为 VIP 用户多引进一些优质影视剧，增加用户观看兴趣。根据艾瑞分析数据，视频付费用户男性偏多，从年龄上看，以 25~35 岁的“80 后”群体为主。爱奇艺下一步可以加大 VIP 会员业务布局，向全年龄层用户扩展收费，如学生、退休老人等。

### 3. 多元化节目转播的购买模式

为了获得节目的独家转播权，爱奇艺往往一掷千金、成本巨大，可以尝试改变节目转播的购买模式。爱奇艺创始人、CEO 龚宇曾表示，将内容比作金字塔，顶尖的内容是最耀眼的，值得投资，但是购买方式应该多元并存。除了“头部”内容外，一些中间内容可以尝试“保底+分成”，而一些 UGC（用户自制内容）可以实施纯分成模式。爱奇艺应该从实际出发，对节目进行分类，根据节目类型采用相对应的多元购买模式，以减轻一掷千金类单一购买模式带来的压力。

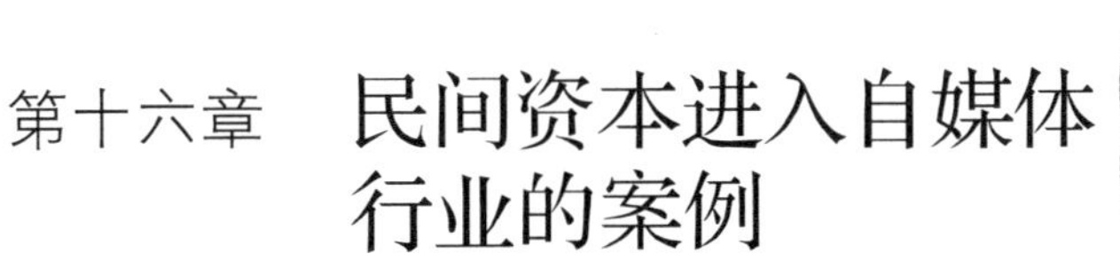

# 第十六章 民间资本进入自媒体行业的案例

面对新媒体的全面冲击和传统媒介影响力的弱势化，传统媒体在2014年不可逆转地进入了寒冬之年，大批资深的传统媒体人纷纷离职，开始投身到自媒体的创业。与此同时，移动互联网正在蓬勃发展，微博、微信逐渐成为信息传播的重要途径。自媒体借助微信和微博作为主要的传播平台，在获得了大量粉丝的同时部分开始实现盈利。另外，在“社交”、“O2O”和“互联网金融”三个投资热点渐渐冷却之后，作为内容生产者的自媒体受到资本的青睐，成为下一个投资热点。自媒体投资热为资本寒冬注入了新的活力。2015年被公认为自媒体投资元年，大量资本的涌入又进一步吸引一大批传统媒体人进入该领域。这使自媒体领域的专业化程度不断提高，内容质量更有保证。2016年自媒体投资热度依旧没有减退，短视频多频道网络平台“二更文化”3月18日正式宣布获得来自基石资本和真格基金的超5000万元A轮融资。成立不满一年时间，“二更文化”的估值就增加了10余倍。papi酱这位2016年崛起的最新“网络红人”之一，在3月19日已获得由真格基金、“罗辑思维”、光源资本和星图资本1200万元人民币融资。

本章我们选择了“罗辑思维”和飞博共创两个自媒体作为研究对象，原因在于：①从影响力角度看：前者在自媒体领域里知名度最高，并在创立之初实现了盈利；后者则是在融资进程中最顺利的“自媒体第一股”，于2015年12月在

“新三板”上市。②从自媒体形式上看：“罗辑思维”属于具有人格魅力的个人自媒体；而飞博共创则以自媒体矩阵的形式存在，是一个多领域、互补性强的自媒体联盟。③从创始人背景角度看：“罗辑思维”的创始人罗振宇来自传统媒体，有丰富的媒体从业经验；而飞博共创的创始人出身则更加“草根”，没有媒体相关从业经历，甚至大学学业未完成就开始创业。④从投资人角度看：“罗辑思维”的主要投资人为机构投资者；而飞博共创的投资人则是个人投资者。⑤前者是做网络视频并且依托于微信公众号；后者是依靠微博起家。⑥前者专注于内容创造；后者更擅长内容的收集和传播。

因此基于上述原因，我们认为“罗辑思维”和飞博共创在自媒体领域具有一定的代表性和足够的差异性。

## 第一节　飞博共创

### 一、公司简介

厦门飞博共创网络科技股份有限公司（简称“飞博共创”）是一家互联网自媒体公司，创立于 2010 年。飞博共创拥有的自媒体账号已经达到 200 个，从趣味到娱乐，再到时尚、美食，其自媒体矩阵，几乎覆盖了生活的方方面面。2015 年 12 月 11 日，飞博共创成功登陆“新三板”挂牌交易，股票代码为 834617，交易方式为协议交易。自此，飞博共创成为首个登陆“新三板”的自媒体公司。

#### （一）发展历程

飞博共创是国内领先且具有影响力的互联网自媒体公司，主要通过微博等社交媒体建立自媒体矩阵，为用户提供内容丰富的信息，并聚集了一批高质量、高黏度的粉丝群体。目前飞博共创的主要盈利模式是通过自媒体矩阵聚集的人气和流量，精准加入各种类型的广告和服务，因此其收入来源主要是广告投放所收取的服务费、策划费及自媒体账号衍生的电商平台零售收入，其中广告收入占公司收入来源的大部分比例。伴随着视频直播的兴起，公司于 2016 年 1 月开始通过“自媒体+网红”模式，切入网红经济（见表 16–1）。

**表 16–1　飞博共创发展历程**

| 年份 | 事件 | 运营模式 |
| --- | --- | --- |
| 2009 | 初创 4 人推出冷笑话 | 广告模式<br>自媒体矩阵 |
| 2010 | 公司注册成功，冷笑话精选排行第一，微博粉丝 2000 万 | |
| 2011 | 微博平台粉丝 5000 万 | |
| 2012 | 微信粉丝突破 3000 万，第五届金投赏金奖，创业邦企业百强 | |
| 2013 | 冷笑话精选项目组获得第六届金投赏金奖 | 广告模式<br>广告增值模式<br>自媒体矩阵扩张<br>电子商务 |
| 2014 | 员工破百，战略定位，零食小喵 & 意外艺术 | |
| 2015 | 零食小喵 & 意外艺术项目估值过亿元，获得千万元投资 | |
| 2016 | 公司“新三板”上市成功 | |
| 2016 | 投资网红 | 自媒体+网红模式 |

资料来源：笔者根据财经新闻整理而成。

### （二）业务模式

伴随着资本的进入，飞博共创登陆“新三板”后，其业务模式不断扩充，具体包括以下几个方面：

1. 纯自媒体广告投放业务

纯自媒体广告投放业务是公司目前的主要业务，依托新浪/腾讯微博、微信和手机 APP 几大主流社会化媒体平台，公司以趣味类型的自媒体为发展起点，并逐渐发展为娱乐、创意、美食、星座、旅行和女件等板块的专业媒体矩阵，长期以来形成了可为客户提供有效、精准广告投放的媒体渠道。

2. 带策划方案的自媒体广告投放业务

公司不但会根据客户的需求，在相对应的自媒体账号上进行广告投放，而且还会为有特殊市场目标的客户量身定制广告内容，建立一种追踪互动式的自媒体广告投放业务。

3. 自媒体账号衍生的互联网电商零售业务

建立垂直电商平台，完善互联网产业布局。依靠公司自媒体矩阵积累的用户流量，进入第三方电商业务领域，最终实现用户流量的有效变现，增加公司的营业收入。自媒体公众号拥有上亿的粉丝，转化率很高，可以带来大量的流量，使飞博共创的电商业务在传播、营销、用户数量上面的优势已经形成了竞争壁垒。

4. 红人自媒体运营、商业对接、红人电商孵化

2016 年，公司的商业模式增加了网红经济，签约了一批高质量的网络红人，服务的内容包括红人自媒体运营、红人商业对接、红人电商等。

5. 整合热门网络资源，打造更全自媒体矩阵

通过多年来在自媒体领域的深耕运作，公司在微博、微信上发展了一批拥有广大用户粉丝基础的自媒体账号，从趣味到娱乐，再到时尚、美食，飞博共创的自媒体矩阵几乎覆盖了生活的方方面面。

6. 孵化有价值的 IP（知识产权），拓宽业务范围

公司秉承以创意为核心的经营理念，遴选有价值的 IP，如“冷先森家族”等卡通形象，借助现有自媒体技术及资源对其进行全方位的包装和推广，丰富和充盈这些卡通形象的内涵，提升其知名度和商业价值，进而开展诸如制作以这些卡通形象为主题的电影、出让这些卡通形象使用权、生产并销售以这些卡通形象为主题的周边产品等一系列商业活动。

通过对飞博共创商业模式的分析可以发现，它的所有模式都是基于旗下自媒体粉丝的运作，并且几乎涵盖了一家自媒体公司所有可能实现的商业模式，最大化地发掘了粉丝的价值。其自媒体矩阵的设置，降低了因单个自媒体粉丝流失而带来的经济损失。

## 二、民间资本进入模式与路径

### （一）进入模式

资本进入模式分为两个阶段：

1. 上市前的天使投资

飞博共创能够成功上市，其天使投资人蔡文胜在背后起到了至关重要的作用。2011 年 1 月 1 日，蔡文胜创办的隆领投资为飞博共创的创始人伊光旭创办的“冷笑话精选”投资 100 万元。蔡文胜不仅为伊光旭提供了资金支持，而且在公司初创时，还为其提供了办公场所。蔡文胜不仅做财务投资，更像是在创业。

作为首家即将登陆“新三板”的自媒体公司，飞博共创受到了资本市场的垂青。2015 年 7 月 26 日，飞博共创按 3 亿元估值完成了 3000 万元定增，以 27 元/股的价格向米林海天、梅花伞王安邦、张立和张咸荣四人发行新股。

2. 上市后的融资

（1）天使投资人在公司上市后的定位。飞博共创登陆“新三板”之后，蔡文胜在公司担任董事，但没有在公司领取薪酬。同时，蔡文胜所在的隆领投资持股比例为 26.08%，成为公司的第二大股东。

（2）上市后新投资者的引入。2016 年 3 月 17 日，飞博共创发布定增公告，计划以 65 元/股的股票价格募集资金 4671 万元。这一次定增引来诸多互联网大佬的追捧，东方财富网董事长其实、易名中国“丸子”孔德菁、同步推熊竣、快的打车陈伟星等均在增发名单中。

## （二）股权结构

飞博共创股权结构如表 16-2 所示。

**表 16-2　飞博共创股权结构**

| 上市前 | | | 2015 年 12 月 | | | 2016 年 6 月 | | |
|---|---|---|---|---|---|---|---|---|
| 序号 | 股东名称 | 持股比（%） | 序号 | 股东名称 | 持股比（%） | 序号 | 股东名称 | 持股比（%） |
| 1 | 伊光旭 | 56.02 | 1 | 伊光旭 | 50.42 | 1 | 伊光旭 | 47.35 |
| 2 | 隆领投资 | 28.98 | 2 | 隆领投资 | 26.08 | 2 | 隆领投资 | 24.50 |
| 3 | 高楚明 | 7 | 3 | 高楚明 | 6.30 | 3 | 高楚明 | 5.92 |
| 4 | 蔡来飞 | 5 | 4 | 蔡来飞 | 4.50 | 4 | 蔡来飞 | 4.23 |
| 5 | 飞播投资 | 3 | 5 | 米林海天 | 4.33 | 5 | 王安邦 | 3.76 |
| | | | 6 | 王安邦 | 4.00 | 6 | 徐珊 | 3.55 |
| | | | 7 | 飞播投资 | 2.70 | 7 | 其实 | 2.60 |

续表

| 上市前 | | | 2015 年 12 月 | | | 2016 年 6 月 | | |
|---|---|---|---|---|---|---|---|---|
| 序号 | 股东名称 | 持股比（%） | 序号 | 股东名称 | 持股比（%） | 序号 | 股东名称 | 持股比（%） |
| | | | 8 | 张立 | 1.00 | 8 | 飞播投资 | 2.54 |
| | | | 9 | 张咸荣 | 0.67 | 9 | 许毅天 | 1.17 |
| | | | | | | 10 | 陈伟星 | 1.17 |
| 合计 | | 100 | | | 100 | | | 96.79 |

资料来源：飞博共创公开转让说明书、2015 年年报及 2016 年半年报。

据飞博共创 2016 年半年报显示，其股东人数已经由最初的 5 人增至 17 人。在前十大股东中，伊光旭、隆领投资、高楚明、蔡来飞和飞播投资为公司初创时期的股东。王安邦为梅花伞业股份有限公司董事长、福建省伞业行业协会第一届理事会会长，其实为东方财富信息股份有限公司董事长，许毅天为艺能传媒董事，艺能传媒是一家集影视制作及广告代理为一体的专业公司，陈伟星为快的打车移动 APP 应用创始人。

由表 16-2 可知，飞博共创的股权结构不断优化，股东人数不断增加，创始人及初始股东的持股比例略有下降，但创始人伊光旭依然保持了公司的控股地位。

## 三、治理与管控模式

飞博共创高管团队变动情况如表 16-3 所示。

**表 16-3　飞博共创高管团队变动表**

| 2015 年年报 | | | 2016 年半年报 | | |
|---|---|---|---|---|---|
| 姓名 | 职务 | 期末持股比（%） | 姓名 | 职务 | 期末持股比（%） |
| 伊光旭 | 董事长，总经理 | 50.42 | 伊光旭 | 董事长，总经理 | 47.35 |
| 蔡文胜 | 董事 | 0 | 蔡文胜 | 董事 | 0 |
| 蔡来飞 | 董事 | 4.50 | 丁楚庭 | 董事，副总经理 | 0.51 |
| 丁楚庭 | 董事，副总经理 | 0.54 | 陈晓静 | 董事，董事会秘书 | 0.13 |
| 陈晓静 | 董事，董事会秘书 | 0.14 | 黄惠慧 | 董事 | 0 |

续表

| 2015 年年报 | | | 2016 年半年报 | | |
| --- | --- | --- | --- | --- | --- |
| 姓名 | 职务 | 期末持股比（%） | 姓名 | 职务 | 期末持股比（%） |
| 吕萍萍 | 监事会主席 | 1.18 | 吕萍萍 | 监事会主席 | 1.11 |
| 高楚明 | 监事 | 6.30 | 林冬冬 | 监事（职工代表） | 0.25 |
| 林冬冬 | 监事（职工代表） | 0.27 | 唐凌志 | 监事 | 0.17 |
| | 合计 | 63.35 | | 合计 | 49.52 |

资料来源：飞博共创 2015 年年报及 2016 年半年报。

据飞博共创 2016 年半年报显示，公司高管三人：其中伊光旭为飞博共创的创始人、董事长兼任总经理；丁楚庭为公司副总经理；陈晓静为公司财务负责人。2016 年 9 月公司聘任邱旭欣先生为公司财务负责人，陈晓静女士不再担任公司财务负责人，将继续任职公司董事会秘书职务。新聘任财务负责人邱旭欣先生具有多年财务实践经验，此次任命有助于公司财务工作的进一步完善，为公司业务发展带来积极的影响。

董事会成员五人：其中内部董事三人，外部董事两人，蔡文胜为飞博共创的天使投资人，其创办的公司隆领投资管理有限公司在 2016 年持有飞博共创 24.50%的股份，蔡文胜不在公司领薪。2016 年 10 月隆领投资股份有限公司董事和总经理洪育鹏接替蔡文胜成为公司新任董事。董事蔡来飞和监事高楚明在 2016 年退出高管团队，但依然持有公司股份，其中蔡来飞是飞博共创创始人之一，因 2016 年再次创业，成立互联网顾问公司“果肉科技”，最终选择退出飞博共创董事会。内部董事丁楚庭来自飞博共创股东单位厦门飞播投资管理合伙企业。

监事会成员三人：三人均来自飞博共创股东单位厦门飞播投资管理合伙企业。

总体来看，飞博共创上市以来其高管团队略有调整，但不改变其整体结构。调整后管理层的专业性更强，董事会的结构也更加合理。

## 四、成效与启示

### （一）创始人与投资人的沟通与互动

飞博共创能够成功上市，其天使投资人蔡文胜在背后起到了至关重要的作用。蔡文胜是中国著名的天使投资人，他投资了包括美图秀秀、暴风影音、58同城等数十个互联网项目。他投资以及创立的上市公司分布在中国内地、中国香港、美国和澳大利亚，被称为“最懂初创者的天使投资人”。

在飞博共创这个项目上，蔡文胜不但为创始人提供了资金和办公场所，还在公司战略和用人方面给予了帮助。蔡文胜创办的隆领投资从成立开始，就对所投资项目实行了“天使投资”与“教练”相结合的模式，帮助个人创业者创立可持续发展的成功企业做了一系列的创新性工作。投资人蔡文胜和创始人伊光旭同为草根出身，具有相同的个性特征和创业理念，这也是两人能够顺利合作的重要原因。

### （二）资本进入与公司业务模式的拓展

登陆“新三板”后，飞博共创打造媒体矩阵的步伐得以加速。飞博共创上市后，先后收购两家公司，投资三家公司，涉及动漫 IP 和投资。资本的进入使飞博共创更好地拓展和完善现有业务。

1. 扩充自媒体矩阵

飞博共创成功上市后，融资渠道进一步拓宽，因此公司有更充裕的资金投资或收购有发展潜力和商业前景的自媒体，以扩充本公司的自媒体矩阵，进一步扩大公司自媒体的整体规模及影响力，增强综合竞争力。

2. 投资网红

飞博共创接连投资了艾克里里和穆雅斓，布局网红经济。继宣布出资 30%与知名网络红人艾克里里共同设立参股公司上海借智文化创意有限公司后，飞博共创全资子公司飞博文创再度出手，和另一名靠视频走红的网红穆雅斓合资 100 万元设立厦门穆雅斓文化创意有限公司，飞博共创持有合资公司 30%的股份。

3. 投资动漫 IP

除了涉猎“网红经济”，飞博共创还在未来规划中明确提到，将秉承以创意为核心的经营理念，遴选有价值的 IP，借助现有自媒体技术及资源对其进行全方位的包装和推广，提升其知名度和商业价值。通过旗下全资子公司飞博文创，飞博共创先后进行了多次资本运作，将“想念熊”、“牛轰轰”、“潘潘达”、“面具萌叔”等多个优质 IP 资源收入囊中。

4. 涉足视频节目

飞博共创上市后，将继续以自媒体建设为重点，以图文结合的内容创作为基础，逐渐增加视频节目、大电影等多种形式。在提升自媒体 IP 价值和影响力的同时也带来更多收入。投资主要体现了公司在泛娱乐领域的投资布局，打造明星 IP 的粉丝经济，构建游戏、文学、动漫、影视、戏剧等多种文创业务领域的互动娱乐新生态。

资本的引入使飞博共创有更多的资金布局产业链，进一步整合行业资源，提升公司综合实力，对公司未来财务状况和经营成果具有积极的影响。

## 五、问题与建议

### （一）规模扩张后的成本控制与组织结构优化

飞博共创上市后面临规模扩张后的成本控制与组织结构优化问题，营业收入并未随股本的增加而同步增加。首先，公司上市后，在短短的一年半时间里，员工人数从最初的 91 人增加到 154 人，主要为技术人员、商务运营人员、行政管理人员和财务人员的增加，其中技术人员增加最多。据飞博共创 2015 年年报显示，公司的管理费用增加 146.15%。其次，公司在业务模式拓展过程中面临成本增加的问题。据飞博共创 2016 年半年报显示，公司经营活动产生的现金流量净额为-1265216.70 元，主要原因是公司增加的研发、策划、原创视频拍摄等投入，以及管理人员增加、电商相关业务运营的投入所致。最后，随着公司规模的扩大，管理层的管理幅度不断增加，公司原有的组织结构将不再适用，公司将面临组织结构的变革和调整。另外，公司需要进一步引入电子商务等相关领域的专业管理人才，以适应公司的快速发展。

### （二）现有业务模式面临的风险

1. 平台依附性过高的风险

公司的业务模式过于依赖如微博、微信等自媒体平台。公司旗下自媒体的商业价值会受到基础平台用户规模和发展状况的影响。

2. 业务模式的延续性风险

随着互联网技术的不断更新，新技术、新平台的出现，将对公司的用户数量和用户使用频率产生巨大的冲击，公司将因此面临用户流量控制问题。

3. 自媒体行业的产权保护风险

目前公司所处的自媒体行业仍处于发展的初级阶段，市场成熟度不高、相关的监管制度相对落后。作为内容生产者的自媒体从业人员的产权保护措施尚不健全。在这种情况下需要监管机构出台相关监管政策，以保护市场主体的利益，使公司所处的自媒体行业健康发展。

4. “自媒体+网红”模式存在生命周期短暂的风险

互联网的放大效应和快速传播促进了“网红”的产生。“网红”的发展已经逐步形成专业化运作，但是“网红”具有很强的实效性和周期性，没有持续、优质的内容产出和品牌化的运作，“网红”存在被取代的风险。

### （三）民间资本的引入与公司未来发展

公司在引入新的投资者时，不仅是资金的引入，更重要的是新进入的投资者能够在公司业务模式、技术水平、营销策略等方面对公司产生促进作用，增强公司的整体实力和抗风险能力，或者通过战略投资者的引入可以提升公司的知名度、信誉度和公司的潜在价值。

# 第二节 “罗辑思维”

## 一、公司简介

作为传统媒体人成功转型的成功案例，“罗辑思维”目前已成为自媒体行业的标杆企业，与此同时，“罗辑思维”商业模式的成功也成为其他自媒体企业借鉴的标准样本。下面简要介绍一下“罗辑思维”的整体情况。

### （一）发展历程

“罗辑思维”发展历程如表 16-4 所示。

**表 16-4 “罗辑思维”发展历程**

| 时间 | 事件 | 运营模式 |
|---|---|---|
| 2012-12-21 | 知识型视频脱口秀“罗辑思维” | 视频自媒体 |
| 2013-08-09 | “罗辑思维”推出付费会员制，会员制提出半天即收入 160 万元 | 社群经济 |
| 2013-12-27 | “罗辑思维”再次推出会员招募，一天之内收入 800 万元 | |
| 2014-05-17 | 联合创始人申音退出“罗辑思维” | |
| 2014-06-17 | 北京思维造物信息科技有限公司成立，法人代表为罗振宇 | |
| 2014-07-18 | “罗辑思维”开始出售月饼 | 社群经济<br>电子商务 |
| 2014-07-23 | “罗辑思维”开始全国巡讲 | |
| 2014-10-08 | “罗辑思维”开始出售柳桃 | |
| 2014-10-24 | “罗辑思维”全国巡讲结束，共七场 | |
| 2015-01-10 | “罗辑思维”引用王路的文章，写错作者和版权方全名，创办人罗振宇出面道歉 | |
| 2015-08-20 | “罗辑思维”获得了顺为基金天使投资 | 电子商务<br>融资阶段 |
| 2015-10-20 | “罗辑思维”完成 B 轮融资，估值 13.2 亿元 | |
| 2015-11-01 | “得到”APP 上线 | 内容平台<br>电子商务 |
| 2016-01-01 | “罗辑思维”推出跨年演讲：2016 年，做时间的朋友 | |

续表

| 时间 | 事件 | 运营模式 |
| --- | --- | --- |
| 2016-03-19 | “罗辑思维”和真格基金等机构 1200 万元投资自媒体“papi 酱” | 内容平台<br>电子商务<br>投资阶段 |
| 2016-06-28 | 元璟资本、红杉资本、王思聪和“罗辑思维”2500 万美元投资在行一分答 | |
| 2016-07-15 | 真格基金和“罗辑思维”450 万元投资自媒体“胡辛束” | |
| 2016-11-23 | “罗辑思维”原价退出了 papi 酱等的投资项目 | 退出所有投资，回归内容平台 |

资料来源：笔者根据财经新闻整理而成。

2012 年 12 月 21 日，罗振宇、申音和吴声创立了视频脱口秀形式的“罗辑思维”。其中罗振宇负责产品、品牌和社群维护，吴声负责策划，申音负责日常的运营和服务。经过半年的发展，“罗辑思维”已经从一款视频自媒体产品逐渐转变为互联网全新的社群品牌。“罗辑思维”的视频最初是借助视频网站的优酷，图文平台的微信以及音频平台的喜马拉雅等实现的。经过一年的发展，“罗辑思维”由互联网视频作为发展起点，逐渐成为中国互联网知识社群最突出的品牌。“罗辑思维”成立 3 年后，用户数量已经累积了 600 万以上。总而言之，在“罗辑思维”成立初期，罗振宇个人的知识积淀结合互联网新媒体渠道的优势使“罗辑思维”在众多自媒体中脱颖而出。

2014 年 5 月 17 日，申音宣布退出“罗辑思维”。随后“罗辑思维”尝试了各种形式的电子商务模式，同时完成了两轮融资。2015 年 11 月，“罗辑思维”推出的“得到”APP 上线。2016 年 1 月 1 日，“罗辑思维”推出跨年演讲。自 2016 年 3 月起，罗辑思维开始了投资模式，先后投资了视频自媒体“papi 酱”、在行一分答和微信自媒体“胡辛束”三个项目。然而，在 2016 年 11 月 23 日，“罗辑思维”宣布退出了包括“papi 酱”在内的所有投资项目。

### （二）业务模式

1. 初期模式

“罗辑思维”最初由一款互联网视频产品做起，后来逐渐发展出包括视频、音频、微信公众号、微博、出版物等多个平台运行。“罗辑思维”的品牌影响力集中于创始人罗振宇身上。罗振宇自身丰富的传统媒体经历、知识储备、人脉和互联网思维促成了“罗辑思维”的成功。罗振宇与“罗辑思维”合为一体，吸引了大批忠实的粉丝并形成了独特的“人格魅力”。

2. 社群模式

最初，“罗辑思维”通过视频脱口秀、微信和微博平台进行推广，并实现了口碑的积累。随后“罗辑思维”借助开放投稿的形式逐步形成了知识社群的雏形。最后，“罗辑思维”以招募会员的形式进入了社群模式的探索和创新阶段。“罗辑思维”通过招募会员的形式形成了一个知识社群，2014 年 7 月 23 日至 2014 年 10 月 24 日，“罗辑思维”共开展了七场全国巡讲。2016 年 1 月 1 日“罗辑思维”又尝试了跨年演讲的形式。这些社群模式的尝试不但获得了丰厚的收益，还在社群中实现了商品的销售。

3. 电商模式

从 2014 年 7 月到 2015 年底，“罗辑思维”的主要业务模式为电子商务模式，并以电子商务为主要驱动力。这期间，“罗辑思维”是一个圈层性的、垂直的、社群类的电商。此时的“罗辑思维”虽然是内容创业公司，但其收入模型是纯电商的。具体地，这期间“罗辑思维”以售书为主，并做了一系列的尝试，包括 2014 年 7 月 18 日“罗辑思维”开始出售月饼，在短期内销售了 4 万盒月饼。另外，“罗辑思维”公众号还尝试了 TCL 电视、海尔冰箱和“柳桃”等的销售。

4. 内容平台

在经历了做电商和投资 papi 酱之后，“罗辑思维”或者说罗振宇找到了自己的最终定位，即回归到内容产业本身。为此，“罗辑思维”整个公司的组织形态将发生非常大的变化，“罗辑思维”将拆除过去 3 年以来积累的所有资源和基础，“罗辑思维”CEO 李天田指出内容产业才是未来公司持续成长的主要保证。

这一业务模式的转变发生在 2015 年 11 月，“罗辑思维”推出了一款叫作“得到”的 APP 产品，这款产品提供了比“罗辑思维”微信公众号更丰富的内容，上线后这款产品的收入不错。这也是促使“罗辑思维”回归到内容本身、做一个内容平台的重要原因。在“得到”这款产品运营成功后，作为网红概念的罗振宇将渐渐淡出人们的视野。“罗辑思维”也只是“得到”APP 上的一个内容生产者而已。

## 二、民间资本进入模式与路径

### （一）进入模式

“罗辑思维”成立伊始，创始人罗振宇与申音的合作类似于明星与经济人的合作模式。因此，罗振宇是“罗辑思维”的核心。依据《公司法》的条款和公司治理结构的现状，多数股权在申音手中，而罗振宇只占很少的股份，这就造成了创始人价值与权力不对等的问题。所以，罗振宇希望获得更大的自主权和发展空间，最终选择同联合创始人申音分道扬镳。表 16-5 展示了“罗辑思维”在脱离申音后的融资情况。

**表 16-5 “罗辑思维”融资情况信息**

| 融资轮次 | 融资时间 | 投资方 | 投资金 | 估值 |
| --- | --- | --- | --- | --- |
| 种子 | 2015-8-20 | 顺为资本 | 未透露 | |
| B 轮 | 2015-10-20 | 中国文化产业基金/启明创投 | 未透露 | 13.2 亿元 |

资料来源：笔者根据创业邦网站整理而成。

在与申音分手后，罗振宇成立了新的公司。2015 年 8 月 20 日，“罗辑思维”获得顺为基金天使投资。同年 10 月“罗辑思维”完成了 B 轮融资，此轮融资的主要投资方为中国文化产业基金和启明创投，估值为 13.2 亿元。同时，柳传志等也参与了公司的股权众筹。华兴资本担任此次融资的独家财务顾问。中国文化产业投资基金是由财政部、中银国际控股有限公司、中国国际电视总公司和深圳国际文化产业博览交易会有限公司共同发起成立的，“罗辑思维”也由此成为少有的获得国有投资机构投资的自媒体。

“罗辑思维”投资人变更信息如表 16-6 所示。

**表 16-6 “罗辑思维”投资人变更信息**

独立新媒（北京）信息科技有限公司

| 2012-04-19—2014-07-04 | | | 2014-07-04 至今 | | |
|---|---|---|---|---|---|
| 序号 | 姓名/名称 | 投资人类型 | 序号 | 姓名/名称 | 投资人类型 |
| 1 | 申音 | 自然人股东 | 1 | 申音 | 自然人股东 |
| 2 | 罗振宇 | 自然人股东 | | | |

北京思维造物信息科技有限公司

| 2014-06-17—2014-10-24 | | | 2014-10-24—2015-07-27 | | |
|---|---|---|---|---|---|
| 序号 | 姓名/名称 | 投资人类型 | 序号 | 姓名/名称 | 投资人类型 |
| 1 | 罗振宇 | 自然人股东 | 1 | 罗振宇 | 自然人股东 |
| 2 | 李天田 | 自然人股东 | 2 | 李天田 | 自然人股东 |
| 3 | 吴声 | 自然人股东 | | | |
| 2015-07-27—2015-08-13 | | | 2015-08-13—2015-09-18 | | |
| 序号 | 姓名/名称 | 投资人类型 | 序号 | 姓名/名称 | 投资人类型 |
| 1 | 罗振宇 | 自然人股东 | 1 | 罗振宇 | 自然人股东 |
| 2 | 李天田 | 自然人股东 | 2 | 李天田 | 自然人股东 |
| 3 | 北京杰黄罡信息技术合伙企业（有限合伙） | 法人股东 | 3 | 拉萨经济技术开发区顺盈投资有限公司 | 法人股东 |
| | | | 4 | 北京杰黄罡信息技术合伙企业（有限合伙） | 法人股东 |
| | | | 5 | 合一信息技术（北京）有限公司 | 法人股东 |
| 2015-09-18—2015-11-11 | | | 2015-11-11 至今 | | |
| 序号 | 姓名/名称 | 投资人类型 | 序号 | 姓名/名称 | 投资人类型 |
| 1 | 罗振宇 | 自然人股东 | 1 | 罗振宇 | 自然人股东 |
| 2 | 李天田 | 自然人股东 | 2 | 李天田 | 自然人股东 |
| 3 | 中国文化产业投资基金（有限合伙） | 法人股东 | 3 | 北京杰黄罡信息技术合伙企业（有限合伙） | 法人股东 |
| 4 | 合一信息技术（北京）有限公司 | 法人股东 | 4 | 中国文化产业投资基金（有限合伙） | 法人股东 |
| 5 | 北京造物家信息技术合伙企业（有限合伙） | 法人股东 | 5 | 北京造物家信息技术合伙企业（有限合伙） | 法人股东 |
| 6 | 北京杰黄罡信息技术合伙企业（有限合伙） | 法人股东 | 6 | 上海乐进投资合伙企业（有限合伙） | 法人股东 |

续表

| 2015-09-18—2015-11-11 | | | 2015-11-11 至今 | | |
|---|---|---|---|---|---|
| 序号 | 姓名/名称 | 投资人类型 | 序号 | 姓名/名称 | 投资人类型 |
| 7 | 拉萨经济技术开发区顺盈投资有限公司 | 法人股东 | 7 | 苏州启明融合创业投资合伙企业（有限合伙） | 法人股东 |
| | | | 8 | 合一信息技术（北京）有限公司 | 法人股东 |

资料来源：全国企业信用信息公示系统，http://gsxt.saic.gov.cn/。

表 16-6 显示，在罗振宇与申音合作期间，两人均为“罗辑思维”所属的独立新媒（北京）信息科技有限公司的投资者。2014 年 7 月罗振宇退出，并成立新的北京思维造物信息科技有限公司，罗振宇为公司控股股东和法人代表。公司成立之初投资人只有罗振宇、公司 CEO 李天田以及合伙人吴声。2014 年 10 月吴声退出公司的所有股份。随后，自 2015 年 7 月 27 日起公司不断引入新的投资者，目前，“罗辑思维”已经成功引入 7 位投资者，但罗振宇依然保持控股股东的地位。

**（二）股权结构**

通过全国企业信用信息公示系统可以查询到，“罗辑思维”在申音退出之前，其所属公司“独立新媒体（北京）信息科技有限公司”为罗振宇和申音联合创办的，其中申音持股 82.35%，罗振宇持股比例仅为 17.65%。随着罗振宇在“罗辑思维”的贡献不断增加，影响力越来越大，“罗辑思维”作为一个成功的自媒体品牌，其价值核心和内容创作已经聚焦到罗振宇一人身上，平台的影响力逐渐减小。这份股份结构说明，“罗辑思维”的内容核心罗振宇只是公司的小股东，这无法真实体现两个人对公司发展的贡献。因此随着罗振宇及“罗辑思维”的影响力越来越大，罗振宇必然选择同申音“分手”。

“罗辑思维”与申音分家之后，公司最具核心价值的用户和品牌统一进入新成立的公司中，罗振宇最终成为大股东，同时公司还陆续引入了其他具有丰富商业经验的股东。

“罗辑思维”所属公司的股权变更信息如表 16-7 所示。

**表 16-7 “罗辑思维”股权变更信息**

| 独立新媒（北京）信息科技有限公司股权变更信息 | | | |
|---|---|---|---|
| 股东 | 变更前股权比例（%） | 变更后股权比例（%） | 股权变更日期 |
| 申音 | 47.05 | 82.35 | 2013-12-24 |
| 申音 | 82.35 | 100 | 2014-07-04 |
| 北京思维造物信息科技有限公司股权变更信息 | | | |
| 股东 | 变更前股权比例（%） | 变更后股权比例（%） | 股权变更日期 |
| 吴声 | 20 | 0 | 2014-7-21 |
| 李天田 | 29 | 36.25 | 2014-7-21 |
| 罗振宇 | 51 | 63.75 | 2014-7-21 |
| 罗振宇 | 47.84 | 42.66 | 2015-9-18 |
| 拉萨经济技术开发区顺盈投资有限公司 | 6 | 5.35 | 2015-9-18 |
| 北京造物家信息技术合伙企业（有限合伙） | 0 | 5.50 | 2015-9-18 |
| 中国文化产业投资基金（有限合伙） | 0 | 5 | 2015-9-18 |

资料来源：全国企业信用信息公示系统，http：//gsxt.saic.gov.cn/。

由表 16-7 可以发现，在申音和罗振宇合伙经营立新媒（北京）信息科技有限公司期间，申音方所占股份由最初的 47.05%增长到 82.35%。2014 年 7 月 4 日，罗振宇退出全部股份。

与申音分开后，罗振宇成立了北京思维造物信息科技有限公司，此时罗振宇为公司的控股股东和法人代表。公司成立后不久，2014 年 7 月 21 日，原“罗辑思维”的联合创始人吴声退出了公司的所有股份。公司 CEO 李天田成为公司的第二大股东，罗振宇持有的股份也增加至 63.75%。2015 年 9 月 18 日，公司引入了新的投资者。

## 三、治理与管控模式

### （一）高管团队

由表 16-8 可知，“罗辑思维”成立至今，其创始团队成员有两位已经退出管理层。表 16-9 显示，公司的董事长和法人代表为罗振宇，董事会成员共 5 人，监事 1 人，管理人员 1 人，其中公司总经理李天田在咨询行业从业多年，李天田丰富的行业经验与罗振宇深厚的知识储备形成了很好的互补。与上市公司相比，“罗辑思维”的管理层结构相对不够规范，但没有影响到公司的运行。

**表 16-8 “罗辑思维”创始人及背景**

| 姓名 | 职位 | 背景 |
|---|---|---|
| 罗振宇 | “罗辑思维”创始人 | 视频脱口秀《罗辑思维》主讲人 |
| 申音（已退出） | “罗辑思维”联合创始人 | 互联网真人秀《怪杰》的创始人和策划人 |
| 李天田 | “罗辑思维”CEO | 中国软实力研究中心创始合伙人 |
| 吴声（已退出） | “罗辑思维”联合创始人 | 电子商务和互联网研究专家 |

资料来源：全国企业信用信息公示系统，http：//gsxt.saic.gov.cn/。

**表 16-9 “罗辑思维”董事（理事）、经理、监事变更信息**

| 2014/06/17 至 2015/09/18 | | | 2015/09/18 至 2015/11/11 | | | 2015/11/11 至今 | | |
|---|---|---|---|---|---|---|---|---|
| 序号 | 姓名 | 职位 | 序号 | 姓名 | 职位 | 序号 | 姓名 | 职位 |
| 1 | 罗振宇* | 董事长 | 1 | 罗振宇* | 董事长 | 1 | 罗振宇* | 董事长 |
| 2 | 陈杭 | 董事 | 2 | 李天田 | 董事 | 2 | 邓鑫鑫 | 董事 |
| 3 | 邓鑫鑫 | 董事 | 3 | 陈杭 | 董事 | 3 | 李天田 | 董事 |
| 4 | 许达来 | 董事 | 4 | 邓鑫鑫 | 董事 | 4 | 林利军 | 董事 |
| 5 | 李天田 | 经理 | 5 | 许达来 | 董事 | 5 | 陈杭 | 董事 |
| 6 | 吴声 | 监事 | 6 | 李天田 | 经理 | 6 | 李天田 | 经理 |
| | | | 7 | 李倩 | 监事 | 7 | 李倩 | 监事 |

注：标有*标志的为法定代表人。
资料来源：全国企业信用信息公示系统，http：//gsxt.saic.gov.cn/。

### （二）组织架构

作为一个由自媒体起家的互联网公司，“罗辑思维”本质上是一家创新驱动型的公司，具有规模小、运作灵活、员工年轻化的特点。因此，其组织结构也有与传统公司不一样的特点（见图 16-1）。

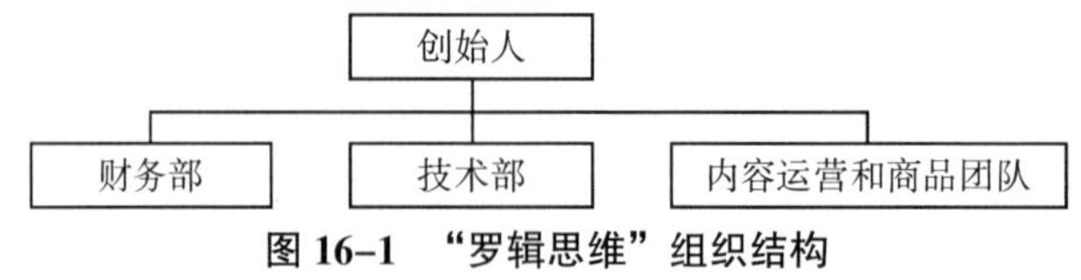


**图 16-1 “罗辑思维”组织结构**

2015 年 1 月，“罗辑思维”的所有员工中技术类员工占总体员工的 1/4，其他员工主要负责商品和内容运营。每位员工的平均日工作时间为 15 小时左右，且身兼数职，具有非常强的活力。“罗辑思维”的组织结构具有工作时间不固定、办公地点不固定、没有工作层级、没有部门（财务部除外）、没有年终奖（技术部门除外）等特点。

从商品选择到服务全流程全部在小组内完成，因此要求小组成员精通商品、创意、内容和服务。公司的利润与小组直接进行分红，形成内部创业机制。单个小组一般由三人组成，一名领导者作为买手负责小组的创意，一名负责产品的客服、物流监控和页面，一名负责文案和对接商务。CEO 对小组内的具体分工有干预权，但主要由小组领导者决定。与此同时，每位小组成员都有一个基本岗位，保证其基本工资，基本岗位包括行政、前台、人力和编辑等职位。但员工的主要收入来自分红。这种设计方式大大缓解了员工的职业疲劳感，但对创始人的管理能力提出了很高的要求，创始人要始终保持对团队的控制力和在团队中的存在感。“罗辑思维”比一般的创业公司花费更多的时间。这种组织结构考验创始人的管理幅度，但“罗辑思维”的观点是尽量延后中层管理人员的出现，以保证公司的运行效率。同时，作为一家互联网公司，与传统公司相比，“罗辑思维”的沟通手段更多，沟通效率也更高。

## 四、成效与启示

### （一）自媒体的商业模式探索

“罗辑思维”的成功得益于知识产业时代的到来，人们愿意为知识花钱。正如罗振宇所言，内容要么能够产生购买价值，要么能够依靠内容销售商品，让用户付费也是“罗辑思维”继社群化之外的另一个盈利方式。其实就是广告思维和电商思维的结合。可以说“罗辑思维”的运营几乎包括了所有自媒体的发展模式，而不仅是一个内容提供者。

### （二）自媒体组织结构的特点

做自媒体要去组织化。首先，“罗辑思维”实质上是一家处于飞速创新环境中的、以创新为驱动的互联网公司，因此公司会更加青睐个性化和具有创新精神的员工。其次，除创始人外，“罗辑思维”的员工大多是“90后”，这些员工有自己的想法并且更难管理，创新的管理方式才能吸引和留住这些员工。同时，这群创业态的年轻员工往往是一个公司创新最主要的动力。因此，管理这些员工，传统的管理方式可能并不有效。

为了应对这些挑战，曾经有过丰富咨询经历的李天田设计出了一整套适合自媒体公司发展的组织结构：①在公司限制方面：公司没有上班起始时间的限制；除创始人以外没有层级；没有部门（财务部除外）；没有年终奖金（技术部门除外）。②在公司的组织结构中，除了技术团队和财务部外，均为纵向编队的小组形式；小组成员同时兼任如行政、前台、人力等基本岗位，保证拿到基本工资。这种组织结构的设计在保证企业正常运行的前提下大大激发了员工的自我激励。③在员工自我管理和员工协调方面，公司设置了“节操币”制度，真实地反映出员工的协调水平和工作态度；同时，为了方便团队沟通，办公室没有固定座位，每个人可以依据自己的喜好和项目需要自由调换。这些细节的设计进一步增加了组织的活力。

“罗辑思维”的这一组织结构设计，同样适用于其他处于创业阶段、高速发展的自媒体公司，是很好的借鉴。

## 五、问题与建议

### （一）自媒体创业期的股权分配

“罗辑思维”创立之初，申音是集全公司之力来支持和推动罗振宇，因此在公司成立之初，罗振宇仅占公司17.65%的股份，而这种股权分配在最初也得到了双方的认可。但随着罗振宇个人品牌的越来越大，必然会要求公司更多的股权。“罗辑思维”与申音的分手表明，与传统工业社会的权利分配不同，互联网时代更重视人的价值，谁能产生有影响力的产品，谁就有权利分配的话语权。

另外，“罗辑思维”成立时初始股权设计为创始人各占50%，在吸引新股东进入后，同步稀释创始人的股权，并依据创始人对公司的贡献程度重新分配股份。由此，申音持有少数股份并享有天使投资人的权益，而公司最大的价值创造者罗振宇成为公司的第一大股东。如果是这种情况，也许申音和罗振宇依然会继续合作下去。

**（二）社群模式发展存在的问题**

1. 社群关系不具备持续生命力

首先，“罗辑思维”的会员收费制度是在其粉丝未明确会员服务时，在不理性的情况下进行了一次性消费；其次，“罗辑思维”成立初期，粉丝数量急剧增加，自媒体仅依靠罗振宇的个人魅力很难建立社群经济的自系统和持续的生命力；会员很难在短期内找到社群内的价值点。

2. 社群商业模式的单一性

“罗辑思维”早期的一系列依托社群的商业模式，如“会员福利计划”和“霸王餐”计划，没有提升社群的整体实力，而仅是一种基于广告价值的商业模式。“罗辑思维”应该在社群模式中加入电商模式，从而真正实现品牌在社群内的销售转化，实现真正的价值创造。

3. 过于功利的社群盈利模式

“罗辑思维”初期进行的公开课模式，并非仅针对会员，而且价格不菲，这种模式有“圈钱”的嫌疑，但对社群经济没有任何的推进。与此同时，社群的运行过于依赖创始人罗振宇的个人影响力，容易造成盲目的个人崇拜，不利于社群价值观的形成。

# 第三节　结论与建议

## 一、自媒体未来面临的挑战

### （一）自媒体的可替代性

自媒体从内容产生机制角度可以分为两类：一类是内容整合和加工类型的自媒体，如经典短篇阅读、十点读书、哲学人生网这样的自媒体号，主要的运作模式是内容的汇集和再加工，没有自己的原创内容。因为较早进入自媒体领域而成为知名自媒体，但是这种模式的可替代性较强，平台的转移能力较弱，很难在其他平台保持原有优势。另一类自媒体，如商务范、毒舌电影、胡辛束，这一类的自媒体内容原创优质，并且有鲜明的特色，短时间内很难被替代。

### （二）内容生产的持续性

内容原创类型的自媒体面临内容生产可持续性和内容本身的品质问题。目前，无论是文字自媒体还是音频视频类型的自媒体；其内容同质化现象比较严重，热点话题吐槽、搞笑、整蛊小综艺、影视剧点评等题材泛滥，用户容易产生审美疲劳，自媒体人和团队也难以从拥挤的竞争环境中脱颖而出。如果自媒体采用了众创、投稿等方式的内容生产模式，可用稿酬的增加会有益于内容产出稳定性，对于内容整合型自媒体就没有这方面的顾虑。

### （三）商业模式比较简单，商业价值低

自媒体自身的内容生产需要结合个人的观点和创意，因此很难实现规模扩张。同时作为传统媒体的创新形式，自媒体的商业模式很难再有突破。目前自媒体的从业人员大部分来自传统媒体行业，对于具体企业的运营管理和商业化方面的知识比较缺乏，所以大部分自媒体的商业模式都比较单一，主要还是依靠用户流量实现广告收益。公司盈利容易，持续发展、做大做强比较困难。在产生完善

的内容生产机制、内容生产规模化的同时，实现商业模式多元化是所有自媒体企业面临的问题。本章的两家案例企业，在自媒体商业模式创新上，可以起到很好的示范作用，是内容自媒体走向社区，再进入电商领域的成功案例。

### （四）大平台红利的衰退

自媒体的发展往往与平台的崛起紧密相关，一个平台的崛起伴随着一系列自媒体的崛起。现在微博的红利早就过去很久了，微信平台的红利也正在消失。一个用户的关注力十分有限，受欢迎的公众号往往有几十个甚至上百个，这些公众号必须就用户的有限时间进行激烈争夺，总体来说，每个自媒体分到的阅读时间越来越少，下一个大平台崛起的机会还存在未知。

## 二、资本对自媒体发展带来的助力

### （一）资本进入可以促进自媒体的专业化和规模扩张

资本促使自媒体获得资金之后有发展的压力，会建立团队，进一步探索新的商业模式；资本背书帮助自媒体吸引优秀人才，开展更好的商业发展。对于有系统化内容制作流程，想要扩大规模而不仅做内容生产者的自媒体，风险资本的进入是有推动作用的。资本和人才的进入可以促进自媒体系统的内容制作，产生规模化的内容生产，此时风险投资的进入是自媒体发展的重要推动者。

在内容生产层面，对于以音频和视频为载体的自媒体公司，资本的进入可以为自媒体注入更充裕的制作费用，从而提高内容制作的整体水平，同时也增加该领域竞争者进入的难度。

### （二）资本进入可以帮助自媒体实现更好的商业模式

商业模式的创新对于自媒体团队的多方面能力提出了诸多方面的挑战，资本的注入带来了管理方面的知识和经验、商业化的运作手段以及市场竞争的策略。资本的注入可以帮助团队引入相关人才并快速验证商业模式。同时，能够补充单一媒体人的创业团队所缺少的各方面人才的缺失。另外资本帮助自媒体行业与更大的市场建立连接，而这些商业关系也不是原来媒体人所具备的。例如，隆领投资和吴晓波创办的“头头是道”基金除了现金投入之外，更希望给自媒体带来其他资源上的支持。逐步建立的自媒体矩阵，在产品开发、渠道建设、品牌背书上跟投资的自媒体项目有更深度的整合，充分发挥社群的力量。风险投资机构在电商、社区等方面往往有不少商业积累，对自媒体变现可以提供方向建议。

**（三）自媒体如何选择适合自己的融资机构**

在资源层面，有着罗振宇和吴晓波的朋友圈差别；在资本层面，有着“真格系”和“经纬系”的竞争；在运营层面，有着林林总总自媒体联盟争相拉拢，甚至是连接广告也会遇到想要独占某个类别账号的发单渠道的广告公司。因此选择与自媒体性质相匹配的投资机构，对自媒体未来的发展起到至关重要的作用。

对于内容制作类型偏传统的自媒体，其内容生产机制决定了其运营模式并不是那么工业化，也没有涉及广告以外的商业化，那么资本对自媒体的发展没有特别的贡献。同时，在自媒体发展初期，过于急功近利的商业化可能会影响自媒体的发展。因此，自媒体应该在形成更加鲜明的个人品牌形象后再引入战略投资者，而不要找对退出赚钱过于迫切的机构融资，因为大部分自媒体完全不具备这种可能性，此时，资本的引入会阻碍自媒体的发展。如“罗辑思维”投资 papi 酱就是很典型的例子，papi 酱团队对“罗辑思维”不太认同，“罗辑思维”对 papi 酱团队也有自己的想法，两家很早就合作得不太愉快。papi 酱想做个长久的艺人，而罗振宇是个纯粹的商人。因此，创业者需要找到与自己有相同创业理念的投资者。

# 参考文献

[1] Gillmor D. We the Media: Grassroots Journalism by the People, for the People [M]. O'Reilly Media, Inc., 2006.

[2] Jean Tirole, Jean-Charles Roche. Platform Competition in Two-Sided Markets [J]. Journal of the European Economic Association, 2003, 1 (4): 900-1029.

[3] Manovich L. The Language of New Media [M]. MIT Press, 2001.

[4] Martin Lister, Jon Dovey, Seth Giddings, Iain Grant, Kieran Kelly. New-Media: A Critical Introduction [M]. New York: Routledge, 2009.

[5] Therese Tierney. The Public Space of Social Media: Connected Cultures of the Network Society [M]. New York: Routledge, 2013.

[6] We Media & Talking Data. 2016 年自媒体行业洞察报告 [R]. Talking Data 研究报告, 2016.

[7] Wendy Hui Kyong Chun, Thomas Keenan. New Media Old Media: A History and Theory Reader [M]. Taylor & Francis, 2007.

[8] Yehuda E. Kalay, Janice Ameek. New Heritage: New Media and Cultural Heritage [M]. Routledge, 2007.

[9] 艾瑞咨询. 2016 年中国网络新媒体用户研究报告 [R]. 2016.

[10] 鲍枫，沈颂东，王以宁. 我国新媒体产业分析及发展策略研究——基于

产业组织理论 SCP 范式分析 [J]. 当代传播，2012 (2)：64-66.

[11] 蔡灵跃，钟士取. 引导民间资本进入社会事业及公共设施建设的机制探索 [J]. 浙江金融，2008 (2)：10-11.

[12] 崔保国，何丹嵋. 中国传媒产业发展报告（2014）[M]. 北京：社会科学文献出版社，2014.

[13] 崔保国. 中国传媒产业发展报告（2007~2008）[M]. 北京：社会科学文献出版社，2008.

[14] 崔保国. 中国传媒产业发展报告（2016）[M]. 北京：社会科学文献出版社，2016.

[15] 邓茜. 转型期民营资本投资传媒业的现状与反思 [D]. 武汉大学硕士学位论文，2005.

[16] 丁平. 我国民间资本投资金融领域的现实意义与挑战 [J]. 武汉金融，2010 (8)：19-21.

[17] 丁双珍. 新华传媒的资本运作及其启示 [J]. 企业改革与管理，2008，5：7.

[18] 段卓杉，崔斌. 2015 年文化产业资本运作由“疯狂”转向“理性”[N]. 中国文化报，2015-12-26.

[19] 辜胜阻，曹誉波，李洪斌. 激发民间资本在新型城镇化中的投资活力 [J]. 经济纵横，2014 (9)：1-10.

[20] 顾凯，韩锋. 基于社会民间资本进入势态下的文化产业的发展研究及路径选择 [J]. 行政事业资产与财务，2014 (34)：38-39.

[21] 郭全中，郭锐，郭凤娟. 2015 年我国传媒类上市公司发展情况研究 [J]. 西部学刊，2016 (18)：15-21.

[22] 何宇. “入世”以来境外资本进入中国电影业的模式研究 [D]. 上海交通大学硕士学位论文，2012.

[23] 胡晓鹏. 基于资本属性的文化创意产业研究 [EB/OL]. 上海社会科学院，2009-02-13.

[24] 黄速建，刘建丽. 中国企业海外市场进入模式选择研究 [J]. 中国工业经济，2009（1）：108–117.

[25] 冷建飞. 民间资本投资文化产业的结构性融资 [J]. 南通大学学报：社会科学版，2014（6）：138–142.

[26] 李向阳. 创新规制：发展广播电视先进文化的制度保障 [J]. 现代传播：中国传媒大学学报，2008（1）：7–14.

[27] 梁智勇. 中国新媒体上市公司股权结构分析及其资本运作新动向 [J]. 新闻大学，2013（3）.

[28] 刘变叶. 互联网金融时代民间资本的投资模式比较 [J]. 经济研究导刊，2015（24）：80–82.

[29] 刘世英. 分众的蓝海（修订版）[M]. 北京：中信出版社，2008.

[30] 刘星晔，李道胜，刘彩霞. 我国民间资本小额信贷组织可持续发展探讨 [J]. 内蒙古农业大学学报：社会科学版，2007（1）：75–77.

[31] 马莉. 向文化产业经营者"进化" [J]. 传媒，2010（10）：18–21.

[32] 清博研究院. 北京国企新媒体影响力月度分析（11 月）[N]. 首都建设报，2016–11–28.

[33] 2016 中国媒体融合传播指数报告 [R]. 人民网研究院，2016.

[34] 任嘉嵩. 民间资本投资区域性银行的关键影响因子研究 [J]. 经济经纬，2012（6）：141–144.

[35] 水皮，土擎，史晓芳. 民营传媒综合实力排行榜——TOM 集团，阳光媒体投资，新浪位居三甲 [J]. 传媒，2006（4）：16–23.

[36] 宋砚清，孙卫东. 中小企业国际市场进入模式选择分析 [J]. 科技管理研究，2013（6）：105–110.

[37] 孙玲利. 研究探讨集团企业合并重组后的管控模式 [J]. 现代商业，2015（24）：238–239.

[38] 唐绪军. 中国新媒体发展报告 No.7（2016）[M]. 北京：社会科学文献出版社，2016.

［39］2015 年度全国政务新媒体报告［R］. 腾讯，2016.

［40］王金莲. 温州民间资本投资途径拓展对策研究［J］. 商业会计，2014（19）：72–74.

［41］王晓燕，郑媛，李丽娟. 我国民间资本投资研究综述［J］. 兰州大学学报：社会科学版，2010（38）：59–62.

［42］王元京. 论我国基础设施建设中的民间资本进入［J］. 经济体制改革，2002（4）：5–9.

［43］魏良益，杨钢. 2015 年四川经济形势分析与预测［A］. 四川省非公有制经济发展研究报告［M］. 北京：社会科学文献出版社，2015.

［44］吴玉娟. 民间资本投资文化产业探究［J］. 知识经济，2016（7）：17–18.

［45］谢宗文. 重庆日报报业集团媒体融合发展改革纪实［J］. 新闻研究导刊，2016，7（20）：254–256.

［46］新华网舆情监测分析中心，新华政务直通车项目组. 2015 年上半年全国政务新媒体综合影响力报告［R］. 2015.

［47］熊澄宇. 媒介史纳［M］. 北京：清华大学出版社，2011.

［48］薛睿. 促进民间资本投资文化产业的政策路径［J］. 全国商情：经济理论研究，2013（27）：7–8.

［49］易绍华. 数字化背景下中国电视媒体的网络化生存研究［D］. 武汉大学博士学位论文，2009.

［50］殷莉. 业外资本进入媒介产业的不同模式比较及相关建议［C］. 科技传播与社会发展——中国科技新闻学会第七次学术年会暨第五届全国科技传播研讨会论文集，2002.

［51］张京成. 中国创意产业发展报告 2008［M］. 北京：中国经济出版社，2008：361–362.

［52］张向东，谭云明. 中国传媒投资发展报告（2016）［M］. 北京：社会科学文献出版社，2016.

［53］张学勇，廖理. 风险投资背景与公司 IPO：市场表现与内在机理［J］. 经

济研究，2011（6）：118–132.

［54］赵玲玲. 互联网金融时代民间资本的投资模式比较［J］. 今日财富，2016（9）：48–49.

［55］郑俊芳，邓修明. 民间资本投资文化产业的路径探析［J］. 会计之友，2013（5）：46–48.

［56］中国传媒大学. 全球传媒发展报告（2015）［M］. 北京：社会科学文献出版社，2015.

［57］中国互联网络信息中心（CNNIC）. 第 39 次中国互联网络发展状况统计报告［R］. 2017.

［58］中国社会科学院新闻与传播研究所. 中国新媒体发展报告（2015）［M］. 北京：社会科学文献出版社，2015.

［59］中国社会科学院新闻与传播研究所. 中国新媒体发展报告（2016）［M］. 北京：社会科学文献出版社，2016.

［60］中华全国工商业联合会. 重庆市工商联 2015 年工作综述［A］. 中华全国工商业联合会.中华全国工商业联合会年鉴（2015）［M］. 北京：社会科学文献出版社，2016.

［61］中央文化企业国有资产监督管理领导小组办公室. 国有文化企业发展报告（2015）［M］. 北京：经济科学出版社，2015.

［62］周晓丽，毛寿龙. 论我国公共文化服务及其模式选择［J］. 江苏社会科学，2008（1）：90–95.

［63］周笑. 新媒体重塑产业结构的力量［J］. 经济管理·新管理，2006（18）：62–67.

［64］周艳. 新媒体市场大变局［M］. 北京：中国市场出版社，2012.

［65］朱林. 中国民间资本净剩余浅析［J］. 金融发展研究，2012（6）：42–45.

# 后　记

本书是黄速建研究员主持的2015年中国社会科学院国情调研重大项目——“关于民间资本进入新媒体问题调研”的最终成果。课题研究工作得到了中国社会科学院的资助，以及来自江苏省社会科学院、辽宁大学、湖北经济学院等研究机构和高等院校的专家、学者的支持。

自1994年以来，中国新媒体的发展经历了探索成长期、高速发展期以及繁荣期。随着时间的推移，网民规模不断扩大，行业构成细分程度更高，竞争格局不断在变化。同时，也存在着政策规范及监管措施滞后、产业管理条块分割严重、市场机制不健全、缺乏有效成熟的商业模式等问题。民间资本是推动新媒体产业蓬勃发展的重要驱动力量。在国家大力号召文化强国、加快深化文化体制改革的时代背景下，推动民间资本进入新媒体产业，对于传统媒体产业的转型、新媒体产业自身的发展以及民间资本发挥资本效率都具有重要意义。同时，随着互联网和移动终端的普及，中国新媒体产业已经具备相当的制度基础、产业发展基础、市场需求基础和资本需求基础。如果辅以适当的引导和监管，中国新媒体产业必将迎来新一轮高速发展。

为了更好地推动媒体产业的持续快速健康发展、提高新媒体企业的活力和竞争力、优化资本布局以及实现价值引导目标，本书试图从综合、区域以及案例三个维度剖析民间资本进入新媒体所涉及的一系列问题。本书整体研究设计由黄速建、肖红军提出，全体课题组成员反复讨论后确定。在研究过程中，课题组十分重视调研工作。2015 年立项以来，先后重点调研了长三角、京津冀、珠三角地区新媒体产业发展情况，并对成渝经济区、中西部以及东北等其他地区分别选择主要城市——成都、武汉、昆明以及沈阳进行了考察。课题组不但走访了搜狐、阿里巴巴、腾讯、分众传媒等新媒体行业龙头企业，而且还与各地政府有关领导以及宣传部、发改委、科技厅（局）、商务厅（局）、新闻出版广电局等相关部门的负责同志集中召开了座谈会。

通过实地调研考察，课题组对我国民间资本进入新媒体产业的现状以及涉及的许多问题均有了新的认识和体会。比如，京津冀地区传统媒体与新媒体融合尚存不足，民间资本进入产业障碍较大，行业规范和监管制度亟待完善；长三角地区自主品牌建设有待增加，地区之间同质竞争加剧，产业价值链分工不完善；珠三角地区因其内容随意性使其可信度受质疑，行业资质及拍照运营权规范需继续完善，新媒体主体与受众之间缺少健全有效的沟通协商机制；成渝经济区主要存在民间资本对新媒体发展支持力度不足，民间资本进入新媒体领域存在较高的政策壁垒，民间资本进入新媒体过程中的履责动力不足等问题；中部地区新媒体产业处于初创期，民间资本缺乏影响力，行业缺乏盈利能力，潜力未得到发挥，民营资本还存在很多机遇。提供政策支持、优化投资环境、创新投资方式、提升监管效能是推动民间资本进入新媒体的重要举措。

本课题研究的初步成果完成后，课题负责人黄速建研究员全面审阅了各个子报告。根据课题成果汇报会上与会专家提出的修改意见，课题组又进行了深入研究和认真完善，在此基础上形成了最终成果。本书分为三篇：综合篇、区域篇以及案例篇，共十七个部分，各章内容及作者分别是：总论（黄速建、肖红军、程俊杰执笔）、新媒体的基础理论（周笑执笔）、中国新媒体发展的历史演进与现状（郭锴执笔）、中国新媒体产业的资本获取方式与政策规制（胡文龙执笔）、民间资本进入新媒体产业的重要意义与现实基础（刘建丽、邱晔执笔）、民间资本进入新媒体产业的主要模式与路径（贺俊执笔）、推动民间资本进入新媒体产业的对策举措（肖红军、胡加明执笔）、京津冀地区民间资本进入新媒体情况的考察

（王欣、胡叶琳执笔）、长三角地区民间资本进入新媒体情况的考察（黄阳华执笔）、珠三角地区民间资本进入新媒体情况的考察（江鸿执笔）、成渝经济区民间资本进入新媒体情况的考察（李先军执笔）、中部地区民间资本进入新媒体情况的考察（赵剑波执笔）、民间资本进入新媒体产业的综合性案例（程俊杰执笔）、民间资本进入数字报纸行业的案例（陈彦博执笔）、民间资本进入公共视听行业的案例（李井林执笔）、民间资本进入互联网视听行业的案例（李倩执笔）、民间资本进入自媒体行业的案例（谭玥宁执笔）。

最后，本书在实地调研和写作过程中，得到了来自政府、企业、高校和研究机构数十位领导和专家学者的帮助和支持，在此向他们表示由衷的感谢！此外，经济管理出版社的张永美和王格格编辑对本书的出版付出了辛苦的劳动，也向她们致以诚挚的谢意。

疏漏之处，在所难免，敬请广大读者批评指正！

《关于民间资本进入新媒体问题调研》课题组

2017 年 9 月于北京